普通高等教育"十二五"规划教材

## 金融学精品系列

# 投资银行业务与功能

范学俊 编著

立信会计出版社
LIXIN ACCOUNTING PUBLISHING HOUSE

**图书在版编目(CIP)数据**

投资银行业务与功能 / 范学俊编著. —上海:立信会
计出版社,2009.12(2011.12重印)

普通高等教育"十二五"规划教材. 金融学精品系列

ISBN 978 - 7 - 5429 - 2432 - 2

Ⅰ.①投… Ⅱ.①范… Ⅲ.①投资银行—银行业务—
高等学校—教材 Ⅳ.①F830.33

中国版本图书馆 CIP 数据核字(2011)第 247870 号

责任编辑 徐小霞 王斯龙
封面设计 周崇文

**投资银行业务与功能**

| 出版发行 | 立信会计出版社 | | |
| --- | --- | --- | --- |
| 地　　址 | 上海市中山西路 2230 号 | 邮政编码 | 200235 |
| 电　　话 | (021)64411389 | 传　　真 | (021)64411325 |
| 网　　址 | www.lixinaph.com | 电子邮箱 | lxaph@sh163.net |
| 网上书店 | www.shlx.net | 电　　话 | (021)64411071 |
| 经　　销 | 各地新华书店 | | |

| 印　　刷 | 常熟市梅李印刷有限公司 | | |
| --- | --- | --- | --- |
| 开　　本 | 787 毫米×960 毫米 | 1/16 | |
| 印　　张 | 22.5 | 插　页 | 1 |
| 字　　数 | 414 千字 | | |
| 版　　次 | 2009 年 12 月第 1 版 | | |
| 印　　次 | 2018 年 8 月第 5 次 | | |
| 印　　数 | 9 101—10 600 | | |
| 书　　号 | ISBN 978 - 7 - 5429 - 2432 - 2/F | | |
| 定　　价 | 33.00 元 | | |

如有印订差错,请与本社联系调换

# 前言

## PREFACE

投资银行业务与功能

投资银行是发达金融体系中的一个重要组成部分,是资本市场中的灵魂机构。20世纪60年代以来,投资银行及其业务发生了比起其他经济领域更为巨大的变化和突破。它在金融资源分配中所发挥的功能和作用甚至影响着世界现代经济发展的趋势和格局。

投资银行业务的一个最大特点就是不断创新。最初的投资银行业务主要是进行证券的承销和二级市场的交易活动,随着金融理论的重大突破以及跨国公司的兴起所带来的更具竞争性的商业环境,特别是电讯、计算机和数字处理等方面的技术进步,使得投资银行经营范围不断扩大,运作功能不断增强。

投资银行业具有变色龙般的特性。当金融环境发生变化时,投资银行会随之发生变化,有时它是多功能机构不可或缺的金融业务,但另一些时候它又被剥离出去,在更严格的监管环境下操作。而永恒不变的是它对经济的推动力,它那永远使人充满激情的复杂性和创新性。

投资银行起源于欧洲,于19世纪传入美国,并在欧洲与美国发展起来。如今美国是现代投资银行业最为发达的国家,在次贷危机爆发之前,投资银行业的发展达到了巅峰状态,美国独立的投资银行如美林、高盛、摩根斯坦利、雷曼等,具有难以撼动的竞争优势。

然而,也正是这样一群在华尔街上呼风唤雨的金融大亨,最终因为过度冒险使自己陷入了空前的危机。美国大型的独立投资银行在次贷危机中几乎全面崩溃:2008年3月24日,美国第五大投资银行贝尔斯登被J•P•摩根以接近破产的价格收购;2008年9月15日,美国第四大投资银行雷曼兄弟被迫宣布破产;美国第三大投资银行美林被美国银行紧急收购;2008年9月21日,高盛和摩根斯坦利则选择转为银行控股公司。在半年时间里,华尔街前五大独立投资银行已经不复存在。

由于华尔街投资银行的巨大变化,导致人们对独立投资银行的模式持怀疑态度。笔者认为,华尔街投资银行的崩溃不能说明传统投资银行模式的失败。"承担风险和追逐利润"正是投资银行的核心魅力,投资银行模式仍然具有强大的生命力。对中国来说,不仅需要大力培育自己的投资银行,而且更要加速发展投资银行。美国投资银行在发展过程中的经验教训为我国投资银行的发展提供了有益的借鉴。

目前,美国商学院里并没有单独的投资银行专业,这个行业所涉及的内容分布在投资、公司金融、税收、法律等各个领域。在这个庞杂的体系中,如何能让读者既能把握这个领域中最基本、最重要的原理和观点,又能了解这个行业的发展动态,就需要有一个适当的切入点来对相关内容进行梳理和阐释。本书从中国的具体国情需要出发,选取了投资银行业及其业务中一些最基本、最重要、最具有现实意义的方面,建立了一个新的逻辑框架。

具体而言,本书主要是以美国投资银行的发展历史为背景,以美国投资银行的机构及业务运作实践为主要素材,对投资银行的实质、主要业务及其功能进行论述和介绍,着重反映投资银行的创新作用,力求从理论和实践两个方面探索投资银行的内涵。

本书共有10章,具体包括:

第一章投资银行概论:概要性地介绍了投资银行的本质、投资银行业的基本特征、投资银行的监管环境及投资银行的发展进程,探讨了美国投资银行在次贷危机中遭受重创的原因,并分析在后危机时代投资银行的发展趋势。

第二章投资银行的证券发行业务:从传统证券融资成本的决定、投资银行的创新证券设计及公募承销业务和私募周旋业务方面探讨投资银行在公司融资中的作用。

第三章投资银行的证券交易业务:主要介绍投资银行在证券交易市场上所从事的经纪、做市及自营三种业务及功能。

第四章投资银行的项目融资业务:主要从项目融资业务的技巧、项目融资的风险及分担等方面介绍投资银行在项目融资中的作用。

第五章投资银行的收购兼并业务:首先概述投资银行在企业重组中的地位和功能,然后重点介绍投资银行如何为客户制定并购策略,探讨杠杆收购以及投资银行的贡献,最后介绍投资银行设计的反收购的策略。

第六章投资银行的风险资本投资业务:探讨风险资本在资本市场中的地位,分析风险投资的运作特点及私人合伙制风险投资公司运作机制,介绍投资银行参与风险资本业务的原因及运作步骤。

第七章投资银行的资产证券化业务:讨论资产证券化的运作框架、主要内容、证券化的形式及意义,分析投资银行在住宅抵押贷款证券化过程中,尤其是在创造担保抵押债券中的贡献,探讨美国次级抵押贷款证券化的背景和架构,CDO的设计特点、现金偿付机制、分类构造及对美国次贷危机爆发的影响。

第八章金融衍生产品的交易、创立与运用：在简要介绍期货、期权与互换三种金融衍生产品特点的基础上，分析了期货、期权交易的风险收益特征，着重介绍了投资银行在互换工具创造方面的作用以及金融衍生产品在相关投资银行业务中的运用。

第九章投资银行的其他融资业务：结合所发行证券的具体特点，进一步介绍投资银行在商业票据融资、公共融资及国际融资中的作用，是第二章内容的扩展。

第十章中国投资银行的发展：分析了中国投资银行的最新发展动态，阐述了中国投资银行所承担的历史使命与发展环境，最后探讨了中国投资银行未来的发展趋势。

投资银行业务出现在我国仅有十几年的历史，而且业务规模和水平尚处起步阶段，然而中国投资银行却肩负着推动中国经济改革发展的历史使命，中国投资银行任重而道远。

相信本书对立志从事投资银行业的大学生及研究生、金融界的从业人员、企业的经营者和财务管理人员，以及对投资银行有兴趣的各类人员了解投资银行的基本价值会有所帮助。

作　者

2009 年 12 月

# 目 录
## CONTENTS

------------- 投 资 银 行 业 务 与 功 能 -------------

# 第 一 章

# 投资银行概论

投资银行与商业银行一样,是金融体系中的一个重要组成部分。如果说商业银行是一个主要经营货币的金融机构,那么投资银行就是一个主要经营资本的金融机构。投资银行的主要作用是媒介资金的供给者和使用者,为融资者和投资者创造最佳的财务效益。投资银行在市场经济中起着关键的作用,因为它直接促成金融资源的有效配置。投资银行致力于促成交易,属于服务性行业。它不生产任何产品,也不出售任何商品,然而在实质上它却左右着从事工商活动的所有企业,它在金融资源分配中所发挥的功能和作用甚至引导着世界经济的发展趋势和格局。本章从投资银行的本质、投资银行业的基本特点、投资银行的监管环境和投资银行的发展进程四个方面对投资银行作概要性的介绍。

## 第一节　投资银行的本质

### 一、投资银行的含义

投资银行在西方已经历了几百年的发展过程,它起源于欧洲,于 19 世纪传入美国,并在欧洲与美国发展起来,如今美国是现代投资银行业最为发达的国家。投资银行主要是美国对其的称呼,英国、澳大利亚及原先的英联邦国家称之为商人银行,日本称之为证券公司。虽然各国对其称呼不同,但从性质上来说是相同的,因此都可以将其称为投资银行。

目前,理论界对投资银行还没有一致的定义,实践中各国也互有差异,而且投资银行业又是一个日新月异的行业,所以对投资银行的界定就显得较为困难。

美国著名的金融投资专家罗伯特·库恩提出了四种投资银行的定义,包括了从大范围金融服务的广义投资银行定义到传统的狭义投资银行定义。

最广义的投资银行定义:任何经营华尔街金融业务的机构,都可以称为投资银行。投资银行不仅包括从事证券业务的金融机构,甚至还包括保险公司和不动产经营公司。其业务从国际银团承销到零售交易业务,再到其他金融服务(如房地产和保险)的所有内容。

较为广义的投资银行定义:经营一部分或全部资本市场业务的金融机构是投资银行。业务内容包括证券承销、公司理财、收购兼并、商人银行业务,还包括基金管理和风险资本管理,但不包括向客户零售证券、消费者不动产中介、抵押银行、保险产品等业务。

较为狭义的投资银行定义:经营某些资本市场业务的金融机构是投资银行。承销和收购兼并是其业务的重点,但不包括基金管理、风险资本、商品和风险管理等业务。

最狭义的投资银行定义:在一级市场上承销证券筹集资本和在二级市场上交易证券的金融机构是投资银行。

罗伯特·库恩指出,那些业务范围仅限于帮助客户在二级市场上出售或买进证券的金融机构不能称作投资银行,而只能称作证券经纪公司。因为投资银行在一国经济中最根本、最关键的作用是其在资金短缺者和资金盈余者之间的纽带和媒介作用,而证券(经纪)公司在证券市场中,仅起了"交易润滑剂"的作用,故不能称作投资银行。

## 二、投资银行的业务

投资银行的业务运作是通过各个业务部门来进行的,因此可以从投资银行的业务部门的设置来了解投资银行的业务范围。通常,投资银行具有以下几个主要的业务部门。

### (一)企业融资部

这个部门主要承销企业新上市的证券和再发行的证券。大的投资银行承销业务量大,有的按工业部门分组,如基础工业组、高科技工业组、服务性行业组、轻工业组等,部门内的从业人员分管不同的工作,如进行企业财务分析、证券发行确定价格、起草推销说明书及各类文件等。

### (二)公共融资部

这个部门专门为公共机构融资,以公募发行债券形式为联邦政府、州政府和市政府、保健卫生机构、公用事业公司、公交系统、大学等单位筹集资金。公共融资部发行的债券按发行主体不同分为三类：国库券、机构债券和市政债券。国库券是政府为筹措财政资金、弥补财政缺口而发行的债券；机构债券是由联邦政府创办或资助的机构所发行的债券；市政债券则是州政府和市政府及一些其他实体和政府机构发行的债券。因为投资于州政府、市政府发行的市政债券所得的利息收入不必交税，所以这类债券对于纳税率高的投资者特别有吸引力。

### （三）私募证券部

除了在公开市场上承销证券，投资银行还向数量有限的机构投资者，如保险公司、专业投资公司、养老基金等私下推销非公开上市的证券，这就是私募证券。凡在证券市场公开上市的证券，发行企业都必须向美国证券交易委员会登记，并按时公布业务报告，整个过程费时而复杂。对于一些较复杂的投资项目或资金需要量不大的或过大的融资，可用私募发行方式进行。私募的速度较快，手续简易，投资的条件也较为灵活。私募证券部常与企业收购兼并部配合作业。

### （四）证券交易部

企业融资部、公共融资部及私募证券部从事的都是一级市场的证券发行业务，而证券交易部从事的是二级市场的证券买卖业务，它要推销投资银行认购下来的各种证券，向客户介绍各种投资机会。证券交易部既为投资银行自己买卖证券，也为投资银行的客户买卖证券。在二级市场中，投资银行充当了做市商、经纪商和交易商三重角色。做市商是发行者的代理，经纪商是投资者的代理，交易商则为投资银行自己买卖证券。由于不同证券性质各不相同，所以证券交易部分为股票部、债券部、期权期货部、外汇部等。

### （五）项目融资部

这个部门并不为任何项目融资，主要是为大规模的自然资源开发（如天然气开采、火力发电、开矿等）的项目建设筹措必要的资金。不同于其他融资，项目融资是一种以项目未来的现金流为担保条件的无追索权的融资方式。投资银行要根据预测的项目未来现金收入、各投资者的需要、项目风险（如产品价格的波动、成本超支的可能、项目能否及时竣工、是否会发生意外事故）等因素，设计出一套适用于该项目的筹资方案。

### （六）企业收购兼并部

收购兼并是企业发展的一种战略，恰当地运用这种战略，企业可以获得跳跃式的发展。投资银行在收购兼并活动中发挥着十分重要的作用：① 充当买卖双方的财务顾问，如物色收购兼并的对象；向收购公司或目标公司提供交易的价格和非价格条件的咨询；对目标公司进行估值，或为目标公司分析评估收购公司的收购建议，并对收购价格的合理性提出公平意见，帮助目标公司拒绝不友好的收购企图。② 为收购兼并融资，帮助收购公司获得必要的资金。③ 有时投资银行可能运用自有资本为客户提供债务融资或股权投资，以促使双方交易的达成，也为投资银行自己获取企业买卖利润。

### (七) 风险资本部

这个部门主要是为新生公司融资，有的投资银行还专门设有风险资本基金，直接投资于新生企业。这个部门主要是专业人员审核各种新生公司的融资建议，他们从风险、技术性、业务规划、市场营销、今后资金的需要、管理人员的能力等各方面估计新生企业的存活率和收益率，以此来确定是否为其融资。因此，这个部门的专业人员不仅要具备金融知识，而且还应具备专业技术知识，投资后还可能参与新生公司的管理。

### (八) 资产证券化部

资产证券化是指以一定资产作为抵押而发行证券的过程。资产证券化部负责将消费者小额债务累积转化成为大宗公开上市的证券。第一个被证券化的资产是住房抵押贷款，投资银行将由政府担保的这种房屋抵押贷款从商业银行那里接管过来，然后按偿还期限的长短，组编成为期不同的债券卖给投资者，购房者所交的利息则转化为债券利息。1985 年以来，其他资产也开始证券化，包括汽车贷款、信用卡贷款、应收账款、计算机租赁、一般的商业贷款等，被创造出来的证券称为资产担保证券。其中，引发美国次贷危机的担保债券凭证 (collateralized debt obligation，简称 CDO) 是资产证券化市场上发展最快的品种之一。

### (九) 国际业务部

这个部门负责投资银行的所有国际业务。其业务范围包括证券承销、私募、证券买卖、项目融资、跨国企业的并购、出口信贷融资、外汇买卖等。随着资本流动的国际化，这个部门也随之兴旺发达。所有大型投资银行都在寻求发展国际范围的融资，一些大的投资银行在纽约、东京、伦敦、香港、巴黎、法兰克福和新加坡等国际金融中心城市设有分支机构，不少国际知名的大投资银行已将中国新兴的资本市场纳入其全球战略的视野之中。

### （十）风险管理部

这个部门将专门技能和各种套期交易工具（期货、期权和互换）结合在一起，为企业财务管理开发一整套套期交易战略。套期交易战略是指通过在不同的市场条件下购买与初级证券呈反方向变动的金融证券的方法，来减轻利率、汇率和股票价格剧烈波动所带来的风险。风险管理部也称为金融战略部门。

### （十一）投资研究部

这个部门负责对全球、某一地区或某一国家的经济、金融及资本市场的发展状况进行研究并作出未来发展趋势的预测。根据研究部门的研究报告，投资银行可作出自身业务发展的方向、侧重点、业务发展的区域重点等重要决策，其具体业务部门据此开发新的业务品种，提供新的服务。这个部门与证券买卖部配合，为客户的投资提供信息与咨询服务。投资研究部集中了一批优秀的经济学家、技术分析家以及按工业部门分工的专业分析人员，其研究报告具有很高的权威性，一些著名的投资银行的研究报告还成为一国政府决策经济事务的重要依据。

### （十二）基金管理公司

资产与基金管理是投资银行的重要业务之一，通常投资银行设立独立的机构为个人或机构管理资产与基金。资产与基金管理从严格意义上讲是一种信托行为，这就要求资产与基金管理公司要按事先约定的管理原则，管理委托人委托的财产。投资银行管理的对象可以是共同基金、单位信托基金，或其他机构、个人的财产，其中最典型的是共同基金。共同基金是公司型的基金，基金组织将基金以股份的形式出售给投资者，并上市流通，所以基金组织是一个有独立法人地位的公司。投资银行管理的基金可以是投资银行自己发起建立的基金，也可以是别人发起由投资银行承销发行的基金，还可以是受托管理的基金。

由于经营规模和组织形态的不同，投资银行在业务部门的设计和安排上也不尽相同，但所有投资银行都会根据业务发展的需要，随时增加或调整其业务部门的设置。

## 三、投资银行的性质

投资银行是一个非银行的金融机构。投资银行不能通过发行货币或创造存款来增加货币资金，也不能办理商业银行的传统业务。即它不能吸收活期存款，也不办理结算业务，不参与形成一国的支付体系。它的经营资本主要依靠发行股票或债券来筹措。虽然美国废除了《格拉斯-斯特加尔法》,投资银行与商业银行之间的业务界限已不复存在,但投资银行与商业银行之间的区别依然存在。

## (一) 从本源上看,商业银行是存贷款银行,投资银行是证券承销商

商业银行的业务基本上可以分为三类:负债业务、资产业务和表外业务。负债业务是商业银行以自有资本为基础吸收外来资金的业务。它包括存款业务和借款业务,其中最主要的是存款业务。商业银行的负债业务是其开展资产业务的前提和基础。资产业务是商业银行运用自有资本和负债以获得收益的业务。它包括贷款和投资,其中更本源的资产业务是贷款业务,一般占商业银行资产业务总量的一半以上。表外业务则是在表内业务的基础上,利用商业银行资金、信息、人才、技术等金融优势发展起来的金融服务项目。由此可见,存贷款业务是商业银行业务的本源和实质,其他各种业务都是在其基础上衍生和发展起来的。

而投资银行,尽管其业务范围很广,但证券承销业务则是投资银行业务中最为核心的一项业务。它是投资银行之所以成为证券市场心脏的关键,它连接着筹资者和投资者,没有它,证券的发行就不可能顺利或根本不能实现。同时,证券承销业务又是证券流通市场的基石,如果没有承购新的股票债券并将其发行出去,流通市场上就没有新的证券可供流通,从而失去必要的金融工具。

证券承销是投资银行业务的轴心,这不仅体现在投资银行的起源上,而且从现代投资银行业务多样化发展中看仍然是这样。因此,从本质上讲,投资银行就是证券承销商。

## (二) 从功能上看,商业银行行使间接融资职能,投资银行行使直接融资职能

与商业银行相似,投资银行也是沟通互不相识的资金盈余者和资金短缺者的桥梁,但在发挥上述桥梁作用时,投资银行的运作方式与商业银行截然不同。

商业银行对资金盈余者(存款人)来说是资金需求方,而对资金短缺者(贷款人)而言又是资金供给者,因此在这种情况下,资金盈余者与资金短缺者并不相互承担任何权利和义务,他们都仅与商业银行发生关系,彼此不存在直接的契约约束,因而是一种间接信用过程。

投资银行作为资金供需双方的媒介,可以向投资者推荐发行股票或债券的发行者,也可以为投资者寻找适合的投资机会。但是,从根本上来说,投资银行并不介入投资者和的发行者之间的权利和义务,投资者与发行者互相接触,并且相互拥有权利和承担相应的义务,因而这是一种直接信用的过程。

除了中介服务方式不同之外,投资银行和商业银行融资服务侧重点也不相同。

由于商业银行必须使其资产具有一定流动性,因而对贷款质量和期限往往有严格的要求。尤其在 20 世纪 40 年代以前,受到真实票据理论和转换理论等影响,商业银行一般只向客户提供短期信贷,所以需要中长期资金的客户只能转向投资银行,要求其协助发行股票或债券以获得中长期资金的支持。从历史上看,最初的投资银行业务就是在商业银行无法提供中期和长期贷款而市场对这种资金的需求又极为旺盛的基础上发展起来的。尽管 20 世纪 70 年代末以来,商业银行普遍开始对资产和负债进行综合管理,通过中期和长期负债以提供中长期信贷,但商业银行的中长期信贷资金在资本市场中所占的地位仍然十分有限,而发行股票或债券所获取的资金具有很强的长期性和稳定性,且发行手段灵活多样,发行时间、证券种类、期限等可以方便选择,这一切都是商业银行贷款所不能比拟的。因此,商业银行侧重短期资金市场,而投资银行则侧重资本市场。

### (三)从利润构成上看,商业银行的利润首先来自存贷利差,投资银行的利润主要来自佣金

商业银行的利润来源包括三个方面:首先是存贷差;其次是资金营运收入;最后才是表外业务收入。投资银行的利润来源也包括三个方面:一是佣金,包括一级市场上承销证券获取的佣金,二级市场上作为证券交易经纪收取的佣金,以及在金融工具创新和资产及投资优化组合管理中收取的佣金。佣金是投资银行业务中的主要利润来源。二是资金营运收益,包括投资收益与其他收入,它是投资银行参与债券、股票、外汇、掉期以及衍生金融工具投资和资金对外融通而获取的收入。三是利息收入,既包括信用交易中的证券抵押贷款的利息收入,也包括客户存入保证金的存差利息收入。例如,参与二级市场证券交易的投资者,以较低的利息存入保证金(按储蓄存款利息计算给客户),而相关的投资银行则以较高的利息存入商业银行(商业银行按金融机构同业往来支付给证券机构利息),这样投资银行就获得利息差收益,它们共同构成投资银行的利润来源。

商业银行与投资银行在利润来源的基础与比重上存在根本区别。主要表现在:

(1)从利润构成的重心来看,商业银行的基础收入在于存贷利差,存贷差收入排在商业银行利润来源的首位。虽然在利润来源中商业银行也有表外业务收入,但其所占比重通常是排在利润收入的第三位。而投资银行则完全相反,其基础收入在于佣金,佣金收入排在投资银行利润来源的首位。就佣金的构成来看,商业银行的佣金主要来自于存贷款业务相联系的表外业务,而投资银行的佣金主要来自证券承销和证券经纪业务。

(2)就资金营运收入来看,商业银行资金营运收入主要来自两部分:贷款业务

和证券投资,而后者通常用于风险较小、收益较稳定的国债和基金投资上。商业银行的资金营运具有长期性。投资银行的资金营运则不然,除了参与证券投资外,许多资金通常是用于企业收购兼并、证券发行上市等方面,而这种投资大多不是实质性的股权投资,而是契约式的股权投资。因此,投资银行的资金营运较少具有长期性质。

(3)从利差收入来看,商业银行存款业务可分活期、储蓄、定期三种类型,贷款也可分为短期、中期和长期等多种类型,利差收入灵活多样。而投资银行利差来自保证金存款,保证金存款不可能有多种类型,也不能随心所欲地运用。随着股票市场的波动,投资者可以随时来支取自己的保证金头寸,这就使得投资银行利差来源及收入只能依赖存款差,从而显得单一而量少。

### (四)从管理方式上看,商业银行行使稳健方针,投资银行在控制风险的前提下更重开拓

商业银行以稳健管理为主,这是由其负债来源及资产运用的状况所决定的。商业银行的负债来源主要为存款和借入款,这些借入款的多少与期限长短受金融市场左右,其中活期存款和储蓄存款作为短期资金很难长期运用,而其资金运用是以贷款为主,存在不少风险因素,资产和负债风险要求商业银行必须稳健经营。而投资银行管理则需稳健与开拓并重。之所以要稳健,是由于其在一级市场上承销或者收购兼并中的投资均属高风险业务,其在二级市场上的经纪,则要随时防范证券市场上的波动以及由此而带来的大量提取、挤兑现金的状况,失慎而易乱阵脚;之所以要开拓,在于投资银行的利润主要来自佣金,而欲获取大量手续费,没有进取精神不行,没有业务创新精神不行,没有优质的服务水平和过硬的技术本领也不行,这是投资银行经营与管理的特色。

可见,从商业银行与投资银行的业务本源、业务范围、资金来源与运用、金融职能、利润来源与构成以及管理方式上看,两者的性质是不同的。尽管投资银行与商业银行之间的业务交叉和融合已经是众所周知的事实,但通过上面的分析,我们可以清楚地认识到,投资银行和商业银行之间的业务交叉和融合是在不同的本源基础上的衍生业务的交叉和融合,这不能改变两者的实质。

## 四、投资银行的功能

投资银行是连接宏观经济决策与微观企业行为的枢纽。按照系统论的观点,现代市场经济运行体系在纵向上可以分为三个层次:最上层为政府的宏观调控层,其主要职能是维护经济、金融秩序,为经济运行提供良好的运行环境;最下层为以

普通商品为运作对象的工商企业层;在两者之间有一个庞大的复杂而极具活力的中间层,正是这个中间层承担了收集、分析、综合信息、寻找商业机会、调配资本、作出投资决策并承担风险的职能。这正是投资银行所担当的职能。具体来说,投资银行在经济体中发挥了以下功能。

## (一)提供金融中介服务

投资银行是资本市场的灵魂机构,是资本供给者和资本需求者的中介机构,发挥了直接融资的功能。资本的需求者称为发行者,因为他们发行企业的所有权(即产权)或发行企业的债务以换取现金或现金等价物;而资本的供给者称为投资者,因为他们投入现金或现金等价物来换取所有权或债券。投资银行作为金融中介机构,一方面以最有效的方法,帮助发行者从资本市场中获得所需资金以求发展;另一方面又使投资者充分利用多余资金来获取收益,同时在这些融资交易中,形成配置资本与调节价格的市场,即决定谁获得多少资本,用什么条件获得,以什么代价获得。

投资银行在媒介资金供求双方的过程中,发挥了咨询、策划与操作的中介作用,并为筹资的成功提供法律及技术上的支持。但从根本上说,投资银行并不介入发行者和投资者的权利和义务的关系,发行者和投资者需要互相接触,相互拥有权利并承担义务,投资银行则在其中收取一定的手续费。

## (二)推动证券市场的发展

证券市场是金融市场的重要组成部分。是否拥有高效规范的证券市场是判断一国资源配置市场化和经济发达程度的重要指标。在证券市场上主要有四个行为主体:发行者、投资者、管理组织者和投资银行。其中,投资银行起着沟通各市场参与主体、推动证券市场发展的重要作用。

从证券发行市场来看,证券发行需要较高的技术水平和营销策略。证券发行者必须准备各种资料,进行大量的宣传活动,提供各种技术条件,办理复杂的手续。因而,仅仅依靠其自身的力量向投资者发行证券不仅成本很高,而且效果也往往很差。投资银行的发行业务使证券发行得以顺利完成。

从证券交易市场来看,投资银行以经纪商、做市商和交易商的身份出现,对稳定证券市场和促进证券流通发挥着重要的作用。证券承销完毕后,投资银行还要在一定时期内作为做市商维持证券价格的连续性和稳定性,以确保各方利益不受损失。投资银行以经纪商的身份接受客户委托,进行证券买卖,提高了交易效率,维持了市场秩序。另外,投资银行以交易商身份参与证券的自营买卖,能比较真实、客观地反映和发现证券价格,同时,也活跃了证券市场,促进了有价证券的流通。

投资银行是金融领域内最活跃、最积极的力量，它们推陈出新，通过不断的金融创新，开拓了一个又一个新的业务领域。投资银行不仅仅是一个证券中介组织，而且还是一个重要的信息机构。通过收集资料、调查研究、提供咨询、介入交易，投资银行极好地促进了各相关信息在证券市场中的传播，保障证券市场得以在信息的公开、公平和公正的条件下运行，并使市场价格的形成更具客观性。

### （三）提高资源配置效率

实现有限资源的优化配置，是一国经济发展的关键，投资银行在资源优化配置方面起着非常重要的作用。

投资银行通过其资金媒介作用，使资金余缺得到充分协调，它一方面使得能获取较高收益的企业不至于因缺乏扩大再生产资金而放缓发展速度；另一方面为大量闲散资金提供了高收益的渠道，促进了整个国家资源的合理配置。

投资银行便利了政府债券的发行，使政府可以获得足够的资金用于提供公共产品，加强基础建设，从而为经济的长远发展奠定基础。同时，政府还可以通过买卖政府债券方式，调节货币供应量，以保障经济的稳定发展。

投资银行间接和直接地参与企业管理，促进了人力资源的合理化分配和利用。同时投资银行帮助企业发行股票和债券，使得企业经营管理被置于广大股东和债权人的监督之下，有利于企业建立科学的激励机制和约束机制，促进企业发展。

投资银行从事风险资本业务有利于许多尚处于新生阶段、经营风险大的朝阳产业、新技术企业获得发展资金，因而投资银行促进了产业的升级和经济结构的优化调整。

### （四）推动产业集中

在经济发展过程中，生产的高度社会化必然导致产业的集中和垄断，而产业的集中和垄断又反过来促进生产社会化向更高层次发展，从而进一步推动经济的发展。以美国为例，从 19 世纪末到现在，美国已发生过五次大的并购浪潮：第一次出现在 1898—1902 年间，其特征是以横向合并为主，出现了一批包括美国钢铁公司、美孚石油公司等在内的垄断企业；第二次并购浪潮出现在 1920—1933 年间，以纵向合并为特点，美国汽车制造业、石油工业、金工业以及食品加工业都完成了产业集中过程；第三次并购浪潮出现在 1948—1964 年间，这次并购主要以混合并购为主，结果是在美国出现了一批竞争力强、兼营多种业务的企业集团；第四次并购浪潮出现在 1974—1985 年间，"小鱼吃大鱼"、"蛇吞象"的事件频频发生，其并购规模之大、合并资产之巨是前三次所无法比拟的。进入 20 世纪 90 年代后，美国掀起了第五次并购浪潮,实力雄厚的巨象之间的互相吞并已屡见不鲜,表明美国产业集中已向更深、更广的领域发展。

投资银行的收购兼并业务在促进产业集中过程中发挥了重要作用。收购兼并是一项技术性很强的工作,选择合适的对象、时间、价格及合理的财务安排等都需要投资银行提供专业知识和服务。尤其是第二次世界大战以来,大量的收购兼并活动是通过二级市场进行的,手续更加繁琐,要求更加严格,操作更为困难,如果没有投资银行作为顾问和代理人,企业并购几乎不可能进行。因此,从这一意义上来说,投资银行促进了企业实力的增强、社会资本的集中和生产的社会化,成为企业并购和产业集中过程中不可替代的重要力量。

# 第二节　投资银行业的基本特点

## 一、投资银行的组织形态

在投资银行业中,各个投资银行具有不同的组织结构,可以说,迄今为止还没有一家投资银行的模式可以称为典型的组织结构。这些千变万化的组织结构,大多与其内部的组建方式及经营思想有关。投资银行发展到现在,基本上有三种组织形态:一种是合伙人制企业,另一种是公众持有公司,还有一种是集团公司的下属机构。

### (一) 合伙人制企业

合伙人制企业是指 2 个或 2 个以上的人拥有公司并分享公司利润的组织形态。这种组织形态的主要特点是:① 合伙人就是公司的主人或股东,合伙人共享经营所得,并对经营亏损共同承担无限责任。② 合伙人制企业可以由所有合伙人共同参与经营,也可以由部分合伙人经营,其余的合伙人不参与企业的日常经营。参与企业经营的合伙人称为普通合伙人,需承担无限责任;不参与经营的合伙人称为有限合伙人,仅负有限的财务责任。③ 合伙人制企业的所有权与经营权相结合。所有合伙人制企业至少有一个主要合伙人主管企业的日常业务经营并承担责任。一般而言,所有者是进行决策及现场操作的最高负责人,所有者等于拥有经营权。所以大部分合伙人都同时兼任公司决策机构——董事会的董事职务。而且,因为合伙人具有多年的外界关系,所以在争取业务上,他的存在往往是很重要的。因此,在业务主管中,必定有几位是合伙人兼董事职务的。

合伙人制企业通常由业务副总经理来开拓客户,决定是否承办业务,以及决定承销价格,故他的判断是否正确,对公司的收益影响很大。而下面人员则通过工作来积累知识与经验。通常在案件有了具体方针后,由业务副总经理1人,或第一副总经理、副总经理及助理3人组成小组。小组成员必须同时听取很多合伙人的意见,忙碌于各种案件的作业及编制文件等工作。在这一过程中,他们可以在较短期间内体会投资银行业务的许多经验而成为比专家更高一层的通才或投资银行家。

高盛在1999年4月走上公众化之前,是大型投资银行中最后一家合伙人制的投资银行。到1992年年底,高盛拥有162个合伙人和约60个有限合伙人,高盛利用一个由11人组成的管理委员会管理着拥有6 000名职员的公司,大多数中层职员以薪水方式取得报酬,年终奖金是其薪水的23%左右。而合伙人是以合伙利润方式,从企业取得报酬,而且在退休前,其在高盛的利润所得的大部分用于再投资,这意味着一个合伙人将获得很高的退休收入。

如1992年年底,罗伯特·拉宾作为高盛的2个合伙主席之一,从高盛退休步入政坛担任总统经济事务助理,拉宾1991年的收入以其基本工资21万美元来计算,年收入估计在1 500万美元以上,但他在高盛的投资估计在5 000万美元到1亿美元之间。

大多数高盛的有限合伙人都是50岁左右的老合伙人,然而有三次例外,是通过出售有限股份从外部募集资金。如:1986年,日本住友银行投资了5亿美元;1989年,7家保险公司组成的辛迪加投资22亿美元;1991年,另有保险公司组成辛迪加投资27.5亿美元。这些有限合伙人只参与高盛利润的分配,而不参与高盛的经营管理。

投资银行采用这种组织形态,是与它的历史演变分不开的。投资银行的雏形是15世纪欧洲的承兑贸易商号。这些商号多是由家族经营的。随着一代一代的继承,这些商号逐步由独资性质变为数个继承人按应得份额共有的共同财产,成为合伙企业的形式。因此,早期的投资银行都采用了合伙人制这种组织形态。

但是,这种合伙人制的组织形态存在几方面的弱点:① 资本实力受到限制。合伙人制企业一般组织规模不大,资本总量难与股份制企业抗争。② 一旦合伙人或因身体健康原因,或因意见不合而退出合伙企业时,必然要重新确定合伙关系,这个过程可能使企业资本受到严重削弱。③ 风险承担不均。由于合伙人对于企业债务都有连带无限清偿责任,而不以他投入的那部分资本为限,因而对于那些投资少而又不控制企业的合伙人来说将面临很大的风险。

## (二) 公众持有公司

20世纪70~80年代,美国投资银行业最大的变化之一,就是从合伙人制企业转变为公众持有公司。在此过程中,许多大的投资银行都实现了这一转变,其中有1971年的美林,1985年的贝尔斯登,1986年的摩根斯坦利,而高盛直到1999年4月才走向公众化。

所谓公众持有公司,就是上市交易的股份有限公司。股份有限公司是指由法律规定由一定人数股东组成,全部资本划分成等额股份,股东仅就其认购的股份对公司债务负清偿责任的公司形式。从19世纪50年代起,欧美各资本主义国家的公司立法开始兴起,到20世纪的50年代趋于完善。投资银行从合伙人制组织形态向公众持有公司制组织形态的转变,正是处于这一历史背景之下。公众持有公司依法以公开发行股票的形式向公众出售其公司股权,并在获得证券交易所审查批准后,其股票在证券交易所上市交易,股东则享有公司利润的分红,或保持红利作为再投资。除此之外,公司再通过对外举债或发行优先股及普通股配股等方式筹措资金。

公众持有公司具有股份有限公司的一般特点:① 股东对企业的债务只承担有限的责任,一旦企业经营失败而面临破产清算,股东最多只是损失其在公司的投资,其个人财产不会被用于公司负债的偿还。② 所有权与经营权相分离,股东作为资本的所有者并不直接参与公司的经营管理,而是将这一职能移交给董事会。③ 通过内部的权力分配,股东拥有最终控制权来监督经营者,股东具有选举、罢免和监督董事的权力,而董事会代表股东,具有选举、罢免和监督经营者的权力。

除此之外,公众持有公司比起其他组织形态还具有一些独特的优势。主要表现在:① 所有权分散,有助于风险社会化。股东的投资可以通过股份的形式分割成若干较小的部分,从而有助于所有权的社会化;股东越多,单个股东承担的经营风险就越小。② 流动性充分,使所有权的转让容易进行。股东可以通过买卖股票的方式进行所有权的转让,但公司的资本实力并不因此而受到影响。③ 更为重要的是,公众持有公司可以利用证券市场源源不断地筹措追加资本,扩大企业规模,增强竞争实力。

但是公众持有公司在获得这些利益的同时,也要付出一定的代价。公众持有公司在公开财务报表信息和经营活动方面要比私营合伙企业更公开,如公布年度报表、季度报表、召开股东年会等。

公众持有公司由董事会负责公司经营决策,日常管理由公司董事长、总经理及主管人员组成班子负责。一般而言,公司董事长、总经理及一些最高管理人员均为公司董事会成员;同时,也聘请一些社会名流等外来人士担任公司董事。

公司董事会在保护股东权益方面有着信托责任。其责任可分为三个方面:① 忠诚。即全心全意地为公司的利益服务。② 公正。即对股东有表决权的有关信息(如股票发行等)绝对保密。③ 谨慎。即在决策前保证董事会所得到的信息资料全面可靠。信托责任要求董事会成员对一些与公司不是最有利的建议和决定负有法律责任。这种情况在发生重组、合并或结构发生重大变化的公司中尤为突出。

### (三) 大型集团公司的下属机构

进入 20 世纪 80 年代后,投资银行被收购兼并而成为大型企业集团中的一个组成部分的现象相当普遍。有些投资银行被其他投资银行或金融机构收购,这类收购活动大都为了补偿或支持母公司的主营业务;也有一些投资银行被非金融机构收购兼并,这类收购主要是为了增强母公司的获利能力及业务多样化。在这种集团公司制下,投资银行的经营管理对母公司负责。

在投资银行的组织形态上,各国规定不一。目前世界上只有比利时、丹麦等少数国家的投资银行仍限于合伙人制;德国和荷兰虽然法律允许可有不同的组织形态,但事实上只有合伙人制;中国香港、马来西亚、新西兰、南非等大多数国家和地区则允许投资银行采取合伙人制或股份公司制;新加坡、巴西等国则只允许采取股份公司制。

## 二、投资银行业的行业结构

尽管投资银行的业务领域极为广泛,几乎涉及所有的金融市场,但并非每一家投资银行都经营所有的投资银行业务。投资银行业与其他行业一样有着规模差异和专业分工。从美国来看,投资银行业的行业结构如一种金字塔形的结构。

第一层是超大型投资银行。这是指在规模、市场实力、客户数目、客户实力、信誉等方面卓然超群的,能提供综合服务的投资银行。美国次贷危机爆发之前,处于塔尖上的投资银行是高盛、摩根斯坦利、美林、雷曼兄弟、贝尔斯登5 家公司。

在英国,投资银行习惯上被称为"商人银行",但近年来许多大商人银行为了减轻自身的家族色彩开拓了全方位的业务,纷纷宣布自己为"国际投资银行",实力最雄厚的英国著名投资银行有罗斯柴尔德、罗伯特、佛莱明及施罗德等。

在日本,投资银行一般被称作"证券公司",居于日本投资银行业第一层次的是野村、日兴、大和3 家证券公司。

第二层是大型投资银行。这是指能提供综合性服务,但在信誉和实力上均低于超大型投资银行的全国性投资银行。在美国是指佩恩·韦伯、培基、哈里斯·阿海姆等公司。

第三层是次大型投资银行。这是指一些以纽约为基地的、专门为某些投资者群体或较小的公司服务的投资银行。它们一般规模较小，并在组织上常采取合伙人制的组织形态。

第四层是地区性投资银行。这是指专门为某一地区的投资者和本地区中小企业或地方政府机构服务的投资银行。它们的总部一般都不在纽约，而且信誉和实力都比较薄弱。

第五层是专业性投资银行。这是指专门为某一行业（如高新技术行业、医药行业、能源行业等）中的企业提供诸如证券承销、企业购并等方面服务的投资银行。由于专业性投资银行熟悉这些行业，能为其提供专门的金融服务，从而在市场上占有一定份额。

在这些投资银行中，第一、第二层是美国投资银行的核心，它们掌握着几千亿美元的财产，在美国经济和金融中起着举足轻重的作用。

而广大的地区性和专业性的投资银行，虽然在人才和资金实力等方面都无法与超级投资银行竞争，但它们却能凭借其对本地区投资者情况的了解和对某一行业的熟悉，从而在证券市场体系中占有一席之地，成为美国投资银行体系中不可或缺的部分。

## 三、投资银行业的价值判断

一切行业都有一个价值判断准则，即为行业所认可的评判服务质量的依据。投资银行作为非银行金融机构，为广大客户提供融资理财的中介服务，其价值判断准则可归纳为以下五个方面。

### （一）追求财务上的最优值

这意味着以最少的投入获得最高的产出。在投资银行承销业务中，追求财务上的最优值即指为证券发行者实现最低的资金成本，而为投资者取得最大的风险-收益比率。股票发行者的最低资金成本来源于最高程度的市场资本化。市场资本化是指由公众市场决定整个公司现值的过程。股票投资者的最佳风险-收益比率要靠市场资金总额达到最低程度来实现。债务发行者的最低资金成本来源于最低的利率和最宽松的契约条款。债务投资者的最佳风险-收益比率要靠最高的利率和最严格的契约条款来实现。投资银行家应站在证券交易双方的立场，追求财务上的最优值，既要使投资者获得最高的收益，又要以最低的成本筹集到资金。投资银行通过选择和设计适合各种不同融资环境的金融工具来体现这一价值判断准则。

### (二) 独立判断与尽职调查

投资银行作为金融中介机构,它既要为筹资者负责,也要为投资者负责。投资银行的价值在于它能作出独立的判断。以承销业务来说,投资银行要使投资者相信,投资银行推荐给他们的证券是经过了投资银行的独立判断,能确保披露内容的真实、完整和准确。尽职调查就是独立判断的表现形式。它是指投资银行必须对客户就有关内容进行认真调查,不管这一过程多么繁杂、费力。这是法律程序的要求,是维持投资银行客观公正地位的要求。

### (三) 金融创新与新产品开发

金融创新与新产品开发是投资银行获得竞争优势的重要途径。近年来,随着利率、汇率、资产价格波动的日益频繁,经济、税收、法律政策的进一步细化,客户的需求也日益复杂。针对不同的细分市场,开发出满足各种需求的金融新产品,已成为投资银行重要的竞争武器。因此,创新性作为投资银行价值判断准则之一也就不足为奇了。目前,国际性投资银行无不将维持一流的创新能力写入其经营准则中,将新产品开发工作贯彻到各项业务的环节中。

### (四) 资金的有效供给与利用

这一准则既适合于投资银行所服务的客户,也适合于投资银行自身。对客户公司而言,资金的有效供给对于顺利实施其经营战略有着重要的意义。资金的有效利用意味着资金应分配到能产生最高收益而风险又最低的项目上。为此,投资银行必须了解客户公司将如何运用通过证券发行所募集到的资金。

对投资银行本身而言,这一准则也具有相当的重要性。投资银行既要有足够的资金来支撑它的承销、证券交易和商人银行业务,又要能充分利用其资金,以获得稳定的收益率。近年来随着竞争的加剧,各国投资银行一直在竞相提高其资金基数,因此资金的收益率能否超过筹资成本更显重要。

### (五) 客户服务与职业道德

为客户服务、维护客户的利益是所有行业的职责,投资银行也不例外。投资银行家应该是金融建筑师、工程师和医生。他们应当像优秀的建筑师,能亲密无间地与他们的客户一起发挥作用,即使他们与客户的要求有矛盾,但知道什么是应该坚持的东西。他们应像卓越的工程师,协调所承担工作的各个方面,坚持各项活动与任务的内在一致性。他们应像良医那样,总是严格按照实情来诊断,绝不因客户的愿望而迁就他们。

# 四、投资银行的人才类别

## (一) 投资银行家的职业素质

职业素质是指投资银行家所应具备的知识结构与各种能力的综合。投资银行的竞争最终是人才的竞争,良好的职业素质是人才优势的体现。具体而言,投资银行职业素质要求可以体现在以下几个方面。

1. 财务理论

如果财务学是构成投资银行业的知识基础,那么,财务理论则提供了用于建立这一学科的原始材料。只有了解某一特殊融资手段为什么起作用,才会知道如何使它更好地发挥作用。深刻理解各种融资工具的原理与机制也是一种竞争优势。当然,财务理论虽然是必不可少的,但仅仅掌握它们还不够。

2. 融资实践

与书本上的理论知识相对应,经验是另一种财富。对投资银行而言,过去的融资实践提供了很多书本理论所不能覆盖的技能。一个优秀的投资银行家来自实践的磨炼。

3. 经营才干与行业知识

投资银行为了替客户制定与实施最佳的融资方案,需要将公司当前的经营需要同各种不同金融工具的技术特征结合起来考虑;履行尽职调查义务时,更要对企业的经营管理水平和行业发展前景有一个正确的评价。因此,投资银行从业人员应了解一般的经营原理和行业的情况。

4. 市场悟性与远见

投资银行业务既是一门科学,又是一门艺术。具备市场洞察力与远见同技术分析具有同等重要的意义。一个优秀的投资银行家应了解何时发行证券,按照什么价格发行;应能分辨何为热门资产,下一个市场的热点在哪里。无论对产品、市场、体制,都应能迅速地觉察到机会和问题。

5. 人际关系技能

从事投资银行的工作除了要具备相当的专业能力外,还需具备一定的公关技能。作为一个服务性行业,投资银行要与众多的客户、机构和管理部门打交道,在其业务中协调和处理各方面关系的工作所占比重很大。以承销业务为例,投资银行要处理好发行公司、投资者、证券管理部门和其他中介机构(如律师事务所、会计师事务所)等各方面的关系,起到穿针引线全面总管的作用。因此,良好的人际关系技能是业务顺利进行的润滑剂。

## （二）投资银行的人才类别

投资银行家从个人特征看主要有四种类型。

### 1. 创业型

这些人往往是投资银行界领袖，以超凡的个人魅力吸引客户。他们发展新客户，保持老业务，创造各种提供服务、收取手续费的机会。创业者的性格坚强，有魅力，他们思路开阔，并不总是只朝一个方向努力，具有强烈的赚钱和获益的愿望。

### 2. 专家型

这些人是善于开发金融工具、善于从事数量分析的大师。他们建立模型，进行计算，解析等式，编制程序，制定证券发行分析表。他们在投资银行业中常常充当配角，但他们同样是工作中不可缺少的成员。创业者作出的允诺要靠分析师去找出实现的方法，最初获得业务的是创业者，而分析师保证这些业务得以进行下去。

### 3. 创新型

这些人看重数量和技术分析背后的东西，具有市场悟性，富有创造精神。他们设计新型客户产品，创造新型金融工具，更新并购思想。创新者并不总能获得成功，失败的比例有时要远远超过成功的比例。但这并不重要，一个优秀的创新者就足以使银行获得巨额的直接费用收益，更不用说还有那些在公司形象和声誉上的无法计算的间接好处了。创新者可能不易相处，他们可能喜怒无常，但他们的创新脚步却从未停止过。

### 4. 管理型

这些人将投资银行家的独立性和干劲集中到目标上。管理者是投资银行的经理人员，他们维护公司的组织，为每一个投资银行家创造最好的工作条件，并使集体保持团结。将红极一时的银行家们聚拢在一起工作并不容易，自我意识和个人情绪使他们经常攀比交易规模和红利收入，冲突时有发生。优秀的管理者必须同时进行监控、规范和限制等多项工作，为公司掌舵，指引前进的方向，并在过程中保持应有的控制。

## （三）优秀投资银行家的特点

### 1. 成就和成功

优秀的投资银行家就像成功的企业家一样，他们的动力更多是来自内心的驱动，而不是为向他人表现自己。他们有无尽的紧迫意识，并且渴望挑战，但并不等于说他们渴望风险。权力是重要的，但这对他们来说，是促进业务开展的权力，而不是统率下属的权力。

2. 责任和奉献

优秀的投资银行家总是全身心投入工作,无论交易规模或重要程度如何,他们一概将当前的交易看作是世界上最重要的事情。他们夜以继日地工作,责任感发自内心。虽然,只有这种个性并不能保证交易的成功,但缺少这种个性,交易无疑将会失败。

3. 重点和强度

优秀的投资银行家确定前进的目标集中专一,并使自己不偏离重点,就像河中的小鱼那样,发现新的交易就像发现诱人的鱼饵,他们会不顾一切地一口吞下,他们可能耽误其他事情,但对交易却总是一心一意。

4. 耐心和毅力

优秀的投资银行家从不放弃,他们永远不停歇,永远追求任何可能的收益,不放弃选择机会。他们知道如何等待,但不知道什么叫放弃。他们精于把握时机,了解仓促从事与反应缓慢同样危险。他们可以听出他人的言外之意,洞悉各方面的想法,辨明行动的最佳时机。优秀的投资银行家知道,有时按兵不动是最有利的做法,而这一点新手是最难掌握的。

5. 敏感性和洞察力

优秀的投资银行家善于察言观色,他们能巧妙地分析情绪和感觉,并形成适当的计划和行动。他们能对那些看似无害的建议和随口而出的评论的消极方面作出鉴别。他们善于利用同伴和对手,极少制造个人间的冲突,亦不讨对手不满。他们乐于与人打交道,并最终能从中获得竞争优势。

6. 正直和始终如一

优秀的投资银行家是可信赖的人,他们心口如一,言出必行。他们从不三心二意。他们从实践中了解到真实比虚构更能给人深刻的印象。他们知道诚实的声誉是发展未来业务的最好广告。

7. 创造和创新

优秀的投资银行家在旧事物出现问题时就会尝试新事物,他们从不因阻碍和困难而放弃新想法。他们掌握多种技术,因而在解决难题时比他人更得心应手。交易中的创造性既有利于交易过程的进行,又有利于挖掘更有价值的交易,并促进人们互相交流,为解决交易中的问题提供良好的解决方案。

# 第三节　投资银行的监管环境

投资银行业务面广且风险大,主要业务领域又是居于一国经济核心地位的资本市场。因此,对投资银行监管是保证投资银行业务规范运作乃至一国金融和经济体制安全稳定的制度保证。

# 一、投资银行的监管体制

尽管各国对商业银行的管理责任几乎都是由中央银行承担的。然而,对投资银行的监管体制却各不相同,归纳起来大致有三种监管体制。

## (一)集中型监管体制

集中型监管体制是指政府通过制定专门的证券市场管理法规,并设立全国性的证券管理监督机构来实现对全国证券市场的管理,包括对投资银行的监管。集中型监管体制的代表是美国。在集中型监管体制下,投资银行的监管主体又可分为三类:

(1)以独立监管机构为主体。这一类型的典型代表是美国。美国根据 1934年《证券交易法》,设立了专门管理机构——证券交易委员会(SEC),对全国的证券发行、证券交易所、投资银行、投资公司等实施全面的管理与监督。

SEC 下设全国市场咨询委员会、联邦证券交易所、全国投资银行协会。SEC有权制定为贯彻执行 1933 年《证券法》和 1934 年《证券交易法》所需要的各种行政法规,并监督其实施。这些行政法规,在某些场合具有与法律同等的效力。这种监管体制的优点是监督者可以站在较超然的地位监督投资银行,避免部门本位主义,可协调各部门的立场和目标,但它要求监督者有足够的权力,否则难以解决各部门的扯皮现象。

(2)以中央银行为主体。这种类型的证券监督机构是该国中央银行体系的一部分。其代表是巴西。巴西投资银行的监督机构是证券委员会,它根据巴西国家货币委员会(巴西中央银行的最高决策机构)的决定,行使对投资银行的监管权力。

这种体制使一国宏观金融的监督管理权高度集中于中央银行,便于决策和行动的协调和统一,有利于提高管理效率。不足之处是过分集权将导致过多的行政干预和产生"一刀切"现象,以致忽视不同意见的吸取和缺乏有针对性的监管。

(3)以财政部为主体。这类的监管体制是指由财政部为监管主体或完全由财政部直接建立监管机关。其代表是日本。日本的投资银行监管机构是大藏省的证券局。日本的《证券交易法》规定,投资银行在发行有价证券前必须向大藏省登记,证券交易的争端由大藏大臣调解。

## （二）自律型监管体制

自律型监管体制是指政府除了某些必要的国家立法外，较少干预证券市场，对证券市场和投资银行的监管主要由证券交易所及投资银行协会等组织自律监管。自律组织通过其章程、规则，引导和制约其成员的行为。自律组织有权拒绝接受某个投资银行为会员，并对会员的违章行为实行制裁，直至开除其会籍。自律型监管的典型代表是英国。在自律型监管体制下，投资银行主要通过证券交易所及证券业协会等组织进行监管。

## （三）中间型监管体制

中间型监管体制既强调立法管理，又注重自律管理。在中间型监管体制下，投资银行的监管主体既有全国性的证券管理机构，又有证券交易所、证券业协会等自律性组织。实行中间型监管体制的国家有德国、意大利、泰国、约旦等国。目前，世界上大多数实行集中型或自律型监管体制的国家已逐渐向中间型过渡，使两种体制取长补短，发挥各自的优势。但由于各国国情不同，因此在实行中间型监管体制时侧重点有所不同，有的较倾向于立法管理，有的较倾向于自律管理。

# 二、投资银行的资格监管

为了保障金融体系的安全，世界上任何一个存在证券与证券市场的国家都对投资银行设立了最低的资格要求。只有达到了这一最低要求，投资银行才能开业并开展业务。综观世界各国情况，投资银行的设立方式基本上可以分成两种，即特许制和登记注册制。在特许制条件下，投资银行在设立之前必须向有关监管机构提出申请，经监管机构核准之后方可设立；同时，监管机构还将根据市场竞争状况、证券业务发展目标、该投资银行的实力等批准其经营何种业务。在登记注册制条件下，投资银行只要符合有关资格规定，并在相应金融监管部门与交易部门注册便可以经营投资银行业务。

美国是实行登记注册制的国家。美国《证券交易法》规定，投资银行必须取得证券交易委员会的注册批准，并且成为证券交易所的会员，才能开展经营活动。

1. 在证券交易委员会登记注册

投资银行必须填写注册申请表，其内容包括：

（1）投资银行申请从事的业务种类。

（2）投资银行申请的经营活动区域。

（3）投资银行申请的注册资本金额及其来源和构成。

　　（4）投资银行主要高层管理人员的简历。

　　（5）保证遵守 SEC 的规章制度和有关证券法规。

　　在接到投资银行的注册申请后,证券交易委员会将在 45 天内(必要时可延长到 90 天)予以答复。在作出答复之前,证券交易委员会主要考察以下几点:投资银行的交易设施是否完备,自有资本是否充足,来源是否可靠;投资银行管理人员的资格是否具备,尤其要考虑其是否曾经违反证券法规或其他法律;投资银行是否具备从事其申请的业务能力。在登记注册中,投资银行还要向证券交易委员会交纳一定的注册费。

　　2. 在证券交易所登记注册

　　申请的程序与证券交易委员会申请的程序类似。证券交易所仅接受已取得证券交易委员会注册批准的投资银行的注册申请;同时,它还要考虑该投资银行是否能够遵守本交易所的规章制度。如果该投资银行被接纳为证券交易所的会员,则必须按规定交纳一定金额的会员费。

　　与美国不同,日本实行的是特许制。在日本,任何投资银行在开展业务活动之前都必须先向大藏省提出申请。经审核,按照大藏省核准其经营的业务发给不同的许可证。概括起来,日本对投资银行的最低资格要求有以下四点:

　　（1）拥有足够的资本金,并且资本金的来源稳定可靠。例如,从事证券承销的投资银行最少需要有 30 亿日元的资本金。

　　（2）管理人员必须具有良好的信誉,有良好的素质和证券业务水平。

　　（3）业务人员必须受到良好的教育,并与管理人员一样必须具有相当的经营证券业务的知识和经验。

　　（4）具有比较完备、良好的硬件设施。

　　对于希望做交易商,即希望在自己账户上自营证券买卖的投资银行,各国金融管理机构一般都有比较高的要求。这是因为证券市场在波动中存在着巨大的获利机会,也隐含着巨大的风险,投资银行利用自有资金或借来的资金进行自营买卖,很可能在利益驱动下追求高收益而忽视风险防范。因此,除了一般的资格要求外,各国金融监管机构往往还要求申请进行自营业务的投资银行做到以下两点:要拥有更高的资本金;要更熟悉相关证券业务知识,并要通过严格的考核。

# 三、投资银行的业务监管

　　由于投资银行的业务种类很多,涉及面广,各国金融管理机构的监管范围和监管程度各不相同,有时,对一种业务的监管会涉及多部法律或多个政府部门。这里,仅介绍世界各国对投资银行的核心业务,即证券承销与证券交易业务的监管。

其中,证券交易分为受客户委托的经纪业务和自行证券交易的自营业务两类。由于对它们的监管有重大差别,因而我们将其分开来叙述。

## (一)对证券承销业务的监管

投资银行在证券承销时很容易通过掌握大量的证券来控制二级市场价格,从而获取不正当收益。因此,世界各国对投资银行监管的重点都放在禁止其利用承销业务操纵市场、获取不正当利润上。一般来说,主要有以下几方面的监管内容:

(1)禁止投资银行以任何形式进行欺诈、舞弊、操纵市场和内幕交易。

(2)在承销中,投资银行要承担诚信义务,禁止投资银行参与或者不制止发行证券的企业在发行公告中弄虚作假,欺骗公众,投资银行与发行公司之间如有特殊关系(如持有发行公司的股票),必须在公告书中加以说明。

(3)禁止投资银行对发行企业收取过高的费用,从而造成企业的筹资成本过高,侵害发行者与投资者的利益,影响二级市场的正常运行。

## (二)对经纪业务的监管

投资银行作为经纪商接受客户委托代理买卖证券时,使客户和证券市场之间的桥梁,与客户的利益休戚相关。因此,各国金融监管机构总是非常注重对投资银行经纪业务的监管。概括起来,对投资银行经纪业务的监管主要包括以下几方面的内容:

(1)投资银行在经营经纪业务时要坚持诚信的原则,禁止任何欺诈、违法、私自牟利行为。在编辑、发放投资参考资料时,必须保证其真实合法,不得含有使人误信的内容。

(2)许多国家和地区(如我国内地与我国台湾地区)禁止投资银行受理全权由投资银行选择证券种类、买卖数量、买卖价格、买卖时机的委托,以防止投资银行借此弄虚作假,侵犯客户利益。有些国家(如美国)规定可以设立"全权委托账户",但禁止投资银行利用其进行不必要的买卖,以牟取佣金。

(3)除了"全权委托账户"外,未经委托,投资银行不能自作主张替客户买卖证券。受委托买卖之后,应将交易记录交付委托人。

(4)不得向客户提供证券价格即将上涨或下跌的肯定性意见,不得诱劝客户参与证券交易,不得利用其作为经纪商的优势地位,限制某一客户的交易行为,不得从事其他对保护投资者利益和公平交易有害的活动,或从事有损于证券业信誉的活动。

(5)有些国家对佣金比例作了明确规定,因而投资银行必须按规定比例收取佣金,不得自行决定收费标准和佣金比例。另外,有些国家对佣金比例没有作出规定,佣金的多少由投资银行和客户商讨决定,此时投资银行必须坚持诚信原则,不得以任何方式欺诈客户。

(6) 投资银行必须对客户证券交易情况保密,不得向任何人公开和泄露。金融监管机关和国家执法机关在进行调查时,则不在此列。

## (三) 对自营业务的监管

投资银行的自营业务往往风险大,操纵市场的可能性大,同时还很可能通过兼营自营业务和经纪业务侵犯客户的利益,因此,各国对该业务的监管主要包括以下几方面:

(1) 限制投资银行承担风险。例如,要求投资银行对其证券交易提取一定的风险准备金;规定投资银行的负债总额不得超过其资本净值的一定倍数;规定投资银行的流动性负债不得超过流动资产一定比例,从而限制其通过借款来购买证券;限制投资银行大量购买有问题的证券,如遇到重大自然灾害或发生严重财务问题的公司的股票,或者连续暴涨或暴跌的股票等。

(2) 禁止投资银行操纵证券价格。有的国家规定,投资银行所购买的任何一家公司发行的证券数量,不得超过该公司发行的证券总量的一定百分比。或者规定投资银行购买的任何一家公司的股票,不得超过该公司资产总额的一定百分比。

(3) 为了防止投资银行通过兼营自营业务和经纪业务侵犯客户利益,许多国家还规定,投资银行必须将代客买卖与自营买卖严格分开,不准混淆;实行委托优先和客户优先的原则,即如果投资银行的买卖价格与其客户的买卖价格正好相同时,即便投资银行叫价在先,仍以客户的委托优先成交;在同一交易时间,不得同时对一种证券既自行买卖又接受委托买卖。

(4) 投资银行在经营自营业务时,应当以维持市场稳定、维护市场秩序为己任,不得有任何破坏正常交易、侵害客户利益和过度投机的行为。

## (四) 对日常活动的监管

(1) 经营报告制度。投资银行必须定期将其经营活动按统一的格式和要求书面报证券监管机构。实行这一制度是为了让金融监管机构及时地了解投资银行的经营管理状况,以便更好地实施监督和管理。这些情况将成为决定是否对那些经营不良的投资银行采取相应措施的重要依据。

(2) 证券交易所作为第一线的证券业监管机构,其通过贯彻和执行证券监管当局的管理规定,对投资银行的经营活动进行具体管理和监督,并随时向证券监管机构申报。另外,证券交易所作为自律型的证券经营机构,在不与证券监管机构规章制度相冲突的前提下,制定本交易所的管理规定,控制和引导投资银行在本交易所的经营活动。

（3）各国证券监管机构对投资银行业务的收费标准都有一定的规定。例如，美国投资银行经纪业务的佣金额不得超过交易额的5％，其他业务的佣金比例不得高于10％，否则均按违反刑法论处。

（4）投资银行必须向证券监管机构和证券交易所交纳一定的管理费，它们将这些管理费集中起来，主要用于对投资经营活动检查、监督等方面的行政开支。

## 四、投资银行的保险制度

### （一）投资银行保险制度的作用

为了防止投资银行由于承担过大的风险，造成严重亏损，甚至破产倒闭而对金融秩序、经济发展和公众利益造成损害，并且妥善处理与解决投资银行破产与投资银行之间相互兼并的问题，许多国家建立了投资银行保险制度，并取得了很好的效果。

投资银行保险制度的作用体现在以下四个方面：

（1）对投资银行的经营状况进行监督，当投资银行面临经营困难时，可以根据实际情况给予资金上的援助，以保证投资银行自身、投资银行客户、投资银行股东和整个证券市场的利益免受过大的损失。

（2）当某投资银行的破产确实无法挽回时，投资银行保险机构负责对其资产、债务进行清理，完成其未完成的交易，并对其客户按有关规定给予补偿。

（3）监督投资银行之间的兼并行为，一方面要防止兼并收购过程中损害投资银行客户的利益，另一方面又可以资助其他投资银行兼并或接受已破产的投资银行。

（4）在金融开放的条件下，保护本国投资银行的利益，提高本国投资银行的国际竞争力，并防止被国外投资银行吞并。

### （二）投资银行保险制度的内容

投资银行保险制度包括以下几项内容：

（1）设立专门的非营利性的投资银行保险机构。对投资银行保险机构的设置一般有如下三种情况：

第一，直接隶属于最高证券监管机构。如中国香港设立的赔偿基金委员会就是隶属于香港当局设立的证券事务监察委员会，赔偿基金委员会由监察委员会任命的5人组成，其中至少有2人应是监察委员会的成员，2人应由联合理事会提名。

第二，直接隶属于证券交易所，或由证券交易所进行管理。如新加坡设立的会员忠诚基金由证券交易所设立，并由交易所管理。

第三，相对独立于证券监管机构和证券交易所。如美国设立的证券投资者保护协会的最高机构是董事会，该董事会由 7 名董事组成，其中 1 名董事由财政部任命，1 名董事由联邦证券交易委员会任命，其余 5 名董事由美国总统任命，因而具有很强的独立性。

（2）建立专门由投资银行保险机构管理的投资保险基金。要求在各证券交易所登记的所有投资银行都必须向该保险基金交纳一定金额的保险费，用于投资银行遇到财务困难或破产时的资金补偿。目前，世界上确定应交纳的款项的方法主要有两种：一种是每年按照投资银行经营毛利的多少，在税前收取一定比例的保险费；另一种则是每年按照投资银行营业额的大小，收取一定比例的保险费。

（3）建立投资银行报告制度。要求各投资银行必须向投资银行保险机构提交各种财务报表和经营报告，并随时准备接受投资银行保险机构对其经营风险和经营状况的调查和评估。

允许投资银行保险机构在某些紧急情况下，向财政部或中央银行融资，以应付在投资银行大面积亏损，或严重倒闭事件发生，或严重侵害投资者利益的事件发生时，保险基金不足的困境。

（4）当由于投资银行的破产而殃及该投资银行的客户时，投资银行保险机构应当对该客户给予补偿。同时，还规定对每一客户的最高清偿限额，以免除投资银行保险机构的无限清偿责任，促使投资者主动分散风险，降低投资银行之间竞争的激烈程度。

# 五、次贷危机对美国金融监管的影响

美国当前金融监管的最大特点，就是存在多种类型和多种层次的金融监管机构。随着金融全球化的进一步深化和金融机构综合化经营的发展，随着金融市场之间产品创新的发展，交叉出售的涌现和风险的快速传递，这样的监管体制也越来越多地暴露出一些问题。比如，监管体系中包含过多机构，它们在各自的权限上互有重叠，导致了监管成本偏高。同时，不同监管机构之间的标准不一，监管的规则描述过于细致，使其对于市场的反应太慢和滞后，风险无法得到全方位的覆盖等。

美国次贷危机之后，越来越多的美国财政金融要员深刻地认识到，次贷危机所暴露的是美国监管方面的一些深层次问题。面对次贷债券从"贷款发起到最终证券化销售"链条上的典型风险传染路径和特点，美国分散的监管体制决定了在风险蔓延的过程中，并没有机构对此负责。目前，没有一个联邦机构能够有足够的法律授权,来负责监管金融市场和体系的整体风险状况,无法实现风险监管全覆盖,对金融机构放松借贷标准的行为没有及时制止,对中介机构如投资银行、评级公司等缺乏有效监管,对于对冲基金等重要的市场投资者缺少监管手段,过于信赖新型金融机构自身的风险评估模型和管理能力。现有分散监管架构与各类金融市场之间联系日益紧密的发展趋势不适应,以及面对市场新的变化和发展又没有法规明确授权,监管者的手脚被进一步束缚,使得原本具有优势的分散监管体制反而演变成一种劣势,监管重叠和监管缺位的问题同时暴露出来。

2008 年 3 月底,美国财政部公布名为"现代金融监管体制蓝图"的新方案,旨在处理美国金融市场复杂的、长期性的问题,让美国金融市场更有效率和更具竞争力。这张蓝图被视为财政部长保尔森致力于提高美国资本市场竞争力的核心举措之一。方案中的提议较为全面,由近及远、由浅入深地提出了三步走:针对目前信贷和房屋抵押市场的短期建议,提高监管有效性的中期建议,将美国金融监管体系向目标导向的监管方式转变的长期建议。

(1)短期建议包括:增进金融监管合作;针对抵押贷款机构成立一个新的联邦委员会,负责为住房抵押贷款行业设置统一标准,扩大"总统金融市场工作小组"的管辖范围等;采取措施,加强监管当局的合作,强化市场的监管等。

(2)中期建议包括:消除现有监管体系中的重复监管;裁撤财政部下属的储蓄管理局,其功能划归财政部货币监理署,在财政部下新建全国保险管理局,统一对期货和证券的监管,使得某些金融服务行业(如银行、保险、证券和期货)在现有监管框架下的监管体制更加现代化。

(3)长期建议是整个新方案中的重点,也是对美国金融监管体制进行深层改革的"大政方针"。

根据长期建议,美国的金融管理机构将其整合为三大新机构,分别是:负责市场稳定的监管当局、审慎金融监管当局以及商业管理局。

负责市场稳定的监管当局,由美国联邦储备委员会(简称美联储)担任该职。美联储被赋予监管整个金融系统的权力,并在必要时采取相关行动,以确保整体金融市场的稳定。

审慎金融监管当局负责与政府担保有关的安全稳健事宜,由其统一领导美国银行业的 5 个监管机构。新的审慎金融监管当局可以承担目前联邦审慎监管当局的责任,并负责金融控股公司监管职责。

商业管理局负责所有公司行为的监管。该局应当为金融公司进入金融服务领域、出售其产品和服务方面提供和制定适当的标准。这样的监管方法可以在增强监管的同时,更好地应对市场的发展速度。

根据长期建议,美联储被赋予更广泛的权限。除了监管商业银行之外,它还将有权监管投资银行和对冲基金等其他可能给金融体系带来风险的商业机构。

这将是联邦政府的监管部门首次对非银行金融机构实行的监管。未来美联储将整合各项金融监管权,在金融监管体制中发挥核心作用。

需要强调的是,该方案还首次提出,要在财政部成立一个全国性保险业监管办公室,以改变目前保险业由各州自行监管的局面。方案还呼吁成立抵押贷款组织委员会,负责制定抵押贷款经纪人执照发放最低标准,以改变目前许多此类经纪人脱离联邦监管的现状。

监管目标和监管框架的紧密联系,使监管机构能够对相同的金融产品和风险采取统一的监管标准,这将大大提高监管的有效性。

# 第四节　投资银行业的发展进程

投资银行业的发展进程反映了金融监管的潮流,这就是大萧条年代政府对证券市场管制的加强和在以后年代中政府管制逐渐放松的过程。投资银行最初的功能——证券的承销和分销——并没有多大变化,但是所采用的方式、发行证券的数量以及所涉及的金额许多年来已经发生了巨大的变化。虽然 20 世纪 80 年代末起已出现放松管制的趋势,但投资银行业依旧是美国管制最严密的行业之一。

投资银行的原始形态可以追溯到 3000 年以前在美索不达米亚平原上出现的金匠,这些金匠从作为客户的货币保管人开始逐步发展到为商人们提供便利的货币兑换,再发展到为一些因开办实业而需要资金的商人和"三角债务"缠身的工商业进行"有利可图"的融资业务。

15 世纪欧洲出现商人银行。它不仅积极活跃在货币市场上成为广受欢迎的"大红媒",而且积极活跃在资本市场上从事包销企业股票、债券以及政府公债,参与投资管理、投资咨询和开办股票经纪人业务。19 世纪欧洲的巴林家族、海姆布鲁斯家族和鲁斯查尔德家族已能影响和控制各大公司财务状况和经营战略,并在欧洲证券市场乃至整个国民经济生活中起着越来越重要的作用。

1801 年,美国总统杰弗逊有意向法国购买当时属于法国的路易斯安那州首府新奥尔良港,为此,美国国会拨款 200 万美元。经过 2 年的讨价还价,拿破仑愿意出售整个路易斯安那州,要价 1 500 万美元,平均每英亩土地为 4 美分。可是美国政府除了 200 万美元以外,拿不出更多的钱。杰弗逊总统于是求助于著名的英国银行家亚历山大·巴林。巴林经常为欧洲各国政府从私人银行和有钱人那里筹集资金。杰弗逊以美国政府的名义委托巴林筹措购地需要的资金。由于数目庞大,不是少数几家私人银行和几个有钱人所能承担,巴林就组织几家银行与杰弗逊谈妥条件后,集体认购了美国政府的这笔贷款,并在认购后向其他投资者推销了一部分。由于巴林的帮忙,美国做成了这笔历史上最合算的土地交易。

巴林的这种融资中介人的作用就是现代投资银行的前驱。投资银行认购证券,然后向投资者推销其认购的证券,这一过程 200 年来大同小异。下面我们概要介绍美国投资银行的发展进程。

## 一、经济大危机之前的投资银行

美国的投资银行业是一个起步晚、发展快、起伏大的行业。在美国内战前,许多投资银行业务是由私人银行家经营的,主要是为政府和公路建设筹措资金。内战期间,因政府大量筹集资金的需要,使投资银行功能和作用日益增强。内战之后,投资银行业务继续发展,起初还是为国家迅速发展的公路建设筹措资金,随着其他工业企业的形成和发展,对投资银行的服务的需求也日益增大,投资银行的声望和影响有了进一步提高。第一次世界大战期间,投资银行业更得到长足的发展。战争之初,投资银行帮助协约国在中立的美国发行债券 20 多亿美元。美国参战后,投资银行业积极参与和领导了"自由"债券运动、"胜利"债券运动,同时还为生产战争物资的私营公司销售证券。这一过程不仅使投资银行发展壮大,而且使许多公众看到了投资股票和债券可以获取很大的收益,于是出现了第一次世界大战后至 1929 年股市大崩溃之前的证券市场日益繁荣和膨胀的局面。

1929 年之前是投资银行迅速成长的时期,它的直接原因就是美国资本主义经济的日益发达。具体来说,以下几个因素在其中起了突出的重要作用:

(1) 股份公司的兴起与发达。股份公司是在 16 世纪和 17 世纪随着西欧各国海外贸易和殖民扩张的兴起而兴起,在 18 世纪和 19 世纪逐步完善和发达。股份公司产生后要通过发行股票来筹集资金,这使投资银行作为企业和社会公众之间资金中介的作用得以确立。

(2) 证券交易的活跃与证券交易所的成立。投资银行诞生伊始,就与证券结下了不解之缘。1773 年成立的伦敦证券交易所、1792 年成立的纽约证券交易所和 1878 年成立的东京证券交易所,为各国投资银行的发展提供了广阔的天地。证券承销和证券交易成为投资银行的主要业务。

(3) 基础设施的建设。资本主义经济的迅猛发展给交通、能源等基础设施造成巨大的压力。为缓解这一矛盾,18 世纪和 19 世纪,欧美掀起了建设基础设施的高潮。资金需求量极大,投资银行业务在为基础设施筹资、融资过程中得到了迅速发展。

(4) 战争的爆发。这期间爆发了美国南北战争、第一次世界大战以及众多的殖民战争。战争期间,政府为筹集军费发行各种债券。投资银行在债券的发行中发挥着中介机构的重要作用,自身的发展也得到了极大的推动。

(5)企业的收购与兼并。在资本主义的发展过程中,企业收购兼并的热潮迭起。1898—1902年间,美国企业界掀起了一次横向并购的浪潮,在1897年仅有4起收购兼并事件发生,而在1898—1902年间,则有360起收购兼并事件发生。在帮助企业融资以促进并购活动完成的同时,投资银行开始逐步发展了在收购兼并方面的财务顾问业务。

## 二、经济大危机时期的投资银行

1929年之前经济的持续繁荣带来了证券业的发展,证券市场上的投资、投机、包销、经纪活动空前活跃。由于投资银行与商业银行并没有严格分开,商业银行家更是利用自己雄厚的资金实力,频频涉足证券市场,甚至参与证券投机,加上监控管理的乏力,为1929—1933年的金融和经济大危机埋下了祸根。

1929年10月24日,这个被冠以"黑色星期四"的那一天拉开了整个世界在20世纪30年代经济大危机的序幕,股票市场的狂跌浪潮如决堤洪水冲击着金融业与世界经济。"泡沫"碎了,繁荣消失了,取而代之的是破产、挤兑、倒闭、失业、自杀,从而导致1929年年末到1933年年末世界经济大危机的爆发。1929—1930年,纽约证券交易所上市股票价值从897亿美元暴跌到156亿美元,其中美国钢铁公司的股票每股价格由262美元降到21美元,美国电报电话公司的股票每股价格由310美元降到70美元,通用汽车公司股票价格由92美元降到7美元,而有些声誉较差的股票(如史蒂倍克汽车公司股票)则完全从价牌上掉下来,变得一文不值。

股市的崩溃点燃了世界历史上空前持久和深刻的经济危机。美国工业生产从1929年5月危机前的最高点到1932年7月危机时的最低点,下降55.6%,退回到20世纪初的水平。无数银行和工厂破产倒闭,成千上万的工人失业,数以万计美元的财富付诸东流,生产停滞甚至回到19世纪。在这一灾难中,银行业无疑是首当其冲的受害者,从1929年年末到1933年年末仅美国银行就由23 695家减少到14 325家,4年之内减少近万家银行,出现了世界金融史上绝无仅有的局面,投资银行业遭受重创,陷入萧条的低谷。

沉重的代价促使人们反思,为什么投资银行业会遭受如此惨败?! 其原因主要在于:

(1)商业银行业务与投资银行业务交叉融合,使得许多短期资金盲目地运用到了证券市场这种风险较大的长期投资上。虽然银行资产经营比重向证券投资和证券买卖倾斜是由于证券市场长期"繁荣"和高额盈利所致,但它却促使了银行的经营风险越来越大,为 1929—1933 年经济大危机的爆发埋下了祸根。

(2) 银行资本与产业资本的相互渗透和资本的高度集中,产生了一些大的金融寡头,从而使整个证券市场的竞争性相对减弱,证券市场的人为波动因素增大,一旦某个关键环节出了问题,就必然导致整个证券市场的崩溃。金融寡头的产生并拥有操纵证券市场的权力又为 1929—1933 年的世界经济大危机的形成提供了条件。

(3) 金融管理体系和金融管理法规的不健全,使许多投资银行和商业银行机构及其业务游离于政府管辖范围之外,许多偏离正道的金融行为不受法律约束,这又使 1929—1933 年经济大危机的爆发有了可行性。

## 三、经济大危机以后的投资银行

沉重的代价使美国政府着手规范投资银行。1933 年,美国国会通过了著名的《格拉斯-斯特加尔法》(Glass-Steagall Act),1934 年,通过了《证券交易法》(Securities Exchange Act of 1934)等法律文件。《格拉斯-斯特加尔法》的颁布不仅具有历史意义,标志着现代商业银行与现代投资银行的分野和相互独立,而且还为证券业与银行业分业监管提供了借鉴样板。

1933 年 1 月,美国国会组织货币委员会的一些成员成立调查小组,由曾当过财政部长并参与起草《联邦储备法》的经济学家、弗吉尼亚州参议员卡特·格拉斯任小组委员会主席。调查小组为银行业问题举行了听证会,同时还对纽约证券交易所的证券交易、商业银行经营方式和业务范围、投资银行经营方式和业务范围、联邦储备系统与会员银行的关系等诸多问题进行了深入调查。尔后,与亚拉马州众议员亨利·斯特加尔一起,向国会提出了一系列改革和健全金融管理体系的方案,这就是后来的《格拉斯-斯特加尔法》。制定该法的目的,主要是为了纠正金融体系中的一些不轨行为,保证金融秩序的稳定。

该法案对证券投资活动的布局和渠道作了大规模的调整,制定了证券投资活动的根本原则。主要内容有以下两点。

(1) 商业银行必须要与投资银行分开。任何吸收存款业务为主要资金来源的商业银行,不能同时经营证券投资等长期性资产业务;而任何经营证券业务的投资银行,也不能经营吸收存款等商业银行业务。具体来说,商业银行不准经营代理证券发行、证券包销、证券分售、证券经纪等业务,而投资银行也不准在经营上述证券业务的同时经营支票存款、存单存款等商业银行业务;对商业银行的证券贷款实行严格限制。另外还规定,商业银行的人员不得在投资银行兼职。商业银行不得设立从事证券业务的分支银行或附属机构等。

（2）建立联邦存款保险公司。该公司通过经营商业银行的存款保险业务，执行银行监督、管理职能，主要负责监督管理所有不参加联邦储备系统的州立银行的经营，以保证存款者的安全，维护金融业的稳定。

1933年，《格拉斯-斯特加尔法》颁布后，现代商业银行与投资银行分业经营格局开始形成，同时纯粹意义上的商业银行和投资银行正式诞生。在美国，许多间接经营投资银行业务的商业银行（如花旗银行、大通银行等）不得不甩掉其证券附属公司而退回到其商业银行领域，一些直接经营投资银行和商业银行业务的公司不得不进行分割而独立成不同的投资银行公司和商业银行公司（如摩根公司把投资银行业务专门转由摩根斯坦利公司经营并独立出去，而商业银行业务则专门由J·P·摩根公司自身来经营）。继美国20世纪30年代制定了一系列金融法规之后，日本在1948年也制定了《证券交易法》，对银行业与证券业分业作了法律上的规定，促成了日本商业银行与投资银行（即证券公司）业务上的正式分离。第二次世界大战后，许多国家也开始出现商业银行与投资银行业务分业的格局。

1934年，美国经济乃至世界经济在罗斯福"新政"的刺激下开始复苏，以美国华尔街为代表的世界证券市场逐步从经济危机的阴影中走了出来，沉寂多时的投资银行又重新活跃起来。在第二次世界大战时期，远离战场的美国证券市场在日趋完善的法律、法规的护航下平稳地发展了数十年。20世纪50年代末，美国的股价和交易量同步增长，到1963年美国股票交易量首次超过1929年的水平，1968年比1963年交易量增长了3倍。在此过程中，摩根斯坦利公司、所罗门兄弟公司、美林和高盛等著名的投资银行在这一时期都得到了蓬勃发展，为其以后拥有世界上实力最雄厚的投资银行群体奠定了牢固的基础。

但随着证券交易额的大幅上升，证券交割制度的落后就愈显突出。1968年12月，未交割金额达41亿美元，清算差错率高达25％～40％，人工交割的落后和未交割业务的堆积使100多家投资银行因此而倒闭。正是这次危机促进了证券业电子技术的普遍应用。此外，美国政府于1970年颁布了《证券投资者保护法》，制定了与商业银行保险制度相类似的《投资银行保险制度》，并在此基础上建立了证券投资者保护协会。1975年5月1日，美国取消了固定佣金制，这一变化导致了折扣经纪人（discount broker）的兴起，他们向客户提供佣金低廉的简单经纪人服务。

20世纪80年代以来，投资银行更以日新月异的变化不断发展壮大，新的功能（如杠杆收购）的异军突起、新产品（如风险管理机制、利率和货币的互换交易）的开发、新技术（如资产证券化）的推广、新的市场（如英国的民营化、东京和伦敦市场的拓展）以及新的力量（如商人银行，即为它自己购买企业的投资银行）的不断涌现，使投资银行几乎达到了呼风唤雨的地步。

总之，投资银行与商业银行分道扬镳之后，其实力虽然受到一定影响，但较长时间以来,世界各国对各金融机构业务范围按证券法规定实行了明确划分和严格限制,使投资银行能独揽证券市场天下并得到不断发展。

## 四、现代投资银行的发展特点

从 20 世纪 70 年代末开始,各国资本市场出现证券化趋势,反映在各银行金融机构在资金运用上信贷发放规模的不断减少和证券投资规模的不断增加。银行金融机构又开始向投资银行业务领域渗透。主要原因有以下几个方面:

第一,自 20 世纪 70 年代末开始,世界各国从政策到法律出现了放松金融管制的状况,内容包括扩展现存金融机构业务、允许发行创新金融工具、放松利率最高限、放松外汇管制、充分发挥金融市场作用等。许多国家金融监管机构和有关人士认为,造成 20 世纪 30 年代经济危机的社会条件已不复存在。首先,现代社会财政政策、货币政策已成为调节经济运行、防止经济危机的有效工具。其次,金融法规和金融监管系统日趋完备,并且采纳了商业银行的存款保险制度和投资银行保险制度,使再发生银行连锁倒闭的风险已经相对较小。再次,20 世纪 70 年代发展起来的风险控制理论和风险控制工具也使金融机构的风险大大下降,因此各国普遍放松了对两者的金融管制,这些都加快了银行金融机构参与证券市场的步伐。

第二,商业银行在与投资银行的竞争发展中基本上处于不利的地位。在投资银行业迅猛发展的同时,商业银行在 20 世纪 30 年代后获得的各种特权却正在逐步失去,其作为贷款人的重要性也被日渐忽略,投资银行开拓的直接融资方式正在取代商业银行的间接融资方式,越来越多的资信高的企业纷纷转向证券市场融资,导致传统的银行信贷业务利差日益缩小,贷款质量大幅下降,贷款收益率严重下挫,商业银行盈利率普遍下降。以美国为例,从 1979—1982 年,全部商业银行资产盈利率(指银行净收入平均占全部资产的比例)由 0.8% 下降到 0.71%。同时在拓展国际业务方面,实行分离模式的国家的商业银行面临着来自全能银行的竞争,往往显得力不从心,实力不济,这迫使商业银行大量地介入投资银行业务,开辟新的业务领域。

第三,从 20 世纪 80 年代开始,由于拉美国家债务危机的爆发以及证券具有安全、流动、效益的特点,使世界各国的海外投资主要从国际银团贷款转为各国通过自己的银行和投资公司将资金投放到海外证券市场,尤其是外国货币债券上。而各国资金需求者,也多数通过向证券市场发放证券的方式融通资金。各国投资和融资的证券化趋势促成银行金融机构不断向证券市场渗透。

第四,各种金融证券创新,如票据发行融资便利、可转让贷款证券、各种抵押贷款证券的创新发展使世界各国的金融机构,特别是发达国家的金融机构,又积极跻身于证券市场。过去的金融法规对商业银行和投资银行在金融创新市场中的活动并没有作出限制,因此创新金融市场就成了商业银行与投资银行竞争角逐的场所。

由于业务竞争市场的压力和利益的驱动,使投资银行也跳出了证券承销、证券经纪的狭窄业务的框框,跻身于金融业务的多样化、专业化、集中化和国际化之中,努力开拓着各种综合业务,呈现出现代投资银行的鲜明特点:

(1) 投资银行业务向多样化方向发展。多样化既包含同一投资银行业务的多样化发展,又包含在证券市场中投资银行与其他金融机构的多样化及其业务相互交叉混合的多样化。投资银行不但经营着传统的证券发行、证券经纪业务,而且还发展了公司理财、资金管理和投资咨询业务等,并且还以其自身特有的灵活性和创新性,渗透到商业银行领域,帮助客户进行"现金管理"、参与为企业融资(租赁、贴现)、为消费者融资(分期付款、抵押贷款)和风险投资等与商业银行业务发展边缘交叉的一些业务。

(2) 投资银行业务向专业化方向发展。由于历史的和现实的多种因素所致,投资银行尤其是各大投资银行在业务拓展多样化、交叉化发展的同时,也各有所长地向着专业化方向发展。专业化既表现在某些投资银行在证券市场上只单纯从事一种或两种业务,不具有多样化的特色,又表现在某些投资银行在从事多样化的业务中,主要突出某一种或若干种业务,这几种业务在深度和广度上都比其他业务要强,如:摩根斯坦利公司,擅长于包销大公司证券;美林证券公司,其资产管理业务居全球之首;高盛在全球的并购交易中的顾问业务位居世界第一;而雷曼兄弟则将业务重心放在创新和固定收益证券上,在投资银行界具有"债券之王"之美誉。业务的竞争使各家投资银行按照自身的独特优势向各具所长的方向发展。

(3) 投资银行业务向集中化方向发展。第二次世界大战后,随着经济和金融的复苏和增长,各大财团的竞争与合作,使得金融资本越来越集中,投资银行也出现积聚和集中的发展。美国众多的投资银行,原先各自为战,后来几经起伏,到20世纪80年代初,形成了美林、摩根斯坦利、第一波士顿、所罗门兄弟、高盛及雷曼兄弟6家大的投资银行。近年来,由于受到商业银行、保险公司以及其他金融机构的业务竞争,更加剧了投资银行业的集中。至2008年,美国全面爆发"次贷危机"之前,顶尖的投资银行只有美林、摩根斯坦利、高盛、雷曼兄弟以及贝尔斯登5家投资银行。日本1949年证券公司有1 152家,到1977年兼并、集中到257家,野村、日兴、山一、大和4家证券公司在日本证券公司资本、资产、利润等指标,平均占到日本整个投资银行业份额的75%。1997年1月,随着山一证券公司的倒闭,日本形成了以野村、大和、日兴三大证券公司为代表的少数大规模综合证券公司同专门从事股票买卖的大多数中小证券公司并存的两极分化的格局。

(4) 投资银行业务向国际化方向发展。国际经济发展的不平衡以及国际资本供求在时间和空间上的不对称性,使得资本的国际流动日益加强,而资本的国际化推动着投资银行业务不断国际化。美林证券公司不仅为世界各大公司提供经济咨询和研究服务,还为世界各国政府和公司在世界各大资本市场上融资,而且还协助一些国家的中央银行管理外汇储备,代理股票、债券及其他证券的交易。日本证券公司不仅办理外国投资者向本国的投资(主要为股票经纪),而且还办理日本对外发行外债的交易业务,并且在海外设立的营业点遍布五大洲。

可以说,现代投资银行由于竞争的压力和利益的驱动,使其业务发展多样化,而业务多样化发展又促使了业务的国际化发展,业务的国际化竞争加速了业务的专业化、集中化发展。

## 五、次贷危机中的美国投资银行

2008 年次贷危机全面爆发以来,美国投资银行遭受了巨大损失。2008 年 3 月,贝尔斯登被 J·P·摩根以接近破产的价格收购。同年 9 月,雷曼兄弟也被迫宣布破产,而美林则被美国银行紧急收购,高盛和摩根斯坦利则选择转为银行控股公司。一夜之间,华尔街前五大独立投资银行已经不复存在,这对美国金融体系的整体发展是一个重大打击。美国投资银行业在这次次贷危机中遭受重创的主要原因在于以下几方面。

### (一) 经营环境恶化推动买方业务不断扩大

华尔街五大独立投资银行的集体崩溃在一定程度上是因为美国投资银行的经营环境剧变而造成的。20 世纪 70 年代以来,国际竞争与日益一体化的资本市场的发展,使实施分业经营的美国银行感受到来自欧洲全能银行的强大竞争压力。为了提供所谓"一站式"的金融服务,增强美国金融机构的竞争力,美国国会于 1999 年通过了《金融服务现代化法案》,正式废除《格拉斯-斯特加尔法案》,打破了商业银行和投资银行分业经营的限制。

随着商业银行、外国银行和折扣经纪商等新进入者的不断加入,市场竞争日趋激烈,投资银行面临的生存压力徒增,各项业务收费水平显著下降。根据美国全国证券商协会报告,虽然 1980—2000 年间大型投资银行的净收入持续增长,但是税前利润率却不断下滑。见图 1-1 和图 1-2。

为保存和扩大生存空间,攫取更多利润,投资银行扩大了交易及自营投资业务(包括外汇和外汇衍生品、商品和商品衍生品、结构化信用产品、房地产基金和股权投资等),使买方业务比重不断上升。例如,2007 年高盛的交易和自营投资业务税前收入高达 13 228 百万美元,对高盛总税前收益的贡献达 75%。虽然买方业务带来了高额利润,却占用了投资银行更多资本,并且使它们承担了更大的市场风险。

图 1-1　大型投资银行净收入和税前利润率

　　资料来源：SIA Data Bank and Bernetein analysis。

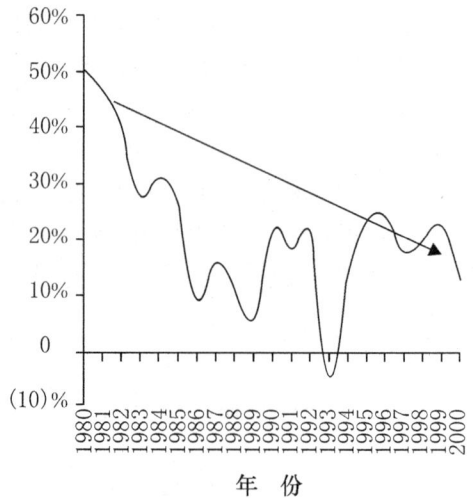

图 1-2　大型投资银行股本回报率

　　资料来源：SIA Data Bank。

## （二）追逐高额利润使买方业务深陷"次贷泥沼"

　　2001年之后,美国房地产价格持续上涨,住房抵押贷款及其证券化产品迅速膨胀。投资银行敏锐地发现了住房抵押证券"高收益、低风险"的机会,积极地参与住房抵押贷款证券化的创设和承销,并利用自有资金和短期融资,大量投资于相对安全(AAA级)的住房抵押证券,以满足二级市场的做市需要,追逐高额利润。投资银行的住房抵押证券业务急剧增长,雷曼兄弟、美林等尤为激进,甚至直接发放住房抵押贷款和进行证券化,并且大量持有住房贷款资产,一度获得了巨大利润。

　　然而,美联储自2004年起连续加息和房地产市场连续降温,次级抵押贷款的违约率急剧上升,投资银行持有的住房抵押证券价格大幅下跌,持有的按揭贷款也难以继续通过证券化出售,使它们不断面临资产减计和巨额损失,美林、雷曼等几乎所有投资银行均深陷泥沼。国际货币基金组织估计,全球金融机构损失将高达1.4万亿美元。从根本上看,投资银行不断扩大买方业务的发展趋势,以及投资银行高层管理人员的冒险和不断地追逐高利润的道德风险,共同导致了它们在次贷危机中的巨大损失。

## （三）杠杆率过高导致巨大的流动性困难

　　投资银行与综合性银行(如花旗、摩根大通、美洲银行等)不同,其杠杆率在现行监管框架之外,并不受《巴塞尔协议》对商业银行8%的资本充足率要求的约束。

投资银行扩张业务的资金来源，主要依赖于银行间的拆借市场和债券市场。在银行间拆借市场通过抵押回购等方法来筹集短期资金（隔夜、7 天、1 个月等），并投资住房抵押证券，实现短债长投、期限错配的利差收益。在债券市场通过发行债券来满足中长期资金需求，这使得投资银行杠杆率（风险资产与净资本之比）高达 30 倍。如果考虑表外资产（即投资银行通过设立特殊投资实体，将投资转移到资产负债表外），杠杆率更高达 50～60 倍。虽然高杠杆为它们带来了高额利润，但也导致了巨大的投资风险和流动性风险。表 1-1 反映了美国投资银行业的杠杆率。

表 1-1 美国投资银行业的财务杠杆率

| 年 份 | 2001 | 2002 | 2003 | 2004 | 2005 | 2006 | 2007 | 2008 |
|---|---|---|---|---|---|---|---|---|
| 财务杠杆率 | 24.7 | 25 | 29 | 32 | 34 | 36 | 38 | 24 |

数据来源：SIFMA（证券行业与金融市场协会）。

美国次贷危机爆发以后，对冲基金、投资银行和商业银行等金融机构亏损巨大，不断宣布破产，全球金融市场陷入恐慌，短期融资市场的流动性突然消失，这对依赖高杠杆的投资银行造成致命打击。一方面，证券资产价格大幅下跌，投资银行不断面临借款银行追加保证金的要求，而持有的资产在金融危机中变现非常困难。另一方面，由于投资者和交易对手拒绝继续提供融资，投资银行难以继续融资偿还到期的短期债务，造成巨大的流动性困难，这直接导致了贝尔斯登、雷曼破产和美林被收购，以及高盛和摩根斯坦利转为银行控股公司，以获得美联储短期融资支持。

## （四）公司治理不完善弱化了制度对防控风险的基础保障

美国投资银行实行在单层公司治理框架下的首席执行官（CEO）制度。这种公司治理模式的通行做法是：职业经理人既是董事长又兼首席执行官，集决策与执行于一身。这种架构有利于经营者集中精力搞好经营，提高公司业绩，但却缺乏对高层管理人员的内部控制机制。董事会基本上被总经理所左右，来自公司内部的董事会成员，是总经理兼董事长的下级，而来自企业外部的董事是由经理推荐或由受经理层控制的提名委员会推荐的，难以对总经理的决策和行为作出太多批评。而能成为投资银行的首席执行官的精英，一般都有良好的教育背景，同时具有超群的实战本领和显赫的业绩。这些耀眼的光环，形成了人们对这些精英们的崇拜，进而夸大了精英的作用，弱化了制度对防控风险的基础保障作用。

同时，华尔街投资银行过度强调短期回报的激励机制也是危机产生的诱因之一。20 世纪末，在投资银行放弃了合伙人制的组织形态转为上市公司后，投资银行的激励和约束机制发生了巨大变化。投资银行高层管理人员的薪酬和激励机制没有与机构的风险管理、长期业绩挂钩,形成了较高的"道德风险",致使管理层短期行为倾向较严重。为了迎合追求利润的需要,投资银行不断设计复杂的产品以至于其自身都难以对这些产品的风险加以判断,也就难以进行风险控制了。

# 六、后危机时代投资银行的发展趋势

随着华尔街大投资银行破产和转型,曾经引以为豪的华尔街投资银行模式似乎走向终结。笔者认为,华尔街的崩盘并非传统投资银行模式的失败;而对中国来说,不仅需要大力培育自己的投资银行,而且更要加速发展。

## (一)投资银行模式仍然具有强大的生命力

在美国次贷危机爆发之前,全球金融业之所以取得迅速发展是由于投资银行的创新。相对于庞大的全能型银行,美国独立的投资银行(如美林、高盛、摩根斯坦利等)具有难以动摇的竞争优势。商业银行自20世纪70年代以来,争夺投资银行业务的努力从未停止过,目前虽然已取得很大的进展,但尚未能完全取代投资银行的地位。

投资银行模式是否能够继续存在,本质上是直接融资和间接融资的争论。直接融资具有为企业提供长期资金、增强资产流动性和分散投资风险等优点,不会因为这次金融危机而消失。投资银行为直接融资提供中介服务,以自有资金适度承担风险,满足企业和投资者转移风险的需求,提高证券市场流动性。"承担风险和追逐利润"正是投资银行的核心魅力,仍然具有强大的生命力。

投资银行是金融史上重要的创新,尤其是美国投资银行业发展迅猛,极大地促进了美国资本市场的发展壮大,并对美国企业国际化提供了强大支持。美国能够产生如此众多的有影响力的跨国公司,与华尔街投资银行密不可分。而对于尚处"新兴加转轨"阶段的中国资本市场来说,加快发展投资银行,其意义更为重大。

## (二)以商业银行为主导的混业经营模式可能成为主流

从全球范围看,以商业银行为主导的混业经营模式将成为金融业的主流模式。相对于美国银行业,传统的欧洲银行业特别是德国银行业在危机中所受影响相对较小,包括德意志银行和德国商业银行在内的德国主要银行在危机中都没有遭到重创。虽然不能说德国的混业经营模式一定优于美国,但其风险相对较低、更为稳健却是确信无疑的。因此,德国的混业经营模式在未来可能会更受重视。

相对于投资银行而言,商业银行的资金来源更为充裕,运作更为透明,对风险控制更为严密,受到中央银行的密切监管和受到存款保险机制的保护,并且综合化的经营还有利于平抑收益的波动。目前,混业经营模式已经取得了压倒性的优势。实际上,高盛和美林等投资银行在次贷危机前已经开始转型,次贷危机则刚好提供了一个契机,迫使它们加速转型。

### (三)过度的金融创新将受到一定程度的抑制,但创新的动力不会消失

金融创新和不断膨胀的衍生工具交易,是加深本次危机的直接原因。金融创新有助于提高经济资源的运用效率,也是美国金融业建立竞争优势的重要手段。危机前,金融创新很大程度由投资银行所主导,并在一定程度上被各国政府特别是美国政府所默许。但是,金融创新一旦成为贪婪的工具,那么就必然会带来风险。可以说,过度的、脱离实体经济发展需要的、不受监管和控制的金融创新,不仅没有起到促进经济发展的作用,反而给国际金融业和实体经济带来了巨大的灾难。

可以预见,金融衍生品市场仍将发挥应有的作用,金融创新的动力依然存在,因为不管谁主导金融业的发展,创新是提高竞争力的源泉,是竞争力的体现。但是,随着投资银行等激进的创新主体的衰落以及全能型银行重新占据主导地位,过度的金融创新将受到一定程度的抑制,将有可能变得更加谨慎和稳健。这可能更有利于金融业的健康发展,也更有利于金融业与实体经济发展的需要相适应。

### (四)分业监管模式可能被取代,银行业将面临更加严厉的监管

在危机前,为了适应混业经营的发展趋势,世界各国已纷纷对金融监管机构进行了整合,即向统一监管模式的转变以提高监管能力。例如,早在 1997 年,英国就设立金融服务监管局并取代了若干个独立的监管机构,统一行使对银行业、保险业和证券业的监管。目前,日本和欧洲国家大都对金融实行了统一监管。相反地,出于对分权和制约的崇尚,美国则坚持分散的分业监管模式,监管机构包括美联储、存款保险公司和证券交易委员会等近 10 个。现有监管架构最为突出的问题是监管标准不一致,监管领域的重叠与真空同时存在,对于市场的反应迟钝和滞后。

2008 年 4 月份,美国已提出新的金融监管改革方案,未来的金融监管改革可能朝着统一监管的方向发展,同时监管也将更为严格。首先,各国政府在危机中被迫对一些金融业巨头施救,付出了沉重的代价,各国监管机构必然要吸取教训,改善金融监管,避免道德风险。其次,这也是混业经营趋势增强的需要。不少观点认为,混业经营在一定程度上加剧了危机,并非只是有利无弊。未来混业经营趋势将

更为突出,也增大了向统一监管模式转变和采取更加严格监管的必要性。最后,银行业的集中和垄断趋势目前看来已难以逆转,风险将更为集中,监管机构不得不采取更为有效的监管模式和更为严厉的监管措施。

# 本 章 小 结

　　投资银行是一个非银行的金融机构,主要从事资本市场业务,是西方发达国家金融体系中最重要的组成部分。尽管投资银行与商业银行之间的业务交叉和融合已是事实,但从业务的本源、发挥的功能、利润的构成及管理的方式上看,商业银行与投资银行在本质上是不同的。投资银行具有四个方面的功能:① 提供金融中介服务。② 推动证券市场的发展。③ 提高资源配置效率。④ 推动产业集中。

　　投资银行基本上有三种组织形态:一是合伙人制企业,二是公众持有公司,三是集团公司的下属机构。投资银行业有着规模差异和专业分工,其行业结构呈金字塔形。投资银行业的价值判断准则是:追求财务上的最优值,独立判断与尽职调查,金融创新与新产品开发,资金的有效供给与利用。

　　对投资银行监管是保证投资银行业务规范运作,乃至一国金融和经济体制安全稳定的制度保证。投资银行的监管体制有三种:① 集中型监管体制。② 自律型监管体制。③ 中间型监管体制。为了防止投资银行由于严重亏损,甚至破产倒闭而对金融秩序、经济发展和公众利益造成损害,处理和解决投资银行破产与投资银行之间相互兼并的问题,许多国家建立了投资银行保险制度。

　　投资银行业的发展历史反映了大萧条年代政府对证券市场管制的加强和在以后年代中政府管制的逐渐放松的过程。1929 年之前是投资银行迅速成长的时期,1929—1933 年是投资银行遭受重创陷入萧条的时期,1933 年以后是投资银行规范调整与稳定发展的时期。1933 年通过的《格拉斯-斯特加尔法》,标志着现代商业银行与现代投资银行的分野和相互独立。较长时间以来,在分业管理体制下,投资银行独揽证券市场天下并得到不断发展。

　　现代投资银行业务在向多样化、专业化、集中化、国际化方向发展。当前投资银行业正面临着有史以来最严峻的挑战。美国投资银行在次贷危机中遭受了毁灭性的打击,华尔街大型的独立投资银行已经不复存在。

　　可以断言,未来的投资银行和证券公司的组织结构一定不同于今天,但是其功能却不会有太大变化。维持它们传统业务的途径,不是扩大资本实力就是成为更大型金融机构的一部分。

# 复 习 思 考 题

1. 什么是投资银行？与商业银行相比，投资银行具有什么特点？

2. 投资银行在经济中具有哪些功能？

3. 投资银行有哪些组织形态？各具有什么特点？

4. 投资银行有哪些价值判断准则？

5. 投资银行的监管体制有几种模式？

6. 投资银行保险制度的作用是什么？它包括哪些主要的内容？

7. 美国次贷危机对金融监管具有什么影响？

8. 试述投资银行的发展进程。

9. 试述现代投资银行的发展特点。

10. 试分析美国大型独立投资银行在次贷危机中遭受重创的原因。

11. 试分析后危机时代投资银行的发展趋势。

# 第二章

# 投资银行的证券发行业务

发行市场是投资银行最重要的也是最主要的功能领域。在该市场中,投资银行充当了一个媒介资金需求者与资金供给者的中介人。投资银行承销的证券范围很广,不仅承销本国中央政府、地方政府以及各种企业所发行的证券,而且承销外国政府与外国公司所发行的证券,甚至还承销国际金融机构如世界银行、亚洲发展银行等所发行的证券。本章从传统证券融资成本的决定、创新证券的设计、公募发行的承销和公募发行的周旋几个方面介绍投资银行在公司融资中的作用。

## 第一节  传统证券的融资成本

当上市公司需要新的资金来扩大资本时,通常有四种可能的来源,即留存收益、债券、优先股和普通股,但在首次发行股票前常常是依靠留存收益和银行贷款。债券融资通常只有在某家公司已成为上市公司并获得一个资信等级后才可能采用。不同的公司会采取不同的融资策略,即使同一家公司在不同的发展阶段,也会采取不同的融资策略。

### 一、债券融资的特点及成市

#### (一) 债券融资的利弊

债券是一种债权要求证书。它是发行人向众多投资者借款,并承诺在未来某预定时间内向投资者偿还本息的一种债权和债务凭证。投资者是债权人,发行者

是债务人。对于发行者(企业)来说,债券融资方式相对于股票融资方式的优点
在于:

(1)资金成本较低。公司债券的收益较为稳定,并且市场价格的波动也较平
缓,其风险性相对来说也较小,因此可以以较低的票面利率出售,资金成本也就
较低。

(2)可获得杠杆收益。在公司财务中,一般把公司利用借入资金而不是用股
东资本来扩大经营称为利用财务杠杆。其实质是指公司使用具有固定成本的资金
获得高于成本的收益。当债券的资金平均收益率高于债券票面利率时,发行公司
将获得杠杆收益。

(3)可减少税收支出。债券的利息费用可以在税前利润中扣除,因而具有节
省所得税的效果。

(4)可维持对公司的控制权。公司债券是没有投票权的,因此以债券融资形
式使公司资金增加,一般不会影响现有股东的投票权,从而可维持现有股东对公司
的控制权。

相对于股票融资方式,债券融资方式的缺点在于:

(1)财务风险大。债券付息还本都有固定的日期,如果负债比率过高,当企业
经营状况不理想,企业丧失偿债能力的可能性增大。

(2)发行有所限制。大多数债券都要提供财产担保,这样以后再筹资就要受
到限制。

(3)负债比例过大,影响公司的形象,信誉受损,债券成本将上升。

## (二)债券的融资成本

我们这里考虑直接债券的融资成本。直接债券是指附加固定利率的半年期息
票、有明确的到期日、不能以任何形式提前清偿的债券。债券融资成本的计算公式
如下:

$$债券融资成本(\%)=\frac{利息成本\times(1-所得税税率)}{筹资总额}$$

债券的发行首先要考虑票面的利率水平。投资银行通常根据同期国库券的到
期收益率和已经上市交易的与新债券具有相似信用等级的债券的违约风险利差
(default risk spread)来设计新债券的票面利率。违约风险利差是指同期限国库券
到期收益率与同期限公司债券到期收益率的差价。例如,某公司发行 1 亿美元的
10 年期公司债券。公司发行在外的债券已经有 AAA 的信用等级,假定这次发行
的债券评级仍然保持原来的信用等级,则违约风险利差就是 10 年期国库债券与 10
年期 AAA 级公司债券的到期收益率的差价。如果当前的 10 年期国库债券收益

率为 7.25％，AAA 级公司债券的到期收益率比它高 75 个基点（每基点等于0.01％），则新债券的到期收益率就应该是 8％。8％票面利率要求公司每年支付800 万美元的利息。

票面利率确定后，就要计算筹资总额，即：筹资总额＝发行金额－筹资费用。由于要支付投资银行佣金和其他相关的发行费用，使发行人筹资总额要小于发行金额。假设投资银行的佣金占发行额的 1.5％，其他杂费如广告费、注册费合计占发行额的 0.5％，发行人的总发行费用 200 万美元（1 亿×2％），筹资总额是9 800 万美元。

筹资总额确定后，就可计算发行人的税前融资成本：

$$债券税前融资成本（\%）=\frac{利息成本}{筹资总额}=\frac{800\ 万}{9\ 800\ 万}=8.163\%$$

由于债券利息是在税前支付，因而发行公司获得了节约税收的好处，使发行公司的实际融资成本降低。债券税后融资成本计算公式如下：

$$债券税后实际融资成本（\%）=税前融资成本×（1-所得税税率）$$

假定公司处于 35％的税率范围，则它的税后成本（％）＝税前成本×（1－所得税率）＝8.163％×（1－35％）＝5.31％。

这种融资成本可能是公司能够从市场上得到的最低成本了。如果希望再降低此利率水平，就需要赋予债券各种属性。

# 二、优先股融资特点及成本

优先股是股份公司的某些获得优先权的投资者设计的一种特别股。与普通股一样，优先股也是对公司具有所有权的证书，所以优先股融资所获得的资金属于企业的自有资本，但其股息是固定的，因此具有债券的"固定收入"的性质；并且在企业清算破产时，其对剩余资产的要求权先于普通股。作为对等条件，优先股股东仅能部分地实施其作为股东的权利。一般情况下，其没有参加股东大会的投票权，也无权过问公司的日常经营事务。正因为优先股具有颇多债券性质，故许多学者将优先股归为债务股权混合型证券。

## （一）优先股融资的利弊

从发行公司的角度看，优先股融资具有以下的优点：① 与债券一样，优先股按照固定的股息率支付一成不变的股息，从而成为财务杠杆的一种方式。发行公司可以将更多的未来潜在利润保留给普通股股东。② 与债券不同，优先股融资没有债务风险,优先股的股利不是发行公司在法律上必须偿付的一次债务,如果公司营业亏损或利润锐减而财务状况恶化时,这种股利可以不支付。③ 优先股增加了公司的股本,从而巩固了公司未来举债能力,但对公司的控制权却无任何损害。

优先股融资的缺点是:优先股的股利是从税后利润(或净利润)中支付的,它不像债券的利息支付那样享受税收扣减的优惠,因此优先股的税后融资成本要高于债券的税后融资成本。

### (二) 优先股的融资成本

优先股的融资成本是公司设定的优先股股利水平的一个函数。其计算公式如下:

$$优先股的融资成本(\%)=\frac{每年红利}{面值-费用}$$

优先股通常以每股 25 美元、50 美元或 100 美元的标准面值发行。标准面值有助于公司确定想要发行的优先股股数。例如,筹集 1 亿美元面值为 100 美元的优先股意味着发行 100 万股;同样的金额用面值 50 美元的优先股发行就意味着发行 200 万股。决定了优先股的面值后,发行公司和它的投资银行就必须确定适当的股利水平,这将成为公司支付固定股息的依据。

优先股的股利水平由公司已发行的其他优先股的收益率决定。若没有已发行的优先股,就以市场上相似公司的优先股股票为准。优先股的收益率应该处于公司普通股的股利水平与公司债券的收益率之间。

例如,假设某公司发行一批优先股,设定的股利率为 7%,而面值定在 100 美元,实际的固定股利就是每股 7 美元。同样,投资银行的费用应该从实际发行价格中减去。如果承销费总计为 5%,则公司每一股优先股将得到 95 美元,这样该公司新发行优先股的融资成本如下:

$$优先股的融资成本(\%)=\frac{每年红利}{面值-费用}=\frac{7}{100-5}=7.37\%$$

由于发行优先股要经过与发行普通股和债券同样的注册程序,因此也会产生各种各样计入总成本的杂费如注册费、广告费、邮资和印刷实际凭证的费用等。同债券一样,这些成本应从发行总额中扣除,才能计算出真实的净成本。优先股可以附加一些经过设计的属性,以降低融资成本或者起到发行促销的作用。

## 三、普通股融资特点及成市

普通股是所有权的证书,它代表持有人对发行公司的所有权。普通股的主要性质有：① 非返还性。普通股股票是一种永久性的所有权证书，股东一旦认购了股票之后，就不能要求退股。② 报酬的剩余性和非固定性。普通股持有者仅对公司具有剩余索取权，只有在公司支付债权人利息之后才可获取股息、红利，因此其报酬并非固定的，是随公司经营状况的好坏和分红政策的变动而变动的。这就是说，股东要承担企业的经营风险。③ 普通股赋予其持有者对企业的所有权，因而对董事会的董事有选举权，对重大经营事项有投票权，对企业经营状况有检查权等。

## （一）普通股融资的利弊

不论何种法定企业组织类型，股权资本是企业资本结构中的主要组成部分，而普通股筹资是股权资本筹资中最主要的形式。从发行公司角度讲，普通股融资的优点在于：

（1）普通股筹集的是企业的自有资本。普通股没有到期日，资本可供企业长期运用。同时股本规模的大小是企业实力的象征，也是公司偿债能力的一个标志，对企业的声誉和业务发展有重大的影响。

（2）普通股筹资没有债务风险。普通股股息的支付没有限定支付的义务，只有在企业有盈利时，才发放股息。

（3）普通股筹资易获得资金。普通股股息率通常高于债券的利率，所以普通股比较容易销售。特别是在通货膨胀情况下，持有普通股要比持有债券或优先股更能减少货币贬值所造成的损失。

普通股融资的缺点在于：

（1）增发普通股，将使原有股东的投票权受到削弱，从而影响原有股东对公司的控制权。

（2）增发普通股，可能造成每股收益相对减少。

（3）普通股融资的发行成本高于优先股与债券。在资本结构中，普通股股本占的比重过大，则总的资本成本也相应提高。

（4）普通股股息在税后利润中扣除，享受不到税收节约的好处。

## （二）普通股的融资成本

计算新发普通股的融资成本依赖于若干市场因素。发行公司和投资银行必须清楚地了解公司现有普通股的价格、当期的价格收益比（市盈率），以及公司近期和远期的财务前景。

计算新发普通股融资成本的基本方法有三种，在复杂程度上各有差异。

1. 股利-资本化模式计算法

从理论上说，普通股融资成本可以定义为发行公司在实施投资方案时，为使其股票行情稳定不变而必须支付给股东的最低收益率。投资者购买股票是为了得到股票的股息和股价增值所产生的资本收益,所以股东投资股票所得的收益率就是发行公司的股票融资成本。股利-资本化模式也称股票估值公式。在使用股利-资本化模式时,股票融资成本是指股东所要求的能使预期的未来股利序列的现值等于股票当前市价的折现率。这个计算方法的要点是,必须准确估计预期的未来股利。股利-资本化模式如下:

$$P_0 = \sum_{t=1}^{\infty} \frac{D_t}{(1+K)^t}$$

式中:$P_0$ 表示 0 期时每股普通股票的价值;$D_t$ 表示第 $t$ 期的预期每股股利;$K$ 表示普通股股东的预期收益率。如果公司的普通股股息稳定增长,且增长率为 $g$,股利-资本化模式则变成:

$$P_0 = \frac{D_1}{K-g}$$

式中:$D_1$ 表示公司下一期的股息;$g$ 是预期股息增长率。如果新发行普通股的发行费用为 $f$,则普通股融资成本计算公式如下:

$$K = \frac{D_1}{P_0 - f} + g$$

$$普通股融资成本 = \frac{下一期的股息}{筹资总额} + 预期固定股息增长率$$

例如,假设投资者预期某公司普通股股票在一个相当长的时期内,每股股利年增长率为 7%,下一期的预期股利为 1.50 美元,当前普通股股票市价为 30 美元,投资银行的承销费用为发行价的 5%,则新发普通股的融资成本计算如下:

$$普通股融资成本(\%) = \frac{D_1}{P_0 - f} + g = \frac{1.50}{30 \times (1-5\%)} + 7\% = 12.26\%$$

2. 债券收益加风险溢价计算法

债券收益加风险溢价计算法是计算成本的最简单的方法。其计算公式如下:

$$普通股融资成本(\%) = 债券收益率 + 风险报酬率$$

假定公司债券的收益率是 8%,在此基础上附加一个股票的风险溢价。风险报酬率指相对债权人而言,股东因承担更大的风险而要求的风险补偿,一般在 2% ~ 4% 之间。确切的风险报酬率由债券与该公司股票表现的历史收益率差价决定。如果没有该公司的具体统计数据,则可以采用其他公司的数据或使用相似公司的调查统计数据来替代。假定该发行公司的某个可比公司的一般差价长期为 4%,则普通股融资成本计算如下:

普通股融资成本(%)＝债券收益率＋风险报酬率＝8%＋4%＝12%

3. 资本资产定价模型

另一种计算普通股成本的方法是资本资产定价模型计算法。其计算公式如下：

普通股融资成本(%)＝无风险利率＋贝塔系数×市场预期

式中：无风险利率，一般采用短期国债(90天)的利率；普通股的贝塔系数表示风险，它用于衡量某只股票相对于市场指数的变动性，以此前52周的历史价格表现或其他普遍接受的时间序列为基础。通常采用的市场指数衡量标准是标准普尔500种股票综合指数(简称标准普尔500指数)。市场预期是指考察期内投资于股权的风险补偿，即高出国债收益率的那部分股票投资收益率。

例如，假定股票的贝塔系数是1.0，国债利率是5%，下一年的市场升值预期是7%。如果无风险利率保持不变，使用资本资产定价模型计算普通股的融资成本如下：

普通股融资成本(%)＝无风险利率＋贝塔系数×市场预期＝
(5%＋1.0×7%)＝12%

显然，贝塔系数和市场预期都建立在历史假定的基础上。此处的贝塔系数假定该股票既不优于也不劣于市场本身的表现，当市场发生变动时，股票与股市同幅变动，两者的关系是1∶1，因而贝塔系数也是1。

该模型的用途在于：它不但有效地表明了市场预期在决定成本时的作用，还简洁地揭示出利率的作用。例如，如果短期利率发生变化，市场预期也会发生变动，即可能变好也可能变坏。假定利率提高到8%，就会引起普通股融资成本的提高。当通货膨胀率和利率升高时，发行股票的成本也相应提高，因为该股票必须有上佳的表现来提供一个较体面的真实回报率(应高于通货膨胀率)，而资本资产定价模型正是这种现象的另一解释方法。

然而，债券收益加风险溢价计算法和资本资产定价模型计算法这两种计算方法都没有完全给出新发普通股的融资成本。同新发优先股一样，无论哪种方法，投资银行费用仍要计入新发普通股的成本。事实上，上面采用的资本资产定价模型计算法比较精确地算出了公司现存股票的成本，即留存收益的成本。如果承销费用为发行价的5%，那么上例中的12%应乘以(1＋5%)。这意味着在5%的承销费用下，股票融资成本将调整为12.6%。

# 四、投资银行的作用

投资银行对公司资本成本的确定起着重要的作用。它们给新证券发行者提出的建议包括恰当的利率水平、发行定价以及投资者的需求预期。这些建议对于发行者成功地筹措资本至关重要。定价不恰当的股票或债券的发行会影响发行者在市场上的声誉,同样也会使投资银行的名声和根基遭受损害。

为新证券定价的投资银行功能表现为两个方面,即一部分是科学,另一部分是艺术。前者要视二级市场上的收益率或价格水平而定,后者则在很大程度上取决于无法量化的市场"感觉"。投资银行在市场上的声誉反映了其定价建议的好坏,发行公司常常根据这种声誉来决定投资银行是否加盟其最近的发行。定价过程中的数学计算一面,发行公司和投资银行都一清二楚。而主观的一面,对需要资金的公司而言,才是投资银行的主要价值所在。

除了市场决定的成本外,资金成本的一个主要成分是付给投资银行的费用。承销的费用结构因投资银行分销证券时所面临的风险不同而不同。投资银行感觉风险越大,所要求的承销费用也越高。从这方面看,首次公开发行的成本比已成立公司的再次发行成本更高,因为投资银行不能确定从投资者那里获得什么价格。换句话说,定价机制中"艺术"的一面,由于投资银行把无法量化的专业知识融入定价决策之中,而变得与"科学"的一面(即纯粹用计算决定价格的一面)同样重要(如果不是更加重要的话),而且这种专业知识应该得到合理的报酬。

投资银行的顾问角色在为证券设计属性时十分重要,因为这些属性会直接影响融资成本。正如在上文中看到的,投资银行收取的费用使长期证券的资本成本有轻微上升,但在某种意义上投资银行会设计出令投资者喜爱的证券属性来回报发行者。市场条件决定了证券的属性,如果这些条件被充分地理解,成功的推销可以降低发行者的融资成本。

# 第二节　公司证券的创新设计

## 一、基于债券的创新设计

债券给发行人和投资人所带来的权责关系的主要内容有: ① 所借贷的货币金额、币种等。② 借款的方式。③ 利息计算方式、付息时间和方式。④ 债券的偿还方式。⑤ 抵押或担保的状况。最普通的债券(straight bonds)的特点是支付固定利率,1 年(或半年)付息一次,并到期偿还。对于上述内容的更改和重组,就是债券创新的基本方式。例如,上述对利息支付的创新,衍生了浮息债券、零息债券、累进利率债券;对债券偿还问题的考虑,则催生了可赎回(callable)债券、可任意偿还债券等债券品种;对抵押或担保的选择,则产生了无抵押债券、抵押债券和担保债券三种不同的债券品种。

## (一) 公司债券的附加属性

### 1. 早赎条款

公司债券最常见的一个附加属性就是早赎条款(call feature)。这个条款使公司可以在债券最后到期日之前赎回其债券,然后如果需要,再按照新的票面利率发行债券。这种情况一般在市场利率下降时出现,新发行债券可以较低的票面利率出售。赎回价格是在平价的基础上增加溢价,从而对投资人有所补偿。早赎条款的赎回价格和生效日期注明在发行新债券的融资说明书上。

另一个提早赎回的方法是,给债券附加一个偿债基金。附有偿债基金的债券(attaching a sinker fund)每年按约定的数量,从偿债基金中强制抽出部分资金,以清偿部分债券。清偿的时间安排在融资说明书上有说明。应清偿的债券由计算机按照债券的序列号码随机成批抽出,并通常按票面平价赎回。无论债券的现行市价如何,赎回必须执行。偿债基金的运作使投资者确信,资金正被用于清偿他们的债权,消除了他们对违约风险的部分恐惧。

### 2. 售回条款

与早赎条款相反的是售回条款(put feature),这在新发行债券中非常罕见。这一条款允许投资者可以在特定的时间按票面价值将债券售还给发行人。因此,如果利率上涨,投资者可提早兑现债券,而不是在市场上以亏损的价格出售。售回条款对发行者不利,因为发行者没法预计投资者何时会执行这项权利。一般在新债券滞销时,才会附加售回条款。设计这项市场工具的目的在于吸引那些对新债券购买欲淡薄的投资者。

### 3. 延期期权

帮助发行公司控制债券票面利率的另一个巧妙方法是,附加一项延期期权(extendable option)。假设发行者希望融资的期限是 15 年,但发行者不愿按现行的 15 年息票利率支付,则可采用发行附加延期期权条款的期限相对短的债券。例如,发行一种 3 年期的附有延期期权的债券,这样每隔 3 年,公司重新设置一次息票利率,而不是一直使用原先 15 年的固定利率,这使得债券钉住适当的 3 年利率,同时从利率的下调中获得好处。如果利率上扬,重新计算息票利率的结果无法接受,借款人有权决定债券不再延期 3 年,而是在下一个可能的赎回日购回债券;如果债券不想按最初的设想保留 15 年,延期期权也可以视作一种回旋余地。

### 4. 浮动利率债券

拥有可变或可调整票面利率的债券称作浮动利率债券(floating rate note)。它们钉住一个特定的参考利率,一般是货币市场的某种利率,每年 2～4 次定期调整利率,在参考利率之上加上固定的利差。因此,短期利率上升,就牵动该债券的利率上升。这些工具在欧洲市场上广为使用。在 20 世纪 80 年代早期,当美国废除利率上限时,它们被引入美国。最常用的参考利率是伦敦银行同业拆借利率(the London inter bank offered rate,简称 LIBOR),通常为 3 个月或 6 个月的欧洲美元而制定。

## (二) 零息债券的设计

对直接债券利息计算和支付方式的改变,衍生了零息债券。零息债券最早应用于公司债券及市政债券中。所谓零息债券,是指不支付任何利息,更不附息票,而以低于面值的很大折扣出售,到期由发行人向持有人支付面值的债券。因此,投资者是从债券的发行价和面值之间的差额中得到投资回报。零息债券是 20 世纪80 年代最重要的创新之一。其雏形早在短期国债券中已应用,如美国财政部早期发行的短期贴现国债券,即期限为 13 周、16 周、52 周的国债券就是无息票产品,只是作为正式意义的零息债券的期限要比其长得多。零息债券给投资者和发行者均带来了可观的税收优惠。

1. 零息债券对投资者的利益

(1) 由于购买零息票债券是没有利息收入的,只有等债券到期时才能获得投资报酬,因此零息债券投资者不需像普通债券持有人那样在每期付息支付税收,因而起到了延迟付税的效果,从而对投资者更有吸引力。在日本因为零息债券收益的报酬被认为是资本收益,不需纳税,因而零息债券很受日本投资者的欢迎。

(2) 它免除了投资者的再投资风险。所谓再投资,是指投资者将定期收到的利息以不同于先前买债券时的利率再投资。再投资利率的波动使潜在的到期收益与所预期的收益不同,这便是再投资风险。零息债券在未到期之前不向投资者支付利息,因此,只要将债券持有至到期日,其预期的收益率必然等于实际收益率,没有债券利息的再投资风险。

2. 零息债券对发行者的作用

(1) 零息债券起到了加速反映利息成本,使近期税收负担下降,从而使税收净现值下降的效果。这里关键是零息债券的发行人可以将债券发行价格和其面值的差额用直线法在其期限内进行分摊,从而可以比零息债券的实际利息负担更快地扣减利息成本。例如,假设某公司以 650 美元的价格发行了面额为 1 000 美元、期限为 5 年的零息债券,这一债券的内含报酬率如下:

$$R = \left( \sqrt[5]{\frac{1\,000}{650}} - 1 \right) \times 100\% = 9\%$$

在债券发行的第一年中,该发行人对每张债券而言仅占用了 650 美元,相应的实际利息负担应当是 58.5 美元(650×9%)。而在第二年中,其占用了 708.5 美元(650+58.5),应承担的利息是 63.77 美元(708.5×9%),第三、第四、第五年所承担的实际利息负担以此类推。而按直线法,该发行人每年账面利息负担却有 70 美元。表 2-1 可以表示其按内部报酬率支付的实际利息负担和按直线法摊销的账面利息成本之间的差别。

表 2-1　直线摊销的账面利息成本与实际利息负担

金额单位:美元

| 年　次<br>项　目 | 第一年 | 第二年 | 第三年 | 第四年 | 第五年 | 合　计 |
|---|---|---|---|---|---|---|
| 实际利息成本 | 58.50 | 63.77 | 69.50 | 75.76 | 82.58 | 350 |
| 账面利息成本 | 70 | 70 | 70 | 70 | 70 | 350 |
| 提前反映成本额 | +11.50 | +6.23 | +0.50 | −5.76 | −12.58 | 0 |

这就是说,用直线法摊销利息成本起到了提前反映成本、从而降低税负的作用。

(2) 由于发行者在到期日之前无需支付任何利息,大大减轻了现金流支出的负担,从而获得最大现金流的好处。

然而,零息债券更重要的意义在于:它提供了利息与本金相剥离这一重要的金融工程思路。大多数零息债券不是新发行的原始零息债券,它们常常是利息与本金剥离的附息债券。通过剥离技术,投资银行家创造了两种独立的金融工具。利息部分出售给追求收入流的投资者,而本金或真正的零息债券出售给那些寻求收益在将来某时一次性支付的投资者。

一种原始发行的零息债券类型是流动收益期权票据(liquid yield option note,简称 LYON)。这种债券没有息票,但是附加可转换属性,允许投资者将其转换成公司普通股。它也允许投资者在特定时期执行售回条款,以特定价格返售给公司。20 世纪 80 年代这种债券非常流行,那时股市兴旺,投资者偏爱附带早兑条款的可转换债券。但是,这种债券的不利之处是它存在各种会计上的问题,因为公司不得不准备应付投资者行使各种选择权时的紧急情况。

与此同时,作为国库券衍生产品的零息债券,由美林证券公司于 1982 年向市场推出,当时称为国库券投资增长收入凭证(treasury investment growth receipts)。它的创造过程分三个步骤:第一步,美林证券公司在购买常规的附息票的国库券后,将其交给第三方(一般是大银行或专门的托管机构)托管;第二步,将这些国库券息票去除,从而使息票的最终偿付款成为与国库券相独立的息票收入,根据其各自的不同到期期限,与保管银行订立不可撤销信托协议;第三步,保管银行发行针对不同现金流的收据凭证(本质上是零息债券),以代表对本金和利息的所有权。该收据凭证称为国库券投资增长收入凭证,由美林证券公司向投资者推销。

以后剥离技术迅速在金融领域内被广泛运用和发展,担保抵押债券就是这一技术在资产证券化上运用的代表。

# 二、基于优先股的创新设计

优先股作为基础性金融工具也衍生出了大量的创新产品。例如,投资银行对其股息分配方法的改进创造出累积性优先股;为了解决优先股股息固定对某些投资者吸引力下降的问题,投资银行创造了参与性优先股;针对优先股的非返还性,投资银行设计了可赎回优先股,而可调利率优先股是其中的一个创新品种。

## (一)优先股的附加属性

1. 投票权

与正常的普通股不同,优先股可以附加或不附加投票选举权。附有投票权的优先股被称为投票优先股(voting preferred)。这种投票权赋予优先股持有者在特殊情况下(如 2 年之内)没有分到股息时具有投票选举董事的权利。另外,对发行公司的某些事项,如增发优先股或债券、公司重组、修订公司章程等,投票优先股通常有发言权。许多时候投票优先股与参与优先股很容易混淆。参与优先股是指该优先股在特定条件下,除获得通常的固定股息外还参与分享公司的特殊收益或利润。

2. 早赎条款

如果银行利率和市场利率连续下跌的话,固定的股息会给发行公司造成巨大的机会损失,因此大多数优先股附有早赎条款(call feature)。即发行公司可在未来某一时刻按照高于发行价格的溢价要求收回,这使企业拥有更大的融资灵活性,并且可以在市场利率下跌时赎回优先股,减少股息支出,降低筹资成本。

3. 累积特征

附加在优先股上的另一特性是累积特征(cumulative feature)。这表示,因为公司收益不佳而造成的未付股息必须在任何新股息支付之前补足。因此,累积特征能保证投资者不会遗漏任何一次股息的支付,这对股东而言很有价值。甚至当公司正在执行破产程序或根本没有盈利的时候,公司累积优先股的表现都要优于在市场中发行的其他证券,因为投机商可能会为股息重新发放而下注,这对累积优先股的持有者来说可是一笔意外的收益。

### 4. 可转换性

可转换优先股允许持有者在规定条件下可以将优先股转换成一定数量的普通股,以便让投资者获得潜在资本收益的机会,提高优先股的吸引力。在 20 世纪 80 年代末期,优先股的一种创新设计是优先股偿付累积股票(preference equity redemption cumulative stock,简称 PERCS),基本上它们是可转换性和早赎条款的结合物。

优先股偿付累积股票要求发行公司在某个特定的日期把优先股转换为一定数额的普通股,并在转换时支付所有的累积股息。或者发行公司可以按转换价格用现金支付代替转换,以履行其责任。在任何一种情况下,如果市场上普通股的市价走势良好,投资者就都会得利,另一方面对发行公司也有利:早赎条款允许公司在股份转换前以低于转换价格的特定价格启动条款,赎回股票。

## (二)可调利率优先股的设计

### 1. 可调利率优先股的特点

在美国,优先股对于公司投资者而言比债券更具有税收节约优势。按照美国税法,公司投资者持有优先股获得收益的 85% 可以免征联邦收入税,然而购买长期利率固定的优先股,会使购买者承担因市场利率上升造成的优先股价格下跌,从而抵消了税收节约好处而带来的风险,这就削弱了它对投资者的吸引力。可调整利率的优先股就是应此要求而设计的。

顾名思义,可调利率优先股与普通优先股的不同之处就在于:其规定的利率要依一定标准,根据市场利率的变动来调整。通常的做法是:在短期、中期和长期国债中各选一种债券作为参考利率组合,并规定某一固定的利差(spread)(可正可负),每季度末按上述三种债券的最高利率加(或减)利差即是可调利率优先股的利率水平。例如,最常用的三种债券是:① 91 天期国库券(treasury bill)。② 10 年期国库票据(treasury note)。③ 20 年期国库债券(treasury bond)。假设有一笔可调利率优先股规定利差为正的 80 个基点(basis points),这样,这一优先股的投资者将能获得上述三种债券利率最高值再加 80 个基点作为其投资报酬。

但是,标准的可调利率优先股并没有将其利率的决定权完全委之于市场变化。一般情况下,发行契约中还规定了其利率的上限和下限。上限保证发行人的利率负担不会过重,下限则使投资人的报酬不至于太低。如果按规定确定的利率已经落在上下限之外,如上限是 18%,下限是 6%,而市场利率为 5.4%,那么,此时该可调利率优先股利率应为下限 6%。显然,这时它就变成了规定利率为 6% 的普通优先股了。1982 年 5 月,大通曼哈顿银行(Chase Manhatton)发行了第一只可调利率优先股(adjustable rate preferred stock,简称 ARPS)。

2. 可调利率优先股的作用

对于投资者来说,可调利率优先股的吸引力在于:

(1)它能保证投资者无论市场利率期限结构如何变化均能获得长期、中期和短期三种金融资产内最高的利率报酬,由发行人全部承担利率水平变动的风险,因此大大增强了可调利率优先股的吸引力。

(2)由于其利率是可调的,即这种优先股的报酬随市场利率变化而变化,所以当市场利率波动时,其市价的波动应当比相应的普通优先股小。这样,它就可以作为一个规避利率风险工具,更受公司投资者的欢迎。

(3)与普通优先股一样,可调利率优先股具有税收方面的优势,这使可调利率优先股的市场吸引力大大增强。在市场竞争的条件下,这一税收优惠通常在投资者和发行人之间分配。

对于发行者来说,可调利率优先股可以降低发行公司的融资成本。主要表现在:

(1)相对于普通优先股而言,可调利率优先股的特点事实上在于利率风险更大程度上是由发行人承担,这样其支付的利率就可比同类普通优先股低些。

(2)与目前绝大多数的优先股一样,可调利率优先股一般也具有赎回性质。由于可调利率优先股已让发行者承担了相当大的利率风险,因此,其能够规定比普通优先股低得多的赎回溢价(call premium)。通常可调利率优先股所规定的赎回溢价是其发行价的 3%,仅为同类普通优先股的 1/4 左右。

由此可见,尽管持有可调利率优先股的投资者面临的利率风险下降了,但其却面临相对更大的赎回风险,这种优先股显然起到了重新配置风险的作用。

## 三、基于普通股的创新设计

普通股的最基本特点是非返还性,然而投资银行设计的可售回股票(puttable stock)打破了这个特点。不过可售回股票和可赎回优先股在打破非返还性方面存在着根本的区别,可售回股票将决定是否将返还的权利授予投资者,而可赎回优先股则将这一权利授予了发行公司。

### (一)可售回股票的特点

可售回股票规定,如果在未来某一时点上,发行公司的普通股价格低于某一预设值时,投资者可以按照预设价格将股票"售回"给发行公司,从而获得补偿。

但是,由投资者按预设价格将股票"售回"给发行公司这一最简单的补偿方式,对发行公司来说类似于或有负债。因此,一方面,证券监管部门出于慎重考虑,很可能不会允许可售回股票列入发行公司的股本金,最多同意将其等同于可转换债券来进行账务处理,这样对发行公司来说,可售回股票就缺乏扩大股本的优势;另一方面,购回可售回股票的确将使公司财务管理产生很大的压力,未来大笔的现金流出可能使公司不堪重负。因此,为了解决上述两个困难,投资银行家创造了更为聪明的"售回"方法,即在预定时间内允许可售回股票持有者从发行公司处获取相当于普通股市价和预设值之间差额的普通股。

由于对增发普通股的预期已经被市场价格所反映,因此在可售回股票的基础上增加普通股,从理论上讲是不会影响其市场价格的。所以,对投资者来说,这种增发普通股的操作方式与发行公司用现金购回可售回股票的方式对其未来财富持有量不产生影响。然而,对发行公司来说,其差别就十分巨大:① 增发普通股股票使可售回股票不再是或有负债,而是"或有扩股",因此可售回股票可被列入股本项。② 免除了一笔可观的未来现金支出,缓解了财务负担。

后来,投资银行家又设计出给予发行公司对处理可售回股票的"买回"问题的选择权。例如,允许公司在普通股、现金、优先股和债券四者中选择一种,在不影响投资者财富量的条件下,"买回"可售回股票,这是发行公司能够根据自身经营目标和财务状况等因素确定一项最有利的"买回"可售回股票的方法,并且不伤害投资者的利益。

### (二) 可售回股票的作用

可售回股票缓解了信息不对称,提高了投资者的信心。可售回股票实际上给其持有者提供了一项承诺,即在未来预定时点上,可售回股票所代表的财富额一定不会低于某一预设值。一方面,这使股票投资的风险大大减少,使许多不了解发行公司情况的投资者得以放心地购买其股票;另一方面,可售回股票放大了股票发行的时间窗,使发行公司股权融资的灵活性增强。在股票二级市场状况不佳时发行股票,很可能造成发行价低于公司的真实价值,这对公司老股东不公平,也不利于真实反映公司价值,因此一般不宜在此时发行股票融资,但有时许多公司可能恰巧有扩大股本、获取资金的急切需求,可售回股票使发行公司在二级市场低迷时也能以较高的发行价发行股票融资。

## 四、结合股票和债券特征的创新设计

对投资者来说,债券的主要好处是其本金和利息的稳定性,但是它不能像股票那样给投资者带来直接控制企业的权利、分享企业成长的利益及丰厚的资本利得。

显然,债券和股票这两种各有千秋的基本企业外部融资方式,为投资银行的证券创新设计留下了很大的余地。一种顺理成章的方法是,设计兼具上述两种基础产品特点的新金融工具。

## (一) 可转换债券

可转换债券(convertible bond)是指发行时就预先规定在未来一定时期内,持有者可以按一定条件将其转换为一定量的普通股股票的债券。可转换债券是一种兼具债权和股权双重性质的金融工具。首先它具有债权性:可转换债券和大多数普通债券一样,规定票面利率和期限。投资者可以选择持有债券到期,收取本金和利息;同时,它又具有股权性:可转换债券在转换成公司股票之后,原公司的债权人就成为公司的股东,可参与企业的经营决策和股利分配。

1. 可转换债券的特点

可转换债券有如下几方面基本技术要素:

(1) 规定转换期限。转换期限是指可转换债券转换成普通股的时间。转换期限通常为发行日之后若干年起至债券到期日止。但也有规定,在到达允许转换的时间之后,必须在有限的时间内,如 10～15 年将其转换成股票。债券持有人在该期限内,有权将持有债券按规定的价格转换成公司股票。

(2) 规定转换方式。转换方式可以用普通股的价格来表示,称之为转换价格。转换价格是债券持有人在转换期限内可以据以将债券转换成公司股份的每股价格。在转换期限内转换价格有时是可变的,一般地距发行期越远,价格越高。转换方式也可以用普通股的股数来表示,称之为转换比率或可转换股数。转换比率是指可转换债券与普通股之间的转换比例,用公式表示如下:

$$转换比率 = \frac{债券面值}{普通股转换价格}$$

实质上转换比率是转换价格的另一种表示。转换价格一般不作任何调整。除非发生特定情形,如发售新股、配股、送股、派息、股份的拆细与合并,以及公司兼并、收购等情况。

(3) 确定转换价格。转换价格是根据发行公司的股票市场价格决定的。该股票市价称为基准股价,通常采用可转换债券正式发售前若干营业日内该公司上市股份的加权平均或简单平均价。转换价格与基准股价的关系,用公式表示如下:

$$转换价格 = 基准股价 \times (1 + 转换溢价)$$

转换溢价指可转换债券持有人在将债券转为股票时,相对于基准股价而作出的价格让步,通常以"%"符号表示。

一般情况下,可转换债券都是可以赎回的。但这一规定的目的,不在于使公司能在适当的时候收回债券,而在于促使这些债券转换成股票。

2. 可转换债券的作用

兼有债权和股权双重性质的可转换债券给投资者带来了很大的灵活性。在市场状况不理想时,投资者可一直持有可转换债券,不将其转换成股票,从而可享有保证的固定收益;而当市场情况有利时,投资为即可将可转换债券转换成股票,或获得股票买卖的资本利得,或分享公司成长所带来的利润。投资可转换债券,可兼得债券和股票这两者利益,因此对投资者有较大的吸引力。

可转换债券作为一种独特的融资工具,给发行公司带来以下好处:

(1) 降低融资成本。这是因为发行公司给予投资者可将债券转为股份权利的对应条件,投资者愿意接受较直接债券更低的利率,从而降低债券融资成本。

(2) 具有机动灵活性。可转换债券实际上是一种变相的股票融资方式,当公司发现直接发行普通股不太有利时,即可采取这种比较灵活的方式,分期分批转换成普通股,这样可以利用时间差,缓和公司股票供过于求的矛盾。

(3) 无即时摊薄效应。在可转换债券未转换成股份以前,公司现有股权结构没有发生变化,故与出售普通股份不同,不会立刻产生大面积摊薄每股盈利的负面影响。一般情况下,可转换债券持有人通常会在股票市价高于转换价格时行使转换权,而市价表现往往与公司盈利情况息息相关。因此,一旦发生债务转化为股份,其摊薄效应会因公司盈利的增加而得以相对抵免。

## (二) 附有认股权证的债券

附有认股权证的债券是债券可转换性的另一个发展。20 世纪 70 年代末,在传统的可转换债券占领市场长达 15 年之后,投资银行通过对可转换债券的债务成分和股权成分进行分解,设计出了附有认股权证的债券。

1. 认股权证的特点

认股权证是赋予债权人在一个规定时期(一般为 5 年),以约定价格认购发行公司若干股份权利的凭证。认股权证具备如下特点:

(1) 认股权证规定认购股数。认股权证的认购股份数量可以由两种方式约定:第一种约定方式是每一单位认股权证可以认购若干公司普通股;第二种约定方式是每一个单位认股权证可以认购一定金额价值的普通股。

(2) 认股权证规定认股价格。认股权证发行时即确定认股价格。该认股价格通常以权证发行时该公司股价为基础或是公司股价的轻微溢价。在发生公司股份增减等若干情形时,该认股价格将进行调整。有的认股权证还规定当公司股价呈现过度上扬时,认股价格以预定公式自动调高,旨在保证权证持有人在合理利益的前提下保护公司权益。

（3）认股权证规定认股期限。认股权证的有效期即为认股期限。认股期限主要依据投资者和发行公司的要求而设定,香港市场上通常以 2～3 年居多。有的国家规定了认股期限的最长和最短时间。一般而言,认股期限越长,认股价格就越高。一个认股期限极短的权证发行计划实质上与配股计划十分相似。

认股权证一般附在公司债券上一起发行,但又是可分离的。也就是说,一旦购买了带有认股权证的债券后,认股权证可以被拆下来,并单独出售。美国一些大公司的单独认股权证,在各主要交易所都有挂牌交易。

2. 附有认股权证的债券的作用

对投资者而言,附有认股权证的债券性质与可转换债券相类似。可转换债券是持有者在有利时机把证券按规定比率换成一定数量的普通股。而附有认股权证的债券是持有人在规定价格下可以优先购买的普通股。当普通股市价超过规定价格时,这两种证券都可获得额外利益（抛售后获得的额外利益）。同时,由于附有认股权证可以独立于债券,因此对那些希望利用发行人的股权从事投机活动的投资者来说,这种债券在使他们获得稳定收益的同时,还具有额外的投机价值。

然而对发行公司而言,附有认股权证的债券同可转换债券的作用和效果并不相同,相互不能替代。

首先,可转换债券在转换成普通股时,相当于公司发行了新的普通股,但公司没有因此增加新的资金来源,因为资金筹措是在发行可转换债券时已实现,在债券转换时,只是在企业账面上由负债转为股权资本。而附有认股权证的债券则不同,在实现认股权购买股票时,公司除了原来发售债券筹得的资金外,还可新增一笔属于股权资本的资金。

其次,虽然两者都因附有认股期权而使公司可能适当降低债券票面利率,因而降低债券融资成本,但附有认股权证的债券因可以将债券与认股选择权分别处置,从而使发行公司更具灵活性。发行公司能通过调整认股权证溢价或调整到期日和认股权证数量的办法,对债券或认股权证这一组合进行微调,以达到其所希望获得的任何一种利率水平。

顾问的角色要求投资银行设计出比现有的证券更令发行者和投资者满意的新金融工具。对投资者而言,这意味着在给定风险条件下更高的税后回报、更强的流动性甚至更具有吸引力的税收节约模式。对发行者来说,证券创新提供了降低公司资本成本的可能性,这样就可以扩大公司的投资规模和范围。投资银行面临的挑战是如何设计发行一种既使客户公司以及投资者受益,又使投资银行获利的新型证券。

# 第三节 公募发行的承销

公募发行(public offering)是指在证券市场上,向非指定的广大投资者公开销售证券的一种证券发行方式。在美国公募发行必须向美国证券交易委员会登记注册。证券上市的步骤必须符合法律规定的程序。证券交易委员会是证券发行中的一个主要管理机构,但不是唯一的监督机构,如在美国发行的证券通常要在发行公司所在州登记注册,这项要求是由《蓝天法》规定的。

企业第一次向公众发行证券(通常是发行股票)称为初次公募发行。而若是一个已向公众发行过证券的企业再次公开发行证券,则称之为成熟的公募发行。成熟的公募发行有三种不同的形式,即一级成熟发行、二级成熟发行和混合发行。

一级成熟发行是指企业为筹措新的资金,在初次公募后,再次发行新的股票。二级成熟发行也称为二次配售。它是指企业的创始人、其他发起人或一些原有股东手中的原始股份由承销商承购后再配售给社会公众的方式。用这种方式发行的股票是来自企业公开发行前老股东的股份,而不是企业新增加的股份,目的是帮助这些股份套现或分散股权。混合发行即同时采用一级成熟发行和二级成熟发行的方式,这既能为企业筹措新的资本又能为原有股东套现。

由于公募发行的注册手续相当繁琐,整个过程复杂而且费时,如果处理不当,可能会使企业的管理层陷入财务纠纷,甚至法律诉讼之中,导致对公司的财务、竞争力和声誉造成长期的严重损害。所以通常发行公司都会聘请一家有经验的投资银行为其服务,由它代为完成各种发行者的义务,解决各类问题,而这家受聘的投资银行就是主承销商。

公募发行时的主承销商,是有关该次发行的最后负责人。在代理完成各项发行任务的过程中,发挥了三方面不同的但又相互关联的作用,即发起、承销及分销。发起是指证券的开发和登记;承销是指通过承销团从发行者那里购买证券之后再向公众发售;分销是指证券最终向公众出售。以下具体介绍公募承销业务的过程及内容。

## 一、发起阶段及业务内容

在这一阶段,投资银行先与发行者酝酿一个全权委托,并且做好发行的各项准备工作以满足证监会的要求。具体工作包括对发行者作尽职调查、有关文件准备及归档、组织承销团和巡回宣传。

## （一）尽职调查

尽职调查（due diligence investigation）是发起阶段工作中最重要的工作。美国的 1933 年《证券法》要求公开发行证券的企业必须尽可能向潜在的投资者提供所有资料信息，以使投资者在获得充分信息的条件下，作出自己的投资选择。所以，主承销商要承担全面调查的责任和义务。

投资银行必须尽可能广泛地、深入地搜集与发行公司有关的各种数据资料，包括发行公司所在行业背景资料、公司经营资料以及财务状况资料。行业背景资料包括发行公司所在行业的发展趋势和最新动态以及发行公司最主要的同行业竞争者。公司经营资料包括公司的历史、主要产品、主要客户和主要供应商、公司的组织结构、经营策略和远景规划等。公司财务状况资料包括财务报表资料、主要合约和保险项目、税务情况以及与银行的关系等。

独立会计人员和双方的律师要详尽地审核该公司至少是前 5 年的财务报表及财务活动，并作出审核报告。如果投资银行认为有必要或被授权，它们会对公司的上层管理人员进行彻底的全方位调查。投资银行的律师还要对公司进行一些长期经营管理方面的调查取证，并对披露的内容出具法律意见书。

投资银行在这一阶段中所扮演的角色是矛盾的。一方面，它受企业委托，要代表企业向公众尽可能完美地介绍企业，以巩固它同企业的关系；另一方面，它又时刻意识到自己在法律上的潜在责任，力求避免公布事实和信息的失实、不当和遗漏。

## （二）准备必要文件，向 SEC 注册登记

尽职调查结束后，下一步的工作就是将有关文件归档，并交到证券交易委员会（SEC），以便注册登记。在多数情况下，注册登记是通过完成证券交易委员会的一套表格开始的。

注册表格分为两大部分：第一部分是初步招股说明书，市场统称为"红鲱鱼"。这是承销商采用的唯一的市场推销文件，也是投资者用来评估上市股票的主要文件。该计划书通常在企业被最终批准上市之前打印出来并被广为发布。第二部分包括各种类型的证据性文件，如法律公文和承销协议的草稿，这部分被存入证券交易委员会，公众可以查阅。

证券交易委员会通常在 20 个工作日内对初步申请的内容作出评价，若不批准该申请，发行企业及其律师就得着手准备第二份申请书的草稿。第二稿包括一些在初步申请时没有要求提供的信息，并针对证券交易委员会在第一稿中的批复意见作出补充，然后再提交给 SEC。这个过程在招股说明书没被批准以前将反复进

行下去。

### (三) 组织承销团

担任主承销商的投资银行,负有组织承销团的全部责任和权限。有关承销团成员的选择、每个承销商比例的安排、承销手续费的分配等重要事项都由主承销商负责决定。承销团(underwriting syndicate)是在短期内推销大量证券的不可缺少的工具,也是投资银行与众不同之处。

承销团产生于 19 世纪中叶。由于承销证券面临很大的资本损失风险,为了分担风险,投资银行组织了一组公司承销发行,这一组公司称承销团。承销团成员要自负盈亏,负责承销一定比例的证券。为了加强潜在投资者基础,主承销商会组织销售团(selling group)。销售团成员是指那些不属于承销团的公司。这些成员通常不自行约定承销额,而是从承销团成员那里购得证券再出售给公众,并按照销售额计收手续费。如今广义上的承销团,也称为分销团(distribution syndicate),它既包括承销团成员也包括销售团成员。

主承销商拥有的销售力量(包括个人投资者和机构投资者)、二级市场的专门技能和对售后市场的研究,在很大程度上决定着首次公开发行能否成功以及股票在售后市场上的表现如何。主承销商必然要通过自己的机构销售一大部分证券,同时也有责任使证券保持一定的流动性。但单独承销发行可能面临以下问题:

(1) 在全额包销情况下主承销商要投入巨资并承担较高的风险,而单个投资银行的客户基础和推销力量毕竟有限。

(2) 如果单独承销,其他投资银行就会失去在二级市场进驻该股票做市的兴趣和丧失分析研究、提供咨询服务的动机,这可能使发行公司的股票在上市交易后的短时间内,股价上升的可能性减少,而且流动性也会遭受严重的削弱。因此,主承销商通常邀请 5~6 家投资银行组成承销团,共同承销证券。

当然,主承销商也要为组建承销团付出代价:其一,它要按各家投资银行的包销比例分出很大一部分承销费给其他投资银行;其二,某个承销商的表现可能会胜于主承销商,这样竞争对手可能会在争夺发行公司的未来发行方面占据优势。

因此,主承销商在组建承销团时,要仔细研究应聘请哪一类投资银行加入、邀请多少家、是否应邀请强有力的竞争对手担任共同主承销商等因素,选择合适的公司参与销售,如何决定则取决于所承销证券的预计销路。

### (四) 巡回宣传

巡回宣传也称路演(road show)。它是发行公司和投资银行在向 SEC 递交注册登记文件之后所进行的具有关键作用的营销活动。它为发行者提供了将公司介绍给未来投资者的机会。巡回宣传致力于信息沟通。在大约两个星期里,投资银行陪同发行公司的高级管理人员亲自前往各主要金融中心城市,拜访潜在的投资者和证券分析人士,使投资者有机会可以通过巡回宣传活动估量发行者的管理工作,并向公司提出质询。更为重要的是,投资银行和发行公司可以从巡回宣传中了解金融界业内人士对此次发行的反应。

巡回宣传的完美实施可以达到三个目的:① 创造对新股的需求。② 使新股在发售上市后表现良好,不至于迅速跌破发行定价。③ 树立良好的公司形象,坚定投资者长期投资的信心。

尽管美国 SEC 禁止发行公司在路演集会上散发除了初步招股说明书以外的任何书面材料和作盈利预测,但是巡回宣传提供给发行公司一个展示公司管理层面貌、公司素质和陈述公司长期经营计划的机会,很多机构投资者和个人投资者就在公司管理层的巡回宣传演说陈述中形成对发行公司管理层的看法,进而作出买或不买新股的决定。由于路演是发行公司积极推销的唯一机会,所以发行公司和主承销商必须不遗余力地精心准备巡回宣传。

巡回宣传后,投资银行应该能较准确地估计投资者对新股的需求水平,并据以调整最终的发行定价或发行股数。

## 二、承销阶段及业务内容

当注册文件被批准后,就进入承销阶段。在这一阶段,主承销商代表承销团就有关证券的发行价格、发行规模、承销差价和承销方式与发行者谈判,并达成协议。

### (一)承销方式

投资银行与发行者达成的承销协议通常有三种:包销、尽力推销及余额包销。

1. 包销

包销(firm commitment)是指投资银行按议定价格直接从发行者手中购进将要发行的全部证券,然后再转卖出售给投资者的一种销售方式。采用这种方式时,承销商要承担销售和价格的全部风险。如果证券没有全部销售出去,承销商只能自己吃进。许多债券的发行就是由承销商自己吃进。而普通股发行很少有这种情况,因为在正式销售前,股票早已找到了最终的买主。

包销可以看作是对发行者的保险政策。也就是说,不管销售情况如何,发行者保证能够获得所需的资金,这样,发行失败的风险就从发行者转移到承销商身上。然而,这种保险是有代价的,承销商提供此类保险要求获得一定的补偿,这种补偿通常是通过扩大包销差价来实现的。

当然包销谈判可能失败。通常,承销商希望通过降低买入价来维持发行价,以确保证券被市场吸收,而发行者对于证券的定价,也有自己的策略,他们希望卖出一个可能的最高价,这样矛盾就产生了。通常,这种分歧可以通过协商或竞标来解决。但是,当发行者要价大大高于承销商可以接受的价格而无法解决两者之间的分歧时,则他们往往会将包销的方式改为尽力推销的方式。

2. 尽力推销

尽力推销(best effort)是指承销商只作为发行公司的证券销售代理人,而不承担按规定价格购进证券的义务的一种销售方式。他们只是同意尽力推销证券,未出售的证券将返还给发行者,这样风险也就转移到发行者的身上。

采用这种方式时,投资银行与发行者之间的关系是纯粹的代理关系。投资银行为推销证券而收取代理手续费,它既不会因为证券销售不完而承担风险,也不会因证券全部售出而获得额外报酬。

尽力推销一般在以下情况下采用:① 在投资银行对发行公司信心不足时提出采用。② 信用度很高、知名度很大的发行公司为减少发行费用而主动向投资银行提出采用。③ 在包销谈判失败后提出采用。

3. 余额包销

余额包销(stand by commitment)是指通常发生在股东行使其优先认股权时,即需要再融资的上市公司在增发新股之前,向现有股东按其目前所持股份的比例提供优先认股权,在股东按优先认股权认购股份后若还有余额,承销商有义务全部买进这部分剩余股票,然后再转售给投资公众的一种销售方式。

例如,假设一个企业已发行了 200 万股普通股,现计划再发行 100 万股,它将向每位股东发售一定数额的认股权证。发行者要求每持有两股才能拥有一股认股权。为鼓励股东行使其权利,认购价通常略低于市价。一般来说,认购价若低于该股票的市价,发行者不需承销商就可将这些认股权直接销售出去。

然而,现有股东最终是否会全部行使其认股权是不确定的。以上例来说,假设认股权已经发行了,该认股权的认购价是每股 19.5 美元,30 天内有效。该公司股票目前市价是每股 20 美元,若在有效期内,该股市价始终高于每股 19.5 美元,则认股权将被行使;如果该股市价始终低于每股 19.5 美元,那么认股权将被放弃。

为防止因认股权被放弃而无法完成既定的融资计划,发行者一般与投资银行签订余额包销协议。由投资银行按事先议定的价格买进全部剩余的股份,再通过自己的销售渠道把证券卖出去,即与包销时的做法一样。这时承销商要承担风险,因为认股权被放弃时,股票市价总是下跌的,因此承销商可能不得不低价出售证券或保留该部分证券再伺机出售。

在签订余额包销协议的情况下,投资银行往往根据预计发行股票金额的一定比例收取承销费。无论最终结果怎样,这笔费用都必须支付。对发行者来说,余额包销协议相当于卖出期权。也就是说,如果证券市场价格下降,协议就有价值了(无论价格如何,发行者可以要求对方买下股票)。

## (二) 初次公募发行的定价

发行定价是投资银行在初次公募发行中最棘手的一件事。这不仅是因为在包销方式下,定价使承销商承担了很大的风险,还因为定价是十分困难的。发行需要有一定的方法和技巧。

目前基本上有两种定价方法:一是固定价格发行,二是公开定价发行。固定价格发行,为我国的香港和欧洲的证券市场所采用。在固定价格体制下,发行价格早在股票公开发行前,就已由主承销商和发行公司协商确定下来。由于发行公司和承销商都难以判断在此价格水平上投资者对该股票的需求量究竟有多少,为保证首次公开招股成功,承销商通常将发行价格定得比较低。公开定价发行,为美国证券市场所采用。公开定价方法具有较大的弹性,能灵活地根据市场情况的变动和新股需求的变化而调整发行价格。

在公开定价的方法下,主承销商一般要进行三次定价:

第一次定价是在发行公司选择主承销商时,发行公司往往要求几家投资银行给出它们各自预期的发行价估计数,在其他条件相同的情况下,发行公司倾向于选择估价较高的投资银行作为它的主承销商。

第二次定价是在编制初步招股说明书时,在递交给 SEC 的初步招股说明书上,主承销商要列上发行价格区域,比如每股价格在 14~16 美元之间。

第三次定价是在 SEC 批准初次公募发行的申请之后,在正式公开发行的前一天,主承销商将最后决定第二天的发行价格。

为新发行证券定价一般应考虑以下几个因素。

1. 公司的价值与业绩

通常使用两种方法对所发行股票进行估价:

第一种是理论估值方法。它是根据投资者预期在一段时期内由于股票价格上涨和派送股利所得收入来估计股票价值。即股票的价值是股票今后股息 $D$ 和未来股价 $P$ 的现值之和。

$$P_0 = \frac{D_1}{(1+R)^1} + \frac{D_2}{(1+R)^2} + \frac{D_3}{(1+R)^3} + \cdots + \frac{D_n + P_n}{(1+R)^n}$$

式中: $P_0$ 表示股票的现值; $D_1, \cdots, D_n$ 表示第一期至第 $n$ 期的股息; $R$ 表示投资者要求的回报率。这种分析方法要求投资银行对发行公司的收入、股息及增长速度作出判断。

第二种方法是公司比较分析法。它是通过分析其他投资者购买同一行业公司股票所愿意支付的价格，从而得到对发行公司股票的相对价格。这种定价方法理论性不强，但更为实用。它的逻辑是某一投资者购买某公司股票所付出的价格不应高于另一投资者为此所愿意付出的价格。公司比较分析法是一种价值的相对比较，即以二级市场上交易的同类公司股票为参照物，进行比较估价。比较分析法着重于同一行业相似公司的主要财务比率，在决定即将上市公司的股票价格时，要运用这些比率作为资本乘数。

市盈率 $P/E$（股价/利润比）是最常用的一种财务比率。其计算公式如下：

$$市盈率(倍) = \frac{每股市场价格}{每股税后利润}$$

在计算某一即将上市公司的股票价格时，投资银行首先计算出已经上市的类似公司的市盈率，取其平均数或取某一范围的市盈率，然后乘以发行公司的收入，即可算出该公司股票的大概市场价值。例如，市场上类似公司的平均市盈率为 20 倍，而即将上市的这家公司的收入为 1 亿美元，那么这家公司股票的总市场价值大约为 20 亿美元。

但新上市的企业制造的往往是新产品，或是在新的领域里有所成就，所以，股票定价并无先例可循，那就只好退而求其次，寻找那些主要产品相似、成长性相仿、营业额相仿、资本规模和结构相似的企业或者个别部门近似的企业，而且要多选几个作为参考数据。即便如此，股票定价还是一个很主观的过程，不同的承销商所得出的价值是不同的。

2. 市场需求

市场需求就是通过巡回宣传及各方的反应，了解个人投资者与机构投资者对本次的发行兴趣如何，在不同的发行价格水平上对应的需求量会有多少，观察到的需求表示来自长期投资者还是短期投机者，最近的新股发行是怎样安排的，以及初次公募市场的供需状况如何等。

3. 其他投资银行的反应

其他投资银行的反应，诸如可能加入承销集团的其他投资银行有何表示，它们认可的发行定价区域在哪里，如何鼓励它们在初次公开发行后，在二级市场上充当做市商，以及这些投资银行是否愿意跟踪发行公司，在其后的二级市场上作分析研究，并向市场提供投资报告等。

在确定发行价格区域时，投资银行和发行公司都应认识到，市场心态和气氛很大程度上决定着新股上市后的市场表现。如果新股上市首日，交易价格在发行价格以上 10%～15% 地方浮动，那么良好的市场心态可能激发出投资者以更大的信心和热情去购买新股,追捧的结果可能使股价超出发行价格的20%～30%,甚至更多;相反,如果新股上市首日,交易价格基本上在发行价格以下运行,那么不利的市场心态会引出巨大的抛盘,从而使股价继续下沉。因此双方应能达成一个共识,即发行价格宜定为股票上市交易后预期的市场价格的80%～90%。

根据以往经验,新上市的股票价格一般都被低估,投资银行以此保护自己不受损失,但股价定得过低,也会影响投资银行的形象,所以新发行证券的定价难度是很高的。

## 三、分销阶段及业务内容

证券发行的最后阶段是证券的分销阶段。证券的分销是通过分销团来完成的。分销团是由承担风险的承销团和不承担风险的销售团组成,两者是有严格区别的。

组织分销团的最根本目的是要尽快将证券发售出去。在分销阶段,证券发售的速度是很重要的。因为从确定发行价到实际向公众销售的这段时间里,承销商承担着市场价格可能下跌的风险。根据美国全国证券交易商协会的规定,承销商及零售商不能以高于募股说明书中陈述的发行价向公众出售,如果市场走势坚挺,市场对所发行证券吸收良好,承销商也不能借此机会抬高发行价,牟取暴利。如果市场走势疲软,那么在承销期结束前,承销商为使全部证券脱手而不得不降价出售,其损失直接表现为承销差价的减少。所以分销工作结束得越快,承销商承担的风险就越小。这也是分销团通常都很大的原因。

分销团成员的实力应能互相补足,这样能保证证券销售的顺利。但进入20世纪90年代以后,这种组织分销团进行销售的做法日益减少。

### (一)证券预售

许多承销商为确保其销售不会亏本并尽快将自己的份额销售出去,他们会采用向投资者预售的办法,这种预售甚至在承销团与发行者未达成最终协议前就进行。每个承销商都由其注册代表与客户联系,并试图从客户那里得到购买证券的许诺,但双方也都有收回许诺的权利。这种在最终销售未达成前就得到客户许诺的过程称为证券预售(preselling or building a book)。

显然,从注册代表的角度来说,向投资者预售证券是有效的,一旦时机成熟投资者便可吃进,但如果投资者几次食言,那么注册代表就不会再与他有业务往来;反之,如果承销商事先夸下海口,但事后不能售给投资者事先许诺的证券数量,其对客户的信誉将大受损失。所以,预售对双方来说都应谨慎,都要有一个切合实际的估计。

## (二) 稳定价格技巧

作为承销团的另一职责,是在承销期中稳定证券在市场中的价格。投资银行通常使用两种稳定价格的技巧:一是联合做空策略,二是提供报价策略。

### 1. 联合做空策略

联合做空策略是指主承销商在分配证券给承销团成员时,分配的额度比原先讲定的要少,这样人为造成一笔该证券的空头。例如,原先打算承销 50 000 股的承销商可能在分配那天实际只得到 45 000 股,如果他已将预计的 50 000 股卖出,则他必须进入市场买进另外 5 000 股以弥补他的空头,如此这般,普通股的价格就会稳定在发行价格之上。

联合做空受到投资者的欢迎,因为他们可以很快抛出股票而获利。但发行公司则可能不高兴,当股票出现热销时它可能会觉得其股份在一开始卖得太便宜。针对这种可能性,投资银行在销售证券过程中使用"绿鞋期权"(green shoe option)。"绿鞋期权"准许主承销商可从发行者那儿以发行价购买超过规定份额的 5%～15% 的额外证券而得到超额分配权,以避免因入市购买而把价格进一步抬高。一般情况下,主承销商很少使用超额分配权,只有当证券出现热销、出于稳定价格需要时才行使这一权利来购买额外的股份。期权的有效期通常为 30 天,不同的发行中具体期限可能不同。

"绿鞋期权"这一名称来自佩恩·韦伯公司在 1963 年为佛蒙特州的绿鞋公司发行股票时首次采用的一种期权。订立"绿鞋期权"的发行规模及有效期限都应在注册登记文件中加以说明。

### 2. 提供报价策略

提供报价策略是指主承销商在承销期中为发行的证券提供一个稳定性报价。即在新证券宣告发行之后到新证券的付款截止日这段时间内,主承销商可以报出一个不低于发行价的买入价,市场中任何该证券的卖家都可以按这个报价出售证券,这个报价就支持该证券的价格,直到发行完毕,这对初次公开发行的企业尤为重要。因为,一旦稳定性报价确定在发售价格以上,这样就能保证投资者在一段时间里可按购买时的价格出手卖掉这些证券。当然,这种买进和再卖掉的情况是很少见的,但稳定性报价能使投资者充满信心。

当分销完成后,主承销商仍有责任继续为该证券开辟市场,尤其是如果该证券未能上市交易或不能进行场外交易时,这种售后市场的开辟提供了证券的流动性。

# 第四节　承销业务对投资银行的意义

证券公募承销是投资银行的基本业务。不论是公司债或短期债券等附息证券,还是普通股或优先股,大多以公募形式发行,许多私募发行以及其他形式的融资,也是以公募筹资为前提而进行的。

证券公募承销,由于每次要组织承销团,编制向 SEC 登记注册的文件,并刊登墓碑广告等,因而处处显示了投资银行的存在,而且投资银行界的相关杂志也定期发表各投资银行证券承销的排名,所以公募承销是投资银行业务中最热门的一种业务。

## 一、墓碑广告的内涵

美国《华尔街日报》及各种报纸的经济版,几乎每天都刊登有关证券发行的承销广告,因为广告内容简略,在发行公司名下排列承销商的名称,有如墓碑体裁,所以发行广告俗称墓碑广告。

虽然一般读者对承销广告并没有多大兴趣,但是对于从事证券业务的投资银行家们来说,墓碑广告具有很重要的意义。因为在墓碑广告上,各投资银行排列的位置,明确地道出了其在投资银行界所处的地位。

在墓碑广告中,主承销公司的名称,通常列在承销商名单的最上面。如果几家投资银行共同担任主承销商,列在最左方的投资银行,具有决定承销团成员及承销比率的权限。

名字紧接在主承销商之后的公司,是投资银行业中具有很大权力、处于领导地位的投资银行,华尔街称之为特殊阶层。只要特殊阶层的投资银行表示要参加联合承销团,就意味着可以保证该种证券的健全性。因此,特殊阶层是权威的象征。

名字排在特殊阶层后面的是主要阶层的投资银行,它们的权力仅次于特殊阶层,业务量也很大,其承销的分量虽然较特殊阶层小,但在华尔街具有相当大的发言权。

排在主要阶层后面的投资银行,是准主要阶层的公司,它们是争取主要阶层地位的强有力的候补者。

名列主要阶层后面的投资银行,俗称次要业者。次要业者之中有很多投资银行具有直接分销给一般投资者的推销能力。但一般而言,次要业者所获分配的承销分量大致只有主要阶层公司的七成左右。属于这一层次的公司也分很多级,在广告上通常只刊登此阶层中地位最高的一群公司名称。

根据承销业务的重要性和决定承销分配比率的惯例,投资银行在承销团中所占地位及所属层次,无疑表明了各投资银行的权限大小,反映了其在投资银行界所处的地位。

## 二、承销收益的贡献

### (一)主承销商的获利机会大

承销手续费的费率,通常根据所承销的证券的种类(股票或债券)、发行的性质(协议承销或竞标)、是新发行或是换发证券以及每次发行规模的大小而定。

一般而言,股票的承销手续费率平均约为发行金额的 8.41%,公司债的费率平均为发行金额的 1.14%。公司债的费率比股票费率低的原因,是因为承销期间债券的价格变动较少,而承销风险较低。

当证券种类相同时,每次的发行规模越小,其承销手续费率就会越大。因为从流通市场的交易单位及市场性考虑,发行金额越小,风险就越大,所以手续费率当然增大。

投资银行所取得的总承销手续费在参与证券发行的投资银行中进行分配。如果承销的是公司债,最典型的分配方法是由主承销商先取得 20% 的管理费,作为对主承销承担发行准备工作及管理承销团的报酬;其余的 80% 中,30% 是承销费,按照承销的数量分配给承销团各成员,作为对其承担承销风险的报酬,50% 是分销费,按实际出售证券多少分配给直接推销给投资者的分销商。

从这个分配比率可以看出,担任主承销商的投资银行获利机会很大。首先,主承销商可按证券发行额获得管理费。其次,主承销商通常保证承销发行总额的 20%,又可获得该部分的承销手续费。主承销商还可能推销超过自己承销额以上的数额,这样手续费还可增加。

### (二)承销收益的稳定性

承销业务成为投资银行最重要业务的另一个原因,是承销业务的收益比较稳定。承销业务的周期变动比经纪业务的周期变动小。在 1968—1970 年间,美国投资银行经纪业务的手续费收入剧减,未交割清算的数目也快速增加,经纪业务不景气,但承销业务则仍能继续保持不衰。例如,在一些大的投资银行中,以经纪业务为主的培基公司,1970 年亏损约 470 万美元,而以承销业务为中心业务的第一波士顿的收益,却比 1969 年度增加。

这种现象从 1975 年 5 月美国开始完全放开经纪业务佣金手续费起更加明显。为了竞争,许多投资银行下调了经纪业务佣金手续费率,在交易量相同的情况下,手续费收入必定减少。在这种环境下,以承销业务为中心的投资银行收益恶化的程度最低。

此外,担任主承销商的投资银行还有各种附带的好处及额外利益。例如,主承销商投资银行通常是发行公司的财务顾问,因此,发行公司需要各种服务时,如收购兼并其他企业的媒介、筹划和私募发行等,通常首先是依赖于这些财务顾问,所以在投资银行业中争取主承销商的竞争极为激烈。显然,选择好发行公司对投资银行以后的业务发展关系重大。

从投资银行来说,它愿意选择满足以下标准的公司:① 公司属于成长率高的行业或新兴行业。② 公司的业绩和盈利能力有良好的稳定记录。③ 公司握有某些专利或有垄断许可协议,或掌握精密的技术,或能生产独特的产品,或提供独特的服务。这些特点使公司具备出众的增长潜力。

## 三、竞标承销的意义

以上我们讨论的谈判成功的承销过程称为协议承销。但有的时候,证券发行是采用竞争性投标的方式来承销,即竞价承销(competitive bidding underwriting)。使用这种方式,发行人通常在报纸上刊登广告,公布发行条件,然后由承销商依据各自判断报价,报价最优者赢得这项业务。竞价承销一般用于国库券、市政债券及公用事业部门的证券发行,目的是为了防止行业管理者与承销商内幕勾结。在美国一旦涉及公款,不管这些公款是从州属或当地税收系统而来,还是像公用事业那样从利息支付系统而来,就必须用竞价承销。

采用竞价承销方式发行证券时,投资银行要等到企业完成了 SEC 临时注册后才开始组织承销团,参加发行条件的竞标,而得标承销的投资银行的收益,一般比洽商发行方法时为少,原因是采用竞标决定承销商的目的本来就是为了节省承销手续费,何况花费时间最多的必要文件,包括向 SEC 注册的文件及发行计划书等,大部分是由发行公司自行编制,所以收益少是必然的。收益少的直接结果是削减主承销商的管理费。通常,竞标承销时的主承销商可获相当于承销手续费总额 5％的管理费。

尽管如此,竞标市场对投资银行具有很大的意义,尤其对于新兴投资银行来说,竞标市场是在重视实绩和资格的承销业中,唯一的能以平等身份给投资银行提供参加竞争机会的场所。也就是说,即使没有古老的传统,也没有和企业建立关系的新兴投资银行,只要得标就能取得主承销商的宝座。

## 四、暂搁注册的影响

20世纪80年代资本市场的重大进步之一,就是广泛使用暂搁注册或缓行注册(shelf registration)。所谓暂搁注册,是指拟发行证券的公司向SEC递交一份证券发行登记总表,将其在未来2年内发行证券的意向登记注册,同时向SEC提供相关的、并可以在需要筹资时迅速更新的财务数据,以后在每次公开招股前只需再出示一份《简式登记表》即可,而不需另外再得到SEC的批准。

例如,某公司需要筹资2亿美元,为此决定发行长期债券,但预计以后还需要额外融资,于是它采用暂搁注册,被批准发行5亿美元新债券。一经批准,它即采用协议或竞标承销方式发行2亿美元债券。一段时间后,企业决定再发行1亿美元长期债券。为反映当时的市场条件以及企业内部的重大变化,它改变了一些发行条件,对注册文件作相应的修改,于是它再次谈判达成一项新协议,以协议承销方式发行新的1亿美元债券。同样,暂搁注册可以以这种方式重复使用。

暂搁注册是美国证券交易委员会(SEC)管理证券公开发行过程的一个尝试,目的在于降低证券的发行成本,加速发行过程。这种做法是从1982年开始尝试的,结果非常成功,所以1983年就通过了该法规,即415规则。目前,美国SEC规定,只有外部投资者持有1.5亿美元以上股份的上市公司才有资格按415规则做。这是因为这样的大公司,其财务资料已充分地为市场所了解,具备了高度的透明度。

使用暂搁注册,大大提高了再次发行的速度,企业可以节省发行过程中的时间和成本。一旦市场条件变得有利时,企业就可以最低限度的必要准备进入市场,抓住任何可能出现的机会。415规则确立之前,向公众发行证券要经历一段较长的时间,结果在一个快速变化的市场中,发行人可能与他认为的有利时机失之交臂,从而使这家公司证券发行成本很高。

这项规则不但为发行公司节省了发行费用,而且也对投资银行的未来发展带来了深远的影响。新的注册办法改变了投资银行承销团的组成方式,原先发行人根据历史原因或某一特定领域的专业技能来挑选投资银行,然后主承销商网罗同行组成该次发行的承销团。而415规则制定后,组成承销团的时间仓促了许多,在大多数情况下,只能由主承销商与发行人达成协议,然后在承销团尚未组成之前先由主承销商承诺所筹措的资本,这样承销风险更大。这种做法与先前的做法有着细微的但又是重要的差别,即主承销商要买断发行业务(bought deal)后再进行分销,它标志着投资银行业竞争性质的变化,在这个资本密集程度已经很高的行业中,从长远看,还需要更多的资本。这个新程序的另一个关键因素,即发行速度的加快，也预示着新一代的主承销商和联合主承销商将是依赖效率与金融实力而非依赖客户关系取胜的投资银行。

# 第五节　私募发行的周旋

私募市场和公募市场都是企业筹集长期资金的重要市场，在 20 世纪 60 年代中期之前，公司债券的发行一直是以私募方式为主的。对投资银行而言，私募是其重要的业务之一。

私募（private placement）是指发行公司不通过公开市场，而是私下将证券出售给少数特定的机构投资者的一种发行方式。在私募过程中，投资银行在多方面起着重要作用：① 投资银行是私募证券的设计者，它周旋于发行者和潜在的机构投资者之间，商讨和设计证券发行的种类、定价、条件等多方面的事宜。由于私募证券具有相当大的灵活性，因此这一市场是许多金融创新的源生地和试验场所。② 投资银行为发行者寻找合适的机构投资者，并按优劣顺序列出这些机构投资者，供发行者选择。③ 如果发行者自己已经找到了投资者，那么投资银行便作为发行者的顾问，提供咨询服务。

像任何证券发行那样，投资银行家应对计划中的证券发行者及其雇员和财务报表进行适当的审慎调查。在投资银行完成了这一审慎调查并开始安排私募发行后，通常还要建议投资者在购买发行的证券之前进行自己的审慎调查。这样，实际上对发行公司的经营情况和财务状况至少要进行两次详细的调查。

从私募开始到结束，即从投资银行家接到私募委托，到投资者为所购买的私募证券付款为止，这一时间长短随着市场的情况变化和发行公司对私募程序的熟悉程度而有所不同，整个过程所需时间估计在 12～15 周之间。

## 一、私募发行的条件

### （一）传统私募发行的条件

根据美国 1933 年《证券法》第四条第二款的规定，采用私募发行证券，可以免向 SEC 登记注册。1974 年，SEC 颁布的 164 号规则进一步规定，以私募形式发行的有价证券，免向 SEC 注册，但应具备以下条件：

（1）投资者人数。私募的投资者总数应在 35 人以下。

（2）投资者资格。投资者或其代理人，应具备有关财务问题及一般事业的充分知识,并且有判断投资风险的能力。投资者应在发行证券时,已获得与注册申请文件相同程度内容的信息,或处于随时能获取该项信息的地位,且可以继续获得信息。

(3) 发行方式。不得有以分销证券为业的承销人存在;不论形式如何,不得做广告。

(4) 发行后转让、转卖的限制。购买后 2 年以内不得转卖;可转卖的额度,以最近 6 个月内该类证券全部持有人合计卖出额不超出发行总额的 1% 为限;转卖时不得诱劝,对执行卖出指令的经纪人,除付给正规手续费之外,不得再付任何费用。

### (二) 144 A 规则

由于私募证券的购买者在 2 年之内不能把证券再卖出去,所以在这段时间内,市场不具有流动性。私募证券的购买者为此必须得到补偿,从而增加了证券发行的成本。1990 年 4 月,美国 SEC 通过了 144 A 规则。这一规则取消了 2 年持有期的限制,允许大机构之间交易私募中所购证券,而不必向 SEC 注册。根据 144 A 规则的定义,大机构必须至少要持有 1 亿美元的证券。

144 A 规则推动了非美国公司在美国私募证券发行证券。

第一,144 A 规则吸引了更多的机构投资者进入私募市场。而在以前,由于 2 年持有期的限制,他们不愿意购买私募债券。机构投资者数量的增加,刺激了非美国实体的债券发行。

第二,在 144 A 规则确立之前,外国实体不愿在美国筹资,因为必须要进行证券登记注册,并且要按美国《证券法》的要求披露必要的信息。私募要求的信息披露较少,而且 144 A 规则增强了证券的流动性,降低了证券的筹资成本。

现在私募分为两类:144 A 规则发行和非 144 A 规则发行。后者更多地被称为传统的私募。144 A 规则发行由投资银行承销。

## 二、利用私募方式筹资的原因

一般来说,能够在公开市场上发行的任何证券也都可以私募发行。但在某些时候,由于发行者性质或发行规模等问题,某些证券只能通过私募发行。企业利用私募市场筹资的原因有好几种。

最普遍的原因是企业需要资金的数量没有达到公募发行的最低标准。以公司债为例,美国规定,公募发行债券的金额最少应在 2 000 万美元以上。如果少于这一金额,从各方面看,还是利用私募形式发行较为有利。因为公募发行时必要文件的编制手续、律师会计师费用、公司负责人及经办人员为准备发行所花费的时间及费用等,并不因发行金额少而同比例减少。利用私募发行方式可免去向 SEC 注册所花费的时间及精力,因而能显著缩短自开始准备至筹到资金为止的手续和时间,还能节省可观的发行费用。

利用私募方式的第二类原因是虽然企业目前经营情况顺利,但过去曾连续有过异常决算,或曾经陷入经营危机。因为市场和一般投资者对该企业有不良的印象,所以难以依赖公募发行来筹措资金;再说即使能够利用公募形式,也没有多大意义,但因为证券评级机构有重视最劣纪录的倾向,评级的结果等级必定较低,这样发行成本显著提高的可能性增大。

利用私募方式的第三类原因是企业必须为根据特殊的组织或复杂的契约来进行项目融资,因为牵涉到非常复杂而又专业的法律、金融等问题,一般投资者以及证券评级机构等难以判断投资的价值及安全性。但拥有各类专家的机构投资者,尤其是大型寿险公司具备充分的审核能力,对于这些企业,只要条件好,是很可能愿意投资的。

利用私募方式还有一种情况,就是所需资金的金额太大而难以公募发行方式达到目的。不论发行公司情况怎样优良,假如一次的发行量非常大,就很可能一时搅乱发行市场,而使发行条件,特别是利率,不利于发行公司。如果采取短期内分次在公募市场发行的方式,则不但不受评级机构和投资者的欢迎,而且手续费还会随着发行次数的增加而增加。在这种情况下,如果利用私募方式,只要通过合适的投资银行的详尽安排,准备投资的机构投资者,就能够在短期内调动资金完成发行准备,因此,即使大规模发行,仍能在不太影响市场的情况下顺利完成。

# 三、投资银行私募业务的特点

## (一) 私募业务与公募业务的区别

投资银行的私募发行业务,以债券的私募为主,但与公募债券的承销业务又有很大的不同。

第一,美国 SEC 规定禁止私募证券的承销,所以投资银行有关私募发行的业务限于作为媒介在中间周旋。也就是说,投资银行是以发行公司代理人身份居中与机构投资者交涉条件,使发行公司能够以最有利条件为筹资做准备工作,投资银行因此获得的报酬不同于公募发行时的价格差异,而是对中介服务所收取的服务手续费。又因为投资银行没有承担承销责任,所以也没有因持有证券而带来的盈亏风险,这点与公募承销完全不同。

第二,关于业务的重心,私募发行和公募发行也大为不同。公募发行的业务重点在于对必要文件的编制工作。因为私募可以免向 SEC 注册,因而可大幅度简化手续。而开拓潜在的购买者、推荐和宣传发行公司以及有关发行条件的交涉等工作,则成为私募业务中的重要任务。

## (二)私募业务的运作特点

投资银行的私募发行业务对不同类型的发行公司、工作的侧重点也各不相同。例如,小规模的利用私募发行证券的公司,大多是家族公司或非公用公司,其股票最多只在店头市场有交易。这一类公司,无论如何都是大型机构投资者所不熟悉的。接手这类公司的私募,投资银行首先要比较私募和公募两种方式的可行性,从各方面权衡利弊得失。若比较结果显示私募方式更有利于客户公司时,才开始推荐私募发行,并与潜在的投资者接洽。

非公开交易的公司利用私募市场发行证券,大多数是该企业的股票将来会公开上市,或以后要通过公募市场发行公司债的公司。这类公司,正处于最需要投资银行建议的时期;若能给予适当建议或参考意见,并全面参与经营的开展,很可能培育出优良企业。这是投资银行开拓新企业客户的绝好机会。因此,投资银行必然热心于服务,并努力推荐发行公司。

私募发行带有复杂的约定事项,同时筹集金额巨大的公司,通常都是知名的大企业,此时不必努力推荐该公司。投资银行工作的重点在于何时及应以何种方式,从机构投资者手中引出有利于私募公司的资金。如果投资银行与该私募公司之间有特殊的契约,或事业组织特殊时,那么对于任何机构投资者,应以洽商方式来拟定一种能满足机构投资者的投资原则的保证条款或契约条款及财务限制条款等。条款内容可根据机构投资者的不同而略有差异。

## (三)私募业务成功的关键

周旋私募发行筹资业务,主要看该投资银行掌握多少机构投资者,尤其是寿险保险公司,投资银行如果想成功地完成大规模的私募工作,就应与主要的资金供给者,即大多数机构投资者保持密切的接洽,有计划地奠定发行的基础。

美国公认的在私募周旋业务方面排名第一的是所罗门兄弟公司,无论以承办件数或金额来说,它每年都很稳定,它是媒介机构投资者之间债券整批交易的最大的投资银行。该公司已建立了在任何市场环境下,都能应付机构投资者买卖的体制。该公司的交易部门已发展成为美国公债及公司债流通市场的一大中心,实质上已有取代交易所地位的美誉。所罗门兄弟公司通过这种业务所建立的全国机构投资者网络,是该公司无法估计的一大财富。

在私募业务方面,处于特殊地位的是摩根斯坦利公司,不同于所罗门兄弟公司等同业者,它的私募业务很少排在前位,但不鸣则已,一鸣惊人,它能完成其他同业者远不能相比的特大笔交易,使华尔街瞠目结舌。

除所罗门兄弟公司以外,在私募业务方面名列前茅的公司,都是具有 100 多年历史的著名投资银行,这表明,私募业务毕竟不同于公募业务,与机构投资者之间关系的建立是无法在一朝一夕就能完成的。

## 四、私募备忘录的内容及条款

私募发行的注册豁免并不意味着发行人不必向潜在的投资者披露信息,私募发行者同样必须提供 SEC 认为是重要的信息。这些信息在私募备忘录中提供,与公募发行的公开说明书不同:私募备忘录不包括 SEC 认为是"实质"的信息,而且私募备忘录不需经 SEC 审查。

### (一) 私募备忘录的内容

一般来说,私募备忘录由一些固定的标准条款组成。这些条款概述私募的法律依据,并且在条款中特别提请注意,只有发行者提供的陈述才被认可具有法律效应。私募备忘录通常包括正文和附录两个部分。其主要内容包括(但不仅限于)以下部分:对发行物的概述、发行收入的使用、汇总财务报表以及公司管理部门对报表的分析、资本总额的估计值、经营与行业情况的充分说明以及全部的财务报表(包括最近的经审计的财务报表和中期报表)。

为满足机构投资者的需要,私募备忘录的正文必须十分详尽,应涉及:① 对企业的介绍,如主要的产品与服务,主要市场与销售方式,原材料来源与可获得的数量,有关全部专利权、注册商标、许可证、经销专卖权和特许权的主要情况,它们的有效期限以及它们对企业的影响,季节性因素和周期性因素,客户,已接受的订货总数(与前期相比),以及营运中可能受利润重审和合同中止影响的说明。② 对行业中的竞争情况的介绍,如竞争者的数量与性质,发行者的竞争名次排列和主要的竞争方式(如价格、服务、保证与质量等),市场份额资料,研究与开发活动,以及遵守联邦、州和地方法规的情况。③ 对发行公司经营者包括董事会成员和主要高级雇员的情况介绍,如他们的背景、资历、报酬(包括奖励与股票认购权),有关的集体交易,以及管理人员的持股情况等。④ 其正文还应包括对发行者财产状况的说明以及具体的法律程序。

在正文之后,通常附有对拟议中主要条款和主要附送报表的汇总。这些附送报表中可能包含某种预测(尤其是对股本或与股本有关的融资情况的预测)。其他如进一步介绍发行公司经营情况的公关小册子、认购合同、买方调查表和私募买方代理人调查表等也附于正文之后。

## (二)债券私募中的有关条款

私募备忘录在其附有的重要条款(条款细则)摘要中,对发行作出概括的叙述,介绍发行证券的性质、规模、到期日、利率、转换特性、赎回或偿债基金时间表以及每一肯定和否定的契约条款。

契约条款在私募中起着关键的作用,它为机构投资者提供了监督其投资的手段。虽然成功的契约谈判能起到一种巧妙的平衡作用,但问题依然存在。一方面,买方的投资利益必须得到保护,特别是当投资者的风险将不可避免时更是如此(如无担保的非投资级债券的私募发行);另一方面,过分地限制发行者将使其无法顺利操作,并且可能使契约存在结构上的问题,这种情况将可能导致清偿能力的丧失,这当然也不是买方的本意。

契约条款细则一般包括以下内容。

1. 肯定的契约条款

肯定的契约相当标准,它概括了参与各方同意借款与投资所依据的一般原则。其中包括(但不限于)本金与利息的支付、购买权保护、账簿与记录的保存、财务报表的提交和契约的维持(如流动比率与资产净值)等。

(1)本金偿还。条款细则的最主要方面是本金偿还。本金偿还有两种方式:一是法定的或强制性的本金偿还。法定的或强制性的本金偿还又可分两种形式:一种偿付形式是在一定年限后,每年偿付相等的款项(偿付直接给予投资者,而不是付给偿债基金);另一种偿付形式是在最后到期时一次还清(bullet maturity)。拟定的偿还时间表应与发行者预计的现金流模式相吻合,所以,在制定时间表时,必须要做好充分的准备并反复进行定期预测。二是有选择地提前偿还本金。条款细则中也可以提出按照发行人意愿,有选择地提前偿还本金,允许发行人在每一本金偿还日,以高于票面价格提前偿还债务。对这一部分提前偿还的债务,可以规定一定额度。通常的做法是:限定其总的未清偿本金的某一百分比(如 25% ~ 35%)。在利率较高的时候,投资者为了防止高收益投资的减少或证券平均寿命期的缩短,常常拒绝或者尽可能少地使用这种选择权;而发行者则偏好通过这种选择权来缩短高成本债务的平均寿命期。

(2)购买权保护。条款细则将概述发行者提供给投资者的购买权保护。为了对买方投资或放弃可供选择的投资机会给予回报,发行者通常被要求在发行后的一定时期内不准赎回证券。私募一般被认为比公开发行具有更大的风险(由于流动性差),其利率也要高于公开发行的利率。由于投资者从资金投入时就开始承担风险,所以,如果当公司经营顺利、不再有资金需求并清偿债务时,就会使投资者在今后的年份中无法获得收益。这种做法显然是不公平的。

一般来说,购买权保护应与未兑现证券的平均寿命相匹配。在赎回中采用溢价方法,溢价率逐年成比例下降,第一年时为原溢价率,到最后一年时,溢价率为零,即证券在到期时赎回无需溢价。溢价表示的含义是:发行公司必须付出一笔补偿金以赎回其发行物。

2. 否定的契约

与肯定的契约条款不同,否定的契约条款是根据发行者的财务状况而专门拟定的。发行者的信用越差,这一条款越严格。重要的否定契约条款包括限制负债、限制性支付、准许留置权、合并与联合或资产的出售等。

(1)限制负债。限制债务条款主要有两种:一是限制资本结构中长期债务的比例的条款,二是限制短期债务的条款。为了使投资者确信不需任何短期借贷作为长期融资的替代品。契约条款可以要求私募证券的发行人在 1 年中的一段时间(如 30 天)不欠银行债务。这通常被称作清理条款(clean-up provision)。

(2)限制性支付。一般来说,限制性支付条款旨在限制用募集的资金作一些具体的支付,如限制对其总股本中任何股票通告分红或支付红利,限制购买、中止或赎回资本股票,以及限制从事其他的有关股票的支付与售卖等。这类契约的目的是使发行人将资金投入到企业中去,保持并增加其财产净值,而不因红利支付使其收益能力受损。一些辅助条款还包括对投资的限制。对投资的限制是为了鼓励发行人将资金投入自己的企业中,避免浪费资产和收益,并确保企业性质不致发生改变。

(3)准许留置权。在要求投资者无担保地对发行公司投资的情况下,应对发行公司的有担保的贷款额度有所限制。通常不允许以应收票据、存货或其他流动资产作为担保获取信用贷款。然而,即使有契约限制,仍允许一定数量的有担保债务。典型的条款是将有担保的债务限制在有形资产净值的一定数额或百分比之内。

(4)合并与联合或资产的出售。投资者通常希望公司减少大幅度改变其性质和财务特征的可能性。他们认为,这些改变将使其投资风险增大。除一般经营方针之外,投资者还要求公司有禁止出售资产中实质部分的条款。在积极进行并购活动的今天,这种条款的作用十分重要,在某些时候,公司可应用这一条款,防止公司被接管。

典型的做法是:合并或售卖将在发行公司与投资者进行了相当程度的协商之后被允许进行。在通常情况下,如果双方意见不能达成一致,发行公司可以按面值偿付贷款,并在此之外支付一笔提前偿付的罚金。

### 3. 定义条款

定义条款对协议中适用的全部重要专门用语作出定义。这些用语,包括流动资产、有形资产净值、融资债务、文件资料费用和净收入等。它们中绝大部分要在保护性条款中用到,而且其使用以美国公认会计准则(GAAP)为依据。

## 本 章 小 结

发行市场是投资银行最重要的也是最主要的功能领域。投资银行在新证券发行过程中发挥以下三个功能:就发行条件和时间提出建议;从发行人处购买证券;向社会公众分销证券。

传统证券主要是债券、优先股和普通股,对发行企业来说,不同的对外融资方式有不同的融资成本。投资银行对于公司资本成本的决定起着重要的作用。它们给新证券发行人提出的定价建议及收取的承销费用,直接影响到发行者的融资成本。投资银行创新证券的设计,不仅提供了降低公司资本成本的可能性,而且能使投资者受益,同时投资银行自己也获利。

公募发行分初次的公募发行和成熟的公募发行。成熟的公募发行有三种不同的形式,即一级成熟发行、二级成熟发行和混合发行。投资银行在公募发行中发挥了三方面不同的但又相互关联的作用,即发起、承销及分销。公募承销业务对投资银行具有很大的意义,它不仅给投资银行带来了稳定的收益,而且揭示了投资银行所处的地位,而竞争投标则给新兴投资银行提供了机会。415规则使投资银行面临更大的挑战。

私募是投资银行的重要业务之一。私募分为传统私募和144A规则私募。在传统私募周旋业务中,投资银行在私募证券的设计、寻找潜在的机构投资者、提供咨询服务等方面起着重要作用。投资银行的创意和计划以及与机构投资者之间的关系是决定私募发行成败的关键。私募发行同样必须提供SEC认为是重要的信息,这些信息在私募备忘录中提供。

## 复 习 思 考 题

1. 投资银行在新证券发行中的主要功能是什么?
2. 投资银行的顾问角色对企业融资成本具有什么影响?
3. 三类传统证券的融资成本如何计算?

4. 投资银行如何在传统证券基础上进行创新设计？

5. 什么是零息债券？零息债券具有什么意义？

6. 什么是可调利率优先股？它具有什么特点？

7. 什么是可售回股票？它具有什么特点？

8. 什么是可转换债券？它具有什么特点？

9. 什么是附有认股权证的债券？它与可转换债券有哪些异同？

10. 股票发行前为什么要路演？

11. 证券发行中为什么要组织承销团承销？组织承销团对主承销商有什么影响？

12. 投资银行在为证券定价时应考虑哪些因素？

13. 投资银行有哪些稳定价格的措施？如何操作？

14. 公募发行业务对投资银行有什么意义？

15. 私募有几种形式？传统私募的条件是什么？

16. 企业为什么利用私募发行证券？

17. 投资银行私募业务具有什么特点？

18. 债券私募中通常附有哪些主要条款？设计这些条款的目的是什么？

# 第 三 章

# 投资银行的证券交易业务

　　证券交易市场又称二级市场或次级市场。它是买卖转手已发行证券的市场。它与一级市场的区别在于：一级市场是发行人通过投资银行向投资者出售证券的市场。在一级市场上，证券发行人获得出售证券的收益，而在二级市场上获得收益的是投资者或交易商。证券发行公司一般不涉足二级市场，除非公司有回购股票等欲望。

　　一级市场执行着将稀缺的金融资源在有集资需求的各个公司之间进行分配的功能，投资银行在一级市场中的业务，实际上发挥了分配金融资源的作用，在这一过程中产生了金融所有权（包括股权和债权）。而二级市场的交易，从表面上看，只是转移了金融所有权，并没有实现资源的再配置，但二级市场对一级市场提供着不可缺少的支持，有着创造流动性这一功能。二级市场向发行人及投资银行提供了有关其发行在外的股票或债券价值的信息。这些信息有助于发行人评估一级市场发行所得资金的使用效率，也预示了投资者对新发行证券会作出何种反应。更为重要的是，二级市场为投资者的资产创造了流动性。投资者由于种种原因需要把一种金融资产转换成货币资产或另一种金融资产，如果没有流动性，投资者就不愿意去购买任何金融资产，这会对潜在的发行人造成伤害。

　　投资银行通过在二级市场的操作使金融所有权具有更大的流动性，投资者由于有了转售场所和途径而受益，发行者也可因此支付较低的利率，而投资银行本身则可通过交易操作获得利润。本章在简要介绍交易市场的一般原理后将分别介绍投资银行在交易市场所从事的经纪、做市及自营三种业务及功能。

# 第一节　交易市场运作原理

## 一、交易市场的结构

证券交易市场主要由两类市场构成:证券交易所市场和场外交易市场。

### (一) 证券交易所市场

证券交易所市场即场内交易市场。它是有组织的专门经营证券的固定市场,是证券集中买卖交易的唯一场所,是证券交易市场中的核心。所有各类有价证券,包括普通股、优先股、公司债券和政府债券的买卖,很大部分是在证券交易所内进行。证券交易所内的交易又以股票的交易最为活跃,数额最大。

作为证券集中交易的场所,证券交易所本身并不买卖任何证券,也不规定任何价格。交易价格是受多种因素影响,依照供求状况而定的。证券交易所只是提供交易的场地和设施,将买卖的双方汇聚在一起,集中进行交易。

总之,证券交易所的职能是创造公平、公开的市场环境,为保证证券交易的正常运行提供便利条件。其职能具体包括:提供证券交易的场所和设施,制定证券交易所的业务规则,审核、批准证券的上市申请,组织并监督证券交易活动,提供和管理证券交易市场信息等。

世界各国证券交易所的组织形式一般分为公司制和会员制两种类型。

公司制证券交易所是以股份有限公司形式设立的,以营利为目的,供给场地和服务人员,以便利证券商的交易与交割。与其他股份有限公司一样,它要遵守本国的公司法,其资金来源主要是发行股票。发行的股票同样可以流通,但不得在本交易所上市。

会员制证券交易所由会员(各证券商)组成,实行会员自治自律,互相约束,不以营利为目的,目前我国的证券交易所都是这种性质,其组织结构主要由会员大会、理事会和专门委员会组成。会员大会是交易所最高权力机构;理事会是交易所的决策机构;总经理在理事会领导下负责证券交易所的日常管理工作,他是证券交易所的法定代表人。

在交易所内实行挂牌经营的是经批准的证券。各交易所对申请上市的公司都有一定的要求,符合这些要求的才准许上市。这些要求主要有:申请上市的股票股数和市场价值、股东持有股票情况、纳税前的收益及利息等。公司上市批准后,需要向交易所交纳上市费用,而且公司一旦不能满足上市条件就必须下市。

## （二）场外交易市场

场外交易市场是指在证券交易所之外进行证券买卖活动所形成的市场。这种市场的交易,通常由买卖双方以议价方式进行。场外交易市场没有正式的组织,也没有固定或集中的场所。它实际上是一种通过电讯系统直接在交易所外面进行证券买卖的交易网络,一般包括以下几种类型。

(1) 店头市场也称证券柜台市场(over the counter,简称OTC)。在店头市场交易的证券,主要是按照法律规定公开发行而未能在证券交易所上市的证券。其目的在于配合资本额超过一定水平的公司公开发行证券,使未上市的证券有公开交易的场所。在店头市场采用议价交易的做法,由买卖双方协商决定,一般在店头市场只进行即期交易。店头市场都有固定的场所,一般是证券经营商的营业处,但它又不是严格意义上的证券交易所,因此,属场外交易市场中的一种。目前,店头市场最为发达的是美国的纳斯达克市场(NASDAQ),即全国证券交易商自动报价系统。事实上美国1/3的普通股、大部分的公司债券和所有的政府债券、市政债券,都是在场外交易市场进行买卖活动的。

(2) 店外市场又称第三市场。它是靠交易所会员从事大宗上市股票交易而形成的市场。因为证券交易所规定,凡交易所会员必须对每一笔交易支付佣金,佣金比率按交易额大小有所不同。通过交易所买卖,即使交易不在交易所内完成,也要负担佣金。大笔交易的数量大,佣金负担自然高,于是就产生了通过靠交易所会员完成交易的情况。这样既能降低证券买卖的成本,又能得到较好的价格,且成交迅速,其主要客户是机构投资者。证券商从第三市场交易中获得的利润率极低,但由于每笔交易数量大,总收入还是很可观的。

(3) 第四市场是指投资者完全绕过证券商,自己相互之间直接进行证券交易而形成的市场。由于科技迅速发展,特别是计算机和通讯技术日益发达,买卖双方只需通过计算机系统,通过终端设备进行交易。因而第四市场交易成本低、成交快、保密好,具有很大潜力。

# 二、交易市场的交易方式

在证券交易所内进行的股票交易方式归纳起来,有现金交易和保证金交易两种方式。

## （一）现金交易

现金交易就是交易双方以现金或支票相互交割。卖出方必须把自己持有的股票交给经纪人，而买入方也必须把与交易额相称的货币交给经纪人，并在一旦成交时马上交割，即卖出者交出股票拿到货币，买入者交出货币拿到股票，也即是所谓一手交钱，一手交股票，在未交割前，不允许有买卖冲销活动或解约。由于在实际交易过程中，立即交割即当天清算交割往往做不到，所以大多数国家证券交易法规定允许有一个较短的清算期，通常是 2 天。

现金交易能有效地遏制买空卖空投机行为，便于管理，但流动性差。我国目前的股票交易只限于现金交易。

## （二）保证金交易

保证金交易也称信用交易和垫头交易。它是指投资者以交付部分现金或有价证券作为担保，通过得到证券经纪人为其代垫所需的其余现金或有价证券而进行的证券买卖交易。保证金交易是目前发达国家在证券交易中经常使用的一种方式。这种交易有以下两种形式。

### 1. 保证金买空交易

保证金买空交易是指投资者在交纳部分保证金后，委托经纪人垫付余款，买进其所指定的证券的一种交易方式。即投资者买入这种证券只需交割部分现金，其差额部分由证券经纪人垫付，投资者以股票作抵押，并支付垫付款的利息，以后投资者在保证金项内用现金或卖出该种股票所得收益偿还证券经纪人的垫付款项、利息、佣金。若投资者不能偿还垫付款项时，则证券经纪人有权处理这些股票。

采用这种形式进行交易，在一定程度上和一定时期内可以利用手中有限的现金头寸，买进较多的股票份额。所以，对于买进者来说，一旦行情看好，即可以少量的现金支付赚得比采用其他交易方式更多的利益。因此，保证金买空交易在市场行情看好的情况下有利可图。但是，股票市场交易并非完全依照买进者的心理预期而涨落。如果交易开始时买进者预测行情看涨，但交易完成后质押证券市价开始下跌，这时，保证金买空交易者将蒙受惨重损失。再者，经纪人如果对买进者的资信产生怀疑，即要通知买进者补足保证金不足的部分，如果买进者无力支付，必将被迫抛出质押证券，这种抛出行为也将导致证券价格跌落，客户因此陷于恶性循环之中。

### 2. 保证金卖空交易

保证金卖空交易是指投资者在向经纪人借取一定数量的证券后，卖出他实际上并未持有的证券，日后再买回这部分垫付的证券还给证券经纪人的一种交易方式。如果买进价格低于卖出价格，投资者就可以获利。实际上投资者在卖出证券时，手中并没有这些证券，而是由经纪人借给他部分证券后从事卖出交易，投资者将买卖差价、佣金、借入证券的费用在保证金项内同证券经纪人结算。投资者向经纪人借取证券时,也需向经纪人交付一定数额的保证金。当投资者本金一定时,保证金比率越高,他向经纪人借得的证券数额越少;否则,就越多。投资者向经纪人借取证券时,也需按当时市场价值和利率支付利息。

投资者能够卖空,是金融市场的一个重要机制。在缺乏有效的卖空机制的情况下,证券价格会顺着过分乐观的投资者的期望而发展,从而使市场定价偏高,卖空交易可以促进股票市场价格趋向于实际价值。

# 三、投资银行在交易市场中的作用

投资银行在二级市场上活跃非凡,以多种角色参与二级市场的建设与操作,投资银行在交易市场中扮演的角色大致可分为以下三类。

## (一) 证券经纪商

证券经纪商是指专门从事代理证券买卖业务的、以获得佣金收入的金融服务机构。经纪活动并不要求经纪人购买并储存金融资产,也不要求他在交易需要时出售存货,相反经纪人只是接受、传递和执行投资者的委托单,并为此收取佣金。

各国的证券交易法规和证券交易规则规定,只有会员证券商才能进入交易所市场进行交易,一般投资者是不能进出交易所买卖证券的,必须由证券经纪商代理交易。

按业务范围的不同,证券经纪商可分为以下三种。

1. 佣金经纪商

佣金经纪商主要是指证券公司(投资银行)和金融机构证券部在各地开设的证券营业部以及它们选派的证券交易所的会员。其主要业务是通过各地证券营业部接受投资者的投资委托,并授权各自在证券交易所中的场内经纪商买卖证券。

2. 交易所经纪商

交易所经纪商也称场内经纪人。这类经纪商接受佣金经纪商的委托,而自己不能单独接受证券交易所以外投资者的买卖委托。因此,他的主要业务是:在证券交易所接受佣金经纪商的再委托代为买卖证券,帮助其他佣金经纪商完成证券买卖交易。

3. 专营经纪商

专营经纪商是指兼有证券经纪商和证券做市商双重身份的专营某些证券的交易商。他既可以为证券交易所内的佣金经纪商或自营商代理买卖证券,从中收取佣金,也可以运用自有资金自行买卖证券,发挥调节供求、稳定证券价格的作用,并从买卖证券中获取利润。专营经纪商也称"做市商"。

经纪交易涉及一个购买者的代理和一个出售者的代理,两者都在一个交易所中交易。经纪市场由一个场内经纪商支持,它负责:① 交易证券。② 记录和公布价格及交易量信息。③ 使现金流与其他交易机制相协调。所有这些活动受到交易所及证券业自律组织的管理。经纪商功能如图 3-1 所示。

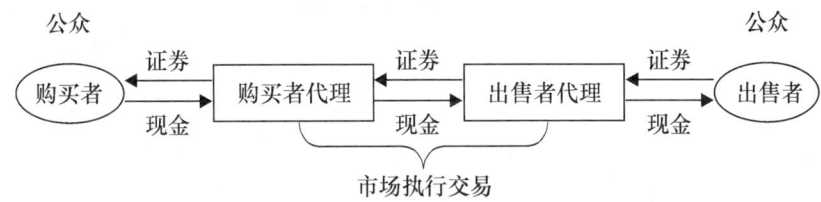

在整个过程中: 1. 客户确定价格
2. 中介执行指令 —— 专营经纪商
交易所全体人员
交易系统
3. 经纪商的存货的均衡是由价格接受做到的
4. 一旦交易完成,没有风险暴露

**图 3-1 经纪商功能**

经纪商是一个价格的接受者,作为完全的代理交易,经纪商没有存货风险。

## (二)证券做市商

做市商是指运用自己的账户从事证券买卖,通过不断地买卖报价维持证券价格的稳定性和市场的流动性,并从买卖报价的差额中获取利润的金融服务机构。由于做市商是用自己的资金进行证券交易,它便承担了价格风险,即他所持有的证券价格可能在卖出之前下跌。与经纪商不同,做市商不依靠佣金收入,而是靠买卖差价赚取收入。做市商广义上包括柜台交易市场的交易商(dealer),也包括交易所的专营经纪商(specialist)。交易商和专营经纪商的功能基本相同,均维护着市场的流通性。但狭义上的做市商是指柜台交易市场中的交易商。

柜台交易市场的交易商只要遵守全国证券商协会的规则,达到最低的财务标准和清算标准,便可以申请,指定自己为某种股票的做市商。做市商必须在它参与做市的股票上拥有一定的头寸,在此基础上买进或卖出证券,从而增加或减少头寸。

交易商要对它做市的证券确定一个买卖报价系统。它是价格的创造者。当它的报价被接受,它用现金从证券出售者手中购买一种证券,这时它的资产头寸流动性是较差的,并且承担了风险,于是它可能降低买卖报价以减少证券存货或降低其风险。其功能如图 3-2 所示。

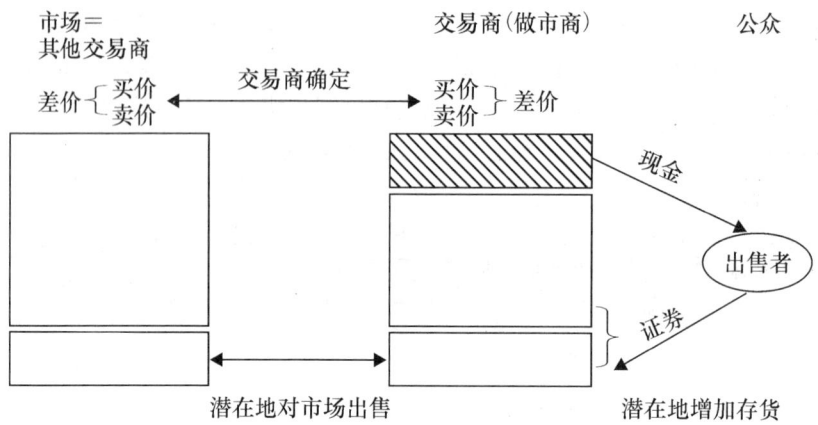

1. 市场与公众的均衡由买卖报价决定
2. 在自营商之间的均衡由相同的买卖报价决定

**图 3-2　交易商(做市商)功能**

许多担任初次公募发行的承销商在证券出售给公众后,往往充当一段时间的做市商。其功能如图 3-3 所示。

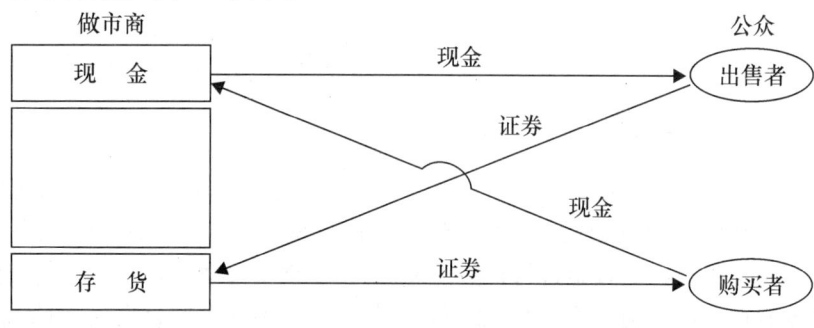

**图 3-3　做市商功能**

## (三)证券自营商

证券自营商是指以获利为目的,运用自有资本,自担风险,自行买卖证券的机构。自营商既不接受投资者的任何经营委托,也不向公众承担任何责任,而是为自己买卖证券,从中获利。

自营商业务的操作可以分为三大类:一类是投机业务(speculation)。从事这类业务的自营商称为投机商。投机商着眼于从证券价格水平变化中谋取利润。第二类是套利(arbitrage)业务。从事套利活动的自营商称为套利商。套利商期望从相关价值错位中套取利润。第三类是风险套利业务(risk arbitrage)。从事风险套利活动的自营商称为风险套利商。风险套利活动涉及股票市场上收购兼并活动或公司破产重组等其他形式的重组活动。

投资银行的自营交易有以下四个特点：① 投资银行必须有一定量的资金，以满足其资金周转的需要。② 投资银行买卖证券主要不是为了获取股息、利息和红利，而是赚取买卖差价。③ 自营交易不需交付手续费。④ 投资银行自己承担自营交易的风险。

在美国，投资银行在二级市场充当的角色是泾渭分明的。投资银行从事的经纪业务、做市业务统称为销售业务。投资银行从事销售业务所获利润来自佣金和买卖价差，这两种报酬形式都是对投资银行提供的交易服务所给的回报。而投资银行从事自营业务所获利润来自它们的持仓行为。尽管自营商与做市商一样都持有某种证券存货，用自己的账户进行交易，报酬来源都是证券买卖差价，但两者的区别还是明显的：第一，做市商从事交易的主要动机是创造市场并从中获利；而自营商持有证券头寸并非是做市的需要，而是期望从价格水平变动中获利。第二，做市商通常是在买卖报价所限定的狭窄范围内从事交易，所以赚取的差价是有限的，因而做市商所冒的风险小；而自营商是为了从差价中赚取盈利，对自营商来说差价越大越好，所以其冒的风险是大的。

# 第二节　投资银行的经纪商业务

现实的市场是不完善的，表现在许多投资者不可能随时都处于市场中。而且，一般的投资者不可能精于交易技巧，也不可能了解资产交易的每一个侧面。很明显，即使在顺利运转的市场中，大多数投资者也需要得到专业的帮助。投资者需要有人接受并记录他们的买卖委托单，寻找对应的卖方和买方，洽谈最好的价格，充当交易的中心以及执行委托单。经纪人执行所有这些功能。经纪人是代表想要执行委托单的投资者进行交易的实体。

## 一、经纪人的行为准则

### （一）了解你的客户

经纪人（broker）是以委托代理人的身份，遵照客户向它发出的买入或卖出某种证券的指令来行事的金融服务机构。因此经纪人的首要规则是：了解你的客户。纽约股票交易所 415 规则要求，经纪人必须把客户的利益放在首位，这是公认的存在于经纪人和客户之间的信托关系,而要做到这一点,对客户的了解是最基本的。例如,某一交易或工具对这个客户是有利的,但它不一定对另外的客户也适用,只有在对客户了解的基础上,经纪人才能决定什么对他合适,什么对他不合适。因此,其重要性也体现在交易规则之中。

当客户在经纪人按照规则要求开设新账户时,经纪人要对客户提出一些基本问题,这些问题涉及客户的收入、财产、不同形式的投资和资产交易的类型、期限等。许多经纪人为加强对客户的了解,往往还为每一客户建立详细的档案,尤其是那些开发对高收入投资者服务的经纪人。

## (二)足额执行委托指令

经纪人对委托人负有信托责任,它有责任使委托指令获得最好的足额执行。具体表现在:

第一,经纪人必须不折不扣地执行客户的指令。既不能不经客户同意就改变指令执行时间、执行价格和执行内容,也不能过分劝告客户改变指令,并且在执行指令前的任何时间都保留客户取消指令的权利。

第二,经纪人必须对客户在交易中获得的收益负保密责任。

第三,经纪人不能违反证券交易的法规,而且必须对由于其所犯的错误而造成的损失负责。例如,经纪人不能在同一笔交易中既充当经纪商又充当自营商,因为这容易产生各种舞弊或欺骗行为。

# 二、资金账户与委托指令

## (一)资金账户的种类

客户在经纪公司可以设立的账户有很多种,但主要是现金账户和保证金账户两种。

### 1. 现金账户

开设现金账户(cash account)的客户最为普遍,一切用现金交易。只要能迅速地付款和交付证券,客户就可以在这种账户下委托经纪公司给他买卖证券。大部分个人和几乎所有大额投资者,如保险公司、企业或政府的退休基金、互助基金等,开设的都是这种账户。

### 2. 保证金账户

在保证金(margin account)账户下,客户可以用少量的资金买进大量的证券,其余的资金由经纪公司给投资者垫付,作为经纪公司对投资者的贷款。所有的买空和卖空交易和大部分期权交易,由于交易的性质,只能在这种保证金账户下进行。纽约证券交易所规定,在保证金账户下,顾客必须至少先存入 20 000 美元的现金,才能进行交易。和现金账户一样,保证金账户要求在交易完成之后的 7 个工作日之内结清所有的欠款。但和现金账户不同的是:保证金账户要求顾客签署一份《抵押协定书》,客户在尚未付清经纪公司的欠款之前,客户所买进的股票,要作为抵押放在经纪公司,直至欠款付清。除此之外,大多数经纪公司还要求保证金账户的客户,签署《证券贷出协议》,允许经纪公司利用客户抵押在经纪公司的证券,借给其他顾客进行卖空或套利交易。经纪公司一般要求把一笔数额远远比经纪公司的贷款要大的证券留在经纪公司作抵押。不过美国的《证券交易法》规定,经纪公司要求客户抵押的证券,不能超过其所欠经纪公司贷款的 140%。

在现金账户和保证金账户之下,除个人账户外,还有以下四种账户:

(1)联合账户。这是指 2 个或 2 个以上的人联合开立一个账户。这种账户又分两种:一种是当开设这一账户的 2 个人当中,在其中一个人死亡时,另一个人可以继承这个账户,出售这个账户内的一切证券。另一种账户是当其中一个人死亡时,另一个人不得拥有该账户中属于死者的证券,而必须把它转交给死者的亲属或指定的继承人。

(2)咨询账户。如果客户不懂或没有时间监管证券市场的变化,他可以在经纪公司内或在经纪公司外聘请一位专业投资顾问为他管理证券买卖。这时客户需与他聘用的专业投资顾问签署一份《有限授权证明书》,允许投资顾问事前不必征求他的意见,而代他决定是否进行及怎样进行交易。由此,顾客除了支付给经纪公司的佣金外,还得支付一笔投资顾问费用。

(3)经纪人代理账户。在这种账户下,客户授权经纪人,由经纪人全权管理客户的投资,一切由经纪人决定。这种账户的最大问题是:如果经纪人没有职业道德,它就会利用客户资金,频繁地进行交易,而不管这种交易是否对客户有利。因为它每交易一次,就可以得到一笔佣金。交易的次数越多,收入也越高。为了避免这种问题,有些经纪公司或者是不设这种账户,或者是只允许经验丰富又极为认真负责的经纪人开设这种账户。

(4)青少年账户。为避免法律上的问题,经纪公司一般不给未到法定年龄的青少年设立账户。但经纪公司往往同意,在有法定监护人的情况下,可以以青少年的名义开立账户,但得由监护人代理,直到青少年达到法定年龄,交易的法律责任才转到青少年身上。

## (二)委托交易指令类型

客户在开设账户之后,就可以通过各种交易指令委托经纪公司代他买进或卖出证券了。客户下达给经纪人的交易指令分为四种基本类型。

1. 市价委托指令

市价委托指令(market order)要求经纪人以当时可得的最好的市场价格买进或卖出证券。经纪人如果接到卖出的市价委托,它必须以最高的买入价替客户成交;如果接到的是买入的市价委托,它必须以最低的卖出价替客户成交,除非市场情况非常异常。一般来说,市价委托在几秒钟内即告成交。经纪人执行市价委托相对来说较容易,而且市价委托保证经纪人获得一笔成交佣金。

2. 限价委托指令

限价委托指令(limit order)要求必须达到规定的价格或比规定的价格更有利时,才能买进或卖出证券。这时经纪人只能在限定的价格范围内执行交易。而一旦市场价格进入客户规定的价格范围,客户就有法律依据期望经纪人替他完成交易。

3. 期限委托指令

期限委托指令(time order)根据时间的规定,又可分为一日委托和长期委托两种。一日委托是客户指定的买卖任务限于当日完成,隔日即作废。长期委托是客户不指定期限,授权经纪人在价格适当的时候执行委托指令。也就是说,在投资者勾销这张委托单或经纪人已执行以前,这张委托单总是有效的。这种委托单常被用来与限价委托单结合使用。可是,经纪人并不愿意无限期地接受这种委托,而常表示在1个星期、1个月内或在某个具体日期内完成这项任务。

4. 中止委托指令

中止委托指令(stop order)有时也称停止损失委托指令。其作用是保住既得盈利,或防止损失进一步扩大。它本质上是限价委托和市价委托的结合应用。这种指令告诉经纪人,当某一证券的价格上涨到某一价格之上,或者当某一证券的价格下跌到某一价格之下时,即按市场价格为他买进或卖出。例如,客户已按每股80美元的价格买进100股股票,而目前该股的市场价格已达每股90美元,故他在账面上已获得了每股10美元的盈利。如果客户担心市场价格下跌,就可以要求经纪商实行停止委托。比如,在价格下跌至85美元时,即行售出,这样他仍可保住每股5美元的盈利。

还有很多其他的指令,但这些指令,或是由这四种指令变化而来,或是这种指令中的两种或三种指令的结合。

# 三、经纪业务的职能部门

在西方的投资银行中,与经纪业务相关的职能部门有:客户部、交易厅、内勤部、保证金贷款部、调查研究部。

## (一) 客户部

客户部负责与客户保持联系并给予指导、接受买卖委托、管理账户以及解决业务活动中出现的问题。与客户最初接触并在业务开展中保持最直接联系的就是客户部。其业务开展的成效直接关系到投资银行的好坏。

投资银行的客户部一般实行客户代理人制度,即每个代理人分别负责较为固定的一组客户,同时负责招揽新客户。客户代理人必须十分了解自己每一位客户的状况,包括投资目的、财力、性格、兴趣等,以便为客户提供切合实际的建议,取得客户最大限度的信赖。代理人的酬金主要来自他们代理客户买卖所创造的佣金收入。

## (二) 交易厅

证券交易所的交易大厅集中了来自各家投资银行的交易员,他们按照自己所在的投资银行所接受的委托,根据客户的意愿买卖证券。委托指令通过电话、电传或计算机从投资银行转到交易员,成交后交易员再把交易情况传回去,客户代理人即可通知客户成交的价格、数量,准备交割。每天的交易结束后,交易所通常给交易员一份当天的业务记录,以便查对,并安排结算与交割。

交易员一般禁止与客户直接接触,以避免出现内幕交易或其他证券欺诈行为。计算机的广泛使用,使得委托指令的传递与成交反馈的效率大大提高,对保证交易的公正与及时起到了很大的作用。

## (三) 内勤部

内勤部门是经纪业务中一个不可缺少的环节。它负责记录因委托业务而产生的资金和证券流量,同时与投资银行内部的各管理部门保持密切联系,向监管和审计部门提供发现的错误和舞弊的情况。一般内勤部门每天都要提出业务报告、客户和代理人账户状况等监测文件。

## (四) 保证金贷款部

保证金贷款部负责决定向客户提供资金或证券等信用方面的业务,监督客户在接受信用后交纳保证金、支付利息以及追加保证金等情况。保证金贷款部应该经常在对证券市场作出研究后,确定保证金贷款的百分比以及保证金的最低水平。

## (五) 调查研究部

调查研究部实际上是投资银行的信息和咨询部门。它负责对经济形势、证券市场走势以及各种证券的行情作出经济的和技术的分析,提供给客户和投资银行作参考。一些投资银行为了提高声誉,还将调查研究部的成果定期公布在报刊上。

# 四、经纪业务的运作

## (一) 经纪业务运作技巧

经纪业务运作的技巧相当简单,当一个客户发出买入或卖出指令,经纪人公司接到指令后,通过电话或电传将指令传给该公司在交易所的场内交易商(desk clerk),场内交易商再把指令递给跑街(runner),即在投资者与交易所经纪人之间传递信息的人,再由他把指令传递给交易所会员(只有交易所会员或其指定的人才有资格在交易所大厅交易),即场内经纪人(floor broker)。场内经纪人有责任执行指令,并在交易所大厅内的交易台上与三种人进行交易,一种是其他场内经纪人,一种是以自己账户从事交易的场内交易商(floor trader),还有一种是股票专营经纪商。

如果指令是市价委托指令,那么执行成交很快;如果是限价指令,那么场内经纪人将把指令传给专营经纪商,专营经纪商收到指令后在其指令簿中做下记录,按照价格优先和时间优先原则替有可能成交的指令成交。专营经纪商的指令簿是一本按年、月、日顺序制作的记录簿,它记录着收到的所有在特定价位上需执行的指令。专营经纪商也在记录簿中记录自己的存货,此记录簿的内容是绝对保密的(在实行专营经纪商制度的开始时期,专营经纪商是用纸质笔记本作记录的,而现在已基本由计算机代替)。

执行限价委托指令,相对来说比较复杂,因为只有当达到客户规定价格或比规定价格更有利时,指令才能执行;而且凡指令是可执行的,客户就有权要求执行。例如,假设某种股票每股价格是 40 美元,而客户在发给经纪人的指令中要求以 $39\frac{1}{2}$ 美元的价格买进。随后,客户观察到在收市之前股票价格为 $39\frac{3}{8}$ 美元,因为在经纪人接受限制指令后股价下跌,低于 $39\frac{1}{2}$ 美元,客户有权要求执行指令,并且坚持认为经纪人有责任执行指令。因为其价位的执行顺序在 $39\frac{3}{8}$ 美元之前,只有当 $39\frac{1}{2}$ 美元价位的购买指令全部执行完后,才会执行 $39\frac{3}{8}$ 美元价位的购买指令。而如果股价最低下探至 $39\frac{1}{2}$ 美元的价格(或不低于 $39\frac{1}{2}$ 美元价格),则客户无权要求执行指令。因为有可能有人先于该客户发出购买指令，而专营经纪商未收到足够的 $39\frac{1}{2}$ 美元价位出售指令，因而使该客户的指令无法执行。

一旦场内经纪人将指令交给专营经纪商后，专营经纪商便负起为经纪商的客户成交的责任。客户可以就应成交而未成交的指令向经纪商追索，而经纪商同样可向专营经纪商追索。因此，专营经纪商实质上是经纪人的经纪人，而专营经纪商在执行完指令后也向经纪商收取一笔类似于佣金的费用。

柜台市场上限价委托操作程序大致同交易所一样。经纪商收到限价委托后，将限价指令传递给该种股票的交易商，即柜台市场上的做市商；或者，经纪商也可自己保持指令并在市场上寻求执行指令的机会。当然，这样做必然费时、费力，而且有的成交机会转瞬即逝，经纪商要承担一定的风险，所以大多数指令都委托交易商执行。

我国证券交易所的运作已实行了高度的无形化和电脑化，建立了高度自动化的电脑交易系统，投资者的委托由证券商的柜台终端通过通讯网络传送到交易所电脑撮合主机，当市价穿越限价时，先进的交易系统会自动撮合成交这笔委托。

## （二）其他经纪服务

零售经纪公司为支持其主要经纪业务常常提供许多辅助业务，如监管保证金账户、提供投资管理服务、帮助进行证券组合和提供研究报告等。每个经纪公司就其所提供的辅助业务不同而收取不同的佣金。它们有时也根据客户的净资产值或代表客户所成交的交易量多少而收取相应的佣金。

1. 监管保证金账户

当客户用保证金购买证券时，经纪公司必须对其作为抵押的证券进行控制。能够借入的最大比例只适用于初始保证金，一旦证券被买入，必须解交第二笔保证金，以保证账户上维持一笔最低数额的保证金，有时称之为最低保证金维持额。如果价格发生变化，存货头寸价值下降，以至于低于最低保证金维持额，使账户没有足够抵押来维持头寸，这时经纪公司将电话通知账户所有人来补充保证金以达到最低保证金维持额。

保证金账户和卖空为经纪人提供了两个额外的收入来源：第一，卖空使经纪人获得额外的交易佣金；第二，经纪人向客户贷出的资金利率比其取得资金的成本要高，尤其是商业银行向经纪公司贷出资金的利率，即通知贷款利率（call money rate），这种利率非常低，因为用该笔资金购买的证券可作为贷款的抵押品。经纪人贷款利率与通知贷款利率的差额通常达 25~150 个基点。经纪人向客户贷出的资金还有几个可选择的其他来源，如客户账户经常持有大量的现金余额，这些现金余额可以从有盈余现金的客户那里借入再贷给其他客户,同样,经纪人在此中赚取借入利率和贷出利率的差额。

2. 提供投资管理服务

投资银行的第二种辅助业务是管理服务,它涉及许多领域。例如,经纪公司收取和办理红利和利息支付,办理现金管理服务,包括发放借方卡和支票优惠,即将借方卡作为信用卡使用或填写支票,就可从经纪人账户中取出现金。

3. 帮助进行证券组合

经纪公司日益广泛地通过投资咨询或财务计划提供证券组合管理服务。这些服务对象一般是富裕的投资者及那些长期服务的老关客户。投资咨询服务从了解客户资产、负债、存货开始,对不动产价值、股票和债券组合、共同基金、人寿保险政策、退休金账户等资产项目进行分析,然后设计出一个财务方案,构造合理的证券组合,以帮助客户达到理财目的。

4. 提供研究报告

研究是辅助服务中又一重要组成部分,经纪公司尤其是那些拥有机构客户的经纪公司在研究方面花的功夫很多。每种金融产品均有相应的研究,如固定收益研究、股票研究、衍生产品研究和高收益研究等。研究报告的形式多种多样,如对取得固定利率融资的有关策略的讨论,或在储蓄贷款行业如何利用衍生工具管理资产和负债的讨论等。同样,各类报告往往是介绍一个新产品及其用途,或者对证券的定价及衡量某一证券价值的不同分析途径的报告。当然,各类研究及报告或多或少含有推销证券产品及其服务的企图。

## (三) 经纪公司的类别

美国的经纪公司一般可分为两类:一类是零售经纪公司(retail brokerage firms),主要为个人投资者服务,从事小额业务;另一类是机构经纪公司(institutional brokerage firms),主要为机构投资者服务,从事大额业务。大额交易往往被称之为批发交易(whole sale)。在美国,零售经纪公司主要有:美林、雷曼、培基证券;机构纪公司主要有:第一波士顿、贝尔·斯蒂恩斯、高盛、摩根斯坦利。那些从事大额零售业务的经纪公司被称之为电讯经纪公司(wire houses)。这些公司向客户提供的服务都是综合性服务,包括为个别证券提供咨询、财务计划、投资管理、研究和指令执行等。

机构经纪人及一些零售经纪人常提供特种证券服务,尤其是从事期货和期权交易的经纪人更是如此。这些专业化的经纪人经常为利用衍生工具进行套期保值的机构提供服务。

在证券业还有两类特别的纪纪公司,即贴现经纪公司(discounters)和高净资产经纪公司(high net worth brokers)。贴现经纪公司提供交易服务所收取的佣金大大低于综合性经纪公司,但是,一般来说,它们提供的服务与综合性经纪公司相比要少得多;而高净资产经纪公司则相反,它们提供的服务往往介于零售和批发之间,它们向拥有净资产在 50 万美元以上的个人投资者提供服务,但作为一般规则,它们所提供的特殊水平的服务,也收取一定的佣金。

# 第三节　投资银行的做市商业务

## 一、做市商制度及功能

### (一) 做市商制度

做市商(market maker)制度是指一些独立的证券交易商,不断向公众交易者报出某些特定证券的买卖价格,并在所报价格上接受公众买卖要求,为投资者执行某一证券的买进和卖出,而做市商则通过买卖报价的适当差额来补偿所提供服务的成本费用,并实现一定利润。这种交易制度以美国证券交易自动报价系统(NASDAQ)的场外市场形式最著名,也最完善。根据美国法律和证券交易委员会(SEC)及全国证券交易商协会(NASD)的有关规定,做市商必须做到:① 坚持达到特定的记录保存和财务责任的标准。② 不间断地主持买卖两方面的市场,并在最佳价格时按限额规定执行指令。③ 发布有限的买卖两种报价。④ 在交易完成后的 90 秒钟内报告有关交易情况,以便向公众公布。

做市商的存在在一定程度上维护了二级市场证券价格的稳定。更重要的是,做市商通过买卖报价,使二级市场实现了流动性。作为做市商的投资银行必须在它做市的证券上拥有一定的头寸,在此基础上买进或卖出证券,从而影响证券的市场价格,以此维持二级市场证券价格的稳定;同时,还必须随时提供报价和报价的数量,为某种证券创造流动性。报价包含着一个买价和卖价,如果交易的是股票,报价的数量则表示它在该买入价上愿意购买的最多股数和在该卖出价上愿意出售的最多股数。

美国做市商的买卖报价进入全国证券商协会的证券交易自动报价系统,即NASDAQ 系统,在柜台市场上为客户代理买卖的经纪商输入他所需查找的股票的代码,全国证券交易商协会建立和运作的电脑网络便会即刻显示出该股票的买价和卖价。如果该股票存在着若干个做市商,那么自动报价系统可显示当时的全部买价和卖价,并注明最高的买价和最低的卖价。经纪商代表其客户可打电话或发传真给某个做市商,通知他已接受他的买价,并为客户卖出了的股票,或接受他的卖价,并为客户买入了股票,经纪商的客户一般看不到买卖价差。

纽约股票交易所的专营商类似于做市商,他必须在交易大厅里保证其所"照顾"的股票总有至少1个买家和1个卖家,以便交易公众总能以市价成交,无论是买还是卖。为此,他必须提供一个买价和卖价,交易大厅内的交易商和经纪商若无法从其他交易商处获得某股票的报价,找不到交易对手,那么,该股票的专营商就必须提供报价,以自己为交易对手,维持市场流通性。

在证券交易所内,除了专营商以外,还有其他准做市商的活动。如股票交易中买卖100股以下的零股经纪商(odd-lot broker)。在证交所内,股票交易都是按照规定的成交单位进行的,当客户委托经纪人买卖的股票不足一个交易单位时,就由经纪人委托零股经纪商处理,并按规定向零股经纪商交纳手续费。此外,零股经纪商也从经纪人那里买卖股票,这时他们实际上是做市商,即以买卖差价获利,而非以佣金获利。当经纪人委托其买进少量股票时,零股经纪商可卖出其库存的股票;当经纪人需要卖出少量股票时,零股经纪商可买进股票。他们的买入报价往往比整手买入时价格略低,而卖出报价往往比整手卖出价略高。

## (二) 做市商功能

做市商在市场中执行两种功能:

首先,做市商向市场提供了即时交易的机会,同时也维护了二级市场证券价格的稳定性。在现实的市场中,投资者在任何时间下达的买入和卖出证券的委托单数量可能经常发生暂时性的不平衡。这种不平衡或不匹配的流量会造成两个问题:一是即使供求没有变化,证券的价格也有可能发生急剧波动;二是如果投资者想马上成交,那么买主有可能被迫支付高于市价的价格,或者是卖主不得不接受低于市价的价格。例如,假设 ABC 证券的公认价格是 50 美元,这是由最近几次交易确定的。又假设投资者突然有了现金,他们下达买单要买进 ABC 证券,但此时并没有相应的卖单要出售该证券。这一暂时的不平衡足以推动 ABC 证券价格的上涨,比如说涨至 55 美元。这样即使发行人的基本财务状况没有变化,但证券价格发生了急剧变动。这时,想马上购买的投资者只能支付 55 美元,而不是 50 美元,这一差额可以看作是即刻执行的代价。即刻执行是指买卖双方都不想等到对方下达了足够的委托单,从而使价格回到近期交易水平的时候才执行的交易方法。

做市商在为投资者提供了即时交易机会的同时,还保持了短期价格的稳定。因为当市场上没有对应的委托单时,做市商可以进行对应的交易,使投资者不必等到有了足够多的对手交易的委托单时才成交,从而也防止了价格严重偏离最近一次交易所达成的价格水平。

其次,做市商向市场参与者提供价格信息,将分散的场外交易在一定程度上连接集中起来。做市商不但在自己向市场报价和接受公众交易意向时为市场提供报价信息服务,具有为一般公众提供达成交易、满足投资者需求的桥梁撮合作用,而且在集中分散交易的过程中也具有集中公开市场信息、增加市场统一性与透明度的作用,这使得场外交易与证券交易所场内交易一样的重要。

## 二、投资银行充当做市商的动机

首先,投资银行是想从证券交易中获利。做市商在维持市场流通性的同时,可从买卖报价中赚取价差,这就是市场对做市商提供服务的报酬。在市场比较平静的时候,做市商的活动很简单,他们提供买卖报价,应交易对手请求成交,只要定价准确,符合市场供需关系,那么他们买后,继之以卖,卖后继之以买,如此往复,所持头寸就可保持相对稳定,同时又可赚取买卖价差。如果做市商的定价过高,则更多的人愿意向他们出售证券,从而使其证券存货增加,在这种情况下,做市商就要降低定价;反之,如果定价过低,更多的人将从做市商那儿买进证券,于是他们的证券存货将减少,甚至可能是负数(空头)。作为做市商是不希望自己所持有的证券存货大起大落,所以做市商必须控制头寸并相应地调整其价格。

其次,投资银行进入二级市场充当做市商是为了发挥和保持良好的定价技巧,辅助其一级市场业务的顺利开展。在二级市场上积累了丰富经验的投资银行往往拥有娴熟的定价技巧,投资银行将这种技巧运用在一级市场新股发行中,便能在承销和分销中为发行公司订立一个较适当的发行价,为发行公司尽可能募集到更多的资金而不必出售发行公司更多的股权和承担超常的风险。这样,投资银行在定价方面声名鹊起,能够有效地为自己招揽更多的发行业务。

再次,发行公司希望自己的股票在二级市场上市后具有较高的流通性和较佳的股价走向,为此,发行公司要寻觅一个愿意为其股票"做市"的金融机构作为其主承销商。投资银行为了争取到发行业务,维系与发行公司良好的关系,一般都会在二级市场上为其发行的股票做市,以保持股价的大致稳定,直到有其他自营商进入该只股票,它才考虑退出。当然投资银行在做市时,要根据市场条件向市场交易者提供报价,一味托市而开出偏离市场的高价,会让投资银行的该只股票的头寸大量增加。因此,投资银行能否安然承担做市商,在很大程度上取决于它的发行定价是否合适,而后者又需要投资银行长期涉足二级市场,提高其定价技巧,所以二级市场也是投资银行不容忽视的业务领域。美国的各大投资银行无一不是周旋于二级市场的高手。

## 三、做市商的买卖报价策略

### （一）决定买卖报价差额的因素

买卖报价差额是做市商最关心的问题。通常，买卖报价差额反映了以下两种情况。

1. 保留差额

保留差额是指做市商能够用来抵补执行下一笔交易边际成本的差额，其金额大小综合反映了委托单处理成本和风险承担补偿。能够产生保留差额的买卖价格被认为是保留价格，适当的保留差额可以确保做市商连续不断而又非常顺利地向公众投资者报出证券买卖价格。

委托单处理成本包括经营必需的设备成本、管理人员及操作人员的费用。这些成本越低，买卖差价就越小。20世纪60年代以来，随着计算成本及训练有素的职员费用的降低，这类成本已经下降。做市商还必须为承担风险而得到补偿。做市商在某一证券上维持多头头寸或空头头寸会有三种风险：第一种风险是价格风险。未来证券价格具有不确定性。即持有多头头寸的做市商担心证券价格下跌，持有空头头寸的做市商担心证券价格上涨。第二种风险是与解开头寸（unwind a position）预计需要的时间及其不确定性有关。这主要取决于证券买卖委托单抵达市场的速度（也即市场的厚度）。第三种风险是信息不对称风险。尽管做市商有可能比一般公众获得更为充分的有关委托单流量的信息，但在某些交易中，有可能是做市商的交易对手占有更为充分的信息，结果是交易对手获得一个更好的价格，使做市商蒙受损失。

只有当市场需求条件达到允许做市商的报价超过其保留差额时，做市服务才能得以提供，也才能从长期来看对补偿做市商提供服务中的固定成本及其风险有所贡献。所以，保留差额应该是做市商向市场提供买卖报价差额的最低盈亏线。

2. 市场竞争

市场竞争是指做市商之间的竞争。竞争决定着做市商报价能够超过其保留差额的程度，即做市的报价到底多大，能否超出其保留价格是由市场竞争力决定的。可以想象，在一个没有竞争的市场上，由一家做市商垄断交易的情况下，买卖报价差额大大高于保留差额的可能性在某种程度上是无限的，从而能够获取远远超过固定成本的垄断利润。也就是说，在一个没有竞争的市场上，做市商有机会能够连续将买进报价设定为低于保留买进价格的水平，使卖出报价高于保留卖出价格水平之上。然而，这种状况显然是市场效率原则所不允许的。因此，NASDAQ规定，每只股票必须至少有两家做市商做市，以限制任何做市商的垄断报价能力，确保一定程度正当竞争的开展。当几家做市商做市一只证券时，买卖报价因做市商的不同而各异，这样为公众参与者提供了多种选择的机会，但市场竞争的结果会使特定证券的价格趋于一致，因为市场是公开和进出自由的。所以，研究者指出，对全体做市商而言，市场存在理论意义上的最高买进价格和最低卖出价格，人们称这种价格为"内部报价"（inside quote）。内部报价的概念总是相对于至少两家做市商而言的，而且竞争也是一个前提条件。

3. 限制性委托

做市商的买卖报价还面临着来自普通公众投资者通过限制性委托而施加的竞争压力。在纽约股票交易所，尽管专营商们在股票交易中拥有特权，但个人投资者若发现买卖价格差额太大，可以就此下达限制性委托指令。显然，这种限制性指令有缩小差额的作用。而在 NASDAQ 系统，不但允许客户在差额之内进行交易（即在一定的限价范围内达成交易），而且选择性净额服务使客户的限制清算结算服务在电子系统使用者那里就可以自动公开限制性单令，处理程序犹如对其他进入市场单令的一样。

总之，做市商的做市行为并非完全取决于自身的利益意愿，更不是无所限制的非理性行为。竞争和交易单令流向高效率做市商的趋势，能够确保不同做市商的买卖报价不至于相互偏离太多，也就是市场相互竞争的制衡力量将做市商的报价限定在一定范围内。尽管如此，但因不同库存头寸和其他因素的影响，仍会导致做市商之间报价的不同。

## （二）影响买卖报价差额的因素

对 NASDAQ 和其他市场上股票的内部报价所作的一项调查表明，不同股票间的差额大小是相差很大的，经济学家们发现以下一些因素与差额差异有关。

1. 证券的交易量越大，差额趋向越小

从某种程度上讲，交易量大的证券，其流动性也大，所以可以缩短做市商持有的时间，从而减小其库存风险；并能够使做市商在交易时容易实现一定的规模经济，也会由此减少成本，差额也就没有必要太大。

2. 证券的变动性越大，其差额也会越大

因为对于做市商来说，在给定的持有期间内，收益率变动较大的股票所产生的风险比那些收益率变动小的股票要来得大，作为对这种风险的补偿，收益率变动较大的股票其差额自然也就越大。

3. 证券价格越高，比例性差额越小

按理，股价应当对买卖价差产生很小的影响，但事实与此相反，原因就在于证券价格能够反映一定量的其他因素的影响。所以，价格较低的证券交易额会趋于减少，以及正因为价格低，才要求有较大的比例性差额来弥补交易过程中的固定成本。

4. 证券交易中的做市商越多，差额越小

做市商的数量越多，竞争性越强，各种约束力量就越是有力地倾向于限制任何做市商的保留差额的偏离程度。而且拥有做市商数量越多的证券交易，越是趋于活跃，流动性越大，其中做市商的风险也就越小，作为风险补偿的差额也就越小。

# 四、做市商的存货融资

做市商必须为其存货进行融资。例如，像所罗门兄弟公司这样的大投资银行，为满足其市场交易服务的需要，必须保持数十亿美元的证券。因而，对存货的融资相当重要。

做市商的存货融资大多是在回购市场上通过签订回购或逆回购协议进行的。所谓回购与逆回购协议，是指证券的卖主与证券买主达成的一笔证券交易。在签订的合约中规定，证券持有者在卖出一笔证券后，需在某个双方商定的时间（如可以是 1 天以后，2 天以后，1 周以后，或 1 月以后等）以商定的价格再买回这笔证券，并以商定的利率付息。对进行这笔交易的卖主来讲，这就是回购协议；而对这笔交易的买主来讲，这就是逆回购协议。回购与逆回购是对应的。回购的另一方就是逆回购。

回购与逆回购这种证券与资金之间的短期抵押借贷行为通常是隔夜行为或定期行为，交易金额都很大，这对证券的买主和卖主都是有利可图。作为卖主，用证券作抵押品来调头寸，可以解决从事证券交易时资金暂时不足的问题，或用这笔资金再买进证券做成另一笔逆回购协议，从中获利。作为买主，可用暂时闲置的资金进行短期投资，以获取一定的投资收益（利息）。

回购与逆回购市场自几十年前被创立起来后，已成为现代投资银行的一个主要业务领域。下面举例说明证券融资的来源及回购与逆回购市场的运作。

## （一）短期融入资金

假设某做市商从事国库券交易，同时已有了面额 10 万美元的长期国库券存货。这种国库券目前的正常价格是 $97\frac{11}{32}$ 美元，做市商打算再买进一笔 10 万美元的国库券。在 $97\frac{11}{32}$ 美元的价位上，10 万美元面额的国库券的市场价值是 9 734 375

美元,当该做市商买入时,他必须向卖出方支付国库券应计利息,这里假设为125 000美元,因此,包括应计利息在内的国库券价值是9 859 375美元(9 734 375＋125 000)。

为了支付这笔款项,做市商必须借入9 859 375美元的资金,他要尽可能地降低借款成本,也就是以尽可能短的期限且是完全抵押贷款的方式。从这个目的出发,回购市场是最理想的市场。该做市商在回购市场上以9 859 375美元的价格出售其原有10万美元的国库券存货,同时签订一个买回协议。现在假定该做市商要求在1天以后买回,也可称为隔夜回购(overnight repo),那么在买回协议中即可要求该做市商以原价买回这些国库券,同时支付附加利息;当然,也可以要求该做市商以一个重新拟定的特定价格买回,这个特定价格则已包括了融资成本。现假定隔夜购回利率为4%,1年以360天计算,那么1天的利息就可通过下式计算:

$$1\text{天的利息}=9\,859\,375\times4\%\times\frac{1}{360}=1\,095.49(\text{美元})$$

因此,再回购协议可以规定,该做市商在出售国库券时承诺隔日将以9 860 470.49美元(9 859 375＋1 095.49)的价格再购回这些国库券。也可以规定,该做市商需在次日以9 859 375美元的原价及1 095.49美元的利息再购回这些国库券。因此,回购交易可以从两个角度进行分析:一是可以看作出售和再购回,在这种情况下,只以价格而没有应计利息的再购回条件;二是可以看作抵押贷款,即附加利息是再购回的必要条件。

由于该做市商可获得所购入国库券的应计利息,因此,在从事这笔回购交易时,他必须权衡一下证券回购融资利息成本与所获利息收入,如果应计利息收入大于回购融资成本,则做市商在这笔融资中是盈利的,但在这之中,做市商还需支付套期保值的成本,也就是由于做市商仍承担着价格风险,而必须对存贷头寸进行套期保值。

## (二)短期融入证券

回购与逆回购市场也可用于当需短期出售时融入证券的时候。例如,假设做市商有一客户要买进前述的长期国库券20万美元,市场公平交易价格为$97\frac{11}{32}$美元,做市商卖方报价是$97\frac{12}{32}$美元。实际情况是:该做市商自己有存货10万美元的该种国库券,再从逆回购市场融入了10万美元该种国库券,而这笔10万美元的国库券是该做市商承诺在将来某一天将国库券再售还给对方的。在这里,为什么该做市商不直接从其他交易商或客户那里买进所需的10万美元国库券?原因很简单,如果该做市商买进证券,那么他将不得不向其他交易商或客户支付卖方报价,而这一价格很可能与自己的卖方报价一样,这样他便无利可图(甚至亏本)。而通过融入证券,他保留了以后以其买方报价购买用于抵补短期出售的证券的机会。如果想使短期头寸转到再出售协议到期,该做市商只需再出售一次同样证券便可达到目的。从某种意义上讲,这个业务是该做市商以长期国库券作抵押向对方提供了一笔抵押贷款,然后利用这些国库券向其客户进行短期出售,在这里,做市商是贷款人而不是借款人,这种交易就是逆回购协议。

投资银行除了经营股票债券的做市交易活动外,还从事许多其他工具的做市交易活动。例如,投资银行在回购和逆回购市场上对借入利率和贷出利率进行标价,贷出利率一般比借入利率高出 15～20 个基点,由于回购与逆回购市场交易量很大,因此,尽管交易中 15 个基点的差价很小,但该业务的利润还是很丰厚的。投资银行经营比较活跃的重要市场还有:互换市场、抵押担保市场、垃圾债券市场和免税证券市场。在这些市场中,做市商的作用是基本相同的,即确定公平市场价格、为公平价值的每一方提供买入报价和卖出报价、为存货融资、为头寸套期保值。另外,投资银行也参与外汇市场的交易活动,但该市场主要由商业银行来操纵。

# 第四节　投资银行的自营商业务

大多数投资银行都从事证券自营交易活动。自营交易是指为了从价格变动中或从相对价值差异中获利而持有金融工具或头寸。从价格变动中获利的行为是投机(speculation),而从相对价值差异中获利的行为是套利。在投资银行中自营交易和经纪交易是绝对分开的,由不同部门负责。

自营商,尤其是投机商,常常承担比做市商更大的风险。从某种程度上说,做市商通常在很狭窄的规定的范围内从事自营交易,其从事交易业务的主要动机是创造市场,并从中获利,而自营商的目的就是从交易中获利。

## 一、自营商的投机交易

### (一) 投机的概念

投机是指通过对价格水平变化的预期而持有头寸的一种交易行为。这里的价格变化包括绝对价格水平变化和相对价格水平变化。如果投机商认为价格将上升,他就买入证券,希望将来以一个更高的价格将其出售;如果投机商相信价格将下跌,他就会卖出证券,希望在将来价格回落时补回这些头寸。

投机商本质上是预测者,而不是价格操纵者。投机商作出买卖证券的决策,是基于他们的预测。在一个完善的市场中,单个投机商就像单个生产者或消费者一样,相对于整个市场来说是微不足道的,是无法对市场施加影响以使价格朝着对他有利的方向变化。他们靠准确预测而盈利;一旦预测失误,他们就会遭受损失。然而即使是最准确的预测,也有可能会因为一些无法预料的因素而发生偏差,如火灾、水灾、地震、诉讼、工业事故、法律问题和政府机构的行为等,因此,投机者必须承担风险。

但实际上市场并不完美,由于某些原因,某个个人或团体拥有了操纵市场的力量,但这些人并不是投机者,而是市场控制者。市场控制者是指运用其个人力量操纵价格的起落,从中牟取私利的机构或个人,这种牟利是以牺牲市场中其他投资者的利益为代价。市场操纵削弱了人们对价格体系的信心,妨碍了资源的有效分配,因此,这种做法是违法的。于是,为规避法律惩罚,市场控制者往往以投机者的面目出现。

虽然个别投机商的买卖行为对市场价格的影响是无足轻重的,但多个投机者积累起来的买卖行为和数量却会对市场价格产生很大的影响。投机性买卖通常是对信息的获取和分析的反映,并且由此而引起的价格变动揭示了为达到市场均衡而应移动的价格方向。没有投机,市场价格对市场条件的变化反应就较为迟钝,这种迟钝则意味着资源分配的低效率。

投机者在市场经济中至少发挥了三方面的积极作用:① 投机有助于价格发现。② 投机有助于资源在时间和空间上的有效分配。③ 投机者承担了其他人不愿承担的风险。

## (二) 投机的策略

### 1. 绝对价格交易

绝对价格交易是指自营商根据某种资产的价格与其价值的差异程度的预测来调整其持有的证券头寸的交易行为。同时对其持有的证券头寸并不进行套期保值。例如,某个投资银行的研究部门通过基本分析和技术分析,得出某种股票目前价位是绝对低的,并且不久将上涨,于是发表一份报告,而股票自营商认为报告分析是正确的,于是就在市场上买进该种股票。当然,在此过程中,股票自营商自己也同时作分析,通过搜集信息或凭自己的直觉和预感,因此,他们有时并不总是同意或采纳公司内研究部门的意见。

也有一些特殊的情况,自营商会通过其对某一市场或某一证券的特殊预测而持有风险头寸。例如,债券自营商如果认为利率不久将上升,而持有债券多头;外汇投机者如果认为商业部将公布美国贸易逆差扩大,而在市场上作美元空头;一个全球股票投机商如果认为由于日元将对美元坚挺而使日本股票指数上涨,那么他便会做日本股票或日经股票指数的多头交易等。

2. 相对价格交易

相对价格交易是指自营商根据对两种资产收益率差距的相对变动预测,来调整其持有的证券头寸的交易行为。相对价格交易在债券交易操作中最为典型。

不同债券之间存在着收益率的差距,而且这些收益率差距随着某些客观条件的变化而变化。收益率差距的变化也给投资银行的债券投资业务带来很好的机会。通过对收益率差的趋向作出预测后,投资银行就可进行操作了。

例如,AAA 级的公司债券和国债之间的收益率差为 0.3,国债收益率低,如果投资银行预测到这种收益率差距还将扩大,那么,投资银行就应当卖出手中持有的公司债而买进国债;而当收益率真的扩大时,投资银行再抛出国债,而买回原有的公司债。

国债的收益率总是低于 AAA 级公司债券的,两者之间收益率差的增大意味着国债收益率的相对下降和公司债券收益率的相对上升。因此,国债价格将相对上升而公司债券价格则相对下跌,投资银行可以从这一笔转换中谋得价格收益。

投资银行还可根据收益曲线的描述来寻找相对价格交易的机会。收益曲线描绘的是一组给定的固定收益证券的期限和到期收益之间的关系,一般用图表来表示,横坐标为期限,纵坐标为收益,描绘成一条曲线。为使一组内的证券可以进行合理比较,往往选择某一特定的标准作为证券组合的依据。例如,国库券可形成一组,企业债券(同一级的)可形成一组等。收益曲线有其逻辑依据,即长期债券的收益要比短期债券的收益高,因为期限越长,风险越大,体现在收益曲线中的高风险,高回报。这个曲线是向上倾斜的,这是最常见的收益曲线。

当人们在坐标上标出到期的收益或期限内收益,就可以用非线性回归线把各点连接成一条平滑的曲线,一旦曲线形成,相对交易商可将其作为指导进行交易。关键是寻找价格被相对低估的或被相对高估的债券。如图 3-4 所示。

我们看到,图中债券 A 和债券 C 的收益在收益曲线之上,而其他债券如 B 和 D 的收益位于曲线之下,假设其他因素不变,那么 A 和 C 是价格偏低的债券,而 B 和 D 是价格偏高的债券。这里需要指出的是,这种价格是相对价格即相对于其他债券而言的绝对价格,而不是相对其本身实际价值而言的绝对价格。因此,债券自营商不是对债券的价格相对其实际价值将如何变动作出预测,而是对这些债券的

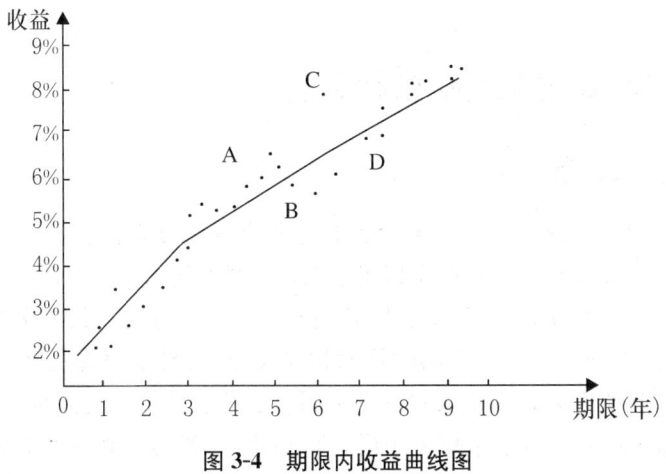

**图 3-4　期限内收益曲线图**

价格相对于其他债券价格作何变动作出预测。

　　根据相对价格的标准,自营商应该是买进低估的债券(A 和 C),卖出高估的债券(B 和 D)。

　　3. 信誉等级预测

　　前例说明了债券交易商怎样进行相对价格交易。除此之外,还有一些债券交易商是以信用等级预测作为其交易基础的。由预测债券信誉等级变化而进行投机交易获利的策略是:在预测债券信用等级下降之前将这些债券卖空,而在信誉等级上升之前将这些债券买空。投资银行的研究部往往从事大量的信用分析并试图预测信誉等级的变化。例如,1993 年 3 月 11 日,标准普尔公司宣布降低 3 家美国最大的航空公司的信用等级。它们是 AMR 公司(美国航空公司的母公司)、联合航空公司和德尔塔航空公司。标准普尔公司对此解释说,这项调整是基于对美国航运业现状的考虑,包括:航空业过剩的服务能力、趋弱的服务需求和在与一些较小的航空公司竞争方面优势越来越小,而航空公司自身的债务又过于庞大等。当时,美国航空公司、联合航空公司和德尔塔航空公司的对外债务分别为 114 亿美元、57亿美元和 43 亿美元。

　　标准普尔公司采取信誉降低行动之后,这 3 家航空公司大部分债券的市场价格立即下降。当然,其价格下降有可能是由利率上升或其他因素所致,但这次显然是由信誉等级下降引起的。这 3 家航空公司的债券价格的下跌,使其收益与同期国库券相比,从 30 个基点上升到 50 个基点。

　　假设自营商正在做 AMR 公司债券交易,并预测到该债券的信誉等级可能下降,他便卖空 AMR 债券。当 AMR 债券价格下跌后,再买回 AMR 债券来弥补其债券空头。

## 二、自营商的无风险套利交易

### (一) 套利的含义

无风险套利(riskless arbitrage)是指通过价格差异获得收益。通常是利用同种证券、通货或商品在两个或两个以上的市场中的价格差异,同时买卖同一种或等值的证券、票据或商品,从差价中获取利润的一种交易行为。其数学原理和基本关系与套期保值相同。套利者使用的技术相当抽象,常涉及复杂的数学计算和大量的计算机应用,所以人们常把那些开发利用更复杂套利策略的人称之为"定量分析专家"(quant jocks)。从学术角度来说,套利的特点就是套利者不需要任何自有资金,并且是完全无风险的,如果这两个条件都得以满足,套利则被描述为"无风险套利"或"纯粹套利"。

与无风险套利活动有关的是价格本身的内在差异(如不同市场上同一种证券或同一市场上类似证券之间的价差),因此,无风险套利与投机无关,也与市场的变动无关。根据定义,从事无风险套利要在买卖进行之前便为买或卖定出一种买卖双方均了解的或相对清楚的价格。

最早的无风险套利大多是出现在货币市场上的套汇活动。例如,伦敦市场上卖出法郎、买入英镑时,伦敦市场法郎的价格可能稍高于巴黎市场的价格。为了从这一价差中获利,套汇者在巴黎市场上买进法郎,而同时在伦敦市场卖出法郎。他将继续这种操作,直至伦敦市场因法郎供给数量增加导致价格降至巴黎市场的同等水平为止。在巴黎市场,套汇者的收购则使法郎的价格上扬。

日益增多的各种衍生证券与工具(期货、期权与指数)的出现为套利者提供了新的机会。人们可以搜寻一篮子初级证券(组合)与多种衍生工具之间的价差。例如,某一普通股股票同期权价之间的差异能使套利者通过买此卖彼获得有保证的盈利。通常,这种交易的利润较低,而且机会瞬间即逝,但大交易量仍能为投入的资金带来很高的年收益率。另一例子是同时买进和卖出股票指数与这些指数影响的一篮子股票。

由于衍生证券的形式多种多样,套利分析变得非常复杂,电子计算机和一些更加巧妙的算法被用来处理其中数不清的变量。

然而,无风险套利的潜力有限,市场上的无风险套利收益率不可能持续高于确定的无风险投资收益率(如国库券的利率)。典型的无风险套利的潜在利润一直受几种同时作用的因素的限制。这些因素是:世界范围的直接通讯联络的兴起、全球性货币和证券高容量市场的存在、计算机和巧妙的计算方法的应用以及使投资者与金融机构之间激烈竞争的氛围。

### （二）套利的策略

1. 空间套利

空间套利是最简单的一种套利方式，也称地域套利。套利者寻找不同市场上同一类证券的价格差异。比如，假定一个债券交易商在旧金山对某一债券的卖出报价为 102.15/32 美元，而另一位纽约债券交易商在旧金山对同一债券的买入报价为 102.17/32 美元，由于某种原因，2 位交易商并未觉察到这种价格差异，却被套利商发现，于是他便立即从旧金山交易商手中购入该种债券，然后将其出售给纽约的交易商。尽管差价很小，但套利者可通过大量买卖而获得巨额利润。

当然，套利机会的出现并不一定要牵涉两座城市的交易商，这种机会可以产生于同一城市的 2 位交易商，也可产生于不同国家的 2 位交易商；甚至它还可来自同一交易所内紧挨者的 2 位交易商，关键是这些交易商没有注意到彼此对某一资产报价的差异，而这正是空间套利者努力寻找的机会。至于资产本身是什么并不重要，它可以是债券、优先股、普通股、抵押证券、商品和股票指数等。

2. 时间套利

时间套利即跨期套利。它是指通过对某些资产的现货买进、期货卖出，或现货卖出、期货买进的方法，购买一项现期资产同时出售其远期合约，从寻求现期价格与远期价格的差异中谋取利润的一种套利方式。跨期套利这种交易策略被投资银行和其他证券机构广泛运用于寻找股票现货与股票指数期货之间的价格失衡。交易商利用充分的数据和高速信息处理设备来寻找在一篮子股票中，哪些股票相对于股票指数期货是被高估的或被低估的。当股票现货价低期货价高时，套利商便购入股票现货而出售股票指数期货；当股票现货价高而期货价低时，套利策略正好相反。但这种价格差异要大于资产持有成本，这一点很重要，因为股票现货必须要一直持有到股指期货合约结算之时。

虽然时间套利的基本策略很简单，但做起来是相当复杂和困难的，因为股票现货指数事实上是不存在的，即不存在如"标准普尔指数"和"主要市场指数"之类可交易的东西，因此只能模拟一些股票现货指数中的一篮子股票进行交易，这一篮子股票被称为代理证券组合（proxy portfolio）。

## 三、自营商的风险套利交易

风险套利（risk arbitrage）这一表述本身就是矛盾的。真正的套利，正如前面所定义的，是没有风险的。然而不管怎么说，这一术语却很好地描述了这种特殊类型的套利行为的基本特性。

风险套利有两种情况：一种发生在公司破产过程中，另一种发生在公司兼并过程中。在以上两个过程中，公司证券价格会因破产重组和收购报价而升高。如果破产重组和收购兼并成功，那么现时以低价买进证券便会有高额利润，但一旦破产重组和收购兼并失败，证券价格便会下跌，套利者购进的证券就会产生损失。大部分（如果不是全部）主要的投资银行都有风险套利部门或风险套利业务。

风险套利的买卖间隔较长，有可能达数月之久。风险套利仍属于套利而非单纯投资的原因在于：已公布的并购价格是众所周知的，所以尽管交易结束需长达数月，甚至结束期不能确定，但仍属套利。

## （一）破产重组中的风险套利

破产重组中的风险套利是指套购处境困难公司的旧证券的行为。在破产重组时常常涉及为替换旧的证券而发行新证券。旧的证券与尚未发行的新证券之间可能出现价差，于是套利者首先购进旧证券（在价格降低到一定水平时），等待发行新证券时以旧换新。

在这种情况下，公司重组所需的时间可能比预期的要长，所以风险肯定存在。由于套利者往往是用借来的资金进行操作，所以新证券发行的等待时间越长，套利者的成本就越高（如将支付更多的利息）。同样也有这种可能，即公司重组最终根本没有完成。套利者参与兑换发行使套利活动发生了根本的变化：套利者已处于承担巨大风险的地位——完全卷入了风险套利。

今天，套购处境困难公司不受欢迎的证券的行为仍在进行。一些套利者专门收购需要进行重组的公司证券，这种公司债务是以折扣价格进行交易的，往往大大低于其票面价格。通过购进这种债务（有可能是担保债务），投资者便能控制（或至少影响）重组过程。如果这家公司进行兑换发行，在交易中提出以一种或多种新证券换取旧证券，那么，套利者由于按低价买进了旧证券，从而就有利可图。

例如，假设 A 公司正在进行重组，它的一种债券市价为 200 美元，如果自营商认为破产的结果是以总计 280 美元的 3 张证券换取 1 份现值 200 美元的债券，他现在就会买进债券。当最终的兑换要求如期实现时，自营商会实现 80 美元的利润，所获证券价值为 280 美元。

280 美元潜在组合和 200 美元的价格之间的利差反映了两种风险：兑换不会如自营商预期的那样发生的风险和 3 张证券的组合价值小于 200 美元的风险。

## （二）收购兼并中的风险套利

收购兼并中的风险套利发生在宣布收购兼并时，通常是指在收购接管中购入目标公司的股票同时出售收购公司的股票的行为。美国在 20 世纪 60 年代的兼并狂潮中,绝大多数公司开始采取以股换股的方法作支付;同时,目标公司的股票市场价格与收购公司付出的股票市场价格之间往往会出现差异。例如,收购公司每股价格为 68 美元,目标公司每股为 30 美元,收购公司并购条件是以 2 股目标公司的股票换取 1 股收购公司的股票,这样,两公司的股票就存在 8 美元的差价。这种差价由三种因素引起:一是收购公司向目标公司股东提供的收购溢价;二是宣布收购时间和公众预期收购成功完成的时间不一致,构成了价差中的时间报酬;三是收购交易的不确定性带来了风险,从而形成了价差中的风险报酬。这种价格差异给风险套利者创造了机会。但套利者也要承担两种风险:一是兼并最终没有完成的可能性,二是兼并所花费的时间长短。

例如,甲公司现行股价为 100 美元,乙公司为 25 美元。现在甲公司宣布对乙公司发动收购,支付条件是以 1 股甲公司股票换取 2 股乙公司股票,也即 100 美元换 50 美元,升水率 100%,估计收购在 3 个月内完成。套利者对这笔交易进行研究,并断定交易最终完成后,向乙公司的股东出价,以每股 40 美元购买乙公司的股票。这时,乙公司股东有两种选择:一是将股票出售给套利者获得每股 15 美元的即期收入;二是等待 3 个月,以 2 股乙公司股票换取 1 股甲公司股票,这样,他可以每股赚 25 美元,比第一种选择多得 10 美元。但是,第二种方案也带来了风险。如果收购失败或是收购成功后,甲公司股票的市价低于每股 100 美元,他就赚不到这额外的 10 美元,甚至丧失第一方案下的 15 美元。

假设乙公司股东为避险采取第一方案,风险套利商买得乙公司股票的同时将以 100 美元的价格抛空或卖空甲公司股票,从而将利润锁定在每股 20 美元[100-(2×40)]。当然这 20 美元只有在收购成功后才能赚到,风险套利商将以 2 股乙公司股票换取 1 股甲公司股票,从而补上他先前抛空或卖空的甲公司股票。在这种情况下,套利者 3 个月投资的 80 美元获得了 20 美元的收益,年收益率高达 100%(未计贷款利息与交易费用)。

然而风险是明显的。套利商的第一种风险是收购失败风险。一旦收购失败,乙公司股价就会复归至 25 美元左右,套利商每股将损失 15 美元。可见,套利商为赚取 10 美元(按乙股票计算),要承担亏 15 美元的巨大风险。套利商的第二种风险是时间风险。收购达成的时间越长,套利商的年回报率越低。在上例中,如果收购在 3 个月后如期达成,套利商就获得 20 美元的利润;如果不考虑利息成本和交易成本的话,套利商年收益率为 100%(20÷80×12÷3)。若收购 9 个月后才完成,套利商的年收益率就下降至 33.3%(20÷80×12÷9)。由于套利商用贷款的资金购买股票,交易所费时间越长,其资金成本(利息)就越大,利润率也越低。

高风险促使套利商谨慎地、全面地衡量影响收购交易成功和如期达成的各项因素。不仅如此,套利商还得独立地去分析评估目标公司的真实价值和基本价值。通过这些详尽的财务分析(如行业的、经营的、管理方面的、财务方面的、计划上的等),套利商可以了解到在交易完全失败时,可以保有的最低价值。测量出他涉入风险套利的潜在亏损能达到多大,权衡是否值得冒险一搏。

投资银行是风险套利的天然赢家。首先,投资银行拥有一大批富有并购交易经验的人才,他们擅长于评价和鉴定潜在的接管目标企业、低估的资产和糟糕的管理等情况。其次,投资银行由于向一些上市公司提供过或正在提供承销、投资代理和咨询等各项服务,因而能得到一些不向外界公开的信息,故可发现一些可能卷入并购的公司或清楚已卷入并购公司的财务状况、战略企图和融资背景等关键信息。而且投资银行的研究部门也可助其风险套利部门一臂之力,研究部门往往能事先察觉市场中异常情形的蛛丝马迹。

虽然这种种有利条件给投资银行在风险套利业务中提供了竞争优势,但是从事这一业务会给投资银行带来一些可能的利益冲突。一个请投资银行作为其收购活动的财务顾问的客户,或一个接受投资银行为其设计反收购策略的客户并不希望这家投资银行卷入与该兼并交易或反收购战相关的风险套利行为中去,以免损害客户的利益。再者,投资银行与客户公司形成的关系也使投资银行有利用内情进行交易的嫌疑,法律上对内情交易有严格的惩罚措施。美国的各大投资银行为了避免遭到利用内情交易的指责或排除此方面的嫌疑,绝大多数在收购意向已向公众宣布后,即在收购公司刊登标购公告后,才着手进行风险套利活动。

# 本 章 小 结

证券交易市场是买卖转手已发行证券的市场。如果说投资银行的一级市场业务创造了金融所有权,那么投资银行的二级市场业务则为金融所有权创造了流动性。

证券交易市场主要由两部分构成,即证券交易所市场和场外交易市场。场内交易市场有两种交易方式:现金交易和保证金交易。场外交易市场包括店头市场、店外市场或第三市场、第四市场。投资银行在二级市场充当了三种角色:经纪商、做市商和自营商。

经纪商是以委托代理人的身份,遵照客户向他发出的买入或卖出某种证券的指令行事的金融服务机构。经纪商是一个价格的接受者,作为完全的代理交易,经纪商没有存货风险。经纪业的规则是:了解你的客户并使委托指令得到足额执行。客户在经纪公司可以设立的账户主要是现金账户和保证金账户两种。委托指令主要有四种：市价委托、限价委托、期限委托和中止委托。

　　做市商是指运用自己的账户，通过不断地买卖报价以维持证券价格的稳定性和市场的流动性，并从买卖报价的差额中获取利润的金融服务机构。做市商承担了价格风险。投资银行充当做市商的动机是：① 从证券交易中获利。② 发挥和保持良好的定价技巧。③ 维系与发行公司良好的关系。决定投资银行证券买卖差额的因素有：保留差额、市场竞争及客户限制性指令的压力。影响报价差额的因素有：证券的交易量、证券的变动性、证券价格和做市商的数量。做市商为其存货融资的主要方法是通过回购或逆回购市场来达到目的。

　　自营商是指以获利为目的，运用自有资本，自担风险、自行买卖证券的机构。大多数投资银行都从事证券自营交易活动。自营商业务的操作可以分为三大类：投机交易、无风险套利交易和风险套利交易。

# 复 习 思 考 题

1. 什么是一级市场？什么是二级市场？两者之间有什么关系？
2. 二级市场的结构如何？
3. 证券交易有几种方式？
4. 投资银行在二级市场中发挥了哪些作用？
5. 证券经纪人应遵守的行为准则是什么？
6. 经纪业务委托指令有哪几种类型？
7. 什么是做市商制度？它具有什么作用？
8. 做市商在市场中的功能是什么？
9. 投资银行为什么充当做市商？
10. 决定买卖报价差额的依据是什么？
11. 影响买卖报价差额的因素是什么？
12. 做市商如何为其存货融资？
13. 什么是投机？投机商采取什么策略投机？
14. 什么是无风险套利？无风险套利有几种方法？
15. 什么是风险套利？风险套利有哪几种类型？

# 第四章

# 投资银行的项目融资业务

项目融资是一种独特的筹措资金的方法,它特指某种资金需求量巨大的项目筹资活动,而且以贷款作为资金的主要来源。项目融资主要不是以项目业主的信用或者项目有形资产的价值作为担保来获得贷款,而是依赖项目本身良好的经营状况和项目建成、投入使用后的现金流量作为偿还债务的资金来源;同时将项目的资产,而不是项目业主的其他资产作为借入资金的抵押。这种活动还涉及项目业主以外的其他各参与方。由于项目融资借入的资金是一种无追索权或仅有有限追索权的贷款,而且需要的资金量又非常大,故其风险也较其他筹资方式大得多。为了分散风险,项目各参与方都要分担一部分风险。本章首先介绍项目融资的概念和特点,然后介绍项目融资业务的技巧、项目融资的风险及其分担,最后概括介绍投资银行在项目融资中的作用。

## 第一节　项目融资的概念和特点

### 一、项目融资的概念

项目融资是首先在美国继而在欧洲采用、近十几年又在发展中国家采用的一种独特的融资方法。"项目融资"一词起源于 20 世纪 30 年代,是在西方国家遭受石油危机以后,因为担忧资源不足而大规模开发资源的热潮中产生的。在美国,"项目融资"这个词的含义也和投资银行的含义一样,因时因地而有所不同。有的项目融资指大规模项目的资金筹措,有的又指企业新建阶段的资金筹集,也有的是指企业因一般目的,在发行公司债券和股票方式筹资之外的以特殊形态的资金融通方式。例如,以租赁方式、铁路车辆设备信托和以防止公害为目的的财政收入债券等资金筹集方式,也称项目融资。

《美国财务会计标准手册》(FASB)对项目融资所下的定义是:"项目融资是指对需要大规模资金的项目采取的融资活动。借款人原则上将项目本身拥有的资金及其收益作为还款资金来源,而且将其项目资产作为抵押条件来处理。该项目事业主体的一般性信用能力通常不被作为重要因素来考虑。这是因为其项目主体要么是不具备其他资产的企业,要么对项目主体的所有者(母体企业)不能直接追究责任,两者必居其一。"

按照内文特(P. K. Nevit)所著的《项目融资》(Project Financing)1996 年第六版中的定义,项目融资就是在向一个具体的经济实体提供贷款时,贷款方首先查看该经济实体的现金流和收益,将其视为偿还债务的资金来源,并将该经济实体的资产视为这笔贷款的担保物,若对这两点感到满意,则贷款方同意贷款。

现在比较一致的看法是:项目融资是为项目公司融资,它是一种利用项目未来的现金流量作为担保条件的无追索权或有限追索权的融资方式。

项目融资的核心是归还贷款的资金来自于项目本身,而不是其他来源,这是项目融资与一般贷款最大的区别。

## 二、项目融资的特点

尽管项目融资的定义有不同的表述,但项目融资一般具有以下一些基本特点。

### (一) 项目融资的参与方

项目融资至少有如下三个参与方。

1. 项目发起方

项目发起方(project sponsor)是项目公司的投资者,是股东。项目发起方可以是一家公司,也可以是许多与项目有关的公司(如项目承建商、设备供应商、原材料供应商、产品的买主或最终用户)组成的企业集团,还可以是与项目有着间接利益关系的实体(如土地的所有者)。一般来说,发起方是项目公司的母公司。

2. 项目公司

项目公司(project company)通常是项目发起方为了项目的建设而建立的自主经营、自负盈亏的独立的经营实体。它可以是一家独立的分公司,也可以是一家合资企业(joint venture),或合伙制企业(partnership),还可以是一个信托(trust)机构。除项目发起方投入的股本金之外,项目公司主要靠借款营建和购置资产。由于项目公司独立建账,与项目发起方的现有账目相分离,因此项目借款就不会出现在项目发起方原有的资产负债表上。

3. 项目的资金供给者

项目的资金供给者首先是项目发起方,除了在项目总投资中占有一定比例的权益投资(通常是 5%~25%)外,为了提高项目主要贷款者的信心,促使他们出资或放松贷款条件,还常以贷款的形式对项目提供资金。除了项目发起方,项目融资的潜在资金供给者还包括商业银行、保险公司、金融公司、各国政府出口信贷机构、国际金融机构、租赁公司、材料设备供应商、资本市场上的机构投资者和个人投资者。

## (二)项目融资基本上无追索权

从资金供给者的立场上讲,偿还借款本利的可靠资金来源,应依赖于项目本身的经济能力,而绝不能指望发起项目的母公司,即如果将来项目无力偿还贷款资金,债权人只能获得项目本身的收入与资产,但对项目发起方的其他资产基本上无权染指。因此,债权人需将其自身利益与项目的可行性以及潜在的不利因素对项目影响的敏感性紧密联系起来。

## (三)项目融资附有各种间接保证

项目融资虽然对母公司无追索权,但现实的问题是:如果完全没有发起人涉及在内,就很难筹措到项目所需的资金,国际上已办理过的项目融资大部分都要求与项目有关且有财务能力的某些当事人出具保证书或作出承诺,以便分散贷款方的风险。

保证书是项目融资的生命线,因为项目公司的负债率都很高,保证书可以把财务风险转移到一个或多个对项目有兴趣但又不想直接参与经营或直接提供资金的第三方。

保证人主要有两大类:业主保证人和第三方保证人。当项目公司是某个公司的子公司时,项目公司的母公司是项目建成后的业主,贷款方一般都要求母公司提供保证书。当项目公司无母公司,或母公司及发起方其他成员不想充当保证人时,可以请它们以外的第三方充当保证人。可以充当保证人的主要有五种人:材料或设备供应商、销售商、项目建成后的产品或服务的用户、承包商和对项目感兴趣的政府机构。当这些人能够直接或间接地从项目中受益时,它们就愿意充当第三方保证人。

以上构成项目融资特征的各要素,如无追索权、不列入母公司资产负债表、附有各种间接保证等都是一些技术性很强的要素,这些要素的产生与美国企业财务体制有很密切的关联。

美国的企业,无论是资金方面还是人事组织等方面,与金融机构之间的关系是独立的,特别是在依赖商业银行的程度方面,远比日本或欧洲企业为低;而在证券市场里,则需按市场机制的规则行事,每个企业都得按照各自的获利能力或偿债能力,以与自己能力相称的条件及形态来筹集资金,而投资者则完全依照自己的判断,并自负破产和违约的风险来投资,因此企业必须依照一定的规则公开自己的财务,并需要有公正的第三方来品评公司债券的等级,以保障投资者的利益。

美国法律准许企业持有其他公司股份,母公司除自行经营事业外,大多还兼有支配许多子公司的持股公司的功能。这种组织结构与财务公开制度相配合,使合并财务报表成为综合分析母公司价值的一个大前提。母子公司之间的错综复杂关系,常使两者之间的权利义务关系成为一个问题。所以在开发新项目时,以设立一个子公司来经营,使债务不列在母公司的资产负债表上的安排与这个因素有很密切的关系。

在美国,法律及契约是经济活动的基础。由于在融资活动中,常有许多债权人在频频发生企业倒闭或无力还债时,将面临债权处理问题,所以必须要有契约明确规定债权人的权利内容,以免出现混乱局面。既然无追索权是项目融资的要素之一,那就相应地会有不抵触现成公司债契约及财务限制条款的间接保证或特殊契约,否则债权人将不愿融资。

## 三、利用项目融资的动机

企业利用项目融资的动机可分为两种类型:

第一,对已在经营的企业来说,利用项目融资,可以避免因筹集新项目所需资金而影响该公司在市场上已建立的信用和公司债券的信用等级。利用项目融资能使上述不良影响降低到最低程度。一般的大规模的新投资项目,在初期阶段往往由于大量举债,使母公司的负债比率提高,获利能力降低,财务风险增加。负债比率提高将成为降低公司债券信用等级的决定性因素。如果公司债的信用等级因此而降低,往后母公司筹资条件将显著恶化,很可能使市场上的公募发行证券发生困难,因此能够采用不列入在母公司合并财务报表中的融资方式来为新项目筹资就显得意义重大。

第二,对新设立的企业来说,利用项目融资为新项目筹资是因为它没有经营业绩或现有资产作保获得其他融资来源。因为一个企业是否能从公募市场上筹集资金,要视该公司的信用状况、资产价值以及该企业的现金流量等要素来判断。已建立的企业经营已有一定基础,如果进展顺利的话,只要凭该企业的信用就能筹到资金。美国优良企业的公司债,原则上是无担保公司债,即是以该发行公司的信用能力为根据。但获利能力及财务状况有问题的企业,就无法用自己的信用能力来筹集资金了,而需以财产或第三者保证作保来筹资。对新创立的企业来说,通常是既没有经营业绩又没有可供抵押的资产,唯一的根据是项目成功后可能带来的现金流量的估计价值。

对于一般的公众投资者以及证券评级机构来说,新项目的风险以及高度的专门技术等是很难把握的。所以,项目融资大多数要以具备专门知识的机构投资者为对象,且利用私募形式来筹资。

## 四、项目融资的适用范围

项目融资这种特殊的融资方法其雏形始于 20 世纪 30 年代美国油田开发事业,后来逐渐扩大范围。项目融资发展到现在,主要运用于三大类项目,即资源开发项目、基础设施建设项目和制造业项目。

### (一) 资源开发项目

资源开发项目包括石油、天然气、煤炭、铁、铜等开采业。资源开发项目运用项目融资方式的典型是英国的北海油田项目。1969—1970 年,刚刚经历过经济危机的英国很不景气。为了缓解国家的衰败局面,在进行了一定的储量勘测之后,英国决定开发北海油田。当时,负责该项目的是不列颠石油公司,由于开发项目风险很大,成功将收益丰厚,失败则损失惨重。在国内资金不足的情况下,不列颠石油公司不愿通过股权融资方式为项目融资,担心项目失败导致自己破产。最后,大胆的美国银行通过产品支付的项目融资方式,帮助英国完成了北海油田项目,自己也获得了高收益。

### (二) 基础设施建设项目

基础设施领域一般包括铁路、公路、港口、电讯和能源等项目的建设。基础设施建设是项目融资应用最多的领域。其原因是:一方面,这类项目投资规模巨大,完全由政府出资有困难;另一方面,也是商业化经营的需要,只有商业化经营,才能产生收益,提高效益。在发达国家,许多基础设施建设项目因采用项目融资而取得成功。

### (三) 制造业项目

虽然项目融资在制造业领域有所应用,但范围比较窄。因为制造业中间产品很多,工序多,操作起来比较困难。另外,其对资金的需求也不如前两个领域那么大。在制造业,项目融资多用于工程上比较单纯或某个工程阶段中已使用特定技术的制造业项目。此外,也适用于委托加工生产的制造业项目。

项目融资一般适用于竞争性不强的行业。具体来讲,只有那些通过对用户收费取得收益的设施和服务,才适合项目融资方式。这类项目尽管建设周期长,投资量大,但收益稳定,受市场变化影响小,整体风险相对较小,对投资者有一定的吸引力。

在发展中国家,可实施项目融资的领域主要集中在基础设施项目上,一般来说,主要是:公路及配套设施,港口设施,机场以及有关设施,发电、配电以及有关设施,电讯设施,供水、污水处理、排水以及有关设施等。

# 第二节 项目融资的技巧

一般来说,大规模的项目融资很少采取单一的融资方式,除了股权融资外,大多同时配合以债券的公募或私募发行、抵押贷款、融资租赁以及生产后偿还方式等。同时,为使发起项目的公司得以用无追索权、不列入资产负债表的隐藏负债方式来处理,就必须要配合以各种间接保证或特殊契约为补充手段。

## 一、项目融资的方法

在各种筹资方法中,具有能够满足项目融资特点,即采用无追索权或有限无追索权方法的有三类。

### (一) 生产后偿付

生产后偿付是针对资源开发而设计的一套融资办法。通常矿业公司利用生产之后偿还的方法来融资而取得采矿权,一般在取得采矿权时先偿还一小部分贷款,其余贷款等到开采资源成功后,按照产品或销售额的一定比例偿还;如果开采计划失败,或产量比预计的少,矿业公司就不负偿还剩余部分的义务。从这个意义上来说,生产后还款方式的融资,对于矿业公司来说是一种无追索权、不列入资产负债表的负债。生产后偿付包括产品支付和远期购买两种形式。

1. 产品支付

产品支付是指借款方在项目投产后不以项目产品的销售收入来偿还债务,而是直接以项目产品来还本付息。在贷款得到偿还前,贷款方拥有项目若干比例的产品所有权及出售这部分产品的收益,但贷款人所取得的权利仅限于让与他的那部分产品,如果产品销售所得的收入不足以偿还贷款,贷款人也无权要求补偿。在绝大多数情况下,产品支付只是产权的转移而已,贷款方并不接受实际产品,而常常要求项目公司重新购回属于它们的项目产品或充当它们的代理来销售这些产品。

这种方式的运作技巧是:由贷款方设立一家专设公司来购买项目公司的产品。专设公司的成立有助于把某些潜在的责任(如环保责任)同项目产品的所有权分割开来。在开发阶段银行向专设公司提供贷款,专设公司以贷款向项目公司购买项目产品的商定份额,项目公司按购买价格加上贷款利息计算应付总额,并履行产品支付义务。

项目投产后的经营阶段,项目公司向作为专设公司代理人的购买商卖出产品,购买商通过担保人向专设公司提供销售收入,用来还本付息,项目公司以此履行产品支付责任。

2. 远期购买

远期购买是在产品支付的基础上发展起来的一种更为灵活的项目融资方式。同样,贷款方可以成立一个专设公司,这个专设公司不仅可以购买事先商定好的一定数量的远期产品,还可以直接购买这些产品未来的销售收入。项目公司将来支付专设公司的产品或收入,正好可以用来偿还银行贷款。其结构类似产品支付,也要由担保信托方对产品的销售和产品所有权的购买进行担保。

## (二) 融资租赁

融资租赁常用于以资产为基础的项目,如船舶和飞机的购置。在美国、英国等发达国家许多大规模的项目融资,如大型发电厂等也采用了融资租赁方式。融资租赁的一般形式是:项目公司与租赁公司签订承租合同,租用项目建设所需要的设备或厂房,并在合同中声明这些设备或厂房的所有权属于租赁公司;租赁公司以对项目的厂房或设备的所有权及相关合同来作为担保从银行获得贷款,并用银行贷款购买厂房或设备,然后把它们租给项目公司;在建设阶段到经营阶段,项目公司向租赁公司支付租金,租赁公司以收到的租金归还银行贷款本息;在租赁结束时,项目公司以代理人的身份代表租赁公司出售租赁资产,售价的大部分作为代销手续费由租赁公司返还给项目公司,而租赁资产的购买者,通常是项目发起方本身,项目公司是没有购买租赁资产的权利的,否则一切租赁形式所能带来的税收好处都不复存在。

采用融资租赁至少有两大优点:首先,承租企业在租赁业务中所支付的全部租金是作为费用开支计入成本的,因此在企业的应税收益中可以作为扣减项目而获得抵减税额的好处。其次,由于租赁资产的所有权属于租赁公司,而在项目公司的资产负债表中,无论是租赁资产还是租赁负债都不能得到反映,因此对承租企业来说,这种融资方式是无追索权且不列入资产负债表的债务。

### (三) 项目证券化融资

项目证券化融资是以项目所属的资产为支撑的证券化融资方式。它以项目所拥有的资产为基础,以项目资产可以带来的预期收益为保证,通过在资本市场上发行债券来募集资金。项目证券化融资方法的具体运作过程是:组建一个特别目的公司(special purpose coporation,简称 SPC),该机构应能获得权威性资信评估机构较高级别资信等级(AAA 或 AA 级);以合同、协议等方式将项目公司所拥有的项目资产的未来现金收入的权利转让给 SPC;SPC 直接在资本市场发行债券募集资金,或由 SPC 的信用担保,由投资银行组织债券发行,并将发行债券募集来的资金用于项目建设;SPC 运用项目资产的现金流,清偿债权人的债券本息。

对项目发起方和项目公司来说,采用项目证券化融资方法具有三大优点:首先,这是一种独特的不显示在资产负债表上的融资方式,项目公司通过将项目未来的现金流真实出售给 SPC,换回项目建设所需的资金,由于直接发行债券的不是项目公司,因此所发行的债券不作为项目公司的债务,不列入项目公司的资产负债表。其次,由于 SPC 拥有较高的资信等级,按照信用评级惯例,由它发行的债券或通过它提供信用担保的债券,也自动具有相应的信用等级,所以债券利率一般较低,因而项目融资成本较低。再次,项目证券化融资方法还克服了项目投资的风险集中于项目公司的问题,使项目公司减少了各种风险的压力。

项目证券化融资与贷款、企业债券和股票等传统融资手段相比,具有更广泛的适用性。在贷款融资中,企业资产负债率和资信水平是一个很大的制约因素;而债券、股票融资则以企业的整体效益为支撑,并有严格的融资主体要求。而项目证券化融资以融资主体的现金收入流量为支撑,对融资主体的整体效益并无要求,从而为那些由于原始投入大、业务收费低等原因而造成整体经济效益不佳、不能有效利用这些传统融资手段进行融资却拥有稳定现金收入流量的部门或企业,开辟了一条可行的融资渠道,如邮电、电力、航空、铁路、公路、自来水、燃气等公用事业的建设项目。从理论上讲,一切能产生合理预期的现金流的项目或企业,均可通过项目证券化方式融资。

## 二、项目融资的间接保证

项目融资必须要配合以各种间接保证或特殊契约为其补充手段。这些间接保证包括以下几个方面。

### (一) 完成计划的保证

项目发起人(通常是母公司)承诺无条件负责该项目进行到产出一定产品之前。按照这个方式,使母公司可以避免成为债务的直接保证人,而资金供给者则得以避免最大的风险——项目的失败,从而获得完成项目的保证,项目发起方凭借这个保证来支持项目。

### (二) 租用契约

租用契约是保证使用设备的契约,一般是石油、天然气输送管路建设所采用的方式。项目的发起人——开发公司约定在输油管道完成后,必定利用该输油管道来输送相当于偿还本利部分的原油及天然气。假如原油及天然气的产量未达到输油管设备的完全输送量,开发公司必须按期付给输油管公司租用费。这种契约对于开发公司来说,因为是长期使用计划,所以可以看作是非正式的负债,但如果配合以完成计划的保证,则可以使债权的保证达到近乎完整。

### (三) 买或付契约

买或付契约大致与租用契约相似,是一般矿产资源开发项目或生产建设项目等所采用的方式。这是项目发起方与项目公司订立的长期购买产品的合同。根据这种契约,不论项目公司交货与否,项目发起方都有支付约定数量产品货款的义务,其最低金额应相当于偿还贷款以及该项目经营费用所需金额。与租用契约一样,买或付契约实际是项目发起方向项目公司提供的一种财务担保。

### (四) 补足的保证

补足的保证是指项目遭遇挫折时,保证偿还债权人未收回资金的全部或部分金额的方式。当项目中止,企业经清算后,如仍有部分本利未能付清时,约定由项目的发起人负责偿还全额或部分金额。这种债务属于广义的或有负债,但因无法预知是不是发生这种事态,或约定发生时应负的债务金额应有多少,所以比直接的保证债务负担要轻,在财务报表上,最多是以附注方式表示或有债务的存在而已。

### (五) 第三方购买产品的契约

由第三方订立长期购买产品的契约,或长期使用设备契约,也是有效支持项目融资的手段。因为这种契约可以保障项目企业的收入,所以还本付息的资金有着落。

### （六）政府及监督机构的承诺

在与电力、煤气事业有关的开发资源项目中，如果能获得政府以及监督机构同意，在将来调整价格时，政府机构分担一部分开发项目所花费的成本，也是很好的补足手段。

# 第三节　项目融资的风险及分担

项目融资虽然是无追索权或有限追索权的融资方式，但项目融资的风险并非全由贷款方承担。投资银行项目融资业务的核心内容，就是要通过周密的融资安排，将项目的各个利益方的承诺和各种形式的保证书结合起来，不使任何一方承担项目的全部风险，设计出一种让各方均能接受的债务结构，让项目的主要贷款人放心满意，从而达到项目融资的目的。

## 一、项目融资的参与者

任何一个项目，一般都要涉及产、供、销环节上的多个参与者，而以项目融资方法筹资的项目，由于资金数额大、涉及面广，且要有完善的合同体系来分担项目风险，因此这类项目的参与者就更多。从风险承担角度看，项目融资的参与者包括以下各方。

### （一）项目发起方

项目发起方可以是公司企业或政府。发展中国家的大型项目的发起方除东道国政府或私营企业外，一般都吸收一家外国公司参加，以便利用外国公司的投资和专业技能，并可利用外国公司的信誉，吸引外国银行的贷款。

### （二）借款方

多数情况下，借款方就是项目公司。但有些时候，借款方也可能不是项目公司。这是因为项目的实施和融资结构受到很多因素的影响，如东道国的税收制度、外汇制度、担保制度和法律诉讼的可行性等。很多项目的借款方可能不止一个，它们各自独立借款以便参与到项目中来。项目的承建公司、经营公司、原材料供应商及产品买主都可能成为独立的借款方。国际上一些银行和金融机构不向国有企业贷款和提供担保，为避开这一融资障碍，可设立专门的机构，如受托借款机构（trustee borrowing vehicle）。银行向受托借款机构提供贷款，实际上为国有项目公司发放了贷款。受托借款机构向承建商支付工程费用。项目建成后,根据与项目公司签订的产品承购协议向承购商收取货款,然后归还银行的贷款本息。

### (三) 贷款方

贷款方可以是政府机构、出口信贷机构、国际金融组织,也可以是商业银行、保险公司等。在项目融资中,往往由多家银行组成一个银团对项目进行贷款。这种贷款又称为辛迪加贷款。为了分散东道国的政治风险,银团一般由来自不同国家的银行组成,而且最好包括东道国的银行。

### (四) 项目使用方

项目使用方即项目产品的买主或项目的用户。使用方通过签订长期购买或使用合同,为该项目的贷款提供重要的信用支持。项目使用方可以是项目发起方,也可以是其他第三者。

### (五) 承建商

承建商通常与项目公司签订固定价格的总价承包合同,负责项目工程的设计和建设。一般情况下,承建商要承担延期误工和工程质量不合格的风险。对于大项目,承建商可以另签合同,把自己的工作分包给分包商。

### (六) 供应商

供应商包括设备供应商和原材料供应商。其收益来源于供应合同,它们对项目的经济效益不太关心。设备的供应一般与贷款捆绑在一起。这样做,一方面,贷款方可以为本国企业开辟国外市场;另一方面,借款方可以获得出口信贷等优惠贷款。双方都既要得到好处,又要付出代价,只是各自的关注点不一样。

### (七) 租赁公司

采用融资租赁的方式时,需要租赁公司的参与。租赁公司通过取得项目公司所需的部分或全部资产并把它们返租给项目公司,以得到的租金收入来抵补购置成本,获得投资回报。

### (八) 保险公司

项目融资的巨大资金数额以及未来许多难以预料的不利因素,要求项目各方准确地认定自己面临的主要风险,并及时为它们投保。因此,保险公司就成了分担项目风险的重要一方。

### (九) 担保受托方

贷款银行主要指望以项目公司的资产及项目未来收益来作为还款保证。为了防止项目公司违约或转移资产,它们一般都要求项目公司将资产及收益账户放在一家中立机构。这家机构被称为担保受托方。担保受托方一般是一家资信等级较高的银行或独立的信托公司。

### (十) 东道国政府

东道国政府在项目融资中的角色虽然是间接的,但很重要。例如,减免税收或特许兑换外币;东道国政府还常常通过代理机构投入权益资金,或充当项目产品的最大买主或用户。另外,如果东道国政府作必要的担保,将会提高项目的成功率,从而降低费用。

## 二、项目融资的风险

在项目融资中,风险的合理分配是项目成功的关键,因此是项目各参与方谈判的核心问题。以往的项目融资活动表明,项目融资之所以受到项目发起方的重视,就在于贷款方对它们只有有限的追索权,或没有追索权,这就大大降低了项目发起方或借款方的风险。然而,风险是客观存在的,不会因采用项目融资而消除,因此,了解项目融资活动中的风险以及合理分配风险是项目融资活动中最重要的内容。

项目融资的风险,大体可分为两类:系统风险和非系统风险。系统风险指与市场客观环境有关,超出了项目自身范围的风险;非系统风险指可由项目实体自行控制和管理的风险。然而,这两种风险的划分并不绝对。有时候系统风险也可以通过一定的手段予以削减,而另外一些时候非系统风险却无法避免。

### (一) 系统风险

系统风险主要包括:政治风险和获准风险、法律风险和违约风险以及经济风险。

1. 政治风险和获准风险

(1) 政治风险。政治风险是指由于战争爆发、国际形势风云变幻、政权更迭和政策变化而导致项目资产和利益受到损失的风险。政治风险大致可分为两类：一类涉及政局的稳定性，另一类涉及政策的稳定性。

（2）获准风险。开发和建设一个项目，必须得到项目东道国政府的授权或许可。取得政府的许可要经过复杂的审批程序，花费相当长的时间。如果不能及时得到政府的批准，就会使整个项目无法按计划进行，造成拖延。这种风险，就是获准风险。

2. 法律风险和违约风险

（1）法律风险。法律风险是指东道国法律的变动给项目带来的风险。东道国法律变动给项目带来的风险主要体现在以下几个方面：① 当出现纠纷时，是否有完善的法律体系提供仲裁，解决纠纷。② 东道国是否有独立的司法制度和严格的法律执行体系执行法院的仲裁结果。③ 根据东道国的法律规定，项目发起方能否有效地建立起项目融资的组织结构和日后的项目经营。

由此可见，法律健全与否对约束项目融资各参与方的行为关系极大。因此，东道国法律的变动会改变对各参与方的约束，进而改变各参与方的地位，带来的风险是不言而喻的。

（2）违约风险。违约风险是指项目参与方因故无法履行或拒绝履行合同所规定的责任与义务而给项目带来的风险。违约有多种表现形式，如：在规定的日期前承建商无法完成项目的施工建设，借款方无力偿还债务或拒绝偿还债务；发起方无法按其权益得到分红偿付；有时，项目公司由于不可抗拒或其他特殊原因而延缓投产计划等。在法制不健全的国家，不按时履约或执行合同时达不到要求的事就较为常见。

3. 经济风险

（1）市场风险。项目投产后的效益取决于其产品在市场上的销售情况和其他表现。因此，项目公司必须直接面对市场风云变幻的挑战。产品在市场上的销路和其他情况的变化就是市场风险。市场风险主要有价格风险、竞争风险和需求风险。这三种风险很难截然分开，它们之间相互关联，相互影响。

市场风险不仅同产品销售有关，而且还存在于项目原材料及燃料的供应方面。如果项目投资后原材料及燃料价格的涨幅超过了项目产品价格的增幅，那么项目的收益势必下降。

（2）外汇风险。外汇风险通常包括三个方面：东道国货币的自由兑换、经营收益的自由汇出以及汇率波动所造成的货币贬值问题。

项目融资各参与方都十分关心外汇风险。境外的项目发起方希望将项目产生的利润以自己本国的货币或硬通货汇回国内，避免因为东道国货币贬值而蒙受损失。同样，贷款方也希望项目能以同种货币偿还贷款。

(3)利率风险。利率风险是指项目在经营过程中,由于利率变动直接或间接地造成项目价值降低或收益受到损失。如果投资方利用浮动利率融资,一旦利率上升,项目生产成本就会攀升;而如果采用固定利率融资,日后万一市场利率下降,便会造成机会成本的提高。

## (二)非系统风险

非系统风险主要包括:完工风险、经营和维护风险以及环保风险。

1. 完工风险

完工风险是指项目无法完工、延期完工或者完工后无法达到预期运行标准的可能性。完工风险对项目公司而言,意味着利息支出的增加、贷款偿还期限的延长和市场机会的错过。完工风险的大小取决于四个因素:项目设计技术要求、承建商的建设开发能力和资金运筹能力、承建商所作承诺的法律效力及其履行承诺的能力、政府节外生枝的干预。

2. 经营和维护风险

经营和维护风险是指在项目经营和维护过程中,由于经营者的问题或技术方面的问题及生产条件问题而发生重大经营问题的可能性。与经营者有关的问题包括由于经营者的疏忽,使原材料供给中断,设备安装、使用不合理,产品质量低劣,管理混乱等;技术方面的问题是指存在于项目生产技术及生产过程中的有关问题,如技术工艺是否在项目建设期结束后依然能够保持先进、会不会被新技术所替代、厂址选择和配套设备是否合适、原料来源是否有保证、工程造价是否合理、技术人员的专业水平与职业道德能否达到要求等;生产条件风险包括原材料、能源的供应是否可靠,交通、通讯以及其他公用设施的条件是否便利等。这些问题都可能使项目无法按计划运营,最终将影响项目的获利能力。

3. 环保风险

近年来,工业对自然环境及人们生活和工作环境的破坏已经越来越引起社会公众的关注,许多国家制定了严格的环境保护法律来限制工业污染对环境的破坏,并强制肇事者对自己造成的污染进行清理,交纳巨额罚款。对项目公司来说,要满足环保法的各项要求,就意味着成本支出的增加,尤其是对那些利用自然资源或生产过程污染较为严重的项目来说更是如此。而这部分增加的成本短期内可能会转嫁到产品中而由消费者来承担。但从长远来看,项目必须对增加的成本自行消化,这就意味着提高生产效益,努力开发符合环保标准的新技术和新产品。

项目融资中涉及的各种风险可用图 4-1 表示出来。

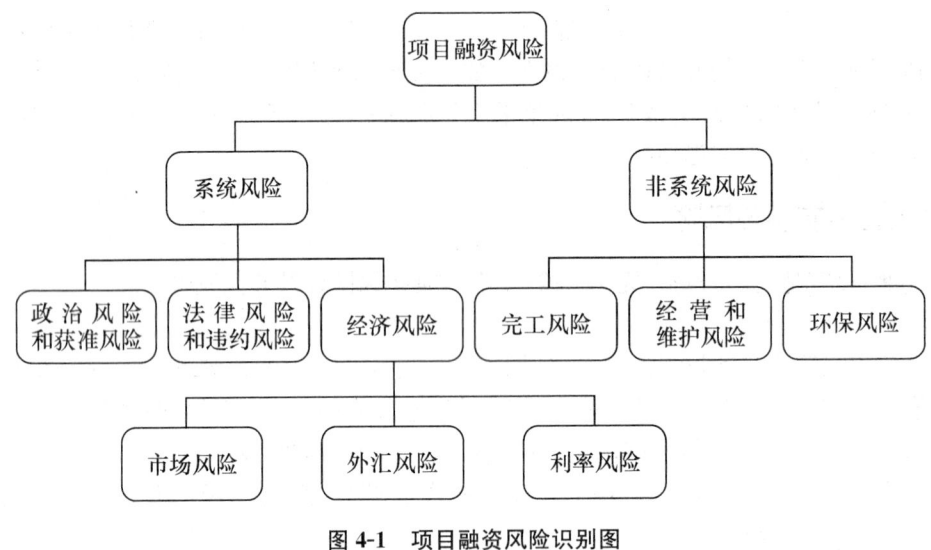

图 4-1　项目融资风险识别图

# 三、项目融资的风险分担

## （一）系统风险的分担

### 1. 政治风险的承担

由于东道国政府最有能力承担政治风险,因此,政治风险最好由东道国政府来承担。事实上,国外有一些项目就是这么做的。例如,在菲律宾的 Pagbilao 项目中,国家电力公司同意承担在菲律宾出现的主要政治风险,并通过双方同意的"项目全面收购"办法来承担这种责任。这里的"项目全面收购"是指如果东道国政治风险事故连续维持一定的时期,则国家电力公司有责任用现金收购该项目,其价格以能偿还债务并向项目发起人提供某些回报为准。

在一些政治风险尚不能由政府承担的国家(如我国,政府机构目前一般不准对项目作任何形式的担保或承诺,中方机构也不得对外出具借款担保),比较可行的办法是为政治风险投保或引入多边机构等方式来减少这种风险可能带来的损失。我国的山东日照电厂项目就为政治风险投了保,德国的 Hermes 和荷兰的 CESCE 2 家信誉机构为该项目的政治风险进行了担保,从而使该项目进展比较顺利。除投保方式外,在很多大型项目融资中,政府、出口信贷机构和多边金融机构不仅能为项目提供资金,同时还能为其他项目参与方提供一些政治上的保护。另外,东道国的项目参与者也是降低政治风险的一个关键,因为它们跟东道国政府的关系比较密切。

2. 法律风险的承担

在某种意义上,法律风险可通过政治来控制,尤其是在目前法律尚不健全的国家。因此,法律风险也主要应由东道国政府承担,或者得到东道国某些信誉比较高的机构的担保。在国外,尤其是东南亚国家,项目融资的法律风险一般均得到了政府或有关机构的担保,其处理办法同政治风险有很大的相似性。例如,菲律宾的 Pagbilao 项目中,"项目全面收购"办法同样对法律风险适用。

投资银行在项目设计过程中就应该征求当地法律顾问的意见,使项目从开始就尽量符合东道国的法律要求。有时,甚至有必要对可以预见的法律变动提前做好准备,使项目顺利渡过法律上的转变阶段。

项目公司与东道国政府之间可以签署一系列相互担保协议,彼此在自己的权利范围内作出某种担保或让步,以达到互惠互利的目的。这类协议在一定程度上为项目发起方和贷款方提供了法律上的保护。例如,如果签署协议,使东道国法律变动的风险同项目公司的收费价格或者特许权限联系起来,就能在很大程度上通过协议转移法律风险。

3. 经济风险的承担

(1)市场风险。市场风险是由产、供、销三方承担的。市场风险管理的关键在于预防,在项目初期做好充分的可行性研究,可以大大减少项目的盲目性。至于在项目的建设和运营过程中,签订建立在固定价格基础上的长期原材料及燃料供应协议和产品出售协议,可以在很大程度上减少市场不确定因素对项目收入的影响。在发展中国家,项目公司与当地产业部门的长期产品销售合同在一定程度上为发起方和贷款方提供了一种保障,同时还可力求得到政府的担保。这样,如果产品的使用者在购买责任完结之前倒闭的话,政府将履行担保责任。

(2)汇率风险。对于汇率风险,由东道国的中央银行以签订自由兑换硬通货的承诺协议方式来承担是最有效的。一般来说,各国对外商投资项目的货币兑换及收益汇出都有明确的法律规定。汇率风险通常可利用衍生工具,如外汇期权、互换等来规避。但如果东道国货币不是国际硬通货,就可能没有现成的衍生工具可以利用,只能采取一些经营管理手段来降低汇率风险。如通过预测汇率的变化来调整资产或负债的货币结构。除此之外,比较有效的办法就是通过协议来转移汇率风险。另外,项目公司也可与东道国政府或产品买主签订《浮动价格购买协议》,将汇率变化所带来的影响部分或全部地转移到合同价格中,从而以浮动价格来消化汇率风险。

(3)利率风险。利率风险的管理同汇率风险很相似。如果资产或负债使用的是硬通货,通过金融衍生工具对冲风险比较有效,也可通过适当的协议将风险分散给其他项目参与方。其做法与汇率风险管理方法大体一致。

## (二) 非系统风险的分担

### 1. 完工风险的分担

完工风险通常由承建商以某种"总包"合同形式来承担。因为承建商最有能力承担该项风险。然而,在一些跨国项目中,承建商不愿意使用固定价格的"总包"合同,更不愿意就项目的完工作出法律上的承诺,以免背上沉重的包袱。如果不使用这种承包合同,项目发起方、贷款方就不得不更多地介入到项目的建设过程中,进行监督和控制,从而保证工程进度。在承建商不愿为项目完工进行担保的情况下,项目发起方或东道国政府可以充当起完工担保人的角色。项目公司也可以通过投保,从承建方之外的第三方寻求完工的保证。随着项目融资和担保业的发展,保险范围已扩展到不可控事件以及承建商自身的疏忽与错误所造成的损失。在一些发达国家,保险范围甚至连项目设计失误导致的损失都覆盖了。

### 2. 经营和维护风险的分担

项目融资各方面之间的关系以及相互间的风险分担合同协议可用图 4-2 来表示。

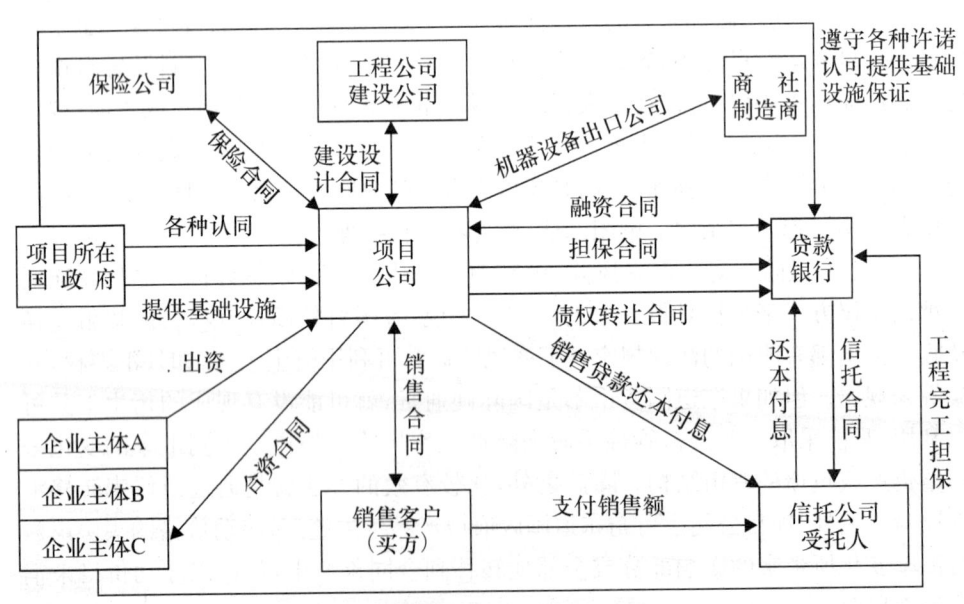

**图 4-2　项目融资各参与方及风险分担关系**

在项目融资中,经营和维护风险是通过项目公司对经营者的约束来完成的,主要体现在《经营和维护协议》中。如果项目的经营和维护协议建立在固定价格的合同基础上,经营者就会承担经营超过预算的风险,它就会尽最大努力使真正的经营成本低于合同价格,因为只有这样才能获得一定的经营利润。

归纳以上各点可以看出,项目融资的风险管理主要是通过各种合同文件和信用担保协议,将项目风险在参与者之间进行合理分配,而分配原则恰恰是"将所有的风险都分配给最适合承受它的一方"。

# 第四节　投资银行在项目融资中的作用

项目融资的组织安排工作需要具有专门技能的机构来完成。一般来说,无论是项目的发起人,还是项目的出资者,很难具有协调整个运行复杂、牵涉面广的项目融资工作的专业技能和经验,这项工作通常由投资银行或商业银行的项目融资部门来完成。

## 一、投资银行的作用

项目融资的业务,虽然大多数在背后由已经确立事业基础的企业来间接支持,但这毕竟是一项创造性的工作,所以非常艰苦。可以说,项目融资业务是投资银行业务中最需要创造力和交涉能力的业务。

担任项目融资工作的投资银行必须能够准确地了解项目投资者的目标和具体要求,熟悉项目所在国的政治经济结构、投资环境、法律和税务,对项目本身以及项目所属工业部门的技术发展趋势、成本结构、投资费用有清楚的认识和分析,掌握当前金融市场的变化动向和各种新的融资手段,与主要银行和金融机构建有良好的关系,具备丰富的谈判经验和技巧等。

在项目融资的谈判过程中,投资银行周旋于各有关利益主体之间,通过对融资方案的反复设计、分析、比较和谈判,最后形成一个既能在最大程度上保护项目投资者的利益又能为出资者接受的融资方案。具体地说,投资银行在项目融资的过程中,发挥以下作用。

### (一)项目的可行性评价

项目的可行性评价是项目开发的前期准备工作。在此阶段,投资银行着重从项目的财务评价、技术论证和涉及风险等几方面判断项目的可行性。

其中财务评价工作包括项目的成本分析、现金流量分析、销售预测分析、盈亏平衡分析、灵敏度分析和投资回报率分析,并从回收期、年收益率、净现值和内部收益率几方面衡量项目的经济效益。

风险分析则包括对项目的政治风险、法律风险、经济风险、完工风险、经营和维护风险、环境保护风险和融资风险进行分析。一些擅长项目融资的投资银行,如美国的摩根斯坦利公司、信孚银行、第一波士顿银行等都各自建立具有特色的项目风险模型系统,为风险评估提供了更科学、更迅速的方法。

技术论证则是从项目的生产技术、原材料供应、市场分布和管理经验等方面判断项目的可行性。

## (二) 项目投资结构设计

所谓项目投资结构设计,是指在项目所在国家的法律、法规、会计、税务等外在客观因素的制约条件下,寻求一种能够最大限度地实现投资者目标的项目资产所有权结构。在项目融资中,应用比较普遍的投资结构,通常有公司型合资结构、有限合伙制结构和非公司型合资结构。

作为项目融资顾问的投资银行需要根据项目的特点和合资各方的发展战略、利益追求、融资方式、资金来源以及其他限制条件决定选择何种投资结构,以最大限度地满足各方对投资目标的要求,有时投资银行还要发挥想象力,为某一项目设定一种特定的灵活的投资结构。

## (三) 项目融资模式设计

项目融资模式是项目融资整体结构组成中的核心部分。设计项目的融资模式,需要与项目投资结构的设计同步考虑,并在项目的投资结构确定之后,进一步细化完成融资模式的设计工作。

投资银行在这一阶段的工作主要包括决定融资总额、制定资金到位的时间表、确定资金构成和落实资金来源。

## (四) 帮助制定项目融资的担保措施

广义而言,项目融资有三种担保方式。

1. 契约性融资担保

其优点在于:不仅发起人而且第三方(或使用者)可以作为项目的间接支持者,这种融资担保一般不列入资产负债表。最常见的契约性融资担保有生产量协议、买或付合同、租用和使用合同以及预付款融资合同。

2. 信托计划

在此信托安排下,购买者付款给受托管理人,而非项目实体或发起人。受托人负责分配这些资金,一部分给贷款人以偿付到期贷款,通常加上一些备付今后债务的款项,一部分留作项目生产所需资金,最后剩余部分汇寄给项目发起人。

3. 保证书

保证书由股东或发起人,也可由供货方或销售机构、使用人或买方、出口信贷机构、银行或东道国政府提供。保证内容主要包括直接保证、道义保证书、财务运转保证书、完工保证和产品支付保证等。

### (五) 参与融资谈判

在初步确定了项目融资模式后,担任项目融资顾问的投资银行将有选择地向商业银行或其他一些金融机构发出参加项目融资的建议书,组织贷款银团。在与银行的谈判中,投资银行可以帮助加强项目投资者的谈判地位,保护投资者的利益,并在谈判陷入僵局时,及时地、灵活地找出适当的变通办法,绕过难点解决问题。

按照国际惯例,担任融资顾问的投资银行通常收取三部分费用:一是聘用费,一般按实际工作量收取;二是项目融资安排费,按项目规模的一定百分比收取,通常是项目越大,百分比越低,但其绝对额可以很高;三是实际支出,包括差旅费、电话和电传费等。如果融资顾问同时兼任贷款银团的经理人,在贷款期间还会按年度收取一定的管理费。整个项目投资银行一般要收取相当于融资总额的 0.5%～1%的管理费。

## 二、案例:香港大老山隧道工程中的投资银行

香港特区政府认为巴克莱银行在香港大老山隧道工程中作为财务顾问所做的工作是非常成功的。巴克莱银行财务顾问的主要活动有以下几个方面。

### (一) 项目融资的前期调研活动

巴克莱银行认为,作为项目的财务顾问,必须在项目的开始阶段,投入必要的力量对项目的来龙去脉做彻底的了解,同时,要求参与项目的有关各方都认真地参与前期调研活动。前期调研活动的主要问题有四个方面:

(1) 了解项目的主要内容,如项目是由哪些组织和个人发起的,他们为项目承担的主要义务是什么;了解政府当局对该项目的态度,如对该项目的支持措施是什么,有何实质性的承诺。

(2) 了解需要由财务顾问安排的融资额度及有关问题。

（3）与政府指定的各类项目顾问，即主要是工程技术顾问建立联系，明确各自的分工和合作程序。

（4）对项目的技术、市场、财务效益作全面的分析和考核。

巴克莱银行通常在被指定为项目财务顾问后的一个星期内，就可以提出一份报告，在报告中阐明工作程序并列明时间表，提出主要工作任务和所要求的文件材料，提出工程准备过程中存在的问题和建议。

## （二）协调和联络

巴克莱银行认为，加强项目参与各方的联络协调工作对于做好财务顾问工作乃至全部项目的成功至关重要。巴克莱银行在担任香港大老山隧道工程项目的财务顾问期间，专门设立项目联络小组，这个小组的任务是疏通与政府及有关参加方的联系，将项目的各种变化信息及政府目标决策信息及时反馈给财务顾问总部，以便使总部随时修正项目的财务数据。

## （三）建立计算机财务模型

这项工作对于顺利完成各项财务融资计划十分重要，属于基础性工作。一个好的财务模型应当具备以下主要功能：

（1）能够识别主承包方的目标与政府制定的实施目标是否一致，当存在差异时，提出报告。

（2）能够按照给定的投资方案，测算出各种市场条件下以及各种经营条件下的项目经济效益，并对各条件的变化进行财务敏感性分析。

（3）开发、设计已定条件下的融资方案，并具有优选功能。

巴克莱银行为香港大老山隧道工程所建立的数学模型，经政府评审认为完全符合项目要求，在正式启用之前，还进行了大量的模拟试验，将试验所确定的各项参数与政府部门进行了广泛的讨论，最后与政府达成了共识。

## （四）财务与风险分析

通过财务与风险分析，可以提出切实可行的私人资本的筹资计划，从而形成政府与私人行为协调一致的基础。为了使私人资本筹资计划顺利实施，项目的各参加方，通常是政府机构、私人资本的股东和财务顾问，对投资风险补偿率必须达成共识。风险补偿率确定之后就应该集中精力核实和审查项目的财务收益。财务收益分析的主要着眼点是分析影响财务收益最敏感的因素。为了保证设计最有效的项目结构，财务与风险分析应当分别从政府的观点、私人投资者的观点和财务顾问的观点出发，得出各自的结论。

从政府的观点出发,需要分析政府对项目的目标要求是否实现,政府对项目的要求与义务是否明确,政府对项目实施所期待的回报,如营业税、征地税、股权资本回报率等是否能够实现。从私人投资者的观点出发,应当分析所推荐的私人资本融资计划是否满足了投资者的期望,融资计划是否具有现实性,分析其在金融市场上被投资者接受的可能性。

巴克莱银行在该项目的财务风险分析方面着重分析以下几个问题:

(1)市场用户分析。主要分析隧道交通量的变动趋势和过道费的定价机制及其调控法规对财务收益的影响。

(2)项目建设期风险分析。财务顾问应对项目的总承包人以及中标的分项目承包人的施工能力进行评价,分析他们按设计要求、按时交工的能力,分析由于工期拖延的风险损失。

(3)财务风险分析。主要分析利率风险、汇率风险以及建设费用超支的风险。建设费用超支往往是由于在初期设计中意想不到的工程投资所致,是造成项目净现金流量下降的主要原因之一。

(4)造价与定价分析。造价是指施工承包合同的标价,它是控制建设费用的主要手段;定价主要是指隧道投入使用后,车辆通过的收费定价,这一定价的确定既要考虑现行的收费水平,不能定得过高,又要保证项目能够如期收回投资,满足投资者的利益,需要取得政府物价管制与投资收益之间的平衡。

(5)运行操作风险分析。包括运行操作中因劳务费用、维护保养费用的提高所产生的风险分析,以及对无法通过担保或保险来补偿的通货膨胀风险和由于技术失误而造成的工程延误、运营不正常的风险分析。

(6)政治风险分析。政治风险是从宏观和微观两个角度来分析衡量的。宏观分析是从政治、经济两个方面对东道国政府是否稳定进行分析衡量,而微观分析是对项目所属的行业是否容易被国有化进行分析衡量。

(7)不可抗力风险分析。这种风险一般是由自然灾害、社会骚乱,如暴乱、罢工等承包人无法控制的原因所致,风险的出现也无法事先预料。为了防范这类风险,财务顾问通过向保险专家咨询,以确定一个金额合适的保险方案,保证这类风险一旦发生,就能得到必要的补偿。

## (五)整体财务方案的构造

在这个阶段,财务顾问在分析研究的基础上,需要确定私人资本投资者所愿意接受的最大风险程度。为了使政府和私人投资者达成一致,需要通过协商的办法不断调整双方的利益关系。调整的主要环节包括建设方案的修改,政府的收益水平和不同运营期间的收费方案的调整。有时为了实现更好的经济效益,可以将拟建项目与相关的建设项目捆在一起进行核算。

财务模型要对财务方案的不同构想进行运算,从而求得在不同的财务构想方案下项目各参与方的受益水平,最后通过一项各参与方和政府都能接受的财务方案,从而最大限度地满足各方的利益要求。

## (六) 准备各项目工程、管理和运营等一揽子招标书

招标书中需要列明:

① 投标者的权利、义务和责任条款。② 要对拟承包项目的内容以及与其他相关的基础设施的内在关系进行定性说明。③ 标书的财务预测应当包括预期的收费说明、交通流量预测和技术可行性研究。④ 要列明有关财务及与财务有关的信息,以便投标人测算投标的财务效益性。⑤ 列明投标的时间表和评估的时间安排。⑥ 列明投标抵押金、担保和违约清算条款。

## (七) 评估与选定标书

投标结束进入开标阶段,财务顾问与其他技术顾问将对投来的标书进行评估,评估的结果用指数的形式表示出来,以保证评估的公正性和客观性。评估指数应包含较广泛的内容,如投标价格指数、技术参数指数、投标人的清偿能力和投标经验指数等。不同的指数有不同的权重,权重的大小与其重要性有关。在判断每项指数值时,需要设计一整套评估定价方法。每个指数环节的分数,也要根据其重要性来确定相关的权重,当评定的项目指数与相应的权重确定后,评估方案还应提交政府讨论通过。之后,就可以对各投标方案评分了,得到最高分者将是获胜者,其结果要公布于众。

除了对投标的某些项目要评分之外,财务顾问还要对每个投标人的财务实力和经营状态进行分析评价,评价结果同样影响评标结果;财务与技术顾问还要进一步考察投标者对标书所要求的主要技术和经营参数是否合乎要求,并提出相应的评价意见。

## (八) 项目总体方案的最终议定

当评标完毕后,巴克莱银行的财务顾问班子与政府人员根据评标结果对总体项目方案进行最后议定。在联合议定会议上,利用已设计好的计算机数学模型演示出采取不同的投标组合方案时,由于建设费用、工期、项目方案和税收、财务结构的选择变化和修改所造成的财务效益的变化,所以必须通过对不同结果的比较来优选最佳投标方案。在联合议定会议上,财务顾问负责对各种融资计划进行解释和评价,并向政府提出改进建议。

### （九）协助准备法律文本

整体方案议定之后,财务顾问的另一任务是协助政府和法律人员准备各类文件文本,如商务合同、施工承包合同、融资协议和政府对项目建议、经营的优惠特权政策等。财务顾问应特别关注各类文本中与风险控制有关的条款。

至此,巴克莱银行在香港大老山隧道工程项目决策开工前的财务顾问可告一个段落,接下来的是完成总体方案中要求财务顾问的具体任务,如组织银团贷款、发行债券等,实施各类筹资方案。

# 本 章 小 结

项目融资是一种利用项目未来的现金流量作为担保条件的无追索权或有限追索权的融资方式。它具有三个特点:① 至少有 3 个参与方。② 基本上无追索权。③ 附有各种间接保证。企业利用项目融资出于两个动机:对已开业的企业来说,利用项目融资,可避免因筹集新项目所需资金而影响该公司在市场上已建立的信用;对新设立的企业来说,利用项目融资,是因为没有经营业绩或现有资产作保获得其他融资来源。项目融资适用于以下几种项目开发:资源开发项目、基础设施建设、制造业项目。

项目融资通常同时采用多种融资方法,并配合以各种间接保证或特殊契约为补充手段。常用的具有项目融资特点的融资方法有三种:① 生产后偿付。② 融资租赁。③ 项目证券化融资。项目融资的间接保证包括:① 完成计划的保证。② 租用契约。③ 买或付契约。④ 补足的保证。⑤ 第三方购买产品的契约。⑥ 政府及监督机构的承诺。

风险的合理分配是项目成功的关键。项目融资的风险,大体可分为两类:系统风险和非系统风险。系统风险主要包括:政治风险和获准风险、法律风险和违约风险以及经济风险;非系统风险主要包括:完工风险、经营和维护风险以及环保风险。投资银行项目融资业务的核心内容就是要通过周密的金融安排,将项目的各个利益方的承诺和各种形式的保证书结合起来,不使任何一方承担项目的全部风险,设计出一种让各方均能接受的债务结构,让项目的主要贷款人放心满意,从而达到项目融资的目的。

项目融资业务是投资银行业务中最需要创造力和交涉能力的业务。投资银行在项目融资中主要是充当财务顾问的角色。投资银行发挥了以下几种作用:① 项目的可行性评价。② 项目投资结构设计。③ 项目融资模式设计。④ 帮助制定项目融资的担保措施。⑤ 参与融资谈判。

# 复习思考题

1. 什么是项目融资？项目融资具有什么特点？
2. 项目融资的适用范围是什么？
3. 利用项目融资的动机是什么？
4. 具有项目融资特点的融资方法有哪几种？各有什么特点？
5. 项目融资有哪些间接保证？
6. 项目融资有哪些主要的参与方？
7. 项目融资具有哪些风险？如何安排风险的分担？
8. 试述投资银行在项目融资中的作用。
9. 试分析项目融资在中国的运用形式及发展前景。

## 第 五 章

# 投资银行的收购兼并业务

收购兼并业务是投资银行的一项核心业务,被认为是该行业中"财力和智力"的高级结合。投资银行发展到今天,其并购业务主要有两类:一类是并购策划和财务顾问业务。在这类业务中,投资银行不是并购交易的主体(或当事人)而只作为中介人,为并购交易的主体和目标企业提供策划、顾问及相应的融资业务。另一类是产权投资商业务。在这类业务中,投资银行是并购交易的主体,它把收购兼并企业当作一种产权投资行为,先是买下企业,然后或直接整体转让,或分拆卖出,或重组经营待价而沽,或包装上市抛售股权套现,目的是从中赚取买卖差价。投资银行的这两类并购业务类似券商在证券交易中的经纪代理业务和自营业务一样,投资银行的这两类并购业务可以被视为并购代理和并购自营。当这两类并购业务交叉融合在一起时,就产生了商人银行业务。本章首先讨论投资银行在企业重组中的地位和功能,然后主要介绍投资银行的并购代理业务的运作,同时也涉及一些商人银行业务的内容。

## 第一节  企业重组活动中的投资银行

一般的投资银行都有规模不小的并购部门,在这项业务中,投资银行不仅从事与收购兼并相关的业务,而且实际上投资银行几乎参与了企业重组活动各个方面的策划、顾问和融资活动。

## 一、企业重组的形式

企业重组(corporate restructuring)是一个概括性的概念。它是指企业的经营、资本结构以及所有权不属于日常经营性变动的任何变化。它包括了三组截然不同而又相互关联的活动,即企业扩展、收缩及所有权和控制权的转移。

### (一)扩展

扩展是指能导致公司规模及经营范围扩大的各种行为。主要包括合并、收购及收购兼并活动的类型。

1. 合并

合并是指两家以上的公司结合成一家公司,原公司的权利和义务由存续(或新设)公司来承受。合并从法律角度讲还分为吸收合并与新设合并。

吸收合并(mergers):指两家公司合并后只有一家公司生存下来。这种情况常常发生在两家公司在实力相差悬殊的情况下。生存下来的公司一般是较大的那一家。

新设合并(consolidations):指两家公司合并后全部不存在,而在两家公司资产的基础上创立了一家新公司。这种情况一般发生在两家公司规模差不多的情况下。

2. 收购

收购是指买方向卖方购买资产、经营部门或股票的行为。通常,收购可分为资产收购与股份收购。

资产收购:指买方收购卖方的部分或全部资产,并承担卖方部分或全部债务的收购方式。有些国家(如美国)的法令,如《环境保护法》、《制造商责任法》可能会规定买方在收购的同时应该代为履行相关的义务。

股份收购:指买方直接或间接地收购卖方的部分或全部股票的收购方式。股份收购使卖方成为买方的一部分或全部投资的经营机构。由于买方根据持股比例承担卖方的所有权利和义务,包括现有的和或有的债务。因此,即使买卖双方在收购后仍具有不同的法人资格,但卖方的债务仍将影响买方的价值。

3. 收购兼并活动的类型

收购是企业合并的一种实现方式,因此合并和收购是不可分的。按不同的分类标准,可以把收购兼并活动划分成许多不同的类型。但在传统上,企业的收购兼并是根据存在于企业之间和所涉及的产品之间的关系来分类的,因为这影响到市场结构。

水平并购(horizontal M&A)：指在地位上以扩大同一市场内的市场占有率为目的而去收购兼并生产同一类产品的企业的活动。原先的两家企业处于同一行业中。美国在世纪之交的第一次购并浪潮就是以横向购并为主,造就了企业垄断。

垂直并购(vertical M&A)：指以确立从原料供应、产品生产到产品销售相关企业一体化为主要目的去收购兼并其他企业的活动。垂直并购一般发生在生产过程或经营环节相互衔接、密切联系的企业之间,或者具有纵向协作关系的专业化企业之间。美国发生在 20 世纪 20 年代的第二次购并浪潮,就是以纵向购并为主,使企业从垄断向寡头垄断发展。

混合并购(conglomerate M&A)：指从事不同行业生产且产品无关联的两家公司之间的收购兼并活动。例如,一家造船厂商收购了一家生产冰淇淋的厂商。除了水平合并和垂直合并以外的收购兼并活动,都可以看作是混合并购。美国发生在 20 世纪 60 年代的第三次购并浪潮,就是以混合并购为主,造就了大量的航空母舰型的企业。

## (二) 收缩

企业收缩是指使企业规模及经营范围缩小的各种行为,是企业扩展的逆过程。企业收缩可采取三种形式,即公司分割、资产出售和股权出售。

### 1. 公司分割

公司分割(spin offs)是指母公司将其资产和负债分割出去,成为一家或数家独立公司,并允许外来资本介入。公司分割后,原有股东仍拥有同样多的股东权益,只是权益将在两个或数个独立的实体中按资产和负债的分割比例进行划分,即股东所持有的原公司股票将分成两家或几家公司实体的股票,因此股东可在原公司和新公司之间自由选择,或持有或抛售股票,在公司分割过程中,母公司是没有现金回报的。

公司分割又可分为两种形式,即分离分割和分散分割。

分离分割(split off)：指母公司把一部分资产和负债如子公司分割出来,成立一家独立的公司,但母公司仍然存在。

分散分割(split up)：指所有母公司的资产和负债被分割成不同的新公司,而母公司不复存在。

### 2. 资产出售

资产出售(divestiture)是指母公司将其一部分资产卖给另一家公司,并收取现金。在大多数情况下,资产是卖给一家已经存在的公司,因此在交易中,不会产生新的公司实体,这些资产包括一条生产线,一个业务部门或一家子公司。

### 3. 股权出售

股权出售(carve out)是指母公司将其子公司的一部分股权通过发售新股的方式转让给社会公众,母公司因此获得了一笔资金,而且也不失去对该子公司的控制权,而该子公司由于走上公众化而成为一家新的实体。因此,股权出售行为,如同公司分割一样,产生了新的法律实体,同时又如同资产出售一样,股权出售使母公司得到现金回报。所以股权出售是介于公司分割和资产出售之间的一种收缩形式。

### (三) 所有权和控制权的转移

企业重组中的所有权和控制权的变动与企业的扩展和收缩行为密切相关。企业扩展的同时获得了额外的所有权和控制权,企业收缩的同时也放弃了部分所有权和控制权。然而对一个企业而言,还有一个如何抵制所有权和控制权转移的问题。

现有管理层为抵制所有权和控制权转移而制定的策略,包括修订反收购章程、设置"毒丸"、资产或资本结构重组、寻求外界支持、针锋相对反过来收购公司的股票和签订大宗股份回购和停战协议等。采取这些措施的目的是为了对收购者设置障碍,制造一个与目标公司管理者联盟的统一体,通过发行新股稀释收购者的表决权比例,放弃收购者所窥视的主要业务部分。

然而,管理层所采取的措施不一定符合股东的利益。在对公司的控制方面,管理层比持有异议的股东具有更大的优势。因为按一般规律,董事会由管理层提名,再经大多数股东批准,反过来再由董事会任命管理层,这样,现行管理层即可在提名时将持有异议的股东排除在提名圈之外。

当然,股东也有反击的武器。例如,争夺委托代理权,在争取到其他股东的委托代理权后,持异议股东就可以在董事会中安排自己人,以此削弱现有管理层对公司的控制。代理权争夺常被大多数股东所利用,尽管他们自己对控制权并没有兴趣,其主要目的则是通过得到代理权来操作投票权,代理权本身并不涉及所有权的转移,但却能改变对公司的控制权。

## 二、投资银行的作用

### (一) 并购代理业务类型

收购兼并活动是企业实施发展战略的一个重要手段,至今已有近百年的历史。在美国,为收购兼并活动提供中介、代理和顾问服务已确立为一种行业,并且建立

了明显的专业分工体制。并购代理业务活动内容包括以下方面:

（1）代表买方或卖方,寻找有利于买方或卖方的潜在客户,使当事者走上洽商的圆桌。

（2）代表买方或卖方和对方洽商收购条件,努力寻找能满足双方利益的条件,以达成交易。

（3）以企业的财务顾问身份,全面参与拟定收购兼并活动的策略及计划,包括目标企业的选择、核算适当公正的价格、收购兼并方式的选择、拟定执行步骤等。

（4）担任收购方的代理人,承办公开市场标购任务。

（5）为收购方安排或部分提供所需的资金。

（6）以公司财务顾问的身份,帮助目标公司制定并实施反收购策略等。

以上第（1）和第（2）两项业务活动是属于发掘收购兼并的活动,大多是以无数的、分散在全国的个人或小型的个人经营的事务所为主要参与者。它们一般与本地的中小企业订有合约,以有利的条件将中小企业推销给有意收购的大企业。一旦交易成功,向卖方企业收取服务报酬。

以上的第（3）至第（6）项业务内容则是投资银行的功能。尽管在美国大商业银行中,也有免费或收费介绍收购兼并的对象企业,但一般商业银行媒合的对象是以中小企业为主,利用银行自己的客户档案及国内外分支行间的情报资料牵线搭桥,有时还会接受客户的委托,代为分析对方企业,试算公平合理的交易价格或设计收购兼并的形式及清算价款的方法等,供客户企业参考。但在企业的收购兼并活动中,最有力的居中周旋者还是投资银行。因为投资银行是大规模收购兼并的当事人——大企业的财务顾问,通常参与企业经营战略的策划,因此重大的收购兼并的策划非投资银行莫属。同时,投资银行是法定的从事与证券相关业务的机构,因而是唯一能够顺利促成股票转移事项的机构。而股票的转移是收购兼并的必经之路,而且投资银行也是唯一能提供有关企业收购兼并综合服务的机构。

## （二）投资银行并购业务的功能

（1）对企业并购中的买方来说,投资银行的并购业务可帮助它以最优的方式用最优惠条件收购最合适的目标企业,从而实现自身的最优发展。

（2）对并购中的卖方来说,投资银行的并购业务可帮助它以尽可能高的价格将标的企业出售给最合适的买方。

（3）对敌意收购中的目标企业及大股东来说,投资银行的反收购业务则可帮助它们以尽可能低的代价实现反收购行动的成功,从而捍卫目标企业及其股东的正当权益。

（4）从宏观经济发展和社会效益的高度看,投资银行并购业务的产生、发展和成熟,提高了并购效率,加速了并购进程,节约了企业在并购过程中的资源耗费(人、财、物投入),极大地推动了企业的并购运动,从而促进了存量资产的流动、经济结构的调整和资源配置的优化;加速大资本集中,实现企业经营的规模经济和协同效应;革除企业管理中的官僚主义和肥私行为,改善企业素质,维护现代企业制度的活力和生命力。

如果说企业并购是一种在现代市场经济条件下打破存量刚性、促进结构调整、提高资源效用的经济增长机制,那么投资银行的并购业务应该说是该种经济增长机制运转过程中不可或缺的润滑剂和助推器。

# 第二节 参与制定并购策略

## 一、为收购企业物色并购目标

在众多的公司中搜寻收购目标,不是一件易事。除非有公司自愿要求被收购或某公司有意洽售其子公司或部门。作为公司客户的财务顾问,投资银行一般根据公司发展目标和并购动机,向客户公司提出适合的并购建议和目标。

### (一) 收购兼并的动机

#### 1. 追求协同效应

协同效应就是 $1+1>2$ 的效应。系统论认为,只要组织构造合理,两个或多个元素结合形成一个系统能产生更强的功能。一次适宜的企业并购活动后,新公司的价值要大于并购前两家独立公司价值之和。收购兼并活动中的协同效应包括经营协同效应和财务协同效应两个方面。

(1) 经营协同效应。它是指兼并收购使企业生产经营活动效率提高所产生的效应。这种效应来源于以下因素:

(a) 经营达到规模经济。并购使几家规模小的公司组合成大型公司,从而有效地通过大规模生产降低单位产品的成本。规模经济还体现在公司通过并购扩大规模后市场控制能力的可望提高,包括对价格、生产技术、资金筹集、顾客行为等各方面的控制能力的提高以及同政府部门关系的改善。追求规模经济在水平并购中体现得最为充分。

(b) 优势互补。收购兼并能够把当事公司的优势融合在一起,这些优势既包括原来各公司在技术、市场、专利、产品管理等方面的特长,也包括它们中较为优秀的企业文化。1987 年,美国烟草业巨头菲利浦·莫里斯公司收购生产"麦氏咖啡"

的通用食品公司后,就充分利用了它在塑造"万宝路"香烟中获得的经验和它在市场营销方面的专长,成功地推出了"低脂肪"食品。

(c) 节省交易费用,降低不确定性。通常,公司内部交易比起外部交易来其交易费用和风险都要低得多,并购可以把两家或若干家公司之间的市场交易关系转换成同一公司内部的交易关系。同时,新公司以新的组织形式参与外部市场交易,也能大幅度降低公司的交易费用。追求交易费用的节省是垂直并购最主要的动机,上下游公司之间的并购能够建立稳定的销售关系和供货关系。

(2) 财务协同效应。它是指公司并购后由于税法、证券市场投资理念和证券分析人士偏好等作用而产生的一种纯金钱上的效应。主要表现在三个方面:

(a) 并购能被用来避税。美国税法中有亏损递延条款。亏损递延是指如果某公司在 1 年中出现亏损,该公司不但可以免交当年的所得税,其亏损额还可以向后递延,以抵消以后几年的盈余,企业根据抵消后的盈余交纳所得税。为此,那些盈利能力高、进入公司所得税最高等级的公司,多选择拥有相当累积亏损额但市场前景较好的公司作为收购对象,从而冲抵它的利润,大幅度降低其纳税基础和适用税率。

(b) 并购能产生市盈率幻觉。证券投资者通常根据收购公司的市盈率来确定并购后新公司的市盈率。如果收购公司的市盈率较高,而目标公司的市盈率较低,收购公司又是通过发行本公司的新股以少换多来换取目标公司的股票,则收购完成后,新公司的每股税后利润将会上升。这就是市盈率幻觉。这样,收购公司可以不断收购市盈率比自己低而每股收益较高的公司,从而实现每股收益长期趋升的理想。

(c) 并购能提高收购公司的知名度。证券分析界关注较多的是大公司,而不是名不见经传的小型上市公司。收购兼并造就出来的新公司能更好地吸引证券分析界和新闻媒介对它的跟踪分析和频繁报道,从而提高公司的知名度和影响力。

2. 追求高效率的发展

公司的发展壮大有两条途径:一是通过内部自我积累扩大再生产,二是向外借助收购兼并获取其他公司的实力。向外收购兼并是效率较高的一条发展途径,不少大公司就是靠它实现了几何级数式的爆炸式增长。中国国际信托投资公司香港公司就是从 1990 年 1 月收购泰富发展为起点,通过一系列并购活动,3 年后以 305.72 亿港元的市值荣登香港第十大财阀宝座。这种高效率的扩张得益于两个方面:

(1) 并购方式可减少企业发展的风险和成本。一方面,一些收购公司之所以看中目标公司,是因为后者的股权资本市值低于其有形资产的重置成本;另一方面,收购兼并情况下,企业可以利用目标公司的现有生产力和已有的市场,大大缩短投入产出的时间差,降低发展过程中的不确定性。

(2) 并购方式能突破进入新行业的壁垒。公司在向新的领域求发展时往往会遇到很多进入壁垒,如达到有效经营规模所需要的足额资金、技术、专业信息和专利,有效占领消费市场所需要的销售渠道,有效进入外国市场需面对的高关税和东道国政府的种种限制。这些壁垒很难由直接投资在短期内克服,但却能由收购兼并进行有效的突破。再者,并购方式进入还能避免直接投资带来的因市场能力的增加而引起的行业内部供需关系失衡,从而减少了价格战和竞争对手报复的可能。

3. 实现企业发展战略目标

战略目标应是企业收购兼并的依据,只有当企业依照一个明确的战略目标时,并购才能给企业带来深远的利益。企业通过并购活动可实现的战略目标因每个企业具体的内外环境不同而有差异。以下三种战略目标驱动下的收购兼并占了大多数。

(1) 分散化经营以平抑收益的波动。组合投资能降低投资风险;同样,通过并购,吸纳行业周期不同、相关性不高的各类公司,组成航空母舰式公司,也有平抑公司年度业绩剧烈波动的效果。所以,20 世纪 60 年代的美国企业界掀起了一阵混合兼并浪潮。但是这个动机在 20 世纪 80 年代遭到投资界的批判。理由是:不需公司实现多元化来减弱经营风险,股东自己就可以通过分投几家非正相关关系的公司,建立投资组合来取得同样的效果,而且操作更简单易行,成本更低,效率更高。而由前者操作所建立起来的航空母舰式的公司运作笨拙,公司的价值往往小于各部门分拆价值之和。

(2) 多元化经营实现战略转移。任何产品和产业不仅在长期有一个生命周期,在中短期也有比较显著的价格周期,如石化产品的价格通常在 4~5 年内形成一个高峰。为抵御周期变化或利用周期变化,企业可以利用并购这一途径撤出老产业转入新产业,从而实现战略转移。1980 年,包玉刚以 21 亿港元从置地公司争购了九龙仓,置地公司当时套现赚了 7 亿多港元的厚利。当时有评论说"船王负创取胜,置地含笑断腕"。但时间证明包氏目光远大,收购九龙仓舍舟登陆使包氏成了在地产物业、酒店业及货仓业上举足轻重的地产商,幸运地避过了后来的航运业长期的低谷。

(3) 获取高新技术。购买许可证和通过其他技术转让途径得来的先进技术大多不是最先进的,而且还有许多技术属不可转让的范畴。为了掌握其他公司的最尖端的技术,许多公司不惜重金收购、单刀直入地拥有最终所有权。20 世纪 80 年代后期日本发起的收购美国公司运动中,许多并购就是日资垂涎拥有尖端技术或关键技术的美国公司而发动的。据统计,从 1986 年 6 月至 1989 年 6 月的 3 年中,日本公司至少花费了 6.5 亿美元收购了 120 家美国高科技公司。

### 4. 其他动机

收购兼并的动因还有很多,如为剩余资金寻求出路。当一个企业拥有巨额现金流而又缺少内部投资机遇时,它就要为这笔现金寻找一个良好的出路,可供选择的出路颇多,而收购兼并无疑是一个良策。也有的收购兼并是为了追求目标公司的分拆价值。有不少企业在经过一段时间的扩张后,由于经营不善,使其股票的市场价值大大低于其实际价值。这类公司就极易成为被收购对象,收购公司的目的就是将目标公司肢解出售,从中谋取差价。还有的收购兼并是公司管理层为了追求私利而发动的。收购兼并扩大了企业规模,管理层可获得更高的工资和地位、更大的权力和职业保障,从而提高了经理的效用。

## (二) 选择目标公司的准则

### 1. 考虑经营需要和发展战略

如果并购的目的在于扩大市场份额,则目标公司的业务需与收购公司的业务相关。如果并购的用意仅在于带来一般意义上的公司增长时,其他领域的公司也可纳入选择范围之中。如果收购公司致力于获取经营上的协同效益,则关注的焦点应在于目标公司的业务、优势与收购公司的配合性。如一家在生产方面具有强大优势的目标公司,通常会选择销售渠道广阔的公司作为目标公司。若收购公司借助并购实行战略转移,则可选取景气行业中的不景气公司或在商业周期中处于成长期的行业中的公司作为并购对象。当收购公司希望通过多样化来减少经营风险时,目标公司的经营领域与收购公司的业务正相关程度越小越好。

### 2. 考虑财务因素

如果并购的核心目的或附属目标是改善收购公司的财务结构,则负债比率很高的目标公司显然不行。另外,还需考虑并购融资的来源和方法问题。当收购公司拟借助垃圾债券融资时,应考虑债券的发行对象和投资者,以及承销商对债券的接受程度。当垃圾债券市场发达之际,需求的旺盛使债券投资者对收购公司选择的目标公司不甚挑剔。但是在市场需求萎缩的情况下,只有当目标公司拥有价格较高的固定资产、预期的现金流较多和财务状况良好时,收购公司才可望顺利向外举债来完成收购。

### 3. 考虑目标公司的规模

虽然"垃圾债券"的兴起和杠杆收购的出现使"小鱼吃大鱼"成为可能并见诸现实,但这种做法的高风险和高难度决定了目标公司的规模仍然是并购能否成功的关键因素之一。很难想象一家小公司可随随便便地收购兼并《财富》杂志所列的500家大型公司中的哪一家。

但是基于规模经济的要求,收购公司通常设定目标公司规模的下限,否则收购公司所付的相对成本就较高。衡量公司的规模一般可依据以下几个指标：

（1）收购价格。即收购公司愿意并且能够承担的收购价格。收购价格一般受融资渠道和融资成败的影响。

（2）目标公司的主营收入或销售毛利。这是在实务中常用的指标。运用这个指标要注意主营收入与销售毛利的关系。有的公司主营收入很高，但销售毛利却不高，而有的公司则正好相反。

（3）目标公司的资产、负债和资本。如果一家公司的资产负债表呈现出资产结构或其他资产方面的严重问题，则该公司很容易成为其他公司的兼并目标，兼并后的影响也往往立即表现在资产负债表上。

（4）目标公司的市场份额。在一个特定市场占据一定份额的公司更容易在市场竞争中生存下来并获得长期发展。因此，在衡量目标公司的规模时，目标公司的市场占有率是个十分重要的指标。至于具体的数字大小，则取决于目标公司所处的行业。

（5）目标公司的盈利能力。收购方通常对目标公司能为此带来的回报率设有一个最低限。如果目标公司所处的行业是收购公司较为熟悉的，则此最低回报一般较低；但如果目标公司的经营业务对收购公司而言风险较大，则相应的要求回报率就较高。此外，对达到要求回报率的时间也有一定的限制。

（6）目标公司的职工数量、市场的分散化程度和经营的多元化程度。市场的分散化程度是指目标公司产品市场的数量和品种的种类，分散化程度越高，则目标公司业务的复杂性越大；相应地，并购业务也越复杂，风险也越大。

此外，在收购兼并活动中还有其他一些特定的影响因素。例如，目标公司管理人员的能力、是否获得证券交易所的上市地位以及税收方面是否享受减免等。如果并购的目标是建立一个庞大的企业集团，则组织方面的问题也需要考虑。

总之，选择目标公司的关键取决于收购兼并需要达到的目的。只有那些与并购目的相关的因素，才是应着重加以考虑的。

# 二、对目标公司估值和出价

## （一）进行评估分析的原因

在许多情况下，资产（有形和无形）的交易价格是决定一项交易是否成功的关键，令人不满的价格和条款常常是谈判中断的原因。一旦一位潜在的收购者对购买一家企业真正发生兴趣，或一个所有者决定出售其企业时，价格就变得尤其重要。

一项彻底的评估分析有利于收购者：① 确定一个可能的价值范围。② 确保它们不会多支付。③ 评估预期购买价格及内部现金流,可得的融资方式。④ 考虑在不同增长状况下,一项并购交易所带来的影响。⑤ 利用在评估分析过程中所挖掘出来的信息,强化它们讨价还价的地位。⑥ 评估该交易在税收方面的细节。⑦ 增加对目标公司以及其所在行业的竞争地位的了解。

一项彻底的评估分析有助于目标公司：① 确定一个可能的价值范围。② 确保它们不会被低估或高估。③ 建立合理的价格预期并且在各所有者中取得一致意见。④ 为公司的产权变动(如持有、出售、上市或清算)的决定提供依据。⑤ 利用在评估过程中所掌握的信息,强化它们在讨价还价中的地位。

另外,一项评估分析能帮助收购公司以及目标公司的董事会履行其对股东的信托责任。

## (二) 评估研究的焦点

确定公司价值的第一步,也是最重要的一步,是分析了解被评估公司的经营、财务和市场状况,以及该公司在行业中的竞争地位。

1. 目标公司特征分析

公司特征包括:近年来的经营状况,所有权变更情况,目前的所有者以及所有权利益,在经营方面最近以及历史变化,目前的经营领域、主要产品、服务对象、供应商的情况,过去以及预期的财务表现,组织结构,过去和目前的投资等。

2. 目标公司所在行业特征分析

行业特征包括:公司所处的行业以及市场的界定,市场规模和特性,过去和将来市场增长情况,市场进入障碍,影响需求的因素,竞争特点及主要竞争者的情况,以及人口的地理分布、规划及环境等。评估应注重行业状况是如何影响该公司及其前景的。

3. 目标公司的竞争地位分析

竞争地位分析包括:公司的市场份额,竞争优势和弱势,增长战略,地域集中度,营销策略,潜在的机会,以及公司目前在行业中的排名及未来的预测等。在所有其他因素相等的情况下,公司的规模、增长率、销售利润率和回报率以及经营杠杆和财务杠杆是决定公司在行业中竞争地位的关键指标,也是评估公司价值的主要依据。

## (三) 主要评估方法

公司评估方法多种多样,有的适用于上市公司,有的适用于非上市公司,有些方法则两类公司都适用。较为典型的评估方法有：① 收入法(在此法中贴现现金流方法是最普通的一种）。② 市场法。③ 资产基准法。

1. 贴现现金流法

贴现现金流法（DCF）是收入法（income approach）中的一种具体形式,着眼于目标公司未来的财务表现,将评估基于公司的预测的净现金流。在运用 DCF 方法时,首先预测目标公司未来各年的净现金流,然后计算经过分析调整后的资本成本,最后用资本成本作为贴现率计算出未来各年净现金流的现值,并加总得到公司的价值。该方法的运用有两大难点:目标公司未来现金流的预计和资本成本的估算。因此,这个方法经常被用来评估具有稳定经济环境以及发达资本市场的国家的上市公司或非上市公司,因为这些要素便于更好地预测。

DCF 方法的具体步骤如下:

（1）选择一个预测期。根据企业持续经营的原则,预测期应为数年,通常是未来的 5～10 年,且以 5 年期最为常见。

（2）确定各年现金流。现金流是指企业通过经营而获取的净现金。在理论上,净现金代表了可以每年从公司抽取出来而不影响公司当前正常运作或损害公司增长潜力的那一部分现金。具体的现金流计算有两种方法:无债法（debt free method）和杠杆法（leveraged method）。它们对现金流的定义和运用的计算公式各不相同,故得出的现金流数值和根据现金流计算出来的公司价值也有差异。

无债法假定公司在预测期中没有负债,运用的是自由现金流（free cash flow）的概念。自由现金流是指企业所有的经营现金收入减去所有的经营现金支出。自由现金流的计算公式如下:

$$
\begin{array}{l}
\quad\text{经营利润}(EBIT) \\
-\text{所得税} \\
+\text{非现金费用} \\
+\text{其他销售收入} \\
\underline{-\text{非现金营运资本的变化}} \\
\quad\text{自由现金流}
\end{array}
$$

式中:非现金费用表示折旧以及计提和推迟的税款;其他销售收入表示来自出售业务部门或财产、工厂以及设备的收入;非现金营运资本的变化表示包括应收款、存货、应付款、流动负债、应付所得税以及其他流动资产和负债的净变化。

杠杆法以公司目前的资本结构为出发点,在现金流计算中考虑了债务融资成本对现金流的影响,使用的是净现金流（net cash flow）概念。在杠杆法中暗含了两个假设:一是利率将保持在现有的水平;二是公司的资本结构不变,维持目前的债务对股权的比例。净现金流的计算公式如下:

净收益

＋非现金费用

＋其他销售收入

－资本费用

－非现金营运资本的变化

＋净新的债务

净现金流

式中：净新的债务＝上期债务余额－已归还债务＋新发生的债务。

（3）估计公司的资本成本。当我们已确定预测期中各年的现金流以及在预测期末的公司价值后,需要用一个恰当的贴现率将这些未来的现金流贴现成现值。这个贴现率是该公司的资本成本,反映投资者投资该公司所承担的经营风险和财务风险。在无债法中,适用的贴现率是公司的加权平均资本成本(WACC),而杠杆法使用的贴现率为股权资本成本(COEC)。

股权资本成本是股权资本的使用成本,反映了股权投资者为了补偿其所承担的经营风险和财务风险而要求的最低回报。在分析计算上市公司的股权资本时,最为常用的是资本资产定价模型(CAPM)。其计算公式如下：

$$COEC = R_f + \beta \times (R_p)$$

式中：$R_f$ 表示无风险收益率,可用国债收益率来代表;$\beta$ 表示该种股票的 $\beta$ 系数,即该种股票相对于总体股票市场的价格变动性;$R_p$ 表示投资股权的风险补偿,即高出国债收益率的那部分股票投资收益率。

债权资本成本(CODC)是债权资本的使用成本,代表了公司借入长期资金所负担的税后成本。其计算公式如下：

$$CODC = i \times (1 - T)$$

式中：$i$ 表示借款利率;$T$ 表示公司所得税税率。

加权平均资本成本(WACC)是公司综合了股权资本成本和债权资本成本的成本,权数是预期的股权和负债的市场资本结构比率,而不是会计账户上的价值比率。其计算公式如下：

$$WACC = COEC \times 股权资本比率 + CODC \times (1 - 股权资本比率)$$

（4）估算公司在预测期末的终值。估算公司在预测期末终值的方法有永久法(perpetuity method)和乘数法(multiples method)。

永久法是建立在一定的假设条件之上的,它或假设自预测期的最后一年始,公司每年的现金流保持不变;或假设自预测期的最后一年始,公司每年预期的现金流以一个固定的比率增长。

在第一种假设下,由于公司预测期最后一年开始的年现金流不变,故公司预测期末的终值为预测期末后各年现金流的贴现。其计算公式如下:

$$S=\sum_{t=1}^{\infty}\frac{R_t}{(1+K)^t}$$

式中:$S$ 表示预测期末公司价值;$R_t$ 表示预测期末后第 $t$ 年的现金流;$K$ 表示投资者所要求的最低回报率,通常以资本成本替代。

当 $t\to\infty$ 时,以上公式可转变如下:

$$S=\frac{R}{K}$$

在第二种假设中,由于预测期末以后每年的现金流以固定的增长率增长,故公司预测期末的终值为预测期末后几年各年现金流的贴现值。其计算公式如下:

$$S=\sum_{t=1}^{\infty}\frac{R_0\times(1+g)^t}{(1+K)^t}$$

式中:$R_0$ 表示预测期末年的现金流;$g$ 表示年增长率。

当 $K>g$,$t\to\infty$ 时,上式可转换成:

$$S=\frac{R_0\times(1+g)}{K-g}$$

根据无债法确定的预测期间最后一年现金流将等于公司的税后经营收入,$S$ 表示整个公司(包括股权和债权)在预测期末的价值;而根据杠杆法确定的最后一年现金流等于公司的净收入,$S$ 表示预测期末公司股权的价值。

乘数法是将一些主要的财务比率作为乘数运用于相关的预测期间最后一年财务数据来求得终值的方法。乘数法在杠杆法和无债法中所使用的财务比率是不同的。在杠杆法下,常用的财务比率有:股权市值/净收益和股权市值/3 年平均净收益等。在无债法下,常用的财务比率有:总资本/EBIT,总资本/账面价值+债务,价格/收益(市盈率)和市价/3 年平均收益。

(5) 将现金流和终值贴现并汇总现值。在杠杆法中,运用股权资本成本将每年的净现金流以及终值贴现加总后即得公司股权的价值。

在无债法中,运用加权平均成本将每年的自由现金流以及终值贴现加总后即为公司总资本的市场价值。该市值包括股权和债权。因此,如按此法计算公司股权价值,则应扣除公司所负担的债务的现值。

值得注意的是,现金流贴现法评估的只是公司营运资产的价值,而不包括非营运资产,但后者也是公司价值的一部分,它们也应予确定、评估和入值。

2. 市场法

市场法(market approach)是指用在二级市场上交易的同类股票作参照物来对目标公司进行估值的方法。与现金流贴现法相比,市场法技术性要求低,理论色彩较淡。

市场法可细分为可比公司法、可比收购法和可比初次公募法三类。每一类的评估依据有所不同。可比公司法以交易活跃的同类公司股价与财务数据为依据,计算出一些主要的财务比率,然后用这些比率作为乘数来推断非上市公司和交易不活跃的上市公司的价值;可比收购法是从类似的收购事件中获取有关的财务数据来得出一些相应的收购价格乘数,据此评估上市公司或非上市公司的价值;可比初次公募法是收集其他上市公司上市前后的财务数据和上市之初的股价表现,计算出一些乘数,来预测即将上市的公司的股票价格。

市场法的评估步骤如下(以可比公司法为例):

(1) 选择参照公司。参照公司应在经营上和财务上与被评估公司具有相似的特点。但实际上,可比公司很少存在,有时分析者被迫去选择一组参照公司,其中的部分公司在财务上与被评估公司相似,而其余的公司在经营上与被评估公司相似具有可比性。这种变通的方法具有很强的实用性。

(2) 计算相关的市场/价格乘数。公司价值与业绩之间的关系称为市场/价格乘数。市场/价格乘数按其分子划分,可以分为股权乘数和总资本乘数。常见的股权乘数有市盈率、价格对净现金流比率和价格对有形资产账面价值的比率。常见的总资本乘数有总资本对经营利润($EBIT$)的比率、总资本对息税前净现金流的比率和总资本对包括债务的有形账面价值的比率。在实际评估中究竟选用何种乘数应根据被评估公司的行业与财务特征而定。

(3) 运用被选择的市场/价格乘数计算被评估公司的多种价值。选定市场/价格乘数后,将该乘数与被评估公司经调整后对应的财务数据相乘后就可得出被评估公司的市场价值。根据多个乘数计算得出的各公司估值越接近,说明评估的准确度越高。值得注意的是,用股权乘数得出的被评估公司的价值是股东权益市场价值的估计数,而用总资本乘数得出的则是被评估公司包括股权和债权在内的总资本的市场价值估计数。

(4) 对公司价值的各个估计数进行加权平均。运用各个乘数得出的公司价值估计数是不相同的。为客观起见,分析人员应对各个公司估值赋予权重,然后,使用加权平均法计算出被评估公司的价值。

3. 资产基准法

资产基准法(asset based approach)是根据目标公司各项资产与负债的现在价值对其进行估值的方法。这种方法多应用在目标公司的账面价值与市场价值或重置价值相差很大的情况中。在发达经济社会中,这种方法用于评估那些主要收入来源于投资活动的公司以及那些采掘行业的公司,并且也用于发展中经济以评估更广的公司系列。这种方法常被认为是资产负债表重制法或调整会计价值法。

运用该方法时,首先按照市场公平价值对各项资产和负债进行再估值,然后分别计算经调整后的资产总额和负债总额,最后将资产总额减去负债总额得到净资产价值,这个净资产价值就是公司的价值。

资产基准法在许多收购中起着相当重要的作用。因为未来折旧费用是根据其到交易日为止的有形和无形资产的市场价值来估计的。并且,这些费用可能在DCF方法中被使用。

以上各种评估方法得出的结果在大多数情况下有一定的差异,甚至可能大为不同。因此,人们常说"评估是一门艺术,不是一门科学"。

为了提高评估质量,一些卓越的投资银行采用全部可行的评估方法来综合考察公司的公平市场价值。在运用所有相关评估方法并得出不同结论后,必须确定哪一种方法有最可靠的评估价值。并且,在综合各个评估结果时,拟定出一个价值区域,以便更好地容纳各种评估结果和误差。

### (四) 价格上下限的确定

收购公司在出价时,应明确出价的上下限。出价下限通常为目标公司的现行股价,而出价的上限为目标公司预计价值。通常,并购产生的协同效应越大,价格下限与上限的落差也就越大,谈判的余地也越大,并购成交的可能性就越高。

收购公司在出价时,必须时刻牢记最后的要约价格不得超过它判断得出的目标公司价值。实际成交价格低于这个价格上限,并购带来的净现值为正,即并购有利可图;反之,并购会给收购方带来亏损。所以作为财务顾问,投资银行应提醒而不是急功近利地怂恿客户越出价格上限;不然,并购结果的不理想也可能永久性地损害投资银行与其客户的关系。

### (五) 首次要约价格的确定

出价越接近上限,目标公司股东得到的增值部分就越多,收购公司股东得到的就越少;反之,越接近下限,目标公司股东所得到的增值部分就越少,收购公司股东得到的就越多。所以,从理论上说,收购价格越低越好。但在实际操作中,首次要约价格不宜过低,这是因为:第一,价格太低,目标公司的大部分股东不愿出售股权,目标公司也较易采取反收购策略,使收购难度大为提高。第二,过低的价格会导致其他公司伺机而入,参与收购,增加了竞购的激烈程度。第三,较低的要约价格不易软化目标公司的董事会,因而不易达成善意收购。

### （六）协商和价格修正

并购交易价格的形成和确立是双方不断洽商的结果，在确定最终并购价时，不但要考虑评估的结果，还要考虑影响价格的其他一些因素。收购方在洽商期内，应充分利用其他因素，加强谈判的力量，形成一个有利于买方的收购价格。例如，在洽商期间，若整个产业或整个经营环境变坏，目标公司会考虑降低价格，因而也许会使双方原先的价格差距接近而成交。

收购方在进行价格洽商中，除要关注支付给股东价格的高低外，还应注意有关的并购条件。因此，在协商收购交易时，收购方争取的不仅仅是尽可能低的收购价，还包括诸如有利的付款条件及交易上的诸多保护等收购条件。例如，收购方收购后若发现与目标方揭示的事项不符，收购方可要求赔偿。

收购方在收购协议中，有可能的话，还应帮助目标方解决一旦被收购后可能会出现的问题。例如，原目标公司员工的去留问题、债务问题和税务问题等，这些问题是否能得以合理解决，直接影响收购方的出价。

## 三、选择并购支付工具

### （一）各种支付工具的特点

可供选择的收购支付工具可以是现金、普通股、优先股，也可以是债务凭证，还可以是以上诸工具的混合，但其中以现金和普通股最为流行。各种支付工具各具优势和弱点。投资银行作为财务顾问，要根据具体情形和并购计划的整体框架来设计，帮助其客户公司确定合适的支付工具。

1. 现金支付工具

现金支付方式是指收购公司支付给目标公司股东一定数额现金以达到收购目的的一种支付方式。对收购公司而言，现金作为支付工具的最大优势是速度快，它可以使有敌意情绪的目标公司董事会和经理层措手不及，无法获得充分的时间进行反收购布防；同时与收购公司竞购的对手公司或潜在的对手公司也因一时难以筹措大量现金，难以与收购公司抗衡，而且收购公司的股东权益不会因此而被稀释。

对目标公司而言，现金不存在变现问题，而非现金形式的工具能给目标公司股东带来多少收入取决于市场状况、收购公司业绩和交易成本等因素，其变现能力的不确定性较大。

当然，现金支付方式也有缺陷。对目标公司股东而言，收到现金使该股东无法推迟资本利得的确认,提早了纳税时间;而且,收取现金放弃股权也使该股东不能拥有并购后形成的新公司的股东权益。但这些缺陷对目标公司的中小股东来说,利害关系不大。另外,风险套利者等短期投机者和政府养老金等免税机构,亦不受上述缺陷的影响。

由于现金收购具有速度快等优点,尤其适用于敌意收购,故美国差不多有半数的并购都以现金为支付工具或作为一揽子支付工具的构成要素。

2. 普通股支付工具

普通股支付方式是指收购公司通过增发普通股来替换目标公司的股票,从而达到收购目的的支付方式。从收购公司角度来看,以普通股作支付不需支付大量现金,因而不会挤占公司的营运资金,同时普通股作支付所适用的会计方法,不反映商誉,没有商誉摊销的成本压力;再者,市盈率高的收购公司并购市盈率低的目标公司,反而可以提高并购后新公司的每股收益,造成并购景气。从目标公司角度来看,股东可以推迟收益实现时间,享受税收优惠;而且,由于继续拥有股权,目标公司的股东能够分享并购后新公司所实现的价值增值。

然而,普通股作为支付工具同样存在缺陷。在美国,收购公司为并购而发行普通股受美国证券交易委员会的监督,完成发行的法定手续耗时至少2个月以上。纽约证券交易所还规定,上市公司为并购目的增发普通股数量,超过已发行股票数量的18.5%时,收购公司需获其股东批准;不然,交易所有权将其除牌。发行的繁琐迟缓使得不愿被并购的目标公司有时间布置反收购措施,也使竞购对手有机会组织强有力的竞购,而且收购成本不易把握,股价的波动使收购公司不能固定其收购成本。另外,以普通股作为支付手段会稀释股权并使并购后的每股净收益出现回落。

换股并购多见于善意收购之中,当收购公司和目标公司规模实力基本上旗鼓相当时,换股并购的可能性就较大。

3. 优先股支付工具

优先股支付方式在实际运用中,最常见的形式是可转换优先股。由于可转换优先股具有普通股的大部分特征,且又有固定收益证券的性质,因而较易为目标公司股东所接受。对收购公司而言,运用优先股作支付可不挤占营运资金,且优先股转换成普通股的转换溢价通常达20%左右,因此,它是一种成本低、效率高的支付工具。

然而,可转换优先股作支付工具,现在已较少使用,主要是因为优先股兼有普通股和固定收益债券的弱点。优先股在20世纪80年代早期的美国曾较为流行。这是因为当时美国股市低迷,普通股的市场消化能力较差,而垃圾债券市场还没发展成为一个收购融资的主要途径。

4. 可转换债券支付工具

可转换债券对股东有很大的吸引力,尤其是对不愿冒风险的股东,他们可能愿意放弃股票的一些上升机会,转而收取每年的固定利息率,以及拥有赎回或换取股票的权利。可转换债券的持有者既能获取稳定的收益,又可分享公司股价上升的好处。对收购公司而言,可转换债券作支付可以实现多种利益:① 可以降低收购成本,可转换债券的利率通常低于普通债券的利率。② 采用可转换债券,可推迟新股东的加入而使原股东的权益稀释。③ 在税前利润中支付股息,可以少交所得税。

可转换债券作支付并不常用,主要原因是:① 可转换债券持有者有将债券转换成股票的权利,因此其本质上是推迟发行新股。因为发行新股对每股收益有一定的稀释作用,因此会引起股价波动,新老股东都会受到影响。② 可转换债券的利率虽然低于一般债券,但只有高于目标公司普通股股息才能吸引目标公司的股东将股票换成收购公司的可转换债券,这对收购公司来说有一定的压力。

5. 综合支付方式

综合支付方式是指收购公司对目标公司的出价由现金、股票、认股权证和可转换债券等多种支付工具组成的一种方式。由于单一的支付工具有着不可避免的局限性,因而把各种支付工具组合在一起,能集各种支付工具之长而避其之短。然而,使用综合支付方式具有一定的风险,有可能由于各种支付工具搭配不当而不能集长克短,因此投资银行在设计一揽子支付工具时,应慎重考虑。

## (二)选择支付工具应考虑的因素

投资银行在帮助收购公司选择合适的支付工具时应考虑以下几方面的因素:

(1)有利于收购公司的资本结构优化。如果收购公司的资本结构中长期负债比重过大,可考虑以普通股为支付手段来调整资本结构;反之,长期负债的比重过低,可考虑以债务类证券为支付手段来调整资本结构。

(2)目标公司股东的要求。目标公司股东或董事会是否愿意出让股份和控制权是选择支付方式的另一依据。如果他们愿意出让股份和控制权,则现金和债务类证券是可选择的对象;反之,普通股为首选支付工具。

(3)各国的法律、法规。由于各国所制定的法律、法规有所不同,所以在涉及跨国收购时,收购公司的信息披露和会计处理等往往不为目标公司所在国的证券交易机构所认同,其股票不能在目标公司所在国上市交易,因此,不宜选择股票为支付工具。

(4)税收方面的因素。许多国家对不同的支付工具征收不同的税率。在美国,资本利得税较优惠,若考虑税收节约,则股票支付手段优于现金支付手段。

(5)收购公司股东的要求。支付方式的不同影响收购公司的控股权及每股净收益的大小。如果收购公司的股东不希望其控股权及每股净收益遭稀释,他们会阻挠收购公司以股票方式作支付。

(6)证券市场的消耗能力。如果证券市场低迷不振,则以现金或股票支付方式为首选;如果市场对证券有足够的消化能力,则可选择的余地较大。

# 四、设计接洽目标公司的方式

如何与目标公司接洽是件颇富艺术的事,投资银行在并购设计中应结合收购行为的性质妥善规划。根据收购方所提出的收购建议的内容、基调和方式,收购通常分为善意收购、敌意收购和介于两者之间的"狗熊拥抱"式的收购。不同的收购行为也就决定了不同的接洽方式。

## (一)善意收购的接洽方式

善意收购的接洽方式是指收购公司私下而保密地向目标公司提出诸如资产评估、收购价格、支付方式等内容的收购建议,并通过协商决定两者之间的收购兼并诸项事宜的方式。为表示友好诚意,收购公司通常不会在提出并购建议前一段时期购买目标公司的普通股,而且会作出明确表示,如果对方无意促成并购,它将不会继续采取行动强求并购。

一旦目标公司与收购公司达成并购协议,两公司的管理层将向各自的股东发表同意并购的声明,目标公司的管理层更会向其股东发出将股票卖给收购公司的建议。为了表示公正,当事公司的投资银行要出具公平意见书,分析论证收购价格的公平性。出价被接受后,收购公司的投资银行便开始接受目标公司股东前来出售其股票并作支付,至此善意收购达成。

收购公司采用善意收购的接洽方式是为了达到以下目的:

(1)可获得目标公司的商业秘密。收购公司在签订《保守机密书》和《静止协议》(收购公司承诺未经目标公司许可在一段时期不购买目标公司股票)后,被获准了解目标公司不公开的有助于并购完成的重大信息。如果最终没能达成并购交易,目标公司和其投资银行则需交还所有资料,不得外泄。

(2)可留住目标公司的关键人才。善意收购的接洽方式使收购公司有机会与目标公司的关键雇员会面洽商,签下今后的雇佣合同,以免人才外流,为收购兼并后的正常营运提供了人力资源上的保证。

同时,可达成条件较为有利的并购协议。善意收购的接洽方式使收购公司可望与目标公司管理层达成含有保证和赔偿条款以及在"锁定"规定等方面条件较为优厚的并购协议,保证和赔偿条款列明并购双方应负的风险。比如,当目标公司的某些已计入收购价格中的资产实际上已变得毫无价值的情况发生后,收购公司应得到相应的补偿。"锁定"规定收购公司有购买目标公司股票的权利、购买盈利资产的权利,以及可获得交易破裂费的权利。这些规定可驱退或减少其他公司的竞购,即便收购公司最终竞购失败,也可获得相应补偿。

善意收购的接洽方式通常是在收购公司已清楚知晓目标公司的营运状况且相信目标公司的管理层会同意并购的背景下采用的方式。

## (二) 敌意收购的接洽方式

敌意收购是指收购公司根本不顾目标公司的意愿,而采取非协商性购买的手段,强行并购目标公司的收购方式。在敌意收购的接洽方式下,收购公司向目标公司发动突然袭击,事先既不作沟通,也少有警示,就直接在市场上展开标购,诱引目标公司股东出让股份。

敌意收购的对抗性很强,目标公司管理层通常会极力呼吁股东保持股份,并请其投资银行对收购公司的出价进行分析论证,寻找是否有出价过低而损害股东利益的理由,同时采取一切可能的反收购措施,迫使收购公司放弃收购。

收购公司在采用敌意收购的接洽方式时,预料到目标公司不愿被收购,所以事先已通过暗中吸筹累积了大量目标公司的股票,如果目标公司的绝大多数股东,特别是中小股东又不满意目标公司低迷的股价,则成功的可能性会加大。即使收购计划最终落空,收购方也有斩获出局的希望。

然而,敌意收购的接洽方式也有很大的缺陷:

(1) 收购公司难以获悉对方的商业秘密。敌意收购这种方式一开始就会受到目标公司的抵制。收购公司不仅无法获悉目标公司的非公开信息,而且会招致对方董事会、经理层、关键职员甚至全体雇员的愤怒和拼死抵抗,致使敌意收购失败。即使并购成功也可能因对方的严重不合作产生不了预期的经济效益,反而损害收购公司原有的效益。

(2) 成本过高。目标公司在采取了一系列反收购措施后,会使标购价格不断抬升,使收购公司不得不承受高昂的代价才能得到目标公司。

(3) 收购发起人形象受损。敌意收购的发起人在商界的名声可能会因敌意收购而狼藉,一旦自己处于困难时会孤立无援。

## (三) "狗熊拥抱"式收购的接洽方式

善意收购和敌意收购是两种较极端的收购方式,完全的善意收购和敌意收购用得较少,而大多数收购介于这两者之间,通常称为"狗熊拥抱"式收购。"狗熊拥抱"式收购的接洽方式兼有善意收购和敌意收购接洽方式的某些特征。与善意收购相同的是:收购公司在接洽目标公司管理层之前,收购公司不会标购或在公开市场上购入目标公司的一定量股票,然而收购公司向目标公司提交的收购建议最终是向市场公布的。这又具有敌意收购的特征。

"狗熊拥抱"式的接洽方式按程度划分,可分为温和的、较强烈的和凶悍的三种。

温和的接洽方式与完全的善意收购极为相似,只是前者在收购建议上更明确地列示价格、支付工具和收购条件等款项,从而使这份收购建议符合在较短的一段时期后公开披露的条件。尽管收购方在这种接洽方式下会同意未经目标公司许可不予强行收购,但收购建议公开后,市场力量会给目标公司董事会和管理层造成很大的压力。风险套利者会闻风而动,迅速购入累积目标公司的股票,这股强大的买压将使目标公司股票的市价接近或超出收购公司在收购建议中提出的价格,从而迫使目标公司苦苦维持被抬高后的股价水平;而当目标公司的股票为套利者掌握了一定份额后,套利者唯利是图的特性会将股份出售给潜在的袭击者,这样目标公司的控股权在风险套利下显得相当脆弱,即使原收购公司出局,已成为众矢之的的目标公司也有遭受他人收购的风险。

在较强烈的接洽方式下,收购公司及其财务顾问在将收购建议提交给目标公司的同时或之后不久,就公开宣布其收购意向,申明在近期将按一个具体价格发动标购,并表示希望能与目标公司进行谈判,洽商一个当事双方均可接受的并购协定。选择这一接洽方式,是希望目标公司在临近的标购威胁下,同意与它合作,达成友好的收购交易。这一接洽方式使目标公司没有足够的时间在收购建议公开前劝说收购公司撤回收购建议。

凶悍的接洽方式近似于敌意收购。收购公司通知目标公司,提供两条建议:一是如果目标公司同意谈判合作,收购公司将支付一个较优惠的收购价格;二是如果目标公司拒不合作,收购公司将以较恶劣的收购条件发动标购。这一接洽方式给目标公司董事会以更大的压力,目标公司可以衡量出拒绝谈判的具体代价。因此,目标公司考虑到这些因素带来的压力后,会同意与收购公司合作,达成善意收购的交易。

# 第三节　承办公开市场标购

## 一、公开标购的含义

在收购手段中,最有力的方式是公开标购。公开标购是公开出价收购要约(take over bid 或 tender offer)的简称。它是指收购公司在公开市场上以高于市的报价直接向目标公司的股东招标收购一定数量的目标公司股票的行为。标购可以通过三种方式进行：第一种是现金标购，即用现金来收购目标公司的股票。第二种是股票交换标购，即用收购公司的普通股或优先股来交换取得目标公司的股票。第三种是混合交换标购，即现金和股票并用来交换目标公司的股票。

经验表明收购公司在进行标购前，预先收购目标公司的一部分股票作为下一步整体报价的一个跳板，比较容易成功地以低价收购。通常这一部分股份可通过第三者悄悄收购，这样一般不会影响目标公司股价，但不同国家的法规对这种收购都有所限制。美国《威廉斯法案》规定，如果在市场收购上市公司的 5％ 以上的股权（不同国家在不同时期会有所不同）需向美国证券交易委员会（SEC）和目标公司提出有关取得的股票数量及其目的，以及收购者的实际情况等资料。向 SEC 申报的期限是自取得 5％ 股份的当天起的 10 天之内。一旦提出的申报表明是标购，必须再向 SEC 提供必要的文件，然后才能公开地以特定价格向目标公司股东收购股票，即标购就此开始。

收购方在招标公告中，要公布报价、收购股份的开始日和截止日，以等待目标公司股东上门售股。收购方一旦开始收购后，仅能以此要约价格作为购买该股票的工具，而不得在该要约有效时间内，另在股票市场或以私下协商的方式购买任何数量的该种股票。

## 二、公开标购的结果和影响

为收购而提出的股票购买应被目标公司股东接受至一定程度。通常的做法为：提出的股票购买 90％ 才能宣布为成功。根据收购方所拥有的目标公司发行在外股票的数量，标购可能导致以下的结果：① 有效期满后，收购者持有的股票低于目标公司发行在外股票数量的 50％，此时收购方可能已获得目标公司的相对控制权。② 有效期满后，收购方持有的股票达到或超过目标公司发行在外股票数量的 50％，此时收购方已获得目标公司的绝对控制权。③ 有效期满后，收购者持有的股票不仅超过目标公司发行在外股票数量的 50％，而且使剩余股票的数量或未接受要约的股东人数低于证券管理部门或交易所规定的上市标准，将导致目标公司退市，即私有化。

由于标购是直接在市场上收购股票，事先并不需要征求目标公司的同意，因而常被视为恶意收购。自 20 世纪 60 年代中期标购发明以来，已成为股市狙击手乐于使用的常规武器。当广大股东对董事会、管理层的经营管理行为和业绩大为不满而又无可奈何时，标购更容易成功。20 世纪 70 年代以来发生在美国石油、航空等领域的大规模敌意性控股和收购兼并都是采用标购方式。标购对目标公司的董事会和管理层形成巨大的压力,具有较强的威慑作用。

但如今标购已不再是敌意收购的专利,在目标公司的经营者同意收购之后,才采取标购的例子越来越多,这还是由于标购极易取得股权的缘故。所以标购是善意的还是敌意的,主要看目标公司的管理层是否持欢迎的态度。

# 三、投资银行在公开标购中的职能

通过市场执行公开标购的业务和通过法定程序撮合收购兼并的业务完全不同。投资银行承办公开标购业务,是负责在短期内收购必要量的目标公司股票的工作。如果报价及条件对目标公司的股东有吸引力,则成功的可能性很大;但如果报价太高,对收购方来说,又会失去收购的意义。因此,究竟应以何种价格才能买到多少股票的判断非常重要。可以说公开标购方式下的并购能否成功,决定于公开报价之后。而根据法定程序协商的并购能否成功,则完全取决于事先交涉的结果,两者在时间上形成鲜明的对比。

投资银行在公开标购中,主要执行以下几方面的职能。

## (一) 抓住有利时机刊登标购广告

主持标购任务事宜的投资银行,要代表收购方慎重考虑收买条件,抓住有利时机刊登公告,向目标公司的股东公开报价收购。如果是善意收购,一般目标公司的董事会也会尽力劝说自己公司的股东交出股票。

## (二) 关注有效期间股票应募情况

公开标购通常设定有效期限,如1个月。在这段时间内,投资银行密切注意每天股东应卖的情况,并与收购公司的首脑继续磋商,判断是否应变更收买条件、是否应改变收买目标、是否应中止收购,以及是否决定进行第二次公开标购等。美国的并购规则规定,收购方有权在5个营业日内决定继续标购或放弃要约。因此,如果目标公司拒绝谈判,收购公司可以随机应变,或着手标购或撤回收购建议,另觅目标。

## (三) 遇到反收购,开展争夺股东的竞争

比较持重的投资银行,对于未取得对方公司经营者同意的公开标购,不会轻易参与撮合,但能否获得目标公司的同意,大多是个判断问题。如果最终有获得同意的可能性,投资银行就会决意承办撮合事宜。

问题是判断可能会失误。因为,即使目标公司的经营者最后可能同意合并,但在接洽的初期,仍有很多是采取反对的态度。这是因为假如目标公司的经营者轻

易同意并购,无疑是承认了由于自己的经营不善致使自己公司的股价相对低迷,而且不作努力就有意放弃经营,这样对股东无法交代。如果先予以拒绝,使接洽进入争取条件的谈判阶段,借以争取有利的收购价格,在取得有利于自己地位的条件后,才表示同意也为时不迟。当目标公司经营者持有相当多的本公司股票时,更应这样做。

但有时仍会出乎收购方的意料之外,目标公司的经营者彻底反对被收购,尤其是在自己公司股价因某些原因而暂时低落时,这时目标公司对收购方的乘机发动收购,往往反应非常激烈,通常会登报发表声明:表明以往的经营原则并无错误;披露今后经营方针及展望;并告诫股东收购方所提出的收买价格偏低不合理;或发表大幅度增配股利计划,借以维系股东的心,劝告股东断然拒绝收购方的标购。

遇到这种情形,代表收购公司的投资银行通常会发表截至目前的股票应募情形,并再提高标购价格,展开争夺股东的竞争。结果可能是公开标购失败,也可能是目标公司的股东不顾自己公司经营者的努力,大部分接受收购方的条件而出售股票,使公开标购获得成功。

### (四)与有关反垄断机构接触

然而,投资银行的工作尚不止于此,由于与大企业有关的公开标购,大多数会引起有关违反《垄断禁止法》的诉讼。提起诉讼的原告可能是《垄断禁止法》的监督机构——司法部,也可能是因为合并而遭受打击的竞争对手,或是原来也准备收购同一家目标公司的竞争对手。不论原告是谁,其动机是凭借诉讼使公开标购的活动中断。因此,投资银行在准备阶段就将《垄断禁止法》的问题列为最重要项目,从每一个角度去考虑,而且往往会事先洽请司法部判断,然后才开始行动。一旦遇到诉讼时,必须委任律师争取胜诉。

### (五)出现竞购者,要设法解决

有时在公开标购过程中,会出现其他竞购者提出更有利的收购条件。这种状况使投资银行的工作更为复杂,它表面上是要和新出现的收购方竞争,而在背后却谋求妥协之道,即可能买下竞争对手已持有的目标公司的全部股票。

# 第四节　发展杠杆收购

20世纪80年代,美国投资银行最伟大的创举就是发展了"杠杆收购"。将企业界和金融界带入了"核金融时代",直接引发了80年代后期的第四次并购热潮。

## 一、杠杆收购的特点

杠杆收购是指通过增加公司的财务杠杆完成收购交易的一种收购方式。其实质就是举债收购。这些债务资本通常是以目标公司资产作为担保而得以筹集,债务的偿还也是以目标公司的现金流量作为来源。杠杆收购一般具有以下特点。

### (一) 杠杆收购后目标公司的性质发生根本性的变化,由上市公司转变为私有公司

在典型的杠杆收购中,收购是由少数人或机构组成的收购集团发动的,他们利用融资工具来收购上市公司所有的股票或资产。在一般情况下,收购集团由收购专家或投资银行安排有关的交易。收购集团中有时也包括目标公司现行管理层。如果杠杆收购主要是由目标公司现行管理层发动的,则该项收购就是所谓的管理层收购(MBO)。由于收购方只是几个人或以几家大机构投资者为主,目标公司就从原有大量中小股东的上市公司变成由少数自然人或法人持股的私人控制公司,其股票不再在证券市场上公开流通。经过一段时间营运后,该私有公司有可能重新公开上市交易。

### (二) 杠杆收购后目标公司的资本结构会发生急剧的变化,从少有负债变为巨额负债

杠杆收购后,目标公司的资本结构呈现倒金字塔形,内容可分为三个层次,每一层都代表相应的筹资来源,最上层的是优先债(senior debt),约占收购资金的60%。其债权人享有优先偿债权,即当公司破产清算,可优先从变卖的资产中获得赔偿。提供这类债务的一般是不愿承担财务风险的商业银行和其他金融机构。位于中间层的是从属债(subordinated debt),约占收购资金的30%。在公司清算中,从属债的偿债权位于优先债之后优先股之前,因此从属债也被称为夹层债(mezzanine layes)。从属债一般是由没有担保的债券或可转换债券以及垃圾债券构成。其主要债权人或投资者为保险公司、各种基金和投资公司等机构投资者。位于下层的是股本资本,包括优先股和普通股,是收购者的自有资金,约占收购资金的10%。其偿债权位于最后。

### (三) 杠杆收购后收购公司可获得两个方面的好处

1. 极高的股权回报率
杠杆收购后,目标公司被合并进收购公司,使收购公司的资本结构发生重大改

变,债务资本比率提高及股本资本比率下降增强了资本结构的杠杆效应,加大了股权回报率。假设某收购者以 1 亿美元的股权资本和 9 亿美元的债务资本收购了一家价值 10 亿美元的公司,此时股权资本占整个收购资本的 10%。2 年后,若收购者在偿还了 2 亿美元债务的情况下,以 11 亿美元的价格出售,收购者则在偿还剩余的 7 亿美元债务后,获得 4 亿美元的净值。如果不考虑所得税,则股权资本的回报率是 400%(4÷1×100%)。

当然,这里忽略了动态发展问题。通常在杠杆收购实现后的前 2 年,股权回报率显得相当的高,然后随着时间的拓展股权回报率逐渐快速回落。这种趋势的产生是因为随着公司每年产生现金流和偿还债务,公司的资本结构又发生改变,债务资本的比率逐年下降,从而降低了资本结构的杠杆效应,但总体而言,杠杆收购下的股权回报率还是高于普通资本结构下的股权回报率。

2. 获得减少税收的好处

杠杆收购中的债务资本经常占 80% 以上。由于支付利息可以在税前收益中扣除,减少了纳税基础,因而可以少交所得税。而且如果目标公司在被收购前有亏损,这部分亏损还可以递延,冲抵被收购后各年份产生的盈利,从而也就减低了纳税基础。税收上的种种优惠对收购者来说,吸引力极大。

由于在收购中引起的负债主要由目标公司的资产或现金流量来支持和偿还,收购方的资金只在其中占很小的部分,因而收购后公司是否能还清债务就成为收购能否成功的关键所在。一般来说,理想的目标公司应具备以下几个基本条件:① 公司管理层有较高的管理技能。② 长期负债不多。③ 市场占有率高。④ 现金流量比较稳定。⑤ 经营计划与战略周全合理。⑥ 公司实际价值远高于账面价值。

# 二、杠杆收购的程序

第一阶段,考虑筹资渠道。一般而言,收购集团需自己出资 10% 左右的资金,这些资金将在收购成功后,成为被收购公司的基本股本。所需资金的 50%~60% 通过以公司资产为抵押的形式向银行申请收购贷款,该贷款可以由数家商业银行组成辛迪加来提供,有时保险公司、风险资本基金公司和杠杆收购基金公司也会提供这种贷款。其余的资金以各种从属债券的形式,通过私募(针对退休基金、保险公司和风险资本基金等机构投资者)或公开发行高收益债券(也就是垃圾债券)来筹集。在垃圾债券引入杠杆收购后,往往由投资银行出资给收购集团提供过渡性贷款去购买股权。收购集团在取得控制权后,投资银行再安排由目标公司发行大量垃圾债券对过渡贷款进行再融资。

第二阶段,收购目标公司。收购集团筹得收购资金后,出价收购目标公司所有发行在外的股票或目标公司的所有资产,使原来是上市公司的目标公司实现私有化。在购买股票形式下,目标公司的股东只要将他们持有的目标公司的股票和其他所有者权益卖给收购集团,两家公司的合并就完成了。在收购资产的形式下,目标公司将资产卖给收购集团。原来的股东仍然拥有目标公司的股票,但目标公司除了大量现金外已没有任何有形资产。目标公司可以对股东发放清偿红利,或变成投资公司,用这些现金进行投资,再将投资所得分给股东。

第三阶段,公司重组和经营。由于资本结构中债务占了绝大比重,财务风险巨大。若收购者经营不善,或收购前后计划出了问题,收购者极有可能被债务压垮,因此加强收购后的重组和经营非常关键。重组的核心思想是卖掉市盈率或价格/现金流比率大于收购整个目标公司所形成的市盈率或价格/现金流比率的各项资产、部门或子公司,保留那些获取现金能力大于收购价格(以及可能的售价)的资产、部门或子公司。经营的核心思想是采取各种措施迅速提高企业的销售收入和净收入,加大公司的现金流,从而加速偿还债务的速度。

第四阶段,投资套现。如果公司在经过一段时间后,生产经营状况得到了明显的提高,公司价值因此升值,达到收购者的初步目的,此时股权投资就可套现了,收购者可撤资的途径通常有两条:

(1)公开招股上市。重新上市是每个杠杆收购投资者所追求的,他们可以通过二级市场以其投资额的几倍或几十倍套现。而且大多数重新上市的公司还希望借助于这一方式降低该公司的负债比率。还有少数公司则希望筹集更多的生产资金。

(2)私下售与另一家公司。当股市的萧条使杠杆收购公司上市几乎不可能时,再出售套现就体现了方便、快捷的优势。如 KKR 投资集团在 1975 年与经理人员联手,杠杆收购了罗克威尔公司的一家制造过滤嘴、齿轮等部件的分工厂后,1980 年又将该厂售与某外国公司,收益高过初始投资的 22 倍。

## 三、杠杆收购的价值来源

为了取得对目标公司一定的控制权,收购集团必须对该公司股票进行溢价收购,除非目标公司有足够的股票集中在少数人的手中,而这些股东又能被说服成为杠杆收购集团的成员。在一些成功的杠杆收购中,收购公司常常以高出市价的50%甚至更高的溢价来收购,而收购集团预期使目标公司私有化后会带来异乎寻常的利润。这就产生了一个问题:杠杆收购的价值来源于何处? 现有的研究认为,在目标公司股东因出卖股票而获得超额价值的同时,收购集团也能赚取巨额利润的可能来源有以下三个方面。

## （一）股票的市价低于公司的实际价值

从财务观点来看，导致股票市价低于公司的实际价值有以下几个原因。

1. 信息效率低

信息效率（informational efficiency）即市场效率。它是指一项资产如股票的市场价格对一些信息作出调整和反应的速度。信息效率高的市场应会维持均衡，也就是资产的市场价格应当在任何时间都与其实际价值相符；相反，若市场本身存在一些障碍，使资产的市场价格不能及时全面反映其本身的真实价值，则说明市场的信息效率低。根据有效市场理论，投机者和套利者利用信息和扭曲的价格关系展开激烈的竞争，这种竞争所带来的市场压力会保证竞争性市场在任何时候和在信息方面都是高效率的。因此，股票的市价应该准确反映与公司有关的所有信息的价值，因为市场是有效的。然而，美国 20 世纪 80 年代的事实已经证明，市场不可能像人们曾经认为的那样有效，但没有证据表明市场定价的偏差能够大到使杠杆收购者获得这么大的收益。因此，杠杆收购的价值来源还必须从另外两方面进行探讨。

2. 管理层的问题

若企业经营者作风不得人心，如经营过于保守或激进，或经常强迫股东配股集资等。投资者对管理层缺乏信心，不愿承担风险，这样也会导致股价出现长期偏低的现象。

3. 股市市况不佳

股市长期低迷，打击了投资者的信心，也会造成股票的市场价格低于公司的现有价值。

## （二）公司私有化能够创造价值

公司私有化行为创造的价值来源可能有以下几个方面。

1. 代理成本降低而产生增值

代理成本是指所有权与控制权相同的企业和所有权与控制权相分离的企业的价值差异。代理问题的根源是所有权与控制权相分离。在一家典型的上市公司中，股东拥有所有权，而经营者拥有控制权。在理论上，作为所有者的代理人，经营者应以股东利益最大化为行动准则。但实际上，由于代理者和所有者的目标偏差，经营者很可能会作出次优的决策，尤其是他们觉得这样做会使自己受益时更是如此。因此，经营者是不是就是所有者本身反映在公司价值上是有差异的。而通过公司私有化，使所有权与控制权合二为一，这样代理成本会大大减少甚至消失，从而形成杠杆收购的价值来源。

2. 效率提高而增加企业价值

这种效率表现在以下几个方面：一是决策效率。当所有权与控制权合一时，管理者不必就兴建新项目或取消某一项目等方面决策作广泛而耗时的研究，也不必准备详尽报告，提供大量的依据去说服满腹狐疑的董事们。而且，对于那些需要公司股东同意的决定，管理者也不必去游说不同的股东团体并等待股东年会通过才能把公司引向新的方向。因此，私有化通过决策效率的提高，使公司能适应快速多变的市场环境，从而增加公司的价值。二是有关敏感信息公布方面的效率。一家上市公司必须对外公布某些信息，其中可能包括对竞争十分重要的敏感信息，而非上市的私人控制公司则无此必要。此外，私有公司也不必支付那些上市公司必须定期填报事项的费用。三是生产和资产组合方面的效率。例如，有些专业的杠杆收购公司经常参与杠杆收购活动，由于它们在这方面有丰富的经验，会对公司的生产和资产组合方面进行优化组合，从而既能产生协同效应，又能通过公司经营多样化减少风险。

3. 获得税收利益而产生额外现金流

首先，私有化通过在更高基础上、以更快速度提取折旧，减少了应税收益而给企业带来税收节约的利益。其次，因为杠杆收购势必使用大量债务，对债券利息的支付使企业节约了相当数目的税收支出。因此，公司私有化所带来的税收利益是潜在的价值增值的一个来源。

## （三）价值从其他有关当事人那里转移过来

杠杆收购中出售股票的股东及收购集团一方获得的价值增加是源于财富转移。这种观点认为，股东所得到的价值增值是以牺牲其他有关当事人，尤其是公司债券持有人的利益为代价的。

在收购活动中有利益关系的当事人，也即在收购前后有利益变化的，除了原先的债券持有人之外，还包括公司雇员、优先股股东、供应商及政府。政府从公司的利润及雇员的薪金中征收所得税，税收收入的减少增加了杠杆收购的价值；公司雇员在公司中的利益是薪水和养老金，雇员在收购前后的利益有可能变化。例如，收购完成后新的业主对雇员进行岗位调整或进行裁员；而新的所有者为调动雇员的积极性，给雇员加薪或增加养老金，从而有可能使雇员成为杠杆收购中的主要受益人。

公司债务持有人是受收购活动影响最大的当事人。在收购前，债务持有人也许与公司订有保护性契约，以避免当控制权发生变更或额外债务证券发行时对其利益的损害，但也可能没有。可以肯定的是，为杠杆收购而发行新的债券必然对前债券持有人带来不利,因为财务杠杆的增加会使之承担更大的风险,在其他条件不变的情况下,公司风险的增加会使公司信誉度降级,从而必然导致发行在外的债券的价格下跌。

实证研究的结果表明,有些证据支持财富转移假说,有些证据则不支持。然而,大量的研究数据均不能证明债务持有人的累积亏损等于或大于股东的累计获利,也不能绝对证明债务持有人在每次杠杆收购中都受损。因此,可以得出结论,财富转移虽然是目标公司股东价值增加的一种可能性,但还不足以说明全部利得的来源。

应该说上述所有的对杠杆收购中价值增加的解释都有着正确的成分,从而构成了全面解释的一部分。即价值增加部分是源于财富转移,部分是源于效率的提高、税收方面的优惠、信息质量的改善及代理成本的减少。经验数据表明,杠杆收购确为收购公司的股东创造了额外收益,而且,杠杆收购后原目标公司的经营也更完善。

当然,杠杆收购也带来许多不利的方面,包括:① 新的所有者或管理层在重整业务时解雇一部分原目标公司雇员。② 对债券市场带来不利影响,使债券融资成本全面上升。③ 会促使收购后的公司管理层关注短期利益和目标,如为偿还债务而减少广告及研究和开发的预算,由此阻碍公司的长期发展。④ 使公司无力偿还债务而破产。美国的立法机关和法院通过颁布规则的方式对杠杆收购施加压力,以遏制过度的杠杆收购。

# 四、杠杆收购中的融资创新

## (一) 垃圾债券

收购大企业需要大量资金,筹措资金自然比收购中小型企业难,所以大企业在某种程度上有一定的免疫力。大企业的管理人员相对来说较少受到市场的制约。但是到了 20 世纪 80 年代,投资银行家迈克尔·米尔肯(Michael Milken)在公开市场推出了垃圾债券这一融资工具,彻底改变了这种局面。

垃圾债券是指资信低于投资级或未被评级的债券。美国市场上的各种债券有标准普尔和穆迪公司根据它们的偿债能力和信用度予以评级。在标准普尔的评级体系中,垃圾债券被定义为 BBB 以下级别的债券,在穆迪的评级体系中则是 BAA 以下的债券。评级低的债券不得不支付较高的利率来吸引投资者。因此,垃圾债券也被称为高收益债券。

高收益债券很早就出现了,但很多年来,此类债券很难发行。那些已存在的垃圾债券,通常并非在发行时就是垃圾债券,而是按投资级发行,但随后因资信破坏而降至投机级的债券,这类债券常被冠以"堕落天使"的称号。

垃圾债券市场的性质在 20 世纪 70 年代中期开始改变。就职于德莱克塞尔(Drexel Burnham Lambert)投资银行的迈克·米尔肯通过仔细研究证明,投机级证券的收益率高于与其实际违约风险相对应的利率。该研究旨在表明,投资于分散化的垃圾债券组合的长期投资者,即使存在某些违约的情况,也能获得比投资级债券好的逐年收益。鉴于这一研究所提供的证据,迈克·米尔肯得出结论,发行新的高收益债券应当是有销路的,并致力于开发这一市场。在初期,高收益债券的购买者是个人投资者和少数高收益共同基金。后来,一些固定收入证券组合的持有者参加进来,包括保险公司、养老基金、银行,以及储蓄与贷款协会。

进入 20 世纪 80 年代,迈克·米尔肯从单纯买卖现存的垃圾债券转为发行垃圾债券为收购兼并和杠杆收购(LBO)融资。采用的策略常分为以下几步:收购公司先确认一个净资产的市场价值高于流通股市值的目标公司;在米尔肯和德莱克塞尔投资银行的帮助下,收购公司可通过发行垃圾债券迅速筹集现金,然后再将这笔资金用于收购目标公司。收购成功后,目标公司的全部或部分资产将被出卖,其收益用来赎回收购公司的垃圾债券。通常,垃圾债券的持有者会获得相当不错的收益。从此以后,垃圾债券真正成为一种金融杠杆,使"小鱼吃大鱼"成为现实。

举债收购企业虽然不是米尔肯的发明,但是他提供的垃圾债券对企业收购热起了巨大的推动作用。因为一则以企业资产为担保的银行贷款有限,再则收购企业的投资集团不愿或不能投入过多的股份资本,于是垃圾债券发挥了桥梁作用,为企业收购填补了资金空白。可以说,没有垃圾债券就不可能有 20 世纪 80 年代席卷美国的"企业买卖热"。米尔肯当之无愧地得到"垃圾债券王"的称号。

## (二) 过渡贷款

杠杆收购的高回报率吸引着资金,一些投资银行、投资公司纷纷从保险公司、商业银行、私人和公共养老基金以及个人投资者处集资,建立起专事杠杆收购的基金。据估计,在杠杆收购的高峰期 1988 年大约有 250 亿美元的杠杆收购基金在四处游动,其中摩根斯坦利集团握有 16 亿美元,美林公司握有 15 亿美元,其他大投资银行,如培基证券和黑石集团等,也持有 6 亿~15 亿美元的杠杆收购基金。

杠杆收购基金聚集的闲资需要出路。收购者之间的价格竞争愈演愈烈。德莱克塞尔公司支持的收购交易需耗时 1~3 个月,且很容易遭到其他杠杆收购基金支持下竞价者的袭击而落空。为了控制交易,投资银行开始投入自有资本,这就产生了过渡贷款。过渡贷款是商人银行业务的一个内容。

过渡贷款(bridge loan)是指投资银行向收购者提供的由投资银行自有资本支持下的贷款。过渡贷款的期限通常为180天,但也可应收购者要求再延期180天。利率设计采取攀升式,如头一个季度利率为基准利率加500个基点,以后每个季度加25个基点。投资银行提供过渡贷款时先要收取1‰左右的承诺费,然后再按过渡贷款的实际支取金额,加收1‰左右的附加费用。过渡贷款由杠杆收购后在公开市场上发行债券或出售部分资产或部门所筹的资金偿还。

过渡贷款使杠杆收购避免了受制于第三者融资,再度提高了杠杆收购的速度,有的交易时间甚至缩短到1周,从而大大提高了交易成功的可能性。这不仅使投资银行可以获得全部的并购咨询费,并从中赚取贷款利息收益,而且创造了相关的承销业务机会。

投资银行发放过渡贷款承担着巨大的风险。为促成杠杆收购交易的达成,策划收购的投资银行常不惜发放单笔金额巨大的过渡贷款,这些占投资银行净资产比例不低的过渡贷款的成本和风险的变动很容易令投资银行业绩和财务表现大起大落。由于过量发放贷款会带来投资银行信用评级被调低和融资成本上升的不良后果,所以投资银行不得不控制过渡贷款总量,过渡贷款的市场规模也因此难有大的拓展。

## (三) 延期支付证券

杠杆收购市场的扩大,竞争的加剧,导致收购价格对目标公司付息纳税前收益的比率逐渐上升。至1986年,这一比率已高达8~12倍。收购成本的大幅度提高,令收购者难以负担沉重的债务。为了使收购方在完成杠杆收购后有一喘息的机会,也为了给杠杆收购提供良好的交易环境和条件,投资银行又创新出延期支付证券并将其导入杠杆收购。

延期支付证券是指在约定的期限内不支付现金利息或股息,过了约定期限才按发行时拟定的条件支付现金利息或股息的债务融资工具或优先股融资工具。延期支付证券允许杠杆收购者将利息支付推迟至并购完成后的3~5年,从而大大减轻了即期付息的负担。延期支付证券最常见的两种形式是零息债券和以同类证券作支付的证券。

### 1. 零息债券

零息债券是指不支付利息而以低于其面值的很大折扣出售的债券。杠杆收购者在规定的到期日以面值赎回,投资者从其所谓的增值中得到收益。零息债券的求偿权在一级银行信贷和其他从属债券之后,所以它的期限通常也较长,如以10年为期。与此相对应,风险也更高,故零息债券发行价格和其面值的价差中所暗含的收益率通常要高出次级从属债券100个基点。

由于零息债券暗含的利率高,因此,当市场利率波动时,该债券的内在价值会发生较大的波动,从而使其价格表现出较为剧烈的波动。零息债券是所有固定收入证券中价格波动最剧烈的一种。与按期付息的债券相比,在利率上升时,零息债券的价格下降幅度会更大;而在利率下降时,零息债券的价格上升速度最快。

零息债券的发行折扣是到期年限的函数。离到期的年数越多,投资者支付的购买价越少,所产生的杠杆力也越大。例如,10年后到期的零息债券,购买者可能只需支付其面值的1/8价款,相当于用了8倍的杠杆力。当然,杠杆收购者也因此获得了10年的宽限期。

2. 以同类证券作支付的证券

以同类证券作支付的证券可以是债券也可以是优先股。一般是指在一个事先约定的年限到来之前,债券的利息或优先股的股息支付不以现金而以同类债券或同类优先股作支付,过了这个年限,才开始以现金支付利息或股息的证券。以同类证券作支付的证券求偿权比零息债券还低一级,几乎是所有垃圾债券中风险最高、潜在收益最大的一种。

尽管以同类证券作支付的证券能减轻收购者头几年的现金支出压力,但它具有很强烈的"利滚利"的色彩,很可能使收购者陷入更大的债务压力而绝望。美国KKR公司的一家名为希斯布罗的子公司就是因为不堪以同类证券作支付的证券带来的过重负担而宣告破产的。

## (四) 表外工具运用

为了使杠杆收购能顺利完成,投资银行在实际操作过程中发明了表外工具。就杠杆收购而言,表外工具是指致使杠杆收购中的高负债暂时不列在收购公司资产负债表的方法。基本思路是:针对母公司一旦拥有超过50%以上的子公司股权时,母子公司需编制合并财务报表的规定,投资银行设法使收购公司在收购完成时,对目标公司或目标公司的控股公司(holding company)不具有50%或以上的控股权,从而使目标公司或其控股公司的报表无需与收购公司的报表进行合并,等收购公司因杠杆收购而承担的债务已清偿了很大部分后,再提高股权至50%以上,并实施合并报表。

具体做法是:设立一家控股公司或一种"纸上公司"来出面收购目标公司。这一纸上公司的资本结构就是过渡性贷款加上自有资本。过渡性贷款将通过目标公司再融资后以新的长期债务来代替。纸上公司的大部分股权,通常暂时由安排整个收购交易的投资银行来接管,使目标公司或其控股公司的资产负债先归于投资银行项下。表外工具是商人银行业务的又一项内容。

应用表外工具完成杠杆收购的经典之例是英国的比萨公司(Beazer)对美国的科伯公司(Koppers)的收购。在这次收购中,投资银行雷曼公司(Shearson Lehman)是整个交易的策划者和经办者,投资银行奈特威斯特(Natwest)也参与了交易。图 5-1 显示了这次杠杆收购的融资结构。

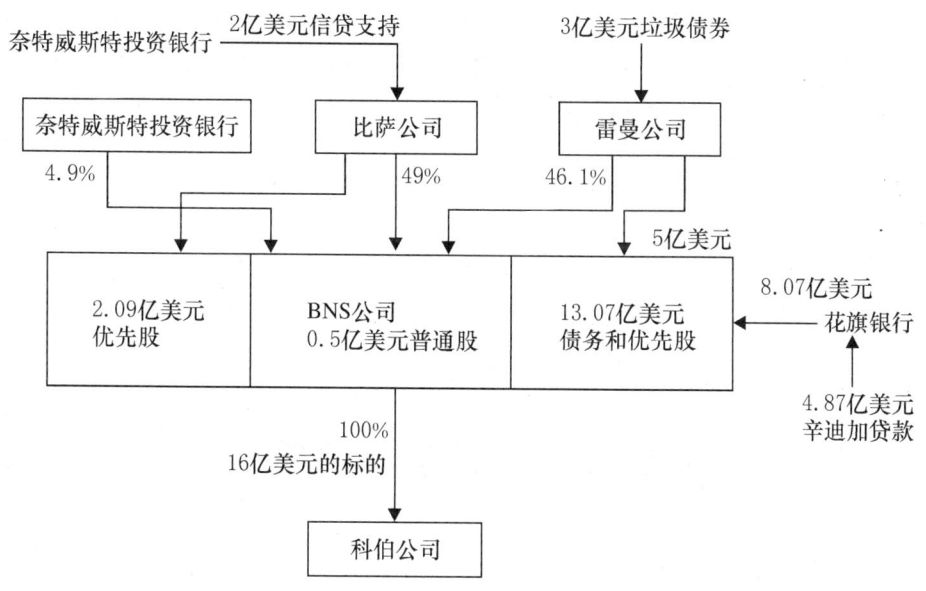

**图 5-1 应用表外工具的杠杆收购融资结构**

由图 5-1 可见,比萨公司和两家投资银行合建了名为 BNS 的控股公司,是比萨公司使用表外工具的载体。BNS 公司的资本总额为 15.66 亿美元,其中,债务资本为 13.07 亿美元,股权资本为 2.59 亿美元,股权资本中的普通股为 0.5 亿美元,优先股是 2.09 亿美元。BNS 公司的债务资本由雷曼公司和花旗银行提供:雷曼公司提供了 5 亿美元的过渡贷款,该贷款通过在美国发行 3 亿美元的垃圾债券得到了再融资;花旗银行提供了 8.07 亿美元的一级银行贷款,其中 4.87 亿美元为其他银行的辛迪加贷款。BNS 公司的 0.5 亿美元普通股资本由比萨公司和两家投资银行提供:比萨公司拥有 49% 的 BNS 公司股权,雷曼公司拥有 46.1% 的 BNS 公司股权,奈特威斯特拥有 4.9% 的 BNS 公司股权。而 BNS 公司 2.09 亿美元的优先股资本由比萨公司提供,该资金得到了奈特威斯特投资银行 2 亿美元的信贷支持,这 2 亿美元的贷款是显示在比萨公司的资产负债表内的。借助 BNS 公司这个表外工具,比萨公司的资产负债表上就隐去了 13 亿美元的巨额债务,这些债务只有当比萨公司日后拥有 BNS 公司 50% 或以上的股权时,才显现在比萨公司的资产负债表上。

为了使比萨公司能够在日后完全拥有 BNS 公司,彻底完成对科伯公司的收购,也为了保证两家投资银行能够如期退出,比萨公司与两家投资银行签订了涉及 BNS 公司股票的买入期权和卖出期权的协议。协议规定,比萨公司在 5 年内拥有购买两家投资银行所持有的 BNS 股票的权利,该份买入期权的执行价格能够让两家投资银行按复利计算在股票持有期里获得达 25％的年回报率。如果比萨公司在 5 年内未行使买入期权,两家投资银行在期满后的 6 个月内拥有向比萨公司出售所持的 BNS 股票的权利,该份卖出期权的执行价格同样应能让两家投资银行按复利计算在股票持有期里获得达 25％的年回报率。因此,比萨公司可在 6 年时间里不将 BNS 公司的资产负债情况纳入比萨公司的资产负债表内,但过了期限,它将 100％地接受 BNS 公司的资产及负债。

事实上,在杠杆收购了科伯公司的几个月后,比萨公司就放弃了表外工具的应用,通过花旗银行安排的再融资,将这次杠杆收购的债务显示在其资产负债表上。

# 第五节　设计反收购策略

收购兼并活动的盛行也给投资银行提供了极大的反收购市场,而且目标公司在面对敌意收购者的威胁时,总是愿意向投资银行支付最高的服务费用来保平安。投资银行在提供反收购服务时,常从收购前和收购时两个层面来展开工作。在遭受收购前,投资银行的工作主要是设计一些"拒鲨"条款,以减少客户公司被收购的吸引力,同时也被请求监察客户公司股票的买卖,力图辨别出累积客户公司股份的各方,分析其中有否接管公司企图的非常买卖活动。在遭到敌意收购威胁之际,投资银行帮助客户公司构筑反收购的各道工序,竭尽所能捍卫目标公司的独立。其主要任务有:帮助目标公司搜集袭击者的有关信息及公司资料;帮助目标公司向股东论证敌意收购者的要约价格不合理,展开宣传战争取得到目标公司股东的支持;帮助目标公司筹措用于反收购的资金;帮助目标公司确定有关反收购的措施;帮助目标公司控制反收购期间的财务支出,安排财务活动以保证反收购活动的顺利进行。

## 一、易被收购公司的特点

目标公司之所以会受到收购的威胁,最根本的原因还是因为公司本身存在着一项或若干项致命弱点或重大缺陷。因此,在制定和实施反收购策略之前首先应

使客户公司了解何种企业对收购公司具有吸引力,而且容易被收购方攻破。一般来说,这类公司具有以下特点:

(1) 股票价格与公司资产重置成本或其潜在的获利能力不符。

(2) 资产负债流动性强,有大量多余现金、证券投资组合和巨大的未用的负债能力。

(3) 相对于当前股价的很好的现金流。

(4) 有可出售而不会严重影响公司现金流的子公司或资产。

(5) 现有的管理层控股比例小。

这些因素的组合能使一个公司具有诱人的投资机会,融资难度也较小,因为公司的资产可为收购公司申请贷款提供担保,由目标公司的资产出售和业务经营所产生的现金流入可用于偿还贷款。因此,对符合上述情况的公司,投资银行要及时提醒客户公司,采取相应的措施。

要避免遭收购,公司首先要做的事是推行更有效的管理,这不仅涉及调整组织结构和业务,更主要的是利用良好的财务管理手段来纠正缺陷。因此,投资银行若要提供完善的反收购服务,就要从参与组织结构的设计和财务管理的改进开始。

作为一家上市公司,公司的股价和股权的分布决定着公司的命运。投资银行有责任在公司股价偏低、管理层和股东沟通有障碍之时,及时向客户公司进言。它可以建议公司适当地进行回购,这样,既有助于提高公司股票的股本收益率,从而提高公司股东的福利,也有助于抬升股价,减少袭击者趁股价低迷时进行打劫的危险。

在经营管理决策方面,投资银行宜提醒管理层要避免因好大喜功进行无意义的混合并购,这样会降低公司的成长能力和盈利能力,容易被别人收购。

# 二、收购前的预防性策略

投资银行设计的预防性措施主要有以下几项。

## (一) 制定反收购条款

制定反收购条款是指在公司章程中订立有关使收购方的收购难度增加或收购成本提高的条款。反收购条款主要有以下三大类。

1. 超级多数通过条款

这类条款规定,在征得拥有公司 2/3(有时甚至为 90%)以上投票权的股东们的同意下,方可实施共同控股权转让。但在实际情况中,超级多数通过条款都留有余地。公司章程中另有条款规定,管理层有权决定是否实施和何时实施超级多数通过条款。因为严格按照此条款规定办事,往往会大大损害管理层与收购方谈判时的灵活机动性。

2. 董事会轮选条款

该项制度规定,每次董事换届选举只能改选更换部分的董事,这样要全部更换董事会就必须经历一段较长时期。收购公司即使获得了控股权,它在短期内也不能取得对目标公司的控制权,因为它不能一次性地在目标公司董事会中过多安插代理人。例如,一个由 9 人组成的董事会可能分成 3 组,每年只有 3 名成员当选,任期 3 年。这样,新的大股东就要至少等两届年会才能取得董事会的控制权。由于该举措简单有效,很多公司运用了它。

3. "金色保护伞"条款

该条款规定,一旦因为公司被并购而导致管理层失去职位时,管理者可得一笔丰厚的解职费。严格地讲,"金色保护伞"算不上是一种反收购策略,因为金色保护费用通常只是目标公司价值或收购公司所出的收购价格的一小部分,很难对敌意收购者形成反入侵壁垒。但保护费用较为高昂时,"金色保护伞"也可使收购变得不那么有利可图,或是给收购者带来现金支付上的沉重负担,从而逼迫敌意收购者知难而退,客观上起到反收购的作用。20 世纪 80 年代中期,美国 500 家大企业中有 1/4 以上的公司通过了"金色保护伞"条款。

## (二)建立互相控股

在预防层面上进行反收购布防,很多公司及其投资银行采取了互相控股的策略。互相控股是指客户公司选择一家关系友好密切的公司,双方通过互换股权的方式,相互持有对方一定比例的股权,结成联盟体,从而有效地阻止第三者的收购。

但是,互相控股也有其不可忽视的副作用。首先,控股将耗费双方公司大量资金,影响营运资金的筹集和运用。其次,一方业绩滑坡时,将拖累另一方的业绩表现。再次,互相控股之举最大的缺点在于:联盟体一旦被攻破,体系内的公司有被一网打尽的危险。例如,A、B 两家公司关系友善,互相交换了 20% 股权以求互保,C 公司看中了 A 公司,就会乘 B 公司落难之际控得 B 公司股权,从而间接隐蔽地控制 A 公司 20% 的股权,有此 20% 股权作攻击基础,C 公司就能轻而易举地再收集少量股权,成为 A 公司的最大股东,将 A 公司收归旗下。由此可见,建立互相控股联盟时,需谨慎选择同盟伙伴。

## (三)设置"毒丸"

"毒丸"(poison pills)是指那些具有特别权利的证券。这种证券的持有者在某种触发事件发生后一段时间（如 10 天），可要求行使其权利。触发事件是指针对控制权的收购要约或者购进了目标公司一定比例的股份，这些权利有不同形式，但目的都是使旨在取得目标公司控制权的企图难以得逞或耗资巨大。

最典型的"毒丸"是"股份购买权利计划"。其做法是：由目标公司向其股东配发这样一种权利。该权利允许权利持有人在目标公司遭收购时，可以远低于市场价格的优惠价（通常是 50％的市价）买入目标公司的股票或收购公司的股票。赋予目标公司股东认购本公司股份权利的"毒丸"，被称为向内翻转（flip in）计划；赋予股东认购收购公司股份权利的"毒丸"，被称为向外翻转（flip over）计划。向内翻转计划是目标公司的第一道防线，它可以冲淡收购者所持有的目标公司股权比例；向外翻转计划通常是目标公司的第二道防线，当收购者已成功地获得了目标公司的控制权，向外翻转计划的实施，将使收购公司面临股权稀释的危险。

"毒丸"一般由董事会采用，无需得到股东批准。通常，在触发事件发生后，"毒丸"计划可实施之前的任何时间，董事会可以迅速改变"毒丸"计划所给予的权利，或由公司将其赎回。"毒丸"计划能在多个层次上控制和挫败敌意收购。首先，"毒丸"计划的存在，能鼓励外界收购者与目标公司董事会进行磋商而不是单方发起敌意收购。其次，"毒丸"计划的存在，能阻止收购者滥用收购手段。再次，即使收购者坚决发动敌意收购，"毒丸"的释放将稀释收购者持有的股份比例，并给收购者造成财务上的困难。

"毒丸"的运用在美国金融投资界和司法界中颇具争议，美国司法机关也判定很多"毒丸"无效。因此，目标公司和其投资银行在设计"毒丸"时，要特别谨慎。

### （四）安排"白护卫"的护驾

"白护卫"（white squire）是指目标公司的友好公司。安排"白护卫"护驾的典型做法是：目标公司与充当"白护卫"的友好公司签订不变动协议，即允许"白护卫"在目标公司遭收购时以优惠价格认购大宗目标公司具有表决权的股票或得到更高的投资回报率。美国的司法机关通常支持这种做法，只要该举动没有为管理层谋私利和巩固管理层地位之嫌疑。

目标公司除了寻找友好公司充任"白护卫"外，也可寻求"白护卫"基金的支持。20 世纪 80 年代，美国许多投资银行组建了"白护卫"基金，如拉扎儿·佛利尔公司成立了一个 20 亿美元的"白护卫"基金，专门向目标公司提供为期 3～5 年、金额在0.2 亿～2 亿美元的资金来购买目标公司 20％～30％的股权。1987 年，黑石集团也筹集了 6.3 亿美元用于"白护卫"式的投资。投资银行组建"白护卫"基金，既帮助了客户公司反收购，也为自己开辟了另一个有利可图的投资机会。

# 三、收购时的反抗性策略

## (一) 资产重组

### 1. 出售"皇冠明珠"

这是指卖掉收购方所需要的目标公司资产的策略。目标公司之所以遭袭击,有时只是因为它拥有让收购者垂涎的资产、部门或业务。这些被称为"皇冠明珠"的资产、部门或业务包括以下几类:深具盈利潜力但却被市场严重低估了的资产,如地产和设备等;发展前景极为广阔,有条件在短期内形成大批量生产和拥有高度市场份额的业务或专利技术;对收购公司的发展形成竞争威胁或供需环节威胁的某项业务或某个部门。

在面对收购的情况下,目标公司若无法抗衡,其上策就是出售这些"皇冠明珠",使收购者失去收购兴趣。但公司董事会在运用此策时,需注意避免按低于公平市价的价格出售有盈利能力的"皇冠明珠",否则董事会就可能因有损股东利益而承担责任,出售之举会被判无效。

### 2. "小鱼吃虾米"

这是指目标公司通过购入收购方不愿意拥有的或可能产生违反垄断禁止问题的资产以达到反收购效果的策略。其作用是:首先,可以改变目标公司的经营范围,使收购公司在收购目标公司时将面临反垄断诉讼。其次,目标公司的规模扩大,使收购公司需筹集更多的资金来完成收购。再次,它可能提高目标公司的市盈率,收购公司考虑到目标公司会产生股本收益率被稀释的后果,也许会就此罢手。

### 3. 推行"焦土政策"

这是目标公司以自残为代价驱退敌意收购者的策略。自残之举包括:大量举债买入一些无利可图的资产、故意进行一些效益差的长期投资使目标公司短期内资本收益率大幅减少,以及将公司债务安排在合并后立即到期等。由于收购成功后,收购公司得到的只是一堆烂摊子,收购公司可能因此而鸣金收兵。

"焦土政策"因其自残性而有害公司股东或债权人的利益,故为各国法律所限制。

## (二) 资本结构重组

### 1. 杠杆现金流出

杠杆现金流出是指公司大量举债,并利用借入资金向外部股东支付大额一次性现金股利。与此同时,公司向内部股东(管理者和职工)以增加股份的形式发放股利。这同时达到了两个效果：首先，增加了目标公司的债务比例，从而降低了对收购公司的吸引力，因为收购公司可能想利用目标公司的资产来举债。其次，将股票集中到内部人员手中，从而使外部人很难获得控股权。已进入成熟期、增长速率趋缓的公司偏好这一策略。这类公司在营运中产生大量的现金流量，但却缺乏良好的再投资或收购等资金运用机会，同时又不愿推行大规模的股票回购计划，故极易成为被收购的对象。杠杆现金流出策略就成为这类公司反收购的坚盾。

2. 管理层杠杆收购

管理层杠杆收购是指目标公司的管理层以自己公司的资产作担保，融资收购自己的公司，以保持对目标公司的控制权。这种策略的优势是对目标公司的破坏性极小，目标公司可以保存完好，经营不受影响。

## （三）针锋相对反击

1. 帕克曼式反标购

"帕克曼"一词源于 20 世纪 80 年代初美国一部流行的电子游戏。在该游戏中，没有吞下敌手的一方将遭敌方的反噬。1982 年起，帕克曼式反标购战术正式出现于现实的收购战中。帕克曼式反标购是指作为收购对象的目标公司为挫败收购者的企图，宣告对收购公司实行标购，拟夺取收购公司的控股权。这样一来，目标公司和收购公司的角色便发生了互换。美国标购史上最有名的一起帕克曼行动当数 1982 年马丁·马里埃达集团对袭击者本迪克斯公司所发动的标购。虽然未能反过来吃掉本迪克斯，但亦使本迪克斯受创，造成了本迪克斯空前的财务危机，以致本迪克斯于半年后为另一家公司所兼并。

帕克曼式反标购手段有许多优点，也有不少缺点。其最大的优点是：原目标公司可使自己处于进退自如的位置。进可以反过来吃掉原收购公司，守可以迫使原收购公司回守而丧失收购能力，退还可因拥有部分原收购公司的股权而享受部分股东利益。其主要的缺陷是：首先，它要求实施方有大量的闲置资金或足够的可用于抵押借款或变卖筹资的资产。其次，目标公司若使用帕克曼式反标购，就必须放弃其他的一些反收购手段，比如放弃反垄断诉讼等，因为帕克曼反标购的运用已经表示目标公司也赞同两公司的合并，只是对哪家公司充当收购方表示异议而已。再次，目标公司管理层启用帕克曼式反标购有滥用职权、牺牲股东利益以求自保之嫌疑，有时会招致股东的控告和司法机构的调查。

2. 自我标购

自我标购是指目标公司以高于敌意收购者要约价的价格，用现金或（和）有价证券作支付，向市场回购目标公司股票的策略。目标公司向市场大量回购股票，必然减少在外流通的股份数量。由于市场上流通股数的减少，使收购方无法收购到足以控股的股数,同时由于剩余股份的每股市价的提高,使收购方不得不提高每股的收购价格。

目标公司所报的回购价一般等于目标公司董事会认为的每股公允价值。当目标公司面临敌意收购,并且认为收购者出价过低时,使用股份回购是明智之举。开展自我标购通常要求目标公司有可支持巨额借款的充足的资产。

3. 绿色勒索

绿色勒索(green mail)是目标阻止回购与停战协议组合使用的策略。目标阻止回购是指目标公司以高于当前市场价格的价格,从收购公司那里购回自己公司已被收购的股票。作为交换条件,收购者同意签署在一定时期之内不再继续获取目标公司权益的协议。这份协议就是停战协议。

在使用这一策略时,目标公司通常以发行债务类证券的方式来得到股票回购所需要的资金,所支付的溢价只是对收购者而言,其他股东不能以该溢价水平进行交换。由于向收购者高价回购股份有损于股东利益,绿色勒索已在美国被禁止使用。

## (四) 寻求外界支持

当目标公司的自身力量难以与收购公司抗衡时,寻求外界的支持是明智之举。

1. 寻求"白衣骑士"的庇护

当目标公司及其投资银行感觉到所有的策略措施都无法有效地挫败收购方的进攻时,为了免受敌意收购者的控制,可以寻找一家具有良好关系的公司出面和敌意收购者展开标购战,这家愿意与敌意收购者竞购目标公司控制权的第三者,在美国通常被称为"白衣骑士"(white knight)。

得到目标公司管理层支持的"白衣骑士"的收购成功可能性极大。当"白衣骑士"和收购公司属同一行业时,"白衣骑士"出于对自身利益的担忧,比如害怕收购方收购成功后,成为自己强有力的竞争者,也会乐于参与竞价。

寻求"白衣骑士"的庇护,可使目标公司避免面对面地与敌意收购者展开大范围的收购与反收购之争,但最终会导致目标公司丧失独立性。

2. 提起法律诉讼

诉诸法律是指目标公司以收购者违反各种法律、法规为由向司法部或反垄断委员会等政府机构提起诉讼。诉讼最常见的理由有:公开收购手续不完备、收购要约的公开内容不充分,以及违反了《垄断禁止法》等。无论诉讼是否具有法律依据,司法程序肯定会提供一定的时间。当目标公司被收购方的突然袭击打得措手不及时,这是一个最基本的应付方法。

该策略运用得当可以使收购方知难而退,即使无济于事,目标公司也可争取一些宝贵时间,在收购方应付调查听证之际部署下一步的反收购计划。例如,目标公司可以实施一项"小鱼吃虾米"的收购,以改变目标公司的经营范围,使收购公司在收购目标公司时再次面临反垄断诉讼;同时,目标公司的规模扩大,使收购公司需筹集更多的资金来完成收购。然而更多的情况是,目标公司拖延时间的结果是:促使了股价的上涨,而不是彻底击败对手。

# 本 章 小 结

收购兼并业务是投资银行的一项核心业务。投资银行的并购业务实际上涉及了企业重组活动的各个方面。公司重组包括了三组截然不同而又相互关联的活动,即企业扩张、收缩及所有权和控制权的变动。为收购兼并活动提供中介、代理和顾问服务,已确立为一种行业。只有投资银行才能提供一揽子综合性的并购代理业务。

投资银行在参与制定并购策略时,主要提供了以下的服务:一是根据收购公司的发展目标和收购动机,为客户公司物色并购目标。二是对目标公司进行估值和出价。三是根据并购计划的整体框架来确定合适的支付工具。四是根据收购的基调和方式,设计与目标公司接洽的方式。

公开标购是企业收购手段中最有力的方式。投资银行在公开标购中的职能是:① 抓住有利时机刊登标购广告。② 关注有效期间股票应募情况。③ 遇到反收购,开展争夺股东的竞争。④ 与有关反垄断机构接触。⑤ 出现竞购者,要设法解决。

杠杆收购的实质是举债收购。杠杆收购具有以下特点:① 收购后目标公司由上市公司转变为私有公司。② 收购后目标公司从少有负债变为巨额负债。③ 收购公司可获得极高的股权回报率及获得减少税收的好处。杠杆收购的价值可能来自以下渠道:① 目标公司股票市价低于公司的实际价值。② 公司私有化能创造价值。③ 有价值从其他有关当事人那里转移过来。投资银行在杠杆收购中的创新包括发行垃圾债券、发放过渡贷款、采用延期支付证券、参与股权投资和创造表外工具。在杠杆收购中,投资银行利用自己的资金发放过渡贷款和参与股权投资就是所谓的商人银行业务。

收购兼并活动的盛行也给投资银行提供了极大的反收购市场,投资银行常从收购前和收购时两个层面来提供反收购服务。在遭受收购前,投资银行的工作主要是设计一些"拒鲨"条款,以减少客户公司被收购的吸引力。在遭到敌意收购威胁之际,投资银行帮助客户公司构筑反收购的各道工序。

# 复 习 思 考 题

1. 企业重组有哪些形式？它包括哪些内容？

2. 投资银行的收购兼并代理业务包括哪些内容？它具有什么意义？

3. 企业实施收购兼并出于哪些动机？

4. 投资银行如何帮助收购企业物色目标企业？

5. 为什么要对目标公司进行彻底评估？评估研究的重点是什么？

6. 评估研究的主要方法有哪些？各适用什么情况？

7. 收购公司应如何对目标公司报价？

8. 有哪几种可供选择的支付工具？应如何选择支付工具？

9. 与目标公司接洽可采用哪几种方法？各种方法的做法及特点是什么？

10. 什么是公开标购？试述投资银行在公开标购中的功能。

11. 什么是杠杆收购？杠杆收购具有什么特点？

12. 试述杠杆收购的运作程序。

13. 什么是杠杆收购的价值来源？

14. 投资银行在杠杆收购中有哪些创新？

15. 哪些公司可能被收购？

16. 反收购协议有哪三种主要类型？

17. 在收购较量中，法律诉讼的作用是什么？

18. 杠杆现金流出的作用是什么？

第 六 章

# 投资银行的风险资本投资业务

  风险投资对一国乃至全球经济都会产生重大影响。这种影响主要体现在两个方面:一是促进科技成果的转化,二是推动技术和管理创新。一位美国经济学家在谈到风险投资对全球技术经济的影响时曾经说到:"风险投资对可编程计算机、晶体管和DNA 这三项 21 世纪最重大的科学发现的最终商业化均起了至关重要的作用。正是科学发现、企业家才能和风险投资这三个关键因素促进了新兴产业的出现,并导致社会变革。"①也许这就是风险投资业自开创以来,经历了几十年仍长盛不衰的主要原因。

  投资银行是风险投资的积极参与者,几乎涉及了风险投资领域的各个方面。其业务内容包括:作为机构投资者自己发起组建风险投资基金,并对风险企业进行直接投资;作为代理人为风险投资基金融资,作为委托人负责管理运作风险投资基金;为风险企业安排私募融资和初次公募发行等。而投资银行风险资本部则主要从事直接投资者或作为风险基金的管理人运作风险投资基金。本章首先探讨风险资本在资本市场中的地位,然后在分析了风险投资的运作特点及私人合伙制风险投资公司运作机制的基础上,介绍了投资银行参与风险资本业务的原因及运作步骤。

## 第一节 风险资本在资本市场中的地位

### 一、风险资市的地位

  现代意义上的风险资本投资起源于 20 世纪二三十年代的美国,但它诞生的标

---

①  引自李建良编著:《风险投资操作指南》,中华工商联合出版社 1999 年版。

志却是 1946 年美国研究与发展公司（ARD）的建立。ARD 是一家上市（publicly traded）的封闭型（closed-end）投资公司。1957 年,它对数控设备公司的投资一举成功,最初投入的不到 7 万美元资本金,11 年后增值到 5 亿美元,增长了 7 100 多倍。从此,风险投资出现在美国及全世界各地,成为推动新兴的高科技企业发展的生力军。

1958 年,美国政府通过了小企业投资法案,并在此基础上由小企业管理局成立了小企业投资公司,一些保险公司和银行开始加入风险投资行列,使美国的风险投资进入了新的发展时期。20 世纪 60 年代末 70 年代初,美国的风险投资业空前繁荣。1973 年,全美风险投资协会成立,为风险投资事业的发展奠定了基础。

然而,1969 年,美国资本收益税的骤增（从 29%~49.5%）,是对风险投资的一个致命的打击。20 世纪 70 年代中期石油危机引发的萧条也沉重地打击了风险投资业,风险投资业基本处于停滞状态。直到 1978 年由于美国政府放宽管制和降低税率,使风险投资业又再度复兴。

20 世纪八九十年代是美国风险投资的蓬勃发展阶段。1987 年,风险投资规模达到 80 年代最高点,为 31.1 亿美元。然而,风险投资的发展道路仍然坎坷不平,在 1987 年达到顶峰后开始下滑,1990 年下滑到低谷为 16.5 亿美元,1992 年后开始反弹。

风险投资的发展对高科技产业化起到了重要的推动作用,美国的风险资本每年大约为 10 000 项以上的高科技成果转化项目提供资金支持,一些著名的高科技企业,如苹果计算机公司、IBM 公司、Data Products 公司等都曾得到过风险资本的培育。

## (一) 风险资本投资概念

风险资本（venture capital）是一种专门用于形成和发起一家高新技术企业的资本。在英文中 venture capital 多指人们对具有意义的冒险创新活动或事业予以资本支持。这里的风险（venture）与一般意义上的风险（risk）不同,具有一种主动的意思。

风险资本投资（venture capital investment）是指投资人将风险资本投向刚刚成立或快速成长的未上市的高新技术企业,在承担很大风险的基础上,为融资人提供长期股权投资和增值服务,培育企业快速成长,数年后再通过上市、兼并或其他股权转让方式撤出投资,取得高额投资回报的一种投资方式。

传统的、严格意义上的风险资本投资有如下特征:从投资阶段看,它只包括导入期或起始期、增长期和成熟期;从投资额度上看,它所投资的本金只局限于 100 万~1 000 万美元;从投资性质看,它的投资对象只限于创新项目或创新企业,尤其是高科技企业。

　　然而,风险投资的这种严格的古典定义正在改变。20 世纪 80 年代以来,风险投资正在向非风险投资靠近。激烈的市场竞争迫使风险投资走出传统的投资范围,向私人权益资本的其他领域扩张。

　　风险投资和非风险投资之间的界限已经越来越模糊。从某种意义上说,广义上的风险资本投资几乎可以囊括私人权益资本市场的全部投资项目。

### (二)风险资本的地位

　　风险资本在促进科技向生产力转化,从而促进经济高速和持续发展的过程中起到了举足轻重的作用。然而,风险资本虽然声名斐然,它的资金力量却十分有限。即使在美国,它也是一支新兴的正在成长中的金融力量。通常,资本市场分为长期货币市场和长期证券市场。长期证券市场又分为债券市场和权益资本市场,权益资本市场可再分为公开权益资本市场和非公开权益市场或私人权益资本市场。在整个权益资本市场中,私人权益资本市场只占其中的一小部分。从严格意义上讲,私人权益资本市场包括两大部分:风险资本(venture capital)市场和非风险资本(non-venture capital)市场,风险资本市场只是私人权益资本市场(private equity market)中的一小部分。从资金规模上看,风险资本只占全部私人权益资本市场的 30%。20 世纪 90 年代初期,私人权益资本总额为 1000 亿美元,其中,严格定义下的风险资本大约为 300 亿美元。资本市场分类如图 6-1 所示。

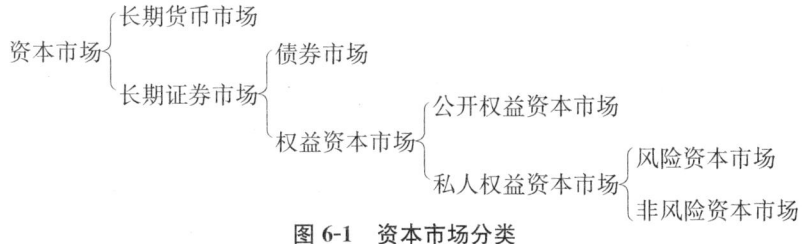

**图 6-1　资本市场分类**

### (三)私人权益资本市场的特点

　　私人权益资本是指不必经过美国证券交易委员会审批登记的、在私人之间或各金融及非金融机构之间交易的权益资本。与公共资金市场(这里指公开上市的股票市场、债券市场和金融衍生工具市场等)相比,私人权益资本市场规模极小。1995 年年末,私人权益资金与公共资金总额的对比是 1:56。然而,这个市场正在飞速增长。从 20 世纪 80 年代到 90 年代中叶,这个市场的规模已达到商业贷款和商业票据总额的 1/6。当然,与整个股票、债券市场相比,它仍然处于起步阶段。

私人权益资本市场是一个独特的资本市场,它具有如下几个特点:

(1)它是一个相对封闭的市场。在私人权益资本市场进行融资的公司不需要公开注册,也不需要在大众面前披露产品消息和公司财务状况,所以这个市场反映信息数据相对比较少,信息流通比较慢。

(2)它是一个非充分有效市场。所谓充分有效市场,是指市场上任何情报和信息都能迅速地传达并迅速地传递。这样,有潜力的投资就会找到效益最高的机会,造成全社会的高效益投资;而私人权益资本市场,由于信息比较闭塞,投资效率也比较低。然而,效率相对低的市场也有潜在的优势,即它存在许多高风险、高收益并且相对长期存在的投资机会。而在充分有效的市场中,由于信息传递快,基本上不存在相对长期的高收益投资机会。

(3)筹资成本相对较高。与公开交易的股权市场相比,在私人权益资本市场中所筹资金的数量及每笔资金的数额都相对较小。从总量上看,截至1995年年底,1美元的私人权益资本市场的投资资金对应于56美元的公开交易股权市场的投资资金。同时由于信息比较少,流通不畅,因而相对来说,投资者对风险企业的了解不充分,承担的风险高,因而要求的投资回报率也相应较高,这样风险企业的筹资成本就相对较高。

(4)有利于新兴企业融资。尽管私人权益资本市场是一个相对封闭、资金量比较小的市场,但却有利于新兴企业,尤其是高科技企业在创业期的筹资。一方面,这个市场并不需要这些小企业具有信用历史,也不需要它们注册登记,不需要它们以自己的资产作抵押;另一方面,这些新兴企业,尤其是这些高科技企业,也没有信用历史可报告,没有厂房设备作抵押,也没有资历或者能力进行注册,所以这样一个相对封闭的、效益比较低的资本市场,恰恰是这些企业融资的主要和重要的渠道。

# 二、风险资本的分类

风险资本的分类与企业成长发展的过程密切相关。企业成长发展过程是一个连续的过程,但在不同的阶段呈现不同的特点。根据企业发展的不同阶段,风险资本及风险资本投资也可划分为几种相应的类型,如图6-2所示。

## (一)种子期的种子资本

种子期是指从实验室的样品到正式产品形成阶段。这是技术的酝酿与发明阶段。风险企业还刚刚起步,可能还只是一个想法,一个专利,或一个新发明,一项新技术,资金需要量很少,风险最大。这个时期所投入的风险资本称为种子资本(seed capital)或创业资本。其来源主要有:个人积蓄、家庭财产、朋友借款和申请

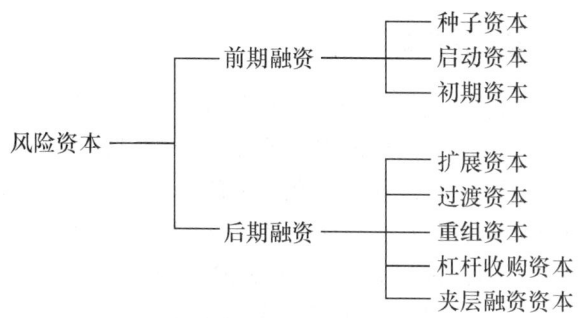

**图 6-2　风险资本的分类**

自然科学基金。如果还不够,则会寻找专门的风险投资家和风险投资机构。

要得到风险投资家的投资,仅凭一个"念头"是远远不够的,最好能有一个样品。经过考察,风险投资家同意出资,就会合建一个小型股份公司。风险投资家和发明家各占一定股份,合作生产,直至形成正式产品。

这时的企业面临三大风险:一是技术风险,二是产品的市场风险,三是企业的管理风险。风险投资家在种子期的投资一般不超过其全部风险投资额的 10%,但却承担着很大的风险。这些风险,一是不确定性因素多且不易测评,二是离收获季节时间长,因此也就需要有更高的回报。

## (二) 导入期的开业资本

导入期是指从形成正式产品到中试结束阶段。这是技术完善和产品试销阶段。在这一阶段,风险企业在新科技和新专利基础上开始了初步的运行,进入了产品的研发和试验阶段。企业一方面要进一步解决技术问题,尤其是通过中试,排除技术风险;另一方面需要制造少量产品,进入市场试销,听取市场意见。这一阶段的经费投入显著增加,是风险投资的主要阶段。这时期投入的资本称为开业资本(start-up capital)。人们普遍认为,开业资本是风险资本的精髓所在。资金主要来源于原有风险投资机构的增加资本投入。如果这种渠道无法完全满足需要,还有可能从其他风险投资渠道获得。风险资本家在这个阶段往往提供所需资金的大部分甚至 90% 以上的资金。

这一阶段的风险仍然是技术风险、市场风险和管理风险,以技术风险和市场风险为主。由于风险资本家所投入的资金量大,这个阶段的风险超过了种子阶段。同时,开业资本对风险资本家的技能素质要求也很高,因为这个阶段往往需要风险资本家不时充当企业的二线管理者。特别当风险企业出现某些方面因管理人员素质能力原因造成的管理问题时,风险资本家需要与企业家一起共同决定聘用补充新的管理人员。

### （三）成长期的初期资本

成长期是指从中试之后到形成初步规模阶段。这是企业开始正式生产时期。在这一阶段，企业一般还没有盈利，即将做到收支平衡，且在市场开拓方面略有进展。这时，为了树立公司品牌，确立公司在业界的主导地位，企业家往往需要获得第三轮投资以寻求企业的更大发展。这是风险企业的重要阶段。这一阶段所投入的资本称作初期资本（early development capital）。第三轮投资往往是由原来的风险资本家提供的，但在下例情况下也有可能转向新的风险投资者：① 当融资规模超过风险资本家能力或是风险资本家已持有风险企业大量股权而不愿进一步扩大比例时。② 风险企业家不希望已有股东进一步扩大所有权比例或是对他们失去信心时。③ 风险企业家希望扩大股东数目分散所有权时。④ 风险企业家希望通过吸收新投资者带入所需要技术或是产品市场份额时。

随着技术的完善和市场的开拓，技术风险逐步降低，市场风险和管理风险开始凸显，提供初期资本比起提供前两类风险资本来更受风险资本家的青睐。但风险企业的融资结构却会因新投资者的介入而显得十分复杂。

### （四）发展期的扩展资本

发展期是指从产品进入市场到大规模地占领市场阶段。这是技术发展和生产扩大阶段。在这一阶段，资本需求相对前两阶段又有增加，一方面是为扩大生产，另一方面是开拓市场、增加营销投入，最后企业达到基本规模。这一阶段所投入的风险资本称为扩展资本（expansion capital）。其主要来源于原有风险资本家的增资和新风险资本的进入。另外，产品销售也能回笼相当的资金，银行等稳健资金也会择机而入。这也是风险投资的主要阶段。

这一阶段的风险仍是市场风险和管理风险。由于技术已经成熟，竞争者开始仿效，会夺走一部分市场。企业领导多是技术背景出身，对市场营销不甚熟悉，易在技术先进和市场需要之间取舍不当。企业规模扩大，会对原有组织结构提出挑战。如何既保持技术先进又尽享市场成果，这都是市场风险和管理风险来源之所在。为此，风险投资机构应积极评估风险，并派员参加董事会，参与重大事件的决策，提供管理咨询，选聘更换管理人员，并以这些手段排除风险、分散风险。

这一阶段的风险相比前期而言已大大减少，但利润率也在降低，风险投资家在帮助增加企业价值的同时，也应着手准备退出。

### （五）成熟期的过渡资本

成熟期是指生产形成基本规模到市场开始收缩阶段，是技术成熟和产品进入大工业生产阶段。这一阶段企业规模最大,生产经营比较稳定,对资金需要量很大,风险最小,但风险资本家已很少再增加投资了。一方面,因为企业产品的销售本身已能产生相当的现金流入;另一方面,因为这一阶段的技术成熟和市场稳定,企业已有足够的资信能力去吸引银行借款、发行债券或发行股票。更重要的是,随着各种风险的大幅降低,利润率也不再是诱人的高了,对风险投资不再具有足够的吸引力。成熟阶段是风险投资的收获季节,也是风险投资的退出阶段。

在风险企业走向公众化的最后一个阶段,即企业上市之前的 3~18 个月时所投入的资本称为过渡资本(bridge capital)或美化资本。其主要用途是改善资产负债表,通过知名投资家的进入提高风险企业在公开市场上的形象,以及避免因万一不能上市而带来的风险。

## (六)困境企业的重组资本

企业重组可能发生在企业发展的晚期,也可能发生在企业发展的前期。如果企业家未能控制好其现金流或其债务结构不合理而导致债务负担过重,或仅仅因为其管理层的能力不足等原因,则都可能使企业的发展处于困境状态。

当一家企业负债累累、困难重重,甚至面临破产时,如果企业本身拥有相当的资产,或拥有先进技术及产品,只是由于管理不善,或缺乏运作资金而陷入困境的,风险资本家经过认真的市场分析和研究,也可能在极为有利的条件下,为企业提供一定的股权资本,帮助企业改善其资产负债状况,并使其通过资产重组而起死回生,同时风险资本家也可从中获得相当利润。投资于企业重组阶段的资本是重组资本(restructure capital)。这种投资的关键在于对企业本身以及发展前景进行准确判断。

一旦风险资本家投入重组资本,就需要实施辅导技术,甚至完全接管企业。而这一过程可能需要半年甚至几年的时间。在大多数情况下,企业在渡过危机后被转卖给同业的另一家大企业,因而只能实现初始投资 2~3 倍的资本收益。重组投资所面临的风险是企业重组失败的风险。

## (七)风险杠杆并购资本

风险杠杆并购资本(venture-backed leveraged buyout)是投资于杠杆收购活动的风险资本。20 世纪 80 年代,美国许多上市公司的技术专家以及经营者往往联合起来,通过举债发动经理收购,买下自己所在公司的所有权,但是他们自身资金有限,在这种情况下,风险投资家如果认为这些经营者能够使企业发展更快,获取更大利润,则也有可能以股权形式或债务形式向他们提供风险资本。从事该项投资的好处在于:这些企业人士已经掌握先进的技术或产品,具有丰富的市场运作经验,在业界拥有一定的影响,协助他们获得的成功把握远远超过支持新兴企业的企业家。

风险资本家也参与一般意义上的收购兼并活动,投资于并购活动的资本是风险并购资本(venture-backed M&A)。风险并购资本从 20 世纪 90 年代起迅速发展。1996 年年末,风险并购资本总额达到 80.5 亿美元,平均估值为 8 563 万美元。

## (八) 夹层融资资本

夹层融资资本(mezzanine financing)是索赔顺序介于股权投资和一般商业银行贷款之间的一种风险债务资本。其投资的对象公司大都是进入了发展扩张阶段的中等规模的企业。这类企业正处于迅速发展时期,需要大量的资金以扩大生产能力和销售规模,但却因为以下的情况而不能获得足够的资金来源:① 银行不愿贷给企业更多的款项。② 根据初次公募市场状况、公司的业绩和经营前景,公开上市融资至少暂时无法实行。③ 传统风险资本市场并不把该企业视作迅速成长的企业,因而不可能获取传统的股权类风险资本。如果风险资本家确信企业的资产能在未来几年内产生持续而稳定的现金流,并能获得迅速增值,可选用债务融资方法对风险企业进行融资。

以上前三种风险资本是属早期或前期风险投资,后五种风险资本属晚期或后期风险投资。并非所有的企业都必须依次经过上述阶段。例如,服务性的零售,批发企业通常就无需创业资本。同样,也并非所有企业都需要早期发展融资,因为企业可能非常成功,已无需外来资金了。

传统的风险投资主要投资于新兴的刚刚起步的小企业,一般属于企业发展的早期投资。20 世纪 80 年代的竞争,使得风险投资开始转向企业发展的中期投资和晚期投资。尤其是杠杆收购和一般意义上的并购融资,成为 80 年代风险投资的新领域。1988 年,这两项投资量为风险投资总量的 37%。比起传统的风险投资来,这种中、晚期投资风险小,相对投资回报率也较低。但是,风险杠杆并购和风险并购的参与扩大了风险投资业务范围,给予了风险投资业以更广阔的活动天地。

广义的风险资本投资已涉及私人股权市场中全部领域,目前风险资本的投资机会还在不断增加,美国的一些投资公司已开始寻找在上市公司中的股权投资机会,如企业分拆和破产重组,也有的投资公司在项目融资中寻找机会。还有一种观点认为,私有股权投资领域还包括抵押证券投资。

# 三、风险资本投资的特点

所有私人权益投资都可被归纳为增加价值的投资(value added investment),因为风险投资家给企业带来比其投资的货币价值大得多的价值。风险投资家在向企业投资后,还要参加企业的经营管理,卷入企业的整个运行,和企业一起增长。风险投资家为企业提供的不仅仅是资金,更重要的是专业特长和管理经验。他们创造培育或激活了企业,使这些企业最终更健康、更具有竞争力。风险资本投资具有以下特点。

## (一) 私下洽商投资

私有权益市场是一个非拍卖定价的效率不高的市场,投资者一般通过私下讨价还价以及订立有利的条款获得高于平均的回报率。当然非有效市场也容易放大损失,那是因为在一个非流动市场的错误不能很快地撤销,如果打算退出一个错误的投资,也必须再次通过洽商得以出售,而买进方通常会大大地压低价格,为自己提供一个高于平均的回报。

## (二) 参与战略规划

风险资本家在向风险企业注入资金的同时,还参与制定战略规划,提供建立、组织和管理新企业所需要的技能。其内容包括从生产、营销到收购兼并机会的识别等。通过这些活动,使该项目投资增加了价值。风险投资在风险企业持有的股份有时占 30% 以上,风险资本家的自身利益与风险企业的利益紧密相连。企业生产的好坏、成本的高低和市场的营销状况等直接影响到风险投资的投资收益率。利益上的一致使得风险投资公司与风险企业的命运连在一起。

企业价值增值的程度取决于:所从事的私人权益投资的类别、风险资本家拥有的内部技巧和被投资企业的需要。

## (三) 结成伙伴关系

风险资本家一旦投入资本后,即全身投入,但绝不干涉企业的经营管理,相反他们放手让选中的具有企业家精神的经营者去经营发展其企业;但同时,风险资本家为了保护和加强其投资的权益,也会以积极支持的态度与企业经营者保持密切的伙伴关系。

只有当风险资本家与风险企业家互相信任后,风险投资者才会等候好几年去取得投资回报。良好的伙伴关系,也使经营者赢得大量股权的机会。因此,接近风险企业家的能力是风险资本家的最重要的技术。

## (四) 控制或影响董事会

控制或至少在很大程度上影响董事会通常是私有股权投资者的一个条件。风险投资家大都是相当有影响的和有实力的董事会成员。对于创业期的企业、风险杠杆收购的目标企业以及处于财务困境的企业,风险投资公司常常轻而易举地对企业控股。在其他情况下,风险投资公司则以控制投票权的方式实现对企业的控制。风险投资公司对企业的投票权往往与风险投资家手中的证券的性质无关。

控制董事会一方面加强了对该公司的直接控制,另一方面也可及时地掌握企业的情况、动态和趋势,这样不仅可以保护投资的安全,而且可以做到持续地和有效地追加投入。风险资本家有能力为所投资的公司开辟资金渠道,使追加资本在必要时源源不断地流入。即使由于种种原因这些风险投资公司本身不再提供资金,风险投资家也往往可以通过他们的关系为企业疏通新的资金渠道。

### (五) 长期非流动的投入

风险资本投资是长期性、权益类投资。风险投资的期限一般较长,其中创业期的风险投资通常在 7～10 年内进入成熟期,而后阶段的风险投资一般需要几年的时间才能退出。风险投资追求的是最终的资本收益,而不是利息收入或股息收入。成功的风险投资以实现风险资本预期资本收益目标为标志,其资本收益通常有两种实现方式:一是出售风险企业,二是谋求风险企业挂牌上市。但有时风险资本投资也会归于失败,即被迫清算。

所以,风险资本投资的流动性很差,它不像贷款可以安排提前偿付计划,也不像银行提供的透支服务,可以在银行需要时,要求立即偿还,更不能像二级市场的证券投资那样,可以随时在市场上出售证券、收回投资。

### (六) 高于平均的回报

虽然风险投资在风险企业占有相当一部分股份,但风险投资家投资的目的却不是控股,他们的目的是退出,是带着丰厚利润和显赫功绩从风险企业退出。然而,获得这种高额收益的代价也是很高的。首先,投资风险高,尽管精心筛选,所投公司的失败率仍然是惊人的。其次,所投入的资金会在企业滞留相当的一段时间,平均投资期为 5～7 年。更重要的是,风险投资家要为企业提供一系列的增值服务,因此,风险投资的高收益是对高风险性、低流动性及增加风险企业价值的投资行为的应有回报。

风险资本投资典型的投资期和风险程度及投资回报率如表 6-1 所示。

表 6-1　风险资本投资典型的投资期和风险程度及投资回报率

| 前期融资投资 | 投资期间(年) | 风　　险 | 所要求的投资回报率(%) |
|---|---|---|---|
| 创业资本 | 7～10 | 极高 | 100 |
| 开业资本 | 5～10 | 很高 | 50 |

（续表）

| 前期融资投资 | 投资期间（年） | 风　　险 | 所要求的投资回报率（%） |
|---|---|---|---|
| 早期发展 | 3～7 | 高 | 30～40 |
| 后期融资投资 | | | |
| 扩展资本 | 1～3 | 中 | 25 |
| 过渡性资本 | 1～3 | 低 | 25 |
| 杠杆收购资本 | 1～3 | 低～高 | 35 |
| 重组资本 | 3～5 | 中～高 | 50 |

# 第二节　风险资本投资的运作方式

　　风险投资是一个三位一体的运作过程。无论是哪个阶段的风险投资,一般都包含着三方当事人,分别是:风险资本的供给者-投资者、风险资本的运作者-风险投资公司或个人、风险资本的使用者-风险企业。资金从投资者流向风险投资公司,经过风险投资公司的筛选决策,再流向风险企业,通过风险企业的运作,资本得到增值,再回流至风险投资公司,风险投资公司再将收益回馈给投资者,构成一个周而复始的资金循环。许多情况下,投资者与资本的运作者合二为一,也即投资者不经中间环节,直接将资金投放于风险企业。这种直接风险投资使整个投资过程更为简单。

## 一、风险资本的供给者

　　在风险投资的早期,资金主要来源于富裕的家庭和个人。随着风险投资的发展,美国政府给予了种种政策的支持,吸引了许多机构投资者,包括公共的和私人的退休基金、捐赠基金、银行持股公司、保险公司、投资银行、非金融机构或公司和外国投资者。以美国情况为例,到 20 世纪 90 年代中叶,养老基金占风险投资资金来源的近 50%,捐赠基金、银行持股公司、富有的家庭和个人各占 10%,其余占 20%。

　　对于每一类投资者来说,最大的投资者常常是既进行直接投资,即投资者直接把风险资本投入到风险企业,同时也通过合伙投资公司进行间接投资。一般投资者通常是通过投资公司开始其在私人资本市场上的投资,私人退休基金和捐赠基金是较大的直接投资者。而公共退休基金由于其进入市场的途径和经验都极其有限,不太可能进行直接投资。以下简要介绍各种有关投资者的投资方式。

### (一)私人退休基金

大多数私人退休基金与其他类型的投资者一样主要通过合伙制进行投资。20世纪 80 年代早期,私人退休基金作为私人资本的有限合伙人开始大量进入市场。但一些最大的基金在直接投资和共同投资中已变得非常积极,它们依靠自己的投资专家来评价投资战略和管理其投资行为。有限合伙制中的普通合伙人认为,私人退休基金是非常有价值的投资者,因为它们对合伙交易的承诺常常是对其他潜在的有限合伙人表明它们这种合伙关系的质量是较好的。有时,有经验的私人退休基金会利用其"领导地位"通过谈判使普通合伙人获得较低的管理费和附带权益。

### (二)公共退休基金

与私人退休基金相比,公共退休基金是私人资本市场的新来者。在整个 20 世纪 80 年代,公共退休基金投资于私人资本市场的金额急剧增加,近年来已经取代了私人退休基金而成为私人资本市场的最大投资者。在许多情况下,最小投资额在 1 000 万~2 500 万美元之间。由于公共退休基金通常受投资金额的限制,即其投资额不得超过单个合作协议所规定金额的 10%,所以公共退休基金倾向于投资于更大的合伙人。

由于其本质特性,公共退休基金及其投资决策可能受到公众审查。繁琐的投资决策再审查程序限制了公共基金对投资机会作出快速反应,所以公共退休基金很少进行直接投资。另外,公共退休基金明显地更青睐于后期风险投资和非风险投资。因为这样风险可能较小,并可能更快地产生回报。

### (三)捐赠基金

捐赠基金和一般基金都属于风险资本市场的最早投资者,大多数投资都是通过合伙制实行,但是一些最大的大学捐赠基金也对某些项目进行直接投资,这些项目往往是与其本校的研究项目相联系而启动的。一般而言,它们为私人资本合伙项目提供大约 12%的资金。

### (四)银行控股公司

银行控股公司也是风险资本市场的早期投资者,而且据估算它们还是私人资本市场的最大直接投资者。自从 20 世纪 80 年代以来,银行控股公司便作为一个群体活跃在私人资本市场上。许多银行控股公司进入这个市场,是为了获得介于私人资本投资和提供其他商业银行产品之间的经济上的好处。据统计,在最大的进行私人资本投资的 20 家银行控股公司中,前 5 家占了其总投资额的 2/3。可见,规模大的银行控股公司的风险投资中作用很大。

### (五) 保险公司

保险公司在私人资本市场上的业务是从公司的私募业务中衍生出来的。在垃圾债券市场出现之前,它们还以夹层融资的方式为一些最早的杠杆收购业务提供债务资金。然而,在整个 20 世纪 80 年代,保险公司将其大多数私人资本投资行为限定为其本身的夹层融资。几家保险公司成立自己的私人资本合伙公司,并将自身资金与从外部投资者处筹集而来的资金结合起来一道投入其中。自 20 世纪 80 年代中期以来,因为保险公司变得更适应合伙制投资,因此,对于外部合伙公司来说,其地位变得更为重要。

### (六) 投资银行

投资银行参与私人资本市场最常见的方式是:通过投资于其自身充当普通合伙人的风险投资合伙公司进行间接投资。投资银行支持的风险合伙公司业务方向是中晚期投资和非风险投资;同时,这些合伙公司的金融活动与投资银行的其他业务处于同一经营范围。例如,一家投资银行支持的合伙公司在预计到该银行将为一家公司上市包销并为其提供其他金融服务,则该合伙公司可能在这家公司上市之前,对其进行过渡投资或夹层融资。不通过风险投资合伙公司而进行直接投资对于投资银行来说是罕见的。

### (七) 非银行金融机构

和银行控股公司一样,非银行金融机构从 20 世纪 60 年代以来就是风险资本市场的有力支持者。非银行金融机构常常设立一些特殊的附属机构来进行此类业务,主要从事直接风险投资,而不常作为有限合伙人参与风险投资。非银行金融机构主要投资于那些符合其竞争和战略目标的、处于早期发展阶段的风险投资项目。在它们投资的公司中,大约 2/3 集中在保健、制造业、化工以及通讯工业。

### (八) 富有的家庭和个人

富有的家庭和个人在私人资本市场上投入了大量的资金,但是由于退休基金和捐赠基金投资额的增长,这一投资群体在市场上的重要性已大大减小。这一群体包括退休的公司首席执行官和在职的公司经理,还包括商业银行和投资银行的富有客户。这一群体的投资者所要求的投资回报期通常比其他类别投资者所要求的长。因此,比起机构投资者,他们可能更适合投资于非流动性资产。

## 二、风险资本的运作者

风险资本的运作者是风险投资流程的中心环节。在风险资本市场上,资本的运作者可分为风险投资公司和风险投资个人。

### (一) 风险投资公司

风险投资公司是风险资本基金的管理公司,它是负责风险资本基金的发起、设立与经营管理的专业性金融机构。它代表自己及其他投资者管理基金资产,并寻求每一个基金收益的最大化。一家风险投资公司可能同时有几个基金,每个基金独立管理并拥有自己的投资者。在一家风险投资公司内不同的基金可能有相同或不同的投资策略。

风险投资公司是主要的资本运作者,资本经由风险投资公司的筛选,流向风险企业,取得收益后,再经风险投资公司回流至投资者。在风险投资市场上,一方面是机会,巨大的增长潜力;另一方面是资本,寻求高回报,不怕高风险的投资资本。风险投资公司使机会与资本联系起来。

1. 风险投资公司的类型

在美国,风险投资公司按隶属关系大致可分三种类型:小企业投资公司、独立的合伙制人风险投资公司,以及大公司所属的风险投资公司。按公司股票是否上市交易又可分为公众持有的风险投资公司(上市公司)和合伙人制风险投资公司(非上市公司),其中非上市的合伙人制风险投资公司最为普遍。

(1) 小企业投资公司(small business investment companies,简称 SBIC),是美国政府于 1958 年为推动风险投资、促进高科技企业的发展而扶植建立的私人公司,是政府资金或国有资本与私人资本相结合的一种资本形式。其中有些 SBIC 是公众持有公司。SBIC 由美国小企业管理局批准成立,并直接受其管辖。小企业投资公司可从政府那里得到低息贷款,同时还享受一些税收上的优惠。相应的 SBIC 也受到了一定的投资约束,包括其所投资的企业规模和利益控制上的限制。尽管 SBIC 受小企业管理局的控制,但投资决策仍由私人作出。

但 SBIC 形式本身存在许多缺陷:由于 SBIC 可获得低息贷款,一些 SBIC 倾向于为那些有现金流入的公司提供债务融资,以获取利息收入,减少风险;此外,SBIC 是政府直接支持的,而政府行为有时会导致官僚体制的形成,管理的不利使得 SBIC 没有能吸引住真正内行的金融专家。结果,自 20 世纪 60 年代后期,SBIC 不论从数目上还是从规模上都逐渐减小。在 20 世纪 60～70 年代,SBIC 掌握有 1/3 以上的私人资本投资,但今天它们控制了不到 1% 的私人资本。

(2) 合伙人制风险投资公司(venture capital partnership)。在风险投资较为发达的美国和欧洲,合伙人制风险投资公司最为流行。合伙人制风险投资公司虽被称为公司,但它们大都不是上市的股份公司,而是一种私人合伙企业。其合伙人通常分为两大类:有限合伙人(limited partnership,简称 LP),普通合伙人(general partnership,简称 GP)。有限合伙人是风险投资的真正投资人,他们提供了风险投资公司基金总额的 99% 的资金,但一般分得 75%～85% 的资本利润,同时承担的责任也仅以其在公司的出资额为限。有限合伙人包括富有家庭和个人、养老基金、捐赠基金、银行持股公司、投资银行和其他非金融公司等。普通合伙人是风险投资家,他们既是资金的供给者又是经理人员。普通合伙人的出资额仅占风险投资公司基金总额的 1%,他们投入的主要是科技知识、管理经验和金融专长。他们肩负着筹集资金、筛选并决定投资对象、参加投资对象公司的经营管理,执行将所得利润在合伙人之间分配等多重职能。如果风险投资公司资不抵债,他们不仅要承担亏损,还要负无限责任和个人责任。

合伙人制把风险投资家个人利益与公司利益结合起来,同时 1% 的自有资金投入和对公司的无限责任也使投资者增强了投资的信心。自 20 世纪 80 年代以来,有限合伙人制在风险资本投资市场日趋占据主导地位,目前合伙人制的风险投资公司管理着大约 80% 的非公开资本市场上的投资。

(3) 大公司所属的风险投资公司。这类投资公司包括两种资本组织:

第一种是金融机构下属的或关联的风险投资机构,它们代表外界投资者或母公司的客户进行投资。金融机构下属的风险投资公司在结构及管理上跟独立的合伙人制公司没有什么区别。

第二种是非金融机构下属的风险投资子公司,它们代表母公司的利益进行投资。非金融机构下属的风险投资子公司通常将资金投向一些特定的行业,还经常光顾两类被投资企业:一类是产品有望进入其母公司目标市场领域的企业,另一类是有可能开发出母公司所需技术的企业。近年来这一形式发生了较大的变化,许多企业撤销了自己的风险投资公司,而采用战略投资形式,与一些新建企业建立战略合作关系。

公开交易的风险投资公司过去是有影响的公司,这些公司规模较大,拥有大数额的资金用于投资,通常为美国一流的风险投资机构。但今天它们还在活动的只剩下 10 余个公司,累计掌握的资金也少于 3 亿美元。显然,私人资本投资的长期性和股票分析人士及公开市场投资者的短期理念甚不相容。

2. 风险投资公司的运作

风险投资公司的职责在于:寻找资金来源、选择投资目标、参加经营管理和盈利退出。从性质上讲,风险投资公司运作大体上可分为四个阶段:

第一阶段为筹集投资阶段。在这一阶段,普通合伙人要用 6 个月到 1 年的时间,寻找有限合伙人,筹集各类资金。风险投资家要说服有钱的金融机构或个人,把钱投在自己的手里。这时最重要的也最有说服力的是风险投资家本人过去的业绩。

第二阶段为组织投资阶段。在这段时间中,要选择投资对象。风险投资公司要作大量的调查、咨询和研究工作。在选择好初步投资对象后,还要对这个具体对象作深入的调查研究。这个过程有时称为"审慎调查"(due diligence)。这一阶段的结果导致最终的投资。被投资的企业就是风险企业。

第三阶段为监控投资阶段。风险投资公司在投资后,并不认为大事已成。它们还要直接参与风险企业的经营管理,帮助后者成长壮大。在这一阶段,风险投资公司的目标很明确:要增加风险企业的市场价值。因为增加它的价值就是增加自己投资收益。

第四阶段为退出投资阶段。这个阶段是风险投资的结束阶段。这一阶段,风险投资家将所有的资产变为现金,从而收回全部所投资金。一般来说,有三种办法退出:① 使投资对象公司公开上市。② 把投资对象公司卖给另一家公司。③ 宣布破产,进行企业清算。

## (二) 天使投资人

天使投资人(angels)是最早的和最有典型特征的个体风险投资者,是企业家的第一批投资人,这些投资人在公司产品和业务成型之前就把资金投入进来。美国天使投资人主要由各大公司主管、退休企业家和医生等富有人士组成。在美国有两种类型的天使投资人,即纯粹意义上的天使和衍生意义上的天使。

1. 纯粹意义上的天使

纯粹意义上的天使投资人通常是创业企业家的朋友、亲戚或商业伙伴。由于他们对该企业家的能力和创意深信不疑,因而愿意在业务远未开展起来之前就向该企业家投入大笔资金。大部分天使投资人只投资几次,而且对投资小企业没有经验。天使投资人进行投资通常不需递交大量文件,而且由于他们不知如何面对小企业发展过程中的种种问题,因而企业家和天使投资人最后往往要带着痛苦来共同讨论回收投资的问题,结果是双方都只有面对现实,分享成败。

2. 衍生意义上的天使

衍生意义上的天使是指既富有雄厚的资金实力,又富有管理经验的个人。他们是向其他企业家投资的企业家。他们看准了投资机会后，就用自己的钱，加上自己的管理经营经验，参与企业的整个从小到大的成长过程。他们所投资金在 5 万～150 万美元之间。他们集资本和能力于一身。他们既是投资者又是管理者。他们的行为基本上属于一种个体或小型的商业行为。

这类天使投资于新的企业主要基于三点理由：一是他们确信自己过去作为企业家的经验会有助他们识别出一项成功的交易；二是风险投资能够给予他们重温过去自己创办企业时的激情，而这种体会是无法从别的投资方式中获得的；三是表白动机(telling motivation)，风险投资能够满足这种需要。

根据美国风险投资研究中心的资料，目前美国约有 30 万名天使投资人。1997年，天使投资人所提供的投资金额为 100 亿美元左右。为了推动美国风险投资行业的发展，美国国会于 1997 年通过一项法案，风险投资人在新建企业中获得的利润只有在 60 天以内，再次投入到新的复杂投资项目中去，其利润所得可以推迟交纳税款。这一法规从税务上给予风险投资人以极大的优惠，进一步调动了他们从事风险投资的积极性。活跃在全美各地的天使投资组织形式灵活，多种多样，有的以个体行为出现，有的以天使投资俱乐部方式出现，联合出资，支持某一新创企业。

3. 天使投资机制的特点

与风险投资公司中的风险投资家一样，在投资开始之前，衍生意义上的天使投资人也期望收到经营计划书(business plan)，并对此进行研究分析。他们通常还要求在被投资企业的董事会中占有一席之地，并听取管理层关于公司发展的报告。对他们而言，积极参与被投资公司的管理十分重要。他们非常喜欢向管理层提供咨询并期待着自己的意见被仔细考虑。与风险投资公司不同的是：天使投资人在判断是否投资时反应比较迅速。因为他们通常不对被投资企业作出详尽的调查，而且也不需向任何人咨询。然而，对企业不利的是：由于缺乏足够的投资经验和资金，当设定目标未能如期达到时，天使投资人往往会拒绝提供后续融资，甚至有可能利用合约权利来阻止其他投资人进入。

天使投资机制与风险投资机制的主要区别在于：

(1) 风险投资家往往是运作别人的资金，对风险企业进行投资。而天使投资人是运作自己的资金，以协助一家企业的创立。

(2) 从创建一家企业的资金链而言，天使投资人一般早于风险投资机构参与这家公司的创建活动。有时可能在投资申请人只有一张投资计划书，甚至只有一些大致的企业构思时，天使投资者一旦看好，就会毅然介入构思的创建过程。而风险投资家通常要看到新企业的实际运作，并取得某些实质性进展之后，才会介入。

(3) 就投资数额来说，天使投资人的单笔投资的规模往往不大，投资数目可以从几千美元到几百万美元。而风险投资机构不投则已，只要投资就不会低于 10 万美元,一些大型风险投资机构所投入资金数目一般均在 100 万美元以上,甚至在 500 万美元以上。

当人们希望获得一笔创业资金,或是启动资金,而这笔资金的数额不大,则应首先同天使投资人进行接触寻求投资资金。当企业建立后,已经开始运转,在技术、产品和市场等方面开始取得一些突破,但需要较大数额的资金投入时,就可以与风险投资机构进行洽商,寻求他们的合作。

在美国硅谷的风险投资业中,正规的风险投资公司依然拥有不可抗拒的主导地位,但是天使投资人机制也在发挥着越来越大的作用。

## 三、风险资本的使用者

一个好的风险企业是完成风险投资流的关键。如果说风险投资家的职能是价值发现的话,风险企业的职能是价值创造。广义的风险企业既包括处于早期发展阶段的新兴企业又包括处于中晚期阶段的成熟企业。

### (一)早期阶段的新兴企业

传统的风险资本的寻求者都是新兴企业,大部分是发展高新技术的公司,这些公司预计将来会有很高的增长率。它们可能刚刚启动,依然处在调查和发展阶段,或是处在开展业务的早期,也可能是成立已经几年,但还在寻找迅速发展的机会。美国在 20 世纪 80 年代以前,风险投资的重点是以计算机技术为核心的硬件产业。到 80 年代以后,投资的重点开始向软件产业、医疗保健产业、生物技术和通信产业以及国际互联网转移。风险投资家在选择新兴风险企业时,一般考虑以下一些因素。

1. 具有成功的条件

任何一家投资公司都不会选择那些不具备成功条件的企业进行投资。通常,企业成功的条件是:

(1)有较高素质的风险企业家。他必须有献身精神,有决策能力,有信心,有勇气,思路清晰,待人诚恳,有出色的领导水平,并能激励下属为同一目标而努力工作。

(2)有既有远见又符合实际的企业经营计划。这个计划要阐明创办企业的价值,明确企业的发展目标和发展趋势,明确企业的市场和顾客,明确企业的优势和劣势,同时指明创办或发展企业所缺少的资金。

(3)有市场需求或有潜在市场需求的新技术、新产品。有需求,就会有顾客;有顾客,就会有市场;有市场,就有了企业生存发展的空间。

（4）有经营管理的经验和能力,有技术和营销人员配备均衡的管理队伍,有能高效运转的组织机构。

（5）有资金支持。任何没有资金支持的企业都只能是空想。

2. 高科技公司

风险投资者特别偏爱那些在高技术领域具有领先优势的公司,比如软件、药品和通信技术领域。如果风险企业家能有一项受保护的先进技术或产品,那么他的企业就会引起风险投资公司更大的兴趣。这是因为高技术行业本身就有很高的利润,而领先的或受保护的高技术产品或服务更可以使风险企业很容易地进入市场,并在激烈的市场竞争中立于不败之地。因此,这些企业常常可以筹集到足够的资金以渡过难关。

3. "亚企业"

仅仅依靠思想或新技术是不能形成一个风险企业的。事实上,只有极少数的项目在资金投入前就已经有了实际上的收入——即具备了初步经营条件。风险投资公司并不会单给一项技术或产品投资。风险投资家资助的是那些"亚企业"（almost business）——即只有那些已经组成了管理队伍,完成了商业调研和市场调研的风险企业才可能获得投资。

4. 区域因素

一般的风险投资公司都有一定的投资区域。这里的区域有两个含义:一是指技术区域。风险投资公司通常只对自己所熟悉的行业的企业或自己了解的技术领域的企业进行投资。二是指地理区域。风险投资公司所资助的企业大多分布在公司所在地的附近地区,这主要是为了便于沟通和控制。一般而言,投资人自己并不参与所投资企业的实际管理工作,他们更像一个指导者,不断地为企业提供战略指导和经营建议。

5. 小公司

大多数风险投资者更偏爱小公司,这首先是因为小公司技术创新效率高,有更多的活力,更能适应市场的变化。其次小公司的规模小,需要的资金量也小,风险投资公司所冒风险也就有限。从另一个方面讲,小公司的规模小,其发展的余地也更大,因而同样的投资额可以获得更多的收益。此外,通过创建一个公司而不是仅仅做一次投资交易,可以帮助某些风险投资家实现他们的理想。

6. 经验

现在的风险投资行业越来越不愿意去和一个缺乏经验的风险企业家合作,尽管他的想法或产品非常有吸引力。在一般的投资项目中,投资者都会要求风险企业家有从事该行业工作的经历或成功经验。如果一个风险企业家声称他有一个极好的想法,但他又几乎没有在这一行业中的工作经历时,投资者就会怀疑这一建议的可行性。

### (二)中晚期的成熟企业

有些已上市的成熟公司也是私人资本市场的发行者,它们寻求的是负债和私人资本的混合,它们为了经营或者资产重组而融资。例如,有些上市公司寻求私人权益资本,是想借此缓解资金压力,降低因上市筹资而带来的注册成本,减少因被迫公开公司信息而带来的损失。

事实上,20 世纪 80 年代以后,风险投资逐渐向企业后期阶段转移。据统计,现在早期投资只占风险投资额的 5%,导致这个现象发生的有以下几个因素:

(1)20 世纪 80 年代以后风险投资更多地集中在少数人、少数机构手中。每个风险投资家掌握的资金越来越多,这就需要能找到吸纳这些资本的项目。早期投资的特点是所需人员密集型、而非资本密集型。处于早期投资阶段的风险企业只需较少的资金就能达到风险投资家的目标。他们需要投资者更多地帮助他们建立管理队伍,进行管理,而后期投资则主要是资本密集型。相对来说,对管理咨询要求较少,一家拥有巨额资金量的风险投资公司,可以给一家风险企业很多钱,但却不可能将过多的人员和精力放进去。这正与晚期投资相吻合,于是晚期投资逐渐多起来。

(2)典型的风险投资有限合伙人制结构,其生命在 10~12 年,这就要求普通合伙人每隔 4~7 年就要进行一次再筹资。晚期投资从进入到退出大约需要 3~5年,而早期投资从进入到退出需要 5~7 年时间。如果普通合伙人打算每隔 4~5年筹集一次资金,则晚期投资的效果就可展示给潜在的投资者以吸引其资金。

(3)晚期投资相比早期投资而言,具有风险小、可预测、退出容易等优势。早期投资由于时间长、流动性差和不确定性因素多。尽管高风险后可能蕴藏着高收益,但如果时势变动,风险投资试图从中撤出,还是要亏本的。而晚期投资则不然,只要选择项目得当,由于回收期短,即使中途撤出,一般都会有其他机构愿意接手。这样风险投资往往只蒙受很小的损失,在多数情况下可能都会有收益。

在风险资本市场,不同的风险企业在规模上有很大差别,它们融资的原因也不尽相同。然而,它们有一个共同特点:都不能够或不容易在贷款市场和公开证券市场上筹到资金,只有去求助昂贵的私人权益资本市场。

# 第三节　私人有限合伙公司

20 世纪 80 年代以来,伴随着私人资本市场成长的是作为中介的有限合伙公司的兴起。直到 20 世纪 70 年代末期,私人资本投资基本上由富裕家庭、金融机构和行业公司等组成,而今天 80% 的私人资本投资经过专业的中介公司,而且几乎全部是采用有限合伙的形式。

私人资本合伙公司在以下两方面各有不同:投资总量和有限合伙人的多少。一些早期的风险投资合伙公司和集中在非风险投资的合伙公司规模比较小,一般的资金规模只有 1 000 万美元。另一个极端是一些杠杆收购合伙公司,它大到能掌握 10 亿美元或者更多。一家合伙公司一般以 3~5 年的投资间隔投资 10~50 个被投资公司(每年 2~15 个)。有限合伙人的数量不固定:大多数的私人资本合伙公司有 10~30 个,但有些只有 1 个,多的有 50 个,提供资金所要求的最小份额一般为 100 万美元。但针对富裕个人的合伙公司,有时会有一个比较低的最小份额,较大的合伙公司也许会设定 1 000 万~2 000 万美元为最小份额。

从某种意义上说,有限合伙公司的成功是不可思议的。在这样的公司中,利益不能够立即变现。在整个合伙期间(10 年或者更长)投资者实际上放弃了对合伙公司管理的控制,但是管理者并不会因此而失去控制,随意决策。其中的一个主要原因在于:合伙公司的自身特性和合伙协议所构成的对代理人的激励与约束机制,可以减缓投资者和公司管理者之间的矛盾冲突。

## 一、资金筹集和信誉的作用

在经理市场上,经理人信誉对个人的成功至关重要。信誉的作用首先反映在风险投资基金的募集上。每家合伙公司在合同里规定有固定的生存年限,通常是 10 年。如果带有延长合伙的条款,通常有 1~2 年的延长期,最多只能延长 4 年。在合伙基金募集成功后的 3~5 年内,风险投资公司将这些资本投入到一系列投资项目中,众多投资项目构成该基金的投资组合,然后经理人管理这些投资项目,在条件成熟时将其逐步变现,获得投资利润,并将这些收益以现金或有价证券形式分配给基金的有限合伙人。与此同时,合伙公司的经理人开始募集新的投资基金。每个基金都有不同的生命周期,并且每个合伙公司在法律和运作上是完全独立的。这样,经理人几乎是每隔 3~5 年的时间就要筹集新的合伙资金,并同时管理几个风险基金。

当合伙公司管理者要组成新的合伙公司时,他们必须有一个有利于自己的业绩记录。组成合伙公司是非常费时、费钱的事,他们的建议也许要经过 2 个月到 1 年多时间才能被采纳。所以基金的募集能否成功,在很大程度上取决于经理人以往的信誉和经验。一个成功的业绩是非常重要的,因为它显示了普通合伙人的能力。而当经历本身也被视为一种资产时,普通合伙人就会花费更多的时间和精力去保护他们的信誉。

为使他们的资金筹集成本最低,合伙经理人通常先转向那些投资于先前合伙公司的投资人,当然是假设他们前面的合伙投资是令人满意的。成功地筹集一笔资金是和投资者交流的一种最好的办法,因为已成功签约的资金意味着对普通合伙人的良好评价。

普通合伙人需要为投资者及他们的咨询专家建立一个良好的业绩记录,这种压力使普通合伙人和有限合伙人之间的矛盾得到缓解。

## 二、业绩的衡量与分析

除了品质表现外,经理人的信誉更多地建立在以往的经验和业绩上,因此可靠地衡量合伙公司经理人的过去业绩就很有必要。市场参与者利用各种不同的定性及定量方法去衡量经理人的业绩。最通常使用的业绩衡量方法是内部报酬率,它可以在合伙公司的每一阶段计算。然而,没有到期的合伙公司的内部报酬率依赖于评估非流动资产的会计方法。

投资者只是部分依赖于内部报酬率去衡量过去的业绩。这不仅是因为未到期合伙公司的回报难以计算,而且因为合伙公司的回报经常变化。某一单个投资预计回报能够明显地提高整个基金的业绩。通常情况下,在合伙的初期,高现金回报率也许只说明运气不错而不能证明判断力的好坏。因此,这个用来判断普通合伙人水平高低的标准不是很可靠。

潜在的投资者和他们的咨询者通常遵循一个复杂的经验分析方法,对合伙公司回报进行研究。例如,为了排除某一成功投资掩盖其他失败投资的可能性,合伙公司的回报是去除了最高收益投资而计算的。比分析回报更重要的是关系分析,如,私人资本的回报和投资特性的关系。投资者试图研究投资回报和普通合伙人管理投资责任感大小的关系,如果某个合伙管理公司最近刚刚失去它的一些关键的职员,那么这将说明普通合伙人在管理责任上有些问题。

另一个衡量过去业绩的途径是对合伙公司技能水平的质量评估。在某些场合下,潜在的合伙人在共同投资的早期就和普通合伙人一道工作,这种经历给了他们去观察普通合伙人怎样组织和管理他们投资的机会,也可以深入观察普通合伙人的管理技巧。没有这个机会的投资者可以向那些有过那种机会的人咨询。

收集和分析合伙公司及回报的信息是有成本的。随着私人资本市场在20世纪80年代的扩张,投资咨询服务市场随之发展。机构投资者,特别是那些新到市场的人,较多地依赖于专门的咨询者去评估合伙公司。咨询专家在发展新的评估合伙公司业绩方法方面起着重要的作用。

## 三、普通合伙人的报酬

风险投资特点是高收益、高风险。一旦成功,它会带来几十倍,甚至上百倍的收益,但其失败的比例也很大。如果失败,有限合伙人损失他们所投入的全部资金;如果成功,收益会在有限合伙人与普通合伙人之间分配。典型的情况是,普通合伙人可以得到投资税后收入 20%,而有限合伙人则得到 80%。

投资净收入在有限合伙人与普通合伙人之间的分配如图 6-3 所示。

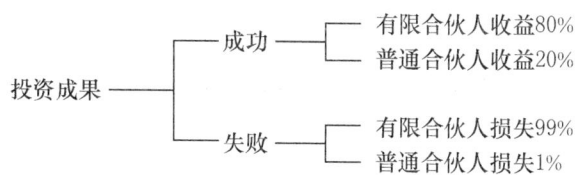

图 6-3　有限合伙人与普通合伙人之间的分配

风险投资业对普通合伙人,即风险投资家的要求极高,他们要具备各方面的知识、素养、专长训练和经验。自然,风险投资家所得的报酬也颇高。这种报酬一般有两个内容:管理费或佣金(management fee)和持有利益(carried interest)。以上所说普通合伙人的利润分成即持有利益。以利润分配的形式对普通合伙人进行补偿,是合伙公司激励经理人员的中心环节。

### (一)管理费

在设定管理费时,普通合伙人和有限合伙人必须对费率和哪种费用可被计入管理费达成协议。管理费一般以占所管理基金资金总额的一定百分比收取,并在合伙公司存在期间一直保持。费率从 1%~3%不等。大多数的风险基金收取 2%~2.5%的费率,但是一些较大的风险合伙公司和一些非风险合伙公司一样收取较小的费率,这主要是经济规模的原因。

近年来有一种降低管理费并使之可变的趋势。投资者认为,管理费应该更能反映普通合伙人的工作。普通合伙人通常在合伙的初期和中期最忙,因为他们要选择投资机会、组织交易和监管所投资公司,以后随着所投资公司的上市或出售,普通合伙人转而去筹集下一笔基金,其参与程度在合伙的晚期下降。为了反映不同的参与程度,许多合伙协议规定在某些时期采取比较高的费率,从 2%~5%,随后降低费率。很多情况下在合伙公司终止后普通合伙人不再收取管理费,即使有限合伙人愿意延期。这种收费安排是鼓励普通合伙人尽快归还有限合伙人的投资资本,并开始组织新的合伙公司。

降低收费的倾向也反映在收费基数的变化上。费用通常是以所投资的基金而不是承约基金为基数。这种条约导致了较低廉的费用并鼓励普通合伙人尽可能地把签约资金投资出去,也削弱了普通合伙人筹集更多的超过投资能力的资金的倾向,因为承约过多的资金并不能导致更高的管理费。

最后,虽然合伙协议通常对所有的有限合伙人一视同仁,但是最大的有限合伙人常常与普通合伙人单独谈判,以减少他们的管理费用。这种特殊的待遇有其理论基础:大的投资者通过大量投资降低了基金筹资成本。更重要的是,某些机构投资者因其丰富的专业知识,在私人资本市场被广为人知,它们的投资对别的机构投资者来说是一个有利的信号,因此更加降低了资金成本。事实上,它们的投资行为对别的机构投资者来说比第三者的投资忠告更有说服力。

## (二) 持有利益

持有利益是资本增值(capital gain)中按照合同分配给普通合伙人的部分,一般固定为全公司净收入的20%。在风险投资合伙公司中,超过80%的公司利用80:20的利润分配规则。在非风险投资中持有利益没有显出规律性。

虽然持有利益的百分比相当可观而且固定,但计算净收入的方法最近向有利于有限合伙人的方向发展。在早期协议中,特别是那些杠杆收购合伙公司中,持有利益是基于单个投资的收入。现在一般是基于合伙公司全部投资组合的回报。当别的条件不变,合伙公司某一单项投资亏损时,这种改变对有限合伙人更为有利。更重要的是,它调和了合伙公司的投资目标和有限合伙人的目标。在早期协议中,合伙经理人较少关心整个投资的回报,而是更关心最成功的某一单项投资的回报,同时忽视投资在均值和均值以下业绩的项目。

计算持有利益的另一个变化是:采用了"抓回"(claw back,简称CB)条款。按规定,分配给有限合伙人及普通合伙人的现金和有价证券,随着合伙公司投资开始,清算就开始。那么,有限合伙人的回报可能因为投资的长期持有而亏损。CB条款为了保护有限合伙人的利益,在普通合伙人收到持有利益之前,允许有限合伙人收回他们的投资和管理费,还要求普通合伙人归还他们早期的利润分配。假如没有这样的条款,普通合伙人通过早期收入的分配能够扩大他们的回报。

另一个影响普通合伙人和有限合伙人利润分配的因素是合伙公司的会计和利润分配制度。过去合伙公司一般是以股票市场价格估算持有利益。然而很明显,许多初始上市公司的股票流动性有限,当有限合伙人试图抛售股票时,股票价格会进一步下降。因此,许多有限合伙人试图在他们的合伙协议中加入条款,迫使普通合伙人分配现金,或对股票分配进行折扣。最后,一些有限合伙人要求在普通合伙人开始分享合伙利润之前,投资者先收回某个固定比率的回报,从5%～10%不等。这样在一些情形下,普通合伙人只收取超过优先分配后的那部分利润的20%。以上这些变化使普通合伙人的报酬和私人权益投资者的投资目标联系起来。

# 四、合伙公司的结构特征

合伙公司的某些结构特征使合伙公司的业绩和经理人的活动更加公开,增强了普通合伙人提高信誉的能力。

## (一) 投资组合的相互分离

其中一个特征是投资组合的相互分离。根据这一点,每一项合伙公司的投资是分别进行的。这样便于和其他合伙公司的回报率进行对比,比较容易看出是否由于普通合伙人无法控制的原因而使投资回报率过低,并可证明投资回报率低是否出于外部原因,如经济循环周期或者公开上市市场和购并市场环境变化。如果不将投资组合进行分离,收入将是发生在不同商业周期和不同市场条件下各种投资的回报的混合结果。

## (二) 管理支出和投资基金的分离

合伙公司的另一个重要特征是管理支出和投资基金的分离。在一家有限合伙公司中,管理费是在合伙协议中单独提出的,这样投资基金中能用于经理人的薪金和津贴的钱是有限的。这样一种支出的透明化可以使不同合伙企业之间的对比更加容易。一些合伙公司不提前支付管理费,而是和有限合伙人每年协商确定预算开支,这种安排更有弹性并保存了提前安排管理费的多数优点,即由投资者控制和更加公开。

## (三) 合伙协议

合伙协议也是保护有限合伙人利益的手段,通过条约对合伙公司的普通合伙人的投资和一些别的活动作出限制,对投资行为的限制尤为重要,因为相当大比例的普通合伙人的报酬是以类似于期权的形式支付的。这种形式的报酬能导致过度的风险行为,特别是当合伙公司承受的风险越大,普通合伙人的利益将会越高的情况下。

为解决承担过度风险问题,合伙合同通常对投资于某一单个公司或合伙公司的 2～3 个最大投资项目的累计投资金额限定一个占基金筹资总额的百分比。合约特别规定禁止在公开交易市场和外国证券、衍生工具和别的私人资本基金上投资，也禁止私人资本合伙公司偏离其专注的行业。最后，合约一般限制基金使用负债。许多情况下要求从资产销售中获得的现金立即支付给投资人。

这些限制条款的任何一个都是为了限制普通合伙人承担过大的风险而牺牲有限合伙人的利益。除了承受过高风险，普通合伙人还有别的方式可以谋求自己利益。如普通合伙人为了产生费用收入而投资于自己的子公司，为了增加公司的价值而投资于自己管理的其他投资公司，或利用个人资金与合伙公司对最有吸引力的投资进行联合投资。投资协议一般通过设立限制交易费（付给普通合伙人完成某一单项投资的费用），要求用交易费用补偿管理费，以及限制普通合伙人联合投资的条款来解决这些潜在问题。

此外，所谓"无过离婚"（no-fault divorce）条款也是有限合伙人限制普通合伙人权利的一种办法。"无过离婚"是指即使普通合伙人并没有犯原则性错误，只要有限合伙人对其失去信心，他们就会停止追加投资。这样做可以刺激普通合伙人充分利用已经筹集到的资金。普通合伙人往往把这种条款看成是激励自己的有效压力，使自己更加尽心尽力，不断进取。

# 第四节　投资银行的风险资本业务

投资银行涉及各种不同层次的风险资本投资，从为风险资本基金募集资金一直到使新兴企业（风险企业）公开上市。在风险企业融资的各个不同阶段中，可能涉及投资银行的融资技巧和融资的专门知识，投资变现的过程更是投资银行的活动范围，不管是通过初次公开发行，以及随后的二级市场交易，或是通过收购兼并，投资银行都要为风险资本家提供使其原始投资变现流动的方法。由于风险投资的本性使得在非公开市场和公开交易市场上产生一系列的融资需求和投资机会，因而投资银行乐于自己经营风险资本业务。

## 一、风险资本业务的类型

投资银行的风险资本部主要从事的是风险资本的筹集和经营业务。一家投资银行可以只简单地为外部风险资本基金筹资，因而获得筹资的佣金而无更多的牵连；也可以自己发起并管理自己的风险资本基金，在这种情况下，投资银行要设立一个分支机构和管理组织。

## （一）为外部风险资本基金筹资

尽管大多数有限合伙公司在筹资时不用代理人，但那些试图筹集大量资金（10亿美元以上）的有限合伙公司、那些没有筹资经验的有限合伙公司，以及那些对机构投资者不熟悉的有限合伙公司就会有求于代理人。

投资银行能经常收到来自寻求筹资帮助的有限合伙公司的大量建议书，因此，它们在寻求筹资客户时并不困难。它们成功的关键取决于他们在机构投资者的信誉，这一信誉源于它们持续地为机构投资者高质量的基金销售书。因此，投资银行在选择筹资客户时非常谨慎。一旦它们答应帮助某一特定的基金公司时，投资银行就要准备基金的出售备忘录并把它发送给潜在的投资者。然后，投资银行就要组织一个项目展示会，并与潜在的投资者进行直接会谈。

一般基金公司要花 9 个月的时间来筹集资金，投资银行的这些代理业务索取的佣金很高，通常是筹资额的 2%。这样，一笔 10 亿美元资金的筹资代理费，要达到 2 000 万美元。

## （二）发起和管理自己的风险基金

由于投资银行从事各类融资业务，因此它在组织和发起资本基金方面有特殊的优势。一般来说，在由投资银行发起的风险资本基金中，投资银行充当普通合伙人参与持有利益的分配，即使那些不是由投资银行发起的风险资本基金，发起人也会经常邀请一家或几家投资银行以特殊身份参与风险基金。这样做，有助于发起人筹集所需的资金，同时也使投资银行参与分享持有利益。

# 二、参与风险资本业务的动机

通常，除了少数比较富有进取心和冒险精神的投资银行介入早期的风险投资活动外，大部分投资银行倾向于对处于成长中后期的公司提供风险资本，如早期发展资本、过渡资本和杠杆收购资本。投资银行从事风险资本业务的原因可归纳为以下五个方面。

## （一）从事风险资本业务可获取高额的投资收益

这种收益包括管理费及持有利益。投资银行作为风险资本基金中的普通合伙人是比较典型的一种情况。一般来说，投资银行只需投资很少一部分资金，通常只有基金股权的 1%。在此之中，投资银行作为普通合伙人、组织者和集合资金管理者,有权获取基金资本增值的 20%,即持有利益及相应的管理费。当然,投资银行如果愿意,还可在集合资金中投入超过 1% 的股权资金,而这一额外投资是不会给投资银行提供优于其他投资者的特殊待遇。

例如,假设某一投资银行组织了 2 000 万美元风险资本基金,投资银行以自有资金入股 1%,即 20 万美元,风险资本基金的目标期限是 5 年,到期时,基金资产将出售并将收益在基金投资者之间进行分配。分配收益时,风险资本基金的资产价值在 5 年期间已增加到 7 500 万美元,相当于投资年复利回报率为 30.2%($7\,500 \div 2\,000^{\frac{1}{5}} - 1$)。由于投资银行有权获得 20% 的利润,所以它将分享 1 100 万美元[($7\,500 - 2\,000$)×20%]。在向投资银行支付之后,基金到期价值为 6 400 万美元($7\,500 - 1\,100$)。当然,投资银行作为集合基金中的 1% 的股权所有者,有权得到 1% 的到期价值,即 64 万美元,相当于投资年复利回报率为 26%。

所以,投资银行最初投资的 20 万美元,到期后价值为 1 164 万美元($1\,100 + 64$),相当于年投资复利回报率为 125%($1\,164 \div 20^{\frac{1}{5}} - 1$)。由此可见,投资银行从事风险资本业务的利润是非常可观的。

必须强调的是,如果投资银行在风险资本基金中的投资只占 1%,而持有利益却高达 20%,那么它说服其他人投资于风险资本基金可能有一定困难,所以,投资银行也往往持有高于 1% 的股权。如投资银行在集合中占 10% 的股权。

### (二) 从事风险资本业务可拓展业务网络

投资银行业务是关系导向型业务,因而,一旦投资银行在风险企业中拥有了董事地位,便可赢得更多的传统投资银行业务。例如,提早介入有公开招股上市可能的公司的股权投资,不仅能使它在新兴公司进行首次公开招股时天经地义地揽到承销初次公开发行和随后的二级发行业务,而且还可进行相应的二级市场业务、帮助创业公司获得其他融资和提供咨询等一系列业务。所以,投资银行参与风险资本业务可以为其他部门创造更多的业务机会。

### (三) 涉足风险资本业务可助其传统业务的实现

在企业经营者寻求公司私有化的过程中,他们往往需要投资银行帮助开发实施策略。由于投资银行参与收购交易的组织策划,因而对杠杆收购公司的前景十分了解。它可能会在杠杆收购公司中持有部分股权,或作为对其提供服务的补偿,或作为商人银行业务以帮助收购公司完成收购。通常,这类股权至少要持有一段时间之后再出售给杠杆收购集团。何况它在要求和获得股权方面处于非常有利的地位。

### (四)涉足风险资本活动可了解最新技术的发展

投资银行是在激烈竞争的商界从事业务经营的,而信息对于成功常起着至关重要的作用。从事风险资本活动可为投资银行提供了解最新技术发展的窗口,使它有能力将最新技术用于其他业务之中。这样做,一方面提高了投资银行的研究报告质量,另一方面也使投资银行对机构客户的吸引力更大。

## 三、风险资本业务的步骤

投资银行进行风险投资的典型作业流程包括识别风险投资机会,实地调查、估计成活率和收益率,洽谈风险投资合同,管理风险投资以及退出风险投资。

### (一)识别风险投资机会

投资银行对投资机会的选择是从审阅企业发展计划开始的。投资银行平均1年收到1000多份投资申请方案,经过反复推敲,深入调查,它们只在其中筛选五六个,中选率在1%以下。

投资银行审阅企业发展计划时,最看重的是计划书所反映出来的创业者和经理层素质,判断他们是否有强烈的敬业精神,是否具备产品研究开发、生产和销售、财务和管理等全面的才智。就新兴公司本身而言,投资银行重点考察的是它的市场规模、前景和其业务的独特性,判断新兴公司是否了解市场和其发展趋势,是否有足够的独特性来击败竞争对手从而脱颖而出。

风险投资家在投资项目的筛选上十分慎重。首先是根据风险投资基金公司的最基本的投资条件和投资领域作出初步抉择。这一阶段的筛选大约有90%的方案会被淘汰。由于风险投资公司之间的竞争,这些公司大都实现了投资领域的专业化,有的专长于计算机硬件,有的则专长于生物工程等。不在其投资专长范围内的申请方案一般予以驳回。然后,审查风险企业规划中的主要假设条件。这一阶段又有一半项目被筛选掉。

### (二)实地调查、估计成活率和收益率

风险投资项目在通过初步筛选后,投资银行即开始对预选项目进行实地调查。只有实地调查后,投资银行才能发现企业发展计划书内容的真实性和预测的可靠性。

这一阶段工作最细、时间最长,是作出投资选择的关键阶段。实地调查中,投资银行调查人员不但要考察公司的设备和资产实力,更重要的是与各式人物进行

会谈;不仅要与公司的管理层进行频繁的接触,还要与公司的客户、供应商、开户银行和债权人会晤,甚至从政府部门获取信息,以完善背景调查。

完成实地调查后,投资银行就可从风险、技术性、业务规划、市场营销、后续资金的要求和管理层的素质等各方面来估计新兴公司的存活率和收益率。并且在投资银行计算出收益率后,将之与期望的回报率进行对比,从而决定是否参与风险投资。

### (三) 洽谈风险投资合同

风险投资谈判的具体内容包括投资形式、投资回报、控制权的分割与确立、注资和撤资的方式与时间表等。投资形式也就是选择何种风险投资金融工具。可供选择的工具有普通股、优先股、债券和可转换债券等。投资银行从控制风险角度出发,对早期的新兴公司进行风险投资多采用优先股或可转换优先股形式,对中期的新兴公司多考虑可转换优先股和可转换债券形式,对处于成长晚期的新兴公司则偏好普通股这一投资工具。

一般来说,可转换优先股和可转换债券形式可以保证风险资本投资者在发生公司倒闭和资产清算时,具有优先地位。如果创业公司的破产率很高,这种优先要求是很重要的。同时如果创业公司成功,这两种证券都可转换成股权,所以能够产生股权带来的大多数利益和价格行为。

### (四) 管理风险投资

与风险企业签约后,投资银行开始注入资金,并密切关注企业的运行状况,对风险投资进行监控。一般来说,投资银行对公司日常操作的兴趣不大,但为确保投资成功,提高企业成长率和获利能力,作为提供资金的一个条件,投资银行经常坚持掌握对董事会的控制权,并对风险企业提供增值服务。有效的增值服务涉及以下领域:

(1) 营销战略。为企业提供业务所在行业来自国内外的威胁和机会方面的分析建议等。

(2) 技术发展。投资银行依靠其技术专家为企业发展输入新的关键点。

(3) 长期企业经营计划。包括企业的最终目标、兼并及出口通道策略等。

(4) 管理层组建。涉及企业关键职员的聘用和激励等方面的内容。

(5) 财务计划。扶助企业安全渡过财务危机,做好日常财务控制等。

投资银行的风险投资家必须具有超凡的能力和专业技术技能,在某种程度上,还必须是一位出色的外交家。他们必须紧随企业家深入到所有上述关键业务领域,采用劝说等方式影响企业家的决策。

### （五）退出风险投资

风险资本投资的基本目标就是为了实现可观的资本收益。投资实现的时间跨度因具体业务而有所不同,可能需要 2 年甚至 10 年的投资期,企业才会成熟。一旦企业成熟之后,投资银行就需按事先设计协商的投资出口撤出投资,实现预定的收益目标。投资银行撤出风险投资有几条途径:一是当新兴公司再度融资,比如私募时,投资银行可将股份转售给新加入的风险投资者;二是新兴公司管理层要求回购股份时,投资银行可将股份返售给公司管理层;三是当新兴公司被其他公司兼并收购时,投资银行将股份卖给收购公司;四是通过新兴公司首次公开招股上市,将股份在二级市场抛出。最后一条途径颇受投资银行的青睐,因为投资银行可顺理成章地做成另外一笔业务——证券的公募发行业务。

投资银行的风险资本业务与私募证券业务有密切关系。许多无法筹得贷款、更不可能公开发行股票的新兴公司找到投资银行,要求投资银行通过私募发行为之融资。在私募发行过程中,投资银行不仅向其征收一定的发行报酬;同时,如果投资银行觉得该新兴公司潜力巨大、管理科学、财务健康,还往往运用专门设立的"创业基金"或"风险基金"投资于该公司,成为其股东。投资银行为新兴公司进行私募发行时,还常将证券卖给一些非投资银行设立的风险基金。

# 本 章 小 结

风险资本及风险资本投资在一国经济发展中具有举足轻重的作用。传统的风险资本是一种专门用于形成和发起一家高新技术企业的资本。主要投资于企业发展的早期阶段。进入 20 世纪 80 年代,竞争使得风险投资开始转向企业发展的中期和晚期。广义的风险资本投资已涉及所有私人权益市场的全部投资项目。

所有的风险资本投资都是增加价值的投资。风险资本投资具有以下特点:① 私下洽商投资。② 参与战略规划。③ 结成伙伴关系。④ 控制或影响董事会。⑤ 长期非流动的投入。⑥ 高于平均的回报。

风险资本投资是一个三位一体的运作过程。风险资金的运作者是风险资本投资流程的中心环节。资金的运作者可分为风险投资公司和风险投资个人。正规的风险投资公司依然拥有不可抗拒的主导地位,但是天使投资人机制也在发挥着越来越大的作用。风险企业既包括处于早期发展阶段的新兴企业,又包括处于中晚期阶段的成熟企业。

有限合伙公司是风险资本投资的主要组织形式,从某种意义上来说,其成功是不可思议的。合伙公司的自身特性和合伙协议所构成的对代理人的激励与约束机制是其成功的关键。

投资银行涉及各种不同层次的风险资本投资。投资银行的风险资本部主要从事的是风险资本基金的筹集和经营业务。投资银行进行直接风险资本投资的典型作业流程包括识别风险投资机会,实地调查、估计成活率和收益率,洽谈风险投资合同,管理风险投资以及退出风险资本。

# 复 习 思 考 题

1. 什么是风险资本? 什么是风险资本投资? 传统的风险资本投资有什么特征?

2. 试述风险资本在资本市场中的地位。

3. 什么是私人权益资本市场? 它具有哪些特点?

4. 风险资本有哪几种类型?

5. 为什么说风险资本投资是增加价值的投资?

6. 风险资本投资的运作有什么特点?

7. 什么是风险投资公司? 它有几种类型? 风险投资公司如何运作?

8. 什么是天使投资人? 它有哪几种类型? 天使投资机制有哪些特点?

9. 风险投资家如何选择新兴的风险企业?

10. 私人权益市场中资金需求者有哪几种类型?

11. 20 世纪 80 年代后风险资本投资为何向企业发展的后阶段转移?

12. 为什么有限合伙公司在风险资本市场中是一种特别有效的中介形式?

13. 试述投资银行的风险资本业务的种类。

14. 投资银行参与风险资本业务的动机是什么?

15. 试述投资银行风险资本业务步骤。

# 第 七 章

# 投资银行的资产证券化业务

资产证券化是 20 世纪 80 年代兴起的一种新型融资工具,20 世纪 90 年代已在全球范围内获得了广泛发展。所谓资产证券化,就是将某种缺乏流动性的资产转换为在金融市场上可以出售的证券的过程。资产证券化最初出现于 20 世纪 70 年代初的美国住宅抵押贷款市场,并由此拉开了资产证券化的序幕。在美国已被证券化的资产包括政府担保的抵押贷款、私人机构担保的抵押贷款、汽车贷款、信用卡贷款和租赁应收款、商业抵押贷款、一般的商业贷款以及次级抵押贷款。

资产证券化市场在美国已成为仅次于联邦政府债券的第二大市场,资产证券化业务占到整个证券发行市场 1/4 的份额。目前,资产证券化正在国际市场中迅速推广,除欧洲发达的资本市场外,印尼、泰国、中国香港等新兴资本市场均已成功发行了数亿美元的资产证券。本章首先概述资产证券化的运作过程及内容、证券化的形式及意义;然后重点分析投资银行在住宅抵押贷款证券化过程中,尤其是在创造担保抵押债券中的贡献;随后简要介绍资产担保证券的主要类型;最后探讨次级抵押贷款证券化的背景和架构,担保债务凭证(CDO)的设计特点、现金偿付机制、分类构造及对美国次贷危机爆发的影响。

## 第一节    资产证券化概论

### 一、资产证券化的含义

#### (一) 资产证券化的定义

资产证券化至今尚未形成一个统一的定义。作为一种金融创新,资产证券化最初主要是为搞活抵押二级市场而推出的一项措施,但目前人们已将其作为沟通传统的直接融资和间接融资的一个有效通道,其本身正处在不断完善和深化的过程中。同时,资产证券化的范围、载体和方式也正在日益扩大化、多样化和复杂化。不同阶段、不同组织对其认识亦不尽相同。

一般认为,资产证券化是指将缺乏流动性、但具有某种可预测现金收入属性的资产或资产组合,通过创立以其为担保的证券,在资本市场上出售变现的一种融资手段。

资产证券化的基本交易结构是资产的原始权益人将要证券化的资产剥离出来,出售给一个特设机构,这一机构以其获得的这项资产的未来现金收益为担保,对投资者发行证券,并以证券发行收入支付购买证券化资产的价款,以证券化资产产生的现金流向证券投资者支付本息。

## (二) 适合证券化的资产特征

并不是所有资产都能证券化,理想的、可证券化的资产特征是:

(1)可理解的信用特征。即被剥离出来的资产在未来应具有可靠的现金流收入,并且这种资产权益相对独立,可以同其他资产所形成的现金流相分离。这是可被证券化的基本前提。

(2)可预测的现金流。即可证券化的资产的历史统计资料应较完备,其现金流具有某种规律性。这意味着资产未来获取的现金流应是可以计算出来的,资产的出售价格、证券品种设计和发行规模,都将取决于预期的现金流大小。

(3)平均偿还至少为1年。即可证券化的资产的现金流收入至少是1年以后才可实现。资产证券化很大的动因,是为了提高资产的流动性,因此,1年以上的偿还期才可能促使发起人进行资产证券化运作。

(4)拖欠率和违约率低。即资产获取偿付的拖欠率和违约率要维持在一个较低的水平,过高的拖欠率和违约率无疑会提高资产证券化的成本。

(5)完全分期偿还。即贷款本息的偿还分摊于整个资产的存续期间。

(6)多样化的借款者。即证券化资产的债务人要有广泛的地域和人口统计分布,从而使意外事件发生的概论降低,保证资产的现金流收入。

(7)清算值高。即要求证券化资产有较高的变现价值,或对于债务人的效用很高,以降低投资者的风险。

一般认为,具有以下属性的资产不宜进行证券化运作:① 资产池中的资产数量较少或金额最大的资产所占比例过高。② 资产的收益属于本金到期一次偿还。③ 付款时间不确定或付款间隔期过长。④ 资产的债务人有修改合同条款的权利。

### （三）资产证券化产品的类别

根据产生现金流的基础资产的类型,资产证券化产品可分为住宅抵押贷款支撑证券(MBS)、资产支持证券(ABS)以及担保债务凭证(CDO)三大类别。MBS以标准化的住宅抵押贷款为抵押资产;ABS则以除标准化住宅抵押贷款以外的其他资产为抵押资产,如信用卡贷款、汽车贷款和设备租赁费等;而CDO又是以次级住宅抵押贷款和ABS为基础的证券化产品。

## 二、资产证券化的运作过程

具体来说,资产证券化的运作一般分为五个阶段。

### （一）证券化资产的构造

可证券化的资产包括贷款、消费品分期付款契约、租赁和应收账款等。它们共同的特征是:依据契约或承诺,可以在一个较长的时期内,获得连续或不连续的现金收入。持有这类资产的权益人,当其试图将这类流动性较差的资产出售变现时,就可以成为证券化的潜在发起人。

发起人通常需要对这类资产进行筛选,将那些可以根据历史统计资料预计出现金流量的资产从资产负债表中剥离出来。如果其规模较小,还需要组合其他相似资产,构成一个证券化资产池,然后将其出售。

资产出售是发起人把经组合的资产卖给一个中介机构的行为。资产出售需以买卖双方已签订的金融资产书面担保协议为依据。出售时卖方拥有对标的资产的全部权利,买方要对标的资产支付价款。资产出售有三种形式。

1. 债务更新

债务更新(novation)就是先行终止发起人与资产债务人之间的债务合约,再由中介机构与债务人按原合约还款条件订立一份新合约来替换原来的债务合约,从而把发起人与资产债务人之间的债权债务关系转换为中介机构与资产债务人之间的债权债务关系。债务更新一般用于资产组合涉及少数债务人的场合。如果组合债务人较多,则少有使用。

2. 转让

转让(assignment)就是通过一定的法律手续把待转让资产的债权转让给中介机构,作为转让对象的资产要具备法律认可的可转让性质。资产债权的转让要以书面形式通知资产债务人。如果无资产转让的书面通知,资产债务人享有终止债务支付的法定权利。

**3. 从属参与**

从属参与(sub-participation)就是在从属参与方式下,中介机构与资产债务人之间无合同关系,发起人与资产债务人之间的原债务合约继续保持有效。发起人不必将资产转让给中介机构,而是由中介机构先行发行资产证券,再取得投资者的资金,转贷给发起人,转贷金额等同于资产组合金额。贷款附有追索权,其偿付资金源于资产组合的现金流收入。

无论采取何种形式,资产的出售均要由有关法庭判定其是否为"真实出售",以防范资产发起人的违约破产风险。法院裁定"真实出售",主要考察:① 当事人意图符合证券化目的。② 发起人的资产负债表已进行资产出售的账务处理。③ 出售的资产一般不得附加追索权。④ 资产出售的价格不钉着贷款利率。⑤ 出售的资产已经过"资产分离"处理,即已通过信用提升方式将出售的资产与发起人信用风险分离。不符合上述条件的将视作担保贷款或信托。

## (二) 创立证券化载体

资产池确定后,需要创立一个名为特别目的机构(special purpose vehicle,简称 SPV)的证券化载体。它可以是一个投资公司、投资信托或其他类型的实体公司,是处于发起人和投资者之间的中介机构,有时由发起人直接设立。有时由投资银行设立,投资银行创建的 SPV 一般被称为"孤儿附属公司"。

与一般实体不同,SPV 基本上是一个"空壳公司",它只从事单一业务:从许多不同的发起人那里购买资产,组合这些应收权益,并以此为担保发行证券。但它并不参与实际的业务操作,具体工作委托相应的投资银行和资产管理服务公司等中介机构。在法律上,它完全独立于资产原始持有人,不受发起人破产与否的影响。

SPV 购买资产有两种形式:

(1) 整批买进一个特定资产组合。即 SPV 买下特定金融资产的全部权益,资产转归 SPV 所有。这种形式主要用于期限较长的资产证券化。

(2) 买进资产组合中的一项不可分割权利。即 SPV 的权益不限于组合中的特定金融资产,因此这项权益不会由于某一特定资产的清偿而终止。随着组合中资产的清偿,新资产的不断补进,SPV 的权益亦随之周转。这种形式适合于资金期限较短、周转速度较快的资产组合,主要用于一般工商贷款与贸易应收款的证券化。

## (三) 信用提升

证券化产品的投资利益能否得到有效的保护和实现主要取决于基础资产的信用保证。基础资产债务人的违约、拖欠或债务偿付期与 SPV 安排的资产证券偿付期不相配合都会给投资者带来损失。通过信用提升的方式提高证券化产品的信用等级,是吸引投资、改善发行条件和顺利实现证券化的必要环节。

信用提升方式主要有两种:外部信用提升和内部信用提升。

1. 外部信用提升

外部信用提升是指由第三方为证券化产品提供担保,这种担保可以是一家银行开立的信用证也可以是一家保险公司的保单。第三方担保人的信用等级至少要和证券化产品所追求的信用等级一样高。这样,证券化产品可能获得与第三方信用提供者的等级相同的评级。外部信用提升的主要技术包括保险公司的保险和银行信用证。

(1)保险公司保险。在外部信用提升中,最简单的形式是保险公司所提供的保险。这类保险公司必须为每笔投保的交易保留一定的资本,以保护投资者。专业保险公司担保投资者能够及时地得到抵押资产的本金和利息的支付,但是专业保险公司只为投资级(即信用等级为 BBB、Bbb)之上的交易提供保险。

(2)银行信用证。银行信用证是由金融机构发行的保险单。在信用证的保护下,当损失发生时,发证机构必须弥补某一指定金额。信用证被广泛地运用于消费者贷款证券化中的信用提升。信用证的发行者几乎总是要求对贷款的出售者保持追索权,以保证信用证所承诺支付的金额。然而,如果贷款出售者是一家银行或金融机构,那么,这种追索权将由于会计和资本处理方面的原因使资产出售者享受不到应有的待遇。此外,如果贷款出售者丧失偿还能力,投资者将面临风险。由于代价较高,银行信用证一直没有成为抵押贷款证券信用提升的主要手段。在有些交易中只是一种最后采用的手段。

2. 内部信用提升

内部信用提升是指发起人为证券化产品提供担保。外部信用提升机构所要求的保险费或其他费用是建立在非常保守的风险估计上的。因此,该抵押贷款的出售者(即发起人)可能承担超过该资产实际损失的成本。通过运用一种形式的内部信用提升或自我保险,发起人只承担该资产所固有的实际损失风险,同时还能从该资产组合的剩余中得到收益。内部信用提升有四种选择:① 直接追索。② 储备账户。③ 优先/从属结构。④ 超额抵押担保。

(1)对发起人直接追索。即赋予 SPV 对已购买金融资产的违约拒付进行直接追索的权利。直接追索通常采取偿付担保或由卖方承担回购违约资产的方式。对于一个拥有 2A 级或更高信用等级的出售方来说,由自己对资产证券总额的一定比例进行担保可能是最简单的且节约成本的信用提升方法。直接追索最显著的优点是手续简便,因而使用广泛。以这种方法进行信用提升,资产证券可能被评为与出售方的资产信用相同的信用等级。但发起人的回购义务在一定条件下可以取消。因此,直接追索往往辅以发起人寻求的第三方提供的信用担保,并由发起人向SPV 提供一项直接向第三方索偿的买方选择权。

(2)储备账户。储备账户也称储备基金或差额账户。它是在事先设立的用于在基础资产提供的现金流不足时,弥补投资者损失的一种现金账户,一般交给一个机构托管。通常,储备账户是从证券出售的收益中抽出一部分储存起来而建立的。根据规定,由于本金提前支付的利息短缺不能用储备账户来弥补。储备账户在商业银行的资产出售交易中最常使用。由于法规的原因,避免对商业银行追索是重要的。设立储备账户可以补偿由贷款债务人引起的亏损,如开信用证的银行就可能会面临这种亏损。在设立储备账户的情况下,投资者对出售者的任何其他资产没有追索权。

在资产证券发行期间,如果基础资产所产生的现金流超过了支付给投资者和服务者所需要的数额,那么储备账户的价值就会增加。如果基础资产所产生的现金流低于支付给投资者和服务者所需要的数额,那么储备账户的价值就会下降。当发行期满时,账户中的款项将属于服务人,用来鼓励服务者追收违约和到期的欠款。

(3)优先/从属结构。在这种结构中,发行两种类别的资产证券,即优先类证券和从属类证券。优先类证券在获取来自抵押资产的现金流方面具有优先权,因此从属类证券承受了更大的信用风险。从属类证券的金额越大,为优先类证券提供的保护就越大。例如,对 1 亿美元规模的发行而言,可以是优先类证券的规模为0.7 亿美元,而从属类证券的规模是 0.3 亿美元;也可以是 0.8 亿美元优先类证券和 0.2 亿美元从属类证券。前一种情况相对于后一种情况而言,对优先类证券提供的保护较大,这是由资产本身来提供信用支持的。

在分类后,从属类证券一般由基础贷款出售者保留或私募发行。当基础资产的违约达到一定规模时,只会减少持有从属类证券投资者的支付;而持有优先类证券的持有者会受到保护。事实上,这种信用提升方法所发挥的作用就如超额担保。

(4)超额抵押担保。这是指建立一个基础资产池,其金额比资产证券的金额大。例如,一次资产证券发行规模可能是 1 亿美元,而资产组合的规模却是 1.02亿美元。超额抵押担保主要用于发行债务性质的资产支持证券。如果在负债期间,抵押物的价值下降到预先设定的某一金额以下,发行人就不得不再增加抵押物。建立超额抵押担保是为了避免由于违约拖欠、提前偿付或抵押物市价下降而造成的证券价值下降给投资者造成的损失。超额抵押担保是信用提升方法中最简单的一种,但由于这种方法成本高,以及在资本利用方面的低效率而很少被采用。然而,当它作为其他方法的一个补充时,可能会在某些类型的资产和结构上起重要作用。

## （四）资产证券的评级

信用提升后，一般还需要对资产证券进行评级。信用评级机构在证券化过程中，起着至关重要的作用。它不仅在帮助发行人确定信用提升方式和规模时起着决定性的作用，而且最重要的是它设立了一个明确的为投资者理解和接受的信用标准。这一标准以及严格的评级程序，为资产证券投资者提供了最佳的保护。

资产证券的评级与一般债券评级相似，但有自身特点。信用评级由专门评级机构应资产证券发行人或承销人的请求进行。评级考虑因素不包括由利率变动等因素导致的市场风险，或基础资产提前支付所引起的风险，而主要考虑资产的信用风险。被评级的资产需与发起人信用风险相分离，也就是资产从卖方向买方的转移必须构成一项"真实售出"或资产的买方为一"破产隔离实体"（bankruptcy remote entity），即资产买方的破产风险已通过破产申述条例与债务限额限制在不影响证券正常偿付范围。由于出售的资产都经过了信用提升，因此，资产证券的信用级别会高于资产发起人的信用级别。证券定级后，信用评级机构要对基础资产的发起人、证券发行人有关信息情况，资产债务的履行情况，信用提升情况，以及提供信用提升的第三方财务状况的变化等因素，作出监督报告向外公布，并根据资产信用质量的变化对已评出的资产证券级别进行升降调整、中止或取消。因此，资产证券的评级较好地保证了证券的安全度，这是资产证券较有吸引力的一个重要因素。

## （五）现金流管理服务与清算

资产证券化后，SPV即需用基础资产所产生的现金流支付投资者的收益。SPV可以委托发起人继续负责现金流的收集与分配，也可以聘请专门的服务机构来承担。一般是由服务机构将其收到的现金流转移给某家受托机构，再由该受托机构向投资者偿付。利息通常是定期支付的，如每月、每季或每半年一次，而本金的偿还日期及顺序，则因基础资产的不同而不同。在现金流归集完毕后，进行 SPV 清算。

# 三、资产证券化的架构

根据对现金流处理方式的不同，资产证券化有三种基本架构，即过手结构证券（pass-through securities）、资产支持债券（asset-backed bond）和转付结构债券（pay-through bond）。

## （一）过手结构证券

过手结构证券是以组合资产池为支撑所发行的权益类证券。它代表了对具有相似的到期日、相似的利率和特点的组合资产的直接所有权。基础资产池中的典型资产是住宅抵押贷款和消费者的应收款,这些资产从贷款发起人的资产负债表中剥离,出售给一个信托机构,随着贷款的出售,发起人把资产的各项权利,如资产所有权、利息以及收取所有到期付款的权利,都转让给信托机构,然后该信托机构向投资者发行所有权凭证,即过手证券。由于相应的抵押贷款组合归投资者所有,因此过手证券不是发行者的债务。证券持有者将按比例获得资产池所产生的所有现金流在减去相关费用支出(如服务费、担保费和过手费等)后的余额。这些现金流包括由借款人按计划支付的月利息、按计划偿还的本金和提前偿还的本金,并承担相关的风险。

过手结构证券的特点是:发行人基本上不对资产所产生的现金流进行特别处理,而是在扣除了有关"过手"费用后,将剩余的现金流直接"过手"给证券投资者。因此,过手结构证券所获得的现金流特征完全取决于基础资产所产生的现金流特征。

### (二) 资产支持债券

资产支持债券是发行人以贷款组合或过手结构证券为抵押而发行的债务证券。资产支持债券发行人对一部分资产进行组合,并把这些资产作为抵押交给受托管理人,这些资产就为它发行的债券作担保。与过手结构证券不同,资产支持债券是发行人的债务,因此作为抵押的基础资产组合和资产支持债券仍保留在发行人的资产负债表上,分别记入资产和负债方。抵押资产所产生的现金流,并不一定用于支付资产支持债券的本金和利息,发行人可用其他来源的资金偿还债券的本息。资产支持债券的利息通常是每半年支付一次,本金到期才支付。

资产支持债券的一个重要特征就是:它们一般都是超额抵押,即发行时抵押物的价值要超过债券的价值,并且当抵押物的价值低于债券契约中规定的水平时,为了保证安全,就要求在抵押物中增加更多的贷款或证券。通常为了替代超额发行,或者作为一种补充,发行人可能会以保险债券的形式或者信用证的形式从第三方购买信用提升。

### (三) 转付结构债券

转付结构债券则是根据投资者的偏好,对基础资产产生的现金流进行重新安排而发行的债券。这种债券是过手结构证券和资产支持债券的结合,兼有两者的一些特点。转付结构债券是发行人的债务,因此作为负债保留在发行人的资产负债表中,这与资产支持债券相同。但是,基础资产的现金流是用来支付给债券持有人的,这又与过手结构证券相似。转付结构债券与过手结构证券的区别主要在于抵押贷款组合的所有权是否转移给投资者;而与资产支持债券的主要区别则在于两者偿还的资金来源不同。

实际上,转付结构债券是某一类证券化产品按现金流的偿付特征进行的概括。这种转付结构的最大特点是:根据投资者对风险、收益和期限等的不同偏好,对基础资产组合产生的现金流进行了重新安排和分配,使本金与利息的偿付机制发生了变化。

目前,广泛使用转付结构债券架构的证券化产品有:担保抵押债券(collateralized mortgage obligation,简称 CMO)、仅付本金债券(principal-only,简称 PO)和仅付利息债券(interest-only,简称 IO),以及担保债务凭证(collateralized debt obligation,简称 CDO)。在私募中,转付结构债券架构也被用作寿险投保人贷款的证券化。

# 四、投资银行的创新作用

在资产证券化的发展过程中,美国的投资银行一直是一个重要的推动者,特别是第一波士顿和所罗门兄弟公司。投资银行家首先将证券化技术运用于政府担保的住宅抵押贷款,然后依次转向私人机构担保的住宅抵押贷款、商业抵押贷款、汽车贷款、信用卡应收款,甚至一般商业贷款和租赁应收款的证券化。然而从一开始,投资银行参与资产证券化的动力一直是能从贷款转化为证券中得到大量的转换利润、发行证券的承销费和交易证券的交易利润。

在将贷款转化成证券并使该证券更有价值的过程中,投资银行使用了四种金融创新手段。

## (一)组建特别目的机构

特别目的机构是为了最大限度地降低贷款发起人的破产风险对证券化的影响而被建立的一个空壳公司,具体采取何种形式取决于资产的特性与风险、相关的法律法规、税收以及资金筹措者的目的。SPV 购买的资产是一种"真实销售",在法律上不再与发起人的信用相联系,它是一种有限或无追索权的交易活动,因此在基础资产发起人破产时,被证券化的资产不作为清算财产,从而有效地保护了投资者的利益,而且 SPV 本身是一家没有破产风险的实体,因而特别目的机制是一个破产隔离机制。

## (二)分散规避风险

从技术和成本的角度考虑,证券化需要汇集大量的、其权益分散于不同债务人的资产,以达到发行证券所需要的最低规模(大约 1 000 亿美元),而大量的不同借款者的贷款集中化又降低了资产组合中的非系统性风险;通过资产的真实销售及证券化,将卖方的信用和流动性等风险转移和分散到资本市场;通过划分风险档次,将不同信用级别和资产证券匹配给不同风险偏好的投资人。

## (三) 信用构造及提升

真实销售也使资产证券的信用状况与资产原始持有人的信用状况分离开来,从而使本身资信不高的组织通过信用提升,也有可能在资本市场上获得融资。通过利用基础资产产生的部分现金来实现自我担保,实现信用的内部增级;通过信用担保机构的担保,实现信用的外部增级,从而使资产证券化中发行的债券成为风险极小、信用级别较高和融资成本较低的融资工具。

## (四) 现金流量再包装

在一些情况下,特别目的机构重新包装了来自基础资产的现金流。担保抵押债券(CMO)就是现金流量再包装的产物。特别目的机构购买抵押贷款,然后按不同期限分次发行债券。例如,一个快速还本档、一个中期还本档以及一个长期还本档,每个档反映了预期基础抵押贷款的还本模式。当贷款被借款人归还时,本金首先流入第一档,直到第一档全部还本为止,然后第二档被还本,以后以此类推。

包装者通常是一家投资银行,通过将现金流包装成具有不同期限、不同提前偿付风险特征的档,满足了不同投资者的需要。例如,一个储蓄机构可以购买一个短期档债券,而一个长期投资者,如养老基金可能购买一个更长期的档,因而现金流量再包装创造了价值增值。

# 五、资产证券化的意义

## (一) 资产证券化的参与者

传统的银行间接融资体系要求同一家金融中介机构从事以下活动:① 发起一项贷款。② 在其资产组合中保留该项贷款,因此要承受与该贷款有关的信用风险。③ 为该贷款提供服务。④ 从社会公众中获得资金,用该资金为其资产融资。然而,资产证券化使这类传统融资业务的运作发生了巨大的变化。

在资产证券化的体系下,有好几个不同的机构参与其中,每个机构可能充当不同的作用。如:一家商业银行可能发起贷款;该银行可以将这笔贷款出售给一家投资银行,该投资银行创立以该贷款组合为担保的证券;第三个机构可能为该证券的信用风险进行保险;第四个机构可能为贷款的还本付息提供服务;最后一个投资者可能投资于一项信用被提升的资产。因此,资产证券化的参与者包括发起贷款的商业银行、设计和发行证券的投资银行、提供担保的保险公司和第三方担保人、为收回贷款服务的服务公司以及证券投资者。

## (二) 对参与者的影响

### 1. 对发起机构的利益

对发起贷款的银行和储蓄机构等金融机构而言,通过将贷款出售给一个特别目的机构可获得大量的既得利益。首先,贷款出售解决了金融机构的流动性问题,也使银行业内生性的资金来源短期性与资金运用长期性的结构性风险大大弱化;其次,由于证券化的资产是一种"真实销售",资产出售后即可从资产负债表中剔除,虽然出售资产必然会放弃部分收益,但另一方面可用资金的增加会使其利润得以提高。同时,资产的减少自然使其资本充足率得以提升,资产负债比率得以改善,从而能更好地满足金融监管的要求。

### 2. 对投资银行的利益

投资银行可以从贷款转化为证券中得到大量的转换利润、发行证券的承销费和交易证券的交易利润。资产证券化有利于投资银行建立广泛的与上游客户和下游投资者之间的关系,充分发挥投资银行的专业特长,极大地促进证券业务的发展。

### 3. 对风险担保者的利益

信用风险的主要担保者是商业银行及专业保险公司。提供信用风险担保,可以征收一定的服务费用,一般为担保金额的 0.5%。正如提供其他产品一样,能够提供这种担保服务有助于这些机构发展新业务或拓展现有的商业关系。

### 4. 对投资者的利益

对投资者来说,由于证券化通过重新安排现金流而创造出不同的债券类别,为广大的投资者提供了可接受的投资对象,扩展了投资机会;多重担保和资产债务人的广泛分散也使投资风险大为降低;同时,中介交易层次和费用的减少也有利于提高收益。

### 5. 对债务人的利益

由于贷款者发行的抵押贷款证券化后增强了流动性,这将有助于减少贷款利率与安全证券和国库券利率之间的利差,从而降低贷款利率。

## (三) 对金融市场的潜在影响

证券化最终可能替代传统的间接融资体系。在间接金融体系中,银行和储蓄机构是联系储蓄者和借款者的中介,它们以下面三种方式履行这项职能。

第一,相对于个人投资者,金融机构在评估信用风险方面具有明显的优势。在评估信用风险后,它们可以同意发放贷款,并将该贷款保留在它们的资产组合中,此外,由于贷款对象不同,使金融机构可以通过资产组合的多样化而降低风险。

第二,借款者所追求的贷款期限可能与投资者想要的期限不同。银行和储蓄机构获得了短期资金,然后发放了期限较长的贷款,这就同时满足了投资者想要进行短期投资的目标以及借款者希望获得期限较长的资金目标。这里金融中介机构提供了期限中介服务,尽管是以其自身的风险为代价的。

第三,借款者追求的资金金额通常比一位个人投资者所愿意出借的资金金额大。银行和储蓄机构对借款者发放大面额的贷款,而为投资者提供小面额投资的机会。也就是说,金融中介机构提供了面额中介服务,把金额很大的资产转变成完全可分的部分。

资产证券化在借款者和投资者之间开辟了直接融资的渠道,弱化了传统的金融中介机构的作用。资产组合由于有信用提升而变得更加坚强有力,这就将风险降到了投资者更能接受的水平。重新安排现金流量以创造出不同的债券类别或档,这就为更广泛的投资者提供了可接受的不同期限的证券,因此证券化起到了与期限中介类似的作用,而与此同时将风险转移给了最终的贷款者。证券化使人们可以获得面额比基础贷款面额小的证券,这就完成了面额中介服务。

## 六、资产证券化的负面效应

证券化技术的作用方向在不同的经济周期大相径庭。经济繁荣阶段,在需求拉动的作用下,基于证券化技术的创新产品层出不穷,不仅促进了房地产市场的繁荣,也会在财富效应和投资效应的作用下加速经济发展。但与此同时,风险也在悄然聚集。一旦经济出现逆向变动,金融不稳定与经济倒退可能会不期而至。

从表面上看,不动产信贷资产领域出现的"购买-持有"(buy-and-hold)到"发起-分散"(originate-to-distribute)的管理创新,不仅为金融机构创造了流动性和更多商业机会,而且在一定程度上转移和分散了风险。然而,值得警惕的是,风险并没有消失。由于证券化将不动产金融链条覆盖到更为广泛的领域,信用风险和市场风险超越了传统领域,广泛分布到整个金融市场。

从单个金融机构角度讲,证券化产品对个体的风险管理提出了挑战。首先,由于发起银行并不一定将资产持有至到期,因此其可能有放松初始信贷标准的潜意识,使得一些没有资格或没有偿还能力的消费者进入市场。住房消费者准入标准的降低对金融机构资产质量产生威胁。其次,与传统银行资产相关的交易账户风险迅速增长,交易账户中由结构性信贷产品交易引发的风险更加复杂。再次,交易账户的增加反过来又会引起与传统信用风险相关的交易对手的信用风险的增大,与市场风险一样,这些交易对手的风险正日趋复杂和难以计量。最后,市场活跃程度的不确定性和产品的复杂性在产品创新缺乏足够数据阶段,金融机构多数用传统的方法评估流动性风险,无法进行压力测试,难以预料流动性缺乏情景下的损失情况。

从整个金融体系角度讲,按照国际清算银行的衡量方法,证券化技术是否增加了系统性风险,很大程度上取决于这种金融创新所蕴含的不同风险是否被正确定价,以及能否提供足够的利润来抵御潜在的各种风险损失。证券化产品的结构较为复杂,收益和风险难以一目了然,正确定价存在着困难。尤其是在经济繁荣和流动性充足阶段,市场对经济形势逆转的后果显然估计不足。于是,此类产品潜在的亏损就没有充足的储备来冲抵,进而加大了金融体系的风险。因此,一旦乐观的经济增长和低息环境发生逆转,证券化技术所滋生的风险就会波及金融市场,进而引发金融不稳定,甚至是金融动荡。

# 第二节　住宅抵押贷款证券化

中世纪的炼金士曾试图把贱金属变成闪闪发光的黄金,而现代的"炼金士"——投资银行家则试图把资产负债表上缺乏流动性的资产变成能够在金融市场上自由买卖、富有流动性的金融工具。

投资银行家们首先从居民住宅抵押贷款权开始,滚雪球式地把这些大量的小额居民住宅抵押贷款权累积成巨额的证券。投资银行家通过"着色",把这种抵押贷款权等缺乏流动性的资产变成了闪闪发光的金子。

住宅抵押贷款成为最先被证券化的资产并不是偶然的,这是因为住宅抵押贷款的总额十分巨大,按借款方、贷款方或地区标准进行划分与组合非常容易。同时,不同住宅抵押贷款的基本状况是极相似的,其还本付息又具有很强的可预测性,其期限结构也非常符合许多机构投资者的投资胃口。因此,住宅抵押贷款具备方便证券化的一切条件。

## 一、抵押贷款证券化的背景

住房抵押债务市场是美国国内最大的债务市场。截至 2006 年,未清偿的住房抵押债务贷款总额高达 8.82 万美元。抵押市场规模的迅速增长是抵押证券不断创新和发展的产物。抵押贷款证券的产生和扩展则是初级抵押业发展的直接结果。

## (一) 储蓄业的困境

最初从事抵押业务即买卖抵押贷款的是储蓄业,包括储蓄贷款协会和储蓄银行等。根据美国法律规定,储蓄机构有两种重要的特许职能:一是接受由联邦政府保险的储蓄存款,二是为购买住房者提供抵押贷款。

美国法律还规定,储蓄机构的资金成本与抵押贷款之间的利差应保持在 3%。在过去经济与金融环境比较稳定的情况下,存款和住宅所有权的变动不频繁,300个基点的利差对大多数储蓄机构的经营来说,算得上是相当不错的收益率。

但从 20 世纪 60 年代初期开始,美国金融环境发生了明显的变化,开始进入高通胀和高利率时期,对资金来源以小额存款为主、资金运用以大量的中长期小规模住宅抵押贷款为主的储蓄机构来说,这种变化和影响尤为巨大。有关商业银行和共同基金法规的公布,标志着储蓄机构原有特许业务与功能的终结。因为在新的法规下,商业银行推出了面向中小投资者的共同基金及货币市场账户等金融产品,这些金融产品的利率与市场利率联动,即使是小额存款,可以通过进入这一账户或购买货币市场共同基金股份来分享资本市场上所有因利率变化而带来的好处。以往习惯于维持较长期存款账户的存户看到了提高自己储蓄账户收益的机会,于是,纷纷从储蓄机构中提取自己的存款,投入到能带来更高收益的账户和共同基金上。这就是所谓的"非中介化"或"脱媒"(disintermediation)过程。

与此同时,储蓄机构以前获得的 3% 的利差却因此不断迅速下降。而且,由于储蓄机构不得不支付高利率来吸引短期存款,资本成本相应大大增加,高于以往发放的长期贷款的利率,储蓄机构的利差成了负值。于是,整个储蓄业的资金来源与经营陷入了困境,其实力与信誉也受到严重影响。

## (二) 投资银行的创新思维

储蓄机构面临的困境对投资银行家来说,则是金融创新的机遇。投资银行曾经引入并采用过多种新的金融工具与技术来帮助储蓄行业适应新的金融环境,解决所面临的资产和负债失配难题。如进行债权债务转换、附属债务、优先股股票等。尽管这些金融工具与技术产生了一定的效果和影响,但影响最大的还是将储蓄机构的主导资产——住宅抵押贷款债权作为抵押发行证券,即住宅抵押贷款债权的证券化。

美国家庭对住宅的需求,大大胜过对其他消费品的需求。这一刚性需求是构成用住宅抵押贷款债权作为抵押来发行具有投资级证券的基础之一。通过对住宅抵押贷款很低违约率的统计研究,投资银行家发现了使资产具有流动性的新方法,即通过滚雪球的方法,把许许多多的个人住宅抵押贷款汇集起来,形成一个巨大的资产组合,然后再以该资产组合为抵押,发行一种大面额的证券。尽管实际上不可能去预测任何个人住宅抵押贷款的结局如何,即是否或何时违约,但可以根据对其他类似的巨额抵押贷款组合的历史考察,比较有把握地预测一组抵押贷款组合的平均违约情况。因此,只要组合和设计得当,使抵押贷款集合总体违约率较低,则相应发行的大面额证券就会有较高的信用等级。这便是实行证券化的理论依据和实践动因。

## 二、抵押过手证券的产生

储蓄机构最早吸收上述思想,采用全部贷款(whole loan)出售方式将房地产抵押贷款变现,以增加资产的流动性。除非发生追索情况,这种交易一般只是销售行为。

### (一)全部贷款出售

全部贷款出售是指将包括抵押贷款债权本身、所有与该抵押贷款有关的现金收入,以及所有与抵押贷款债权有关的权利和义务都转让给购买者。这里的全部贷款是指适用于几种不同类别的居民住宅抵押贷款,即房主自己居住、租用的房屋和公寓等作为抵押的贷款,所有与该抵押贷款有关的现金收入包括预定的本金与利息偿还、预付本金与利息偿还、保险收入和来自取消抵押品赎回权与随后清理原始财产所得到的任何收入;所有与抵押贷款债权有关的权利和义务包括按月收取所偿还的本金与利息的权利、借款人未及时按照原始贷款还本付息时取消其抵押财产赎回权的权利,以及修改贷款条件以制止拖欠的权利等。

全部贷款出售后,上述贷款偿还服务与监管工作可以由贷款债权出售方继续承担,收取一定手续费,也可以转至贷款债权购买方自己承担。

贷款出售业务刚出现时,由于与抵押关系不大的机构及投资者对抵押市场和抵押权不太理解,大多数投资者对贷款出售业务缺乏兴趣,贷款出售的买卖方往往是同一社区的储蓄机构和抵押银行成员,结果资金只是在行业内转来转去,对储蓄机构真正解决其面临的困难没有多大的实际效果。

### (二)开发抵押过手证券

抵押贷款证券化市场在引入抵押过手证券后才真正发展壮大起来。抵押过手证券,是以住宅抵押贷款资产池为支撑所发行的证券。抵押过手证券的发行人将住宅抵押贷款汇集成一个资产池,然后以此资产池为支撑,发行过手住宅证券。这种证券的投资者购买的是住宅抵押贷款资产池的未分割受益权益。由于住宅抵押贷款组合产生的现金流被直接"过手"给这种证券的投资者,因此,抵押过手证券所获得的现金流特征,完全取决于住宅抵押贷款组合所产生的现金流特征。

开发并引入抵押过手证券有三个主要目的:① 增强抵押贷款债权出售的信用,以使非传统抵押买方免受可能的损失。② 创建一种能自由买卖和转让的证券。③ 创建一种不必花费过多人力和精力的逐笔审查贷款的证券。

根据美国的税收法,如果过手证券是通过一个名为授予人信托(grantor trust)的合法机构发行的,则发行者不被当作应纳税单位对待。因此,为体现以独立受托人为中介这一信托关系,贷款或许多抵押品要放置在由独立受托人掌管的信托财产中。与贷款有关的现金流收益权归属于为证券持有人服务的受托人所有。

## (三) 抵押贷款标准化

抵押过手证券最初以私募方式发售,但私募抵押过手证券及交易一直没有建立任何标准化程序,也没有建立大规模的做市实体。20 世纪 70 年代末和 80 年代初,为增强抵押市场的流动性,美国国会发起建立了 3 家机构:政府国民抵押协会(Government National Mortgage Association,简称 GNMA)、联邦国民抵押协会(Federal National Mortgage Association,简称 FNMA)和联邦住宅贷款抵押公司(Federal Home Loan Mortgage Corporation,简称 FHLMC)。这些机构的任务是从银行和储蓄机构手里购买它们急于脱手的住宅抵押贷款。为了保证收购贷款的资金,这些机构就必须在债券市场上融资。如果出现债券发行人违约,政府保证代为偿付,这些机构依靠这种保证向债券持有人承诺自己的信用。

这 3 家机构的作用并不完全相同:GNMA 规定了住宅抵押贷款标准,任何一个抵押贷款发起机构使用这些标准都可从这家机构那里购买一份履约担保书,然后可在贷款组合中发行经 GNMA 担保的抵押过手证券,GNMA 因而获得了担保费;而 FNMA 和 FHLMC 则从抵押贷款发起人处购买没有保险的或者由私人保险的抵押贷款,并且自己发行由自己担保的抵押过手证券。

这 3 家机构提供的担保性质各不相同:GNMA 及 FNMA 保证所有本金及利息按时偿还,而 FHLMC 担保利息按时偿还及本金的最终偿还,但不担保本金及时偿还;另外,还有许多私营机构——通常是大型商业银行也参与了抵押过手证券及其变形的担保和发行。

这些机构大量购买贷款债权并担保发行抵押过手证券,其中的一些抵押贷款标准和担保条件以后便成为二级市场上贷款证券化的标准。信用评级机构的影响也有助于在市场上进一步推广这些标准。这样就形成了四种类型的抵押过手证券：GNMA 过手证券、FNMA 过手证券、FHLMC 过手证券和私营机构发行的过手结构证券。

抵押贷款集中起来构成抵押资产池的过程使抵押贷款与抵押贷款服务分割开来。抵押贷款的发起者可以保留其抵押贷款的服务权，或将服务权卖给其他机构。服务权的价值体现在可获得服务费。例如，在政府国民抵押协会担保的抵押贷款库中，服务费是 44 个基点（以本金余额计算），并从抵押贷款利息中扣除。另外，国民政府抵押协会还会收取 6 个基点的担保费，总计扣除 50 个基点（0.5%）。这样，对一个以面额出售、票面利率是 10.75% 的抵押过手证券，投资者获得的实际收益率为 10.25%，这一利率称为过手利率。抵押过手证券的市场结构如图 7-1 所示。

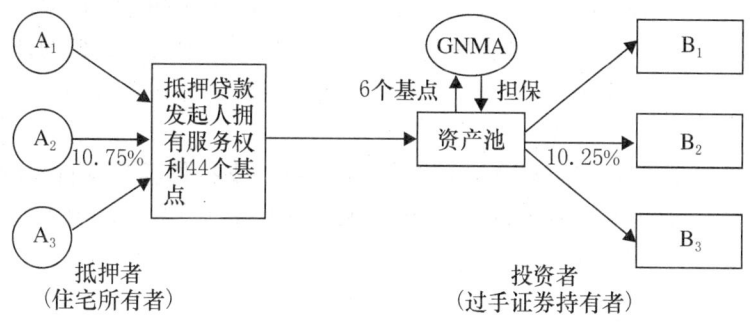

**图 7-1　过手证券的市场结构图**

住宅抵押贷款组合的标准化使抵押贷款市场发生了巨大变化，如今银行和储蓄机构把发起抵押贷款、并将它们集中起来构成资产组合，然后再出售资产组合作为一项日常的业务。虽然，抵押贷款组合本身金额巨大（最小金额是 100 万美元），但过手证券的面值可以小到 2.5 万美元，因此吸引了众多的私人投资者。

### (四) 抵押过手证券的缺陷

抵押过手证券的利用增强了抵押贷款市场的流动性，然而，抵押过手证券也有其不足的一面，表现在：它只是一种单一性质的证券，因为抵押贷款组合的所有还本付息额是按比例进行的，所以，投资于相同抵押过手证券的所有投资者都持有同样的现金流，并且到期日和权利都一样。这种单一性的结构不能满足所有潜在抵押贷款投资者的需要，而且抵押过手证券仍存在着与抵押贷款相似的结构性弱点，即提前偿付风险大，现金流预测比较困难。由于住宅购买人偿付其抵押贷款的能力要视其工作变动情况、以较低利率得到抵押贷款再融资能力、死亡情况以及是否要购买新住宅等因素而定，因而抵押贷款或抵押过手证券的购买者所持有的证券化工具可能到期时间是 30 天而不是期望的 30 年。这些弱点有碍于资本市场的某些投资者接受抵押过手证券。

# 三、抵押支持债券

## (一) 抵押支持债券的含义

抵押支持债券是以附属担保品为抵押贷款的定期债务证券,是专门为弥补抵押过手证券现金流无法预测这一弱点而设置的一种证券工具。附属担保品的市场价值通常在债券本金的 110%～200% 之间。与出售贷款债权融资不同,抵押支持债券靠充当债券后盾的附属担保品来筹措资金而并不出售担保品,发行人仍拥有这一附属担保品。抵押支持债券的条件与资本市场上其他债务类型的证券非常相似。例如,每半年或每季度按浮动利率或固定利率支付利息,最后一次性偿还本金。

储蓄机构是抵押支持债券的主要发行人。抵押支持债券是发行者的债务,因此,在决定这一债券是否提前赎回时,需考虑发行者或其母公司的财务实力。但由于附属担保品是超额担保,即使抵押支持债券提前结束,发行人通常也有能力偿还剩余利息及全部本金。

## (二) 抵押支持债券的形式

当前市场上的抵押支持债券有两种基本形式:一是债券本金加上分期偿还的利息都应按市价以超额附属担保品担保;二是超额附属担保品担保的金额视所选用的附属担保品的种类而定。1987 年又推出了一种替代抵押担保债券,它不是以一组抵押品为债券本金作超额担保,而是用一批担保品为按市价购买国库券组合的支付作担保,用这些国库券的预期现金收益偿还抵押担保债券的本息。

同其他资产支持的融资工具一样,作为抵押的附属担保品需交予独立受托人。因此,在绝大多数情况下,一旦发行者违约,也能保证附属担保品比较顺利地清算。

## (三) 抵押支持债券的缺陷

尽管抵押支持债券对资本市场的变化反应灵敏,但它对附属担保品的利用是低效率的。因为抵押支持债券需要相当于其本金 110%～200% 的超额担保品作为发行债券的抵押,而抵押过手证券几乎没有什么超额担保。很明显,有必要开发设计对资本市场上的买方有吸引力且能提高发行者附属担保品利用效率的新证券。为此,投资银行推出了担保抵押债券。

## 四、担保抵押债券

1983 年 6 月,由第一波士顿和所罗门兄弟公司带头的几家投资银行发行了担保抵押债券(collateralized mortgage obligations,简称 CMO),旨在解决提前偿还风险问题。这一证券适应了市场需要,它的推出迅速吸收了抵押贷款市场的大部分资金。与此同时,它的许多变种也应运而生。

担保抵押债券是具有多个层次的转付结构债券。当住宅抵押贷款产生的现金流被分配给不同类别的债券时,所产生的证券被称为担保抵押债券。CMO 的最大特点是对债券采用了分档(tranching)技术。所谓分档,是指根据投资者对期限、风险和收益的不同偏好,将 CMO 设计成不同档级的债券。每档债券的特征各不相同,从而能够满足不同投资者的偏好。

在基本的担保抵押债券中,每档都有权按比例分享利息收入,如同过手结构证券一样,但每次只有一个档收到本金。例如,一开始只有第一档收到本金,这一档因而称为最快偿付档,到该档所有的本金分期偿还完毕,第一档就结束。接下来第二档成为最快偿还档。任何一种 CMO 少则四档,多则十档或十档以上。利用过手结构证券或全部抵押贷款作担保而发行的担保抵押债券的结构,如图 7-2 所示。

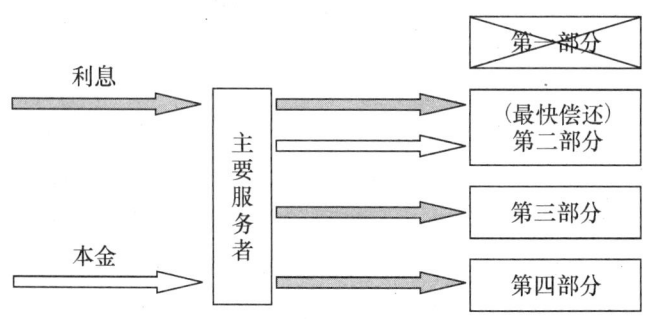

**图 7-2　担保抵押债券的结构**

图 7-2 中假设有四个部分,其中第一部分已偿还,而第二部分成为最快偿还部分。担保抵押债券,尤其是那些含有应计档的此类债券,有一个有趣的现象,就是会产生剩余现金流,即余值(residual)。这是由于在估计 CMO 时所采用的假设与实际情况不一致而造成的。例如,一个应计债券持有人已被许诺 9% 的回报率,现假设通过受托人对收益的再投资率高于 9%,那么当最后一档结清后,将有超额价

值出现,即余值。当然,如果平均再投资率低于 9%,余值就是负的。为避免这种可能,担保抵押债券的受托人采用非常保守的再投资率并进行超额担保,这些防范措施可以保证余值为正,但其数额不能确定。

担保抵押债券发行人可保留余值或将其出售给愿意承担到期价值不确定风险的投资者;出售余值的做法虽然不是通用规则,但却相当普遍。发行人通过余值的出售,将到期价值不确定的风险转移出去。

担保抵押债券的发行方式有好几种:一种是由一家金融机构买进所有抵押品或过手结构证券,然后利用它们创造出其自身的担保抵押债券产品;另一种是由发起抵押贷款的抵押银行、贷款机构或商业银行开发自己的 CMO,并由投资银行协助其发行和销售。此外,对于一些小的发起人,由于它们缺乏足够实力而不能有效地产生其自己的抵押担保证券,便租用现有的系统,即将其抵押品出售给另一个已建立市场体系并有足够资金实现规模经济的机构。这样做的结果是:只有较少的发行人注册登记,并可能成为高额发起人。

虽然担保抵押债券没有完全消除提前偿还风险,但的确大大降低了此类风险。采用分档结构,保证了第一部分及以后各部分期限的循序推延。因此,对于一种长期资产,无论是抵押贷款或抵押过手证券均可创造出一系列独特的证券,其各部分的期限可以是短期、中期或长期等,投资者可以选择能最大限度地满足自身需要的那一部分。由于投资者可按需要购买证券,这样就使他们承担的风险比全部抵押贷款或过手证券要小。担保抵押债券各部分的组合价值比其前身抵押贷款或过手结构证券的价值更大些。这两部分价值差额就是投资银行利润来源的一部分。

## 五、抵押市息分离证券

如果说,CMO 是在一定程度上对抵押贷款组合产生的现金流进行了分割重组的话,那么本息分离证券(separate tranche interest and principal securities,简称 STIPS)是对抵押贷款组合产生的现金流进行了更彻底的剥离。本息分离证券是一种包括仅付本金债券 PO 与仅付利息债券 IO 两个类别的转付结构债券。这类证券将构成抵押贷款组合现金流的本金和利息分别剥离出来,向不同的投资者偿付。一类投资者仅收到本金(相应的债券称为 PO),另一类投资者收到利息(相应的债券称为 IO)。本息分离证券最早于 1986 年由 FNMA 发行。

PO 债券一般是以低于面值的价格发行,投资者的收益取决于债券面值与发行价之间的差额以及抵押贷款本金的偿还速度。差额越大,收益就越高;本金的偿还速度越快,收益也越高。例如,有一总面值为 100 亿元的 PO 债券以 70 亿元的价格出售,抵押贷款组合的期限是 20 年,如果在这期间,市场利率下降,这会导致借款人提前偿还贷款的本金,如只用 15 年,从而使投资者提前 5 年获得了 30 亿元的收益。所以,购买了仅付本金债券(PO)的投资者希望利率会持续下降,提前偿付率将随之上升。由于提前偿付率的提高,投资者的本金会比预期更快地回到自己手中,较快的本金回收便产生了高于预期的收益率。

IO 债券与 PO 债券不同,它没有面值。对 IO 债券的投资者来说,风险主要来自市场利率下降而引起的抵押贷款提前偿还。因为提前偿还将使未偿还的本金数额减少,相应的利息收益也会减少。如果预期的现金流并未成为现实,那么投资的内部收益率便有可能成为负值,或这一投资的净现值为负数,即最初的投资大于预期得到的全部现金流的现值。所以,买入这种债券的投资者希望它的利率继续保持不变或有所提高,这样提前偿付率应会降低,该投资者能够较长期地得到较高的收益率。

由此可见,当利率下降而引起提前偿还抵押贷款时,PO 债券和 IO 债券的风险收益正好是相反的。所以,这两种债券被广泛运用于套期交易中,从而满足了不同投资者对风险收益的预期和偏好。

# 第三节　担保抵押债券的创造

担保抵押债券(CMO)是投资银行运用转换套利技术创造出来的产物。在转换套利中,投资银行使用一种或几种金融工具并通过证券的合并与分解,创造出一种或几种性质完全不同的金融工具。担保抵押债券是运用单种证券创造出来的,其创造思想来自零息债券的诞生。

## 一、转换套利技术

零息债券的产生在某种意义上说是适应转换套利的要求而产生的。所谓转换套利(conversion arbitrage),是指将一种(或一组)有特定投资特点的证券转换成另一种(或另一组)具有不同特点的证券,以从中获利。在这些投资特点中最重要的是现金流规模,其他还包括现金流风险及税收特点。转换套利的一般形式如图 7-3 所示。

利用上述转换套利的一般形式,就可了解零息债券是怎样产生的。例如,假定有一张附息国债期限为 3 年,面值为 1 000 美元,年利率为 10%,每年年末支付一次利息。那么,投资者购买该国债现金流的情况可用图 7-4 表示。

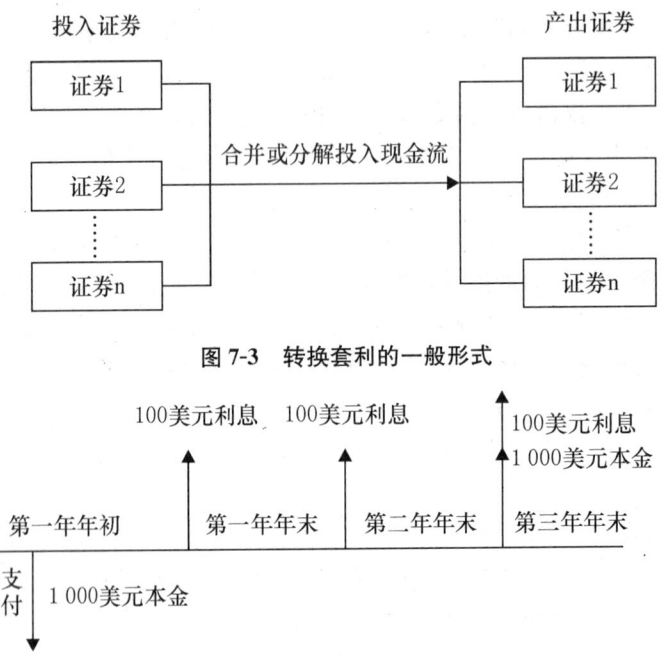

图 7-3　转换套利的一般形式

图 7-4　一张附息国债的现金流量

　　显然,这张附息国债发行之后的现金流状况与四张零息债券所构成的证券组合完全一致,这四张零息债券是 1 年期、2 年期和 3 年期的 100 美元面值零息债券和 3 年期 1 000 美元面值零息债券。这样,基于这张附息国债,就可以分别发行四张零息债券,分别满足不同风险和偏好预期现金流状况的投资者的需求。如图 7-5所示。

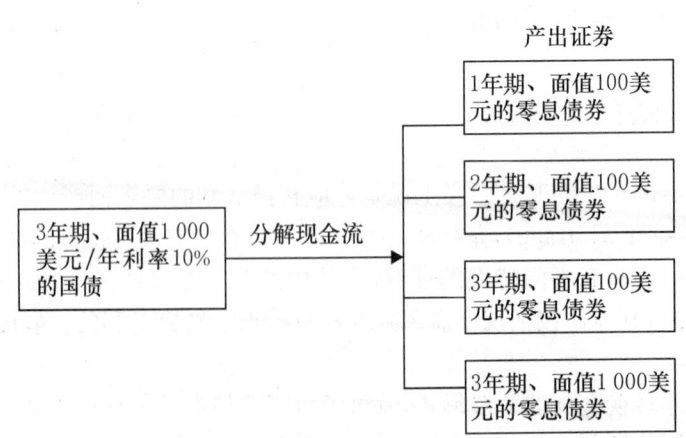

图 7-5　从传统债券中产生的零息债券

投资银行结合在零息债券创造中获得的经验,利用转换套利把单一的抵押资产转换成多类别的担保抵押债券:投资银行购买过手结构证券(或所有的抵押品),然后将抵押资产产生的现金流重新组合并包装成一系列具有不同到期日的债券档,使每一档具有不同的现金流,这样,就形成了多个层次的担保抵押债券。

## 二、提前偿付假定

每个 CMO 发行,都给投资者提供了多个层次,各个层次有不同的期限条件和金额,这涉及提前偿付的假定,它是 CMO 设计和投资收益初步分析必不可少的一部分。美国有三种表示抵押品提前偿付率的方法:美国联邦住宅管理局经验、有条件的提前偿付率(conditional prepayment rate,简称 CPR)、公共证券协会(Public Securities Association,简称 PSA)的提前偿付基准。目前第一种方法已不再使用。

### (一)有条件的提前偿付率

有条件的提前偿付率是一个资产组合的假定提前偿付率。它是以该资产组合的特征(包括其历史上的提前偿付率和当前的及预期的未来经济环境)为基础,并假设资产组合中剩余抵押品余额在抵押的剩余期限内每月提前偿付为条件计算的提前偿付率。

有条件的提前偿付率是年提前支付率,而要估计月提前支付率,就必须把有条件的提前偿付率转变为 1 个月提前支付率(single-monthly mortality rate,简称 SMM)。转换公式如下:

$$SMM=1-(1-CPR)^{\frac{1}{12}}$$

例如,有条件的提前偿付率 CPR 为 6%,则相应的 SMM 是:

$$SMM=1-(1-0.06)^{\frac{1}{12}}=1-0.994856=0.005144$$

相应的月提前偿付额的计算公式如下:

月提前偿付额=SMM×(月初的抵押品余额-月定期的本金支付)

例如,假设投资者拥有一份过手结构证券,在某月的月初该过手结构证券中剩余的抵押品余额为 2.9 亿美元。假定 SMM 是 0.1543%,且固定的本金支付为 300 万美元,则估计的该月提前偿付额为 1 476 3281 美元[0.005144×(290 000 000-3 000 000)]。

### (二)公共证券协会的提前偿付基准

为了对提前偿付率的表达形式加以标准化,公共证券协会(PSA)设计了一个确定提前偿付率的标准——提前偿付基准。它用每月计算的一系列年提前偿付率表示。PSA 假定 30 年期的抵押贷款有以下的年提前偿付率（CPR）：第一个月的 CPR 为 0.2%，以后的 30 个月每月递增 0.2%，当它达到 6% 时，则以后剩余的月份的 CPR 都为 6%。该基准被称为 100% PSA 或 100 PSA，每个月 CPR 的计算如下：

$$当\ t \leqslant 30，则\ CPR = 60\%(t/30)$$
$$当\ t > 30，则\ CPR = 6\%$$

这里的 $t$ 是自抵押设立开始起经历的月份数，这样一来，快一些或慢一些的速度可用 PSA 的百分比表示。例如，50 PSA 是指 PSA 基准提前偿付率 CPR 的一半；150 PSA 指 PSA 基准提前偿付率 CPR 的 1.5 倍；300 PSA 指 PSA 基准提前偿付率 CPR 的 3 倍。

每个 CMO 层次的估计收益率取决于假设的提前偿付率。提前偿付率确定了每个层次的加权平均寿命（WAL），也确定了每个层次的预期现金流收入。每个层次的 CPR 越高，预计收益率则越低。

## 三、CMO 的主要创新种类

自初始担保抵押债券产生以来，其许多变形产品相继产生，其中许多种产品结构比图 7-2 描述的要复杂得多。例如，有些担保抵押债券一次不是只有一个部分收到本金，有的担保抵押债券的部分具有零息债券的特点，也有的担保抵押债券采用可调整利率等。已经创立的 CMO 有许多不同的种类，这里主要介绍 CMO 市场中的四种关键创新：顺序偿还档、应计档、浮动利率/逆浮动利率以及计划分期偿还档。

### （一）顺序偿还档

第一张 CMO 创立于 1983 年，其基本特点是：每种类别的债券被按顺序依次收回，这种结构的 CMO 被称为顺序偿还 CMO。

例如，某一命名为 FRR-01① 的顺序偿还 CMO 有以下特征：① 过手息票率为 7.5%。② 加权平均票面利率为 8.125%。③ 加权平均偿还期为 357 个月。作为抵押品过手证券规模是 4 亿美元。

---

① 所有 CMO 结构都有一个名称。例子中的 FRR 是虚构的 CMO 的创造者姓名的开头字母。

从这 4 亿美元的担保品中创立了四个类别或档的债券。表 7-1 概括了它们的特征。

表 7-1　FRR-01 的四档顺序偿还结构

金额单位：美元

| 档　　次 | 面　　额 | 票面利率（％） |
|:---:|:---:|:---:|
| A | 194 500 000 | 7.5 |
| B | 36 000 000 | 7.5 |
| C | 96 500 000 | 7.5 |
| D | 73 000 000 | 7.5 |
| 总　　计 | 400 000 000 | |

偿付规则：

（1）对于定期的票面利息支付：以在期初未偿还的本金金额为基础对各档支付定期的票面利息。

（2）对本金偿还的支付：对 A 档支付本金直至它被彻底付清。在 A 档被彻底付清后，对 B 档支付本金直至它被彻底付清。在 B 档被彻底付清后，对 C 档支付本金直至它被彻底付清。在 C 档被彻底付清后，对 D 档支付本金直至它被彻底付清。

这四档的总面额等于担保品（即该转付证券）的面额。在这种简单的构架中，每档的票面利率相同并且也与担保品的票面利率相同。在实际操作中，票面利率通常随档的不同而变动。

CMO 是依据一套偿付规则将现金流量（利息和本金）再分配给不同的档而设立的。表 7-1 下面的偿付规则描述了过手结构证券（即担保品）的现金流量如何分配给四个档的情况。对于票面利息的偿付和本金的偿付有各自不同的规则。本金是指固定的定期本金偿付以及任意提前偿付两者的总和。

在 FRR-01 中，每个档根据月初未偿还余额而获得定期利息偿付。然而，本金的支付是按一种特别的方式进行的。每个档必须在其前档所有本金都偿付完毕之后才有权获得本金。更确切地说，当 A 档的本金总额 1 945 000 000 美元全部偿付完毕后，B 档才开始接受本金偿付，直至其本金总额 36 000 000 美元全部偿付完毕，然后 C 档开始获得本金，等到 C 档本金被支付完后，D 档开始接受本金偿付。

尽管对本金偿还的优先规则是确定的，而每个时期精确的本金数额则是不确定的，这要取决于担保品的提前偿付，而提前偿付取决于担保品的实际提前偿付率。

## （二）应计档

所谓应计债券即增值债券，是指递延利息债券，它类似零息债券。在 FRR-01 中，利息偿付规则规定了所有的档每月都应被支付利息。在许多的顺序偿还的 CMO 的构架中，至少有一档不获得当前的利息。相反，那一档的利息会累积起来然后被加到本金余额中，这种类别的债券通常被称为应计档（accrual tranche）债券或 Z 债券。应当被支付给应计档债券的利息被用于加速前面的档的本金余额的首期偿付。

例如，假设某一命名为 FRR-02 的 CMO，与 FRR-01 有相同的担保品，共有四档，每档的票面利率为 7.5%，不同的是最后一档是一个应计档 Z。表 7-2 显示了 FRR-02 的结构。

表 7-2　FRR-02 有应计债券档的四档顺序偿还结构

金额单位：美元

| 档　　次 | 面　　额 | 票面利率（%） |
|:---:|:---:|:---:|
| A | 194 500 000 | 7.5 |
| B | 36 000 000 | 7.5 |
| C | 96 500 000 | 7.5 |
| Z | 73 000 000 | 7.5 |
| 总　　计 | 400 000 000 | |

偿付规则：

（1）对于定期票面利息的偿付：以在期初未偿还的本金金额为基础对 A、B 和 C 档支付定期的票面利息。对于 Z 档，在本金上加上前期累计的利息。Z 档的利息作为本金的首期偿付而被支付给前期各档。

（2）对本金偿还的支付：对 A 档支付本金直至它被彻底付清。在 A 档被彻底付清后，对 B 档支付本金直至它被彻底付清。在 B 档被彻底付清后，对 C 档支付本金直至它被彻底付清。在 C 档被彻底付清后，对 Z 档支付本金直至原始的本金余额加上累积的利息被彻底付清。

由于包含了 Z 档，预期的 A、B 和 C 档的最终到期日被缩短了。非应计档的寿命缩短的原因是本应支付给应计档债券的利息被分配给了其他档。因此，通过包含一个应计档债券，可以创立一些期限比以前短的档及一个期限比以前长的档。应计档债券对于关注再投资风险的投资者有吸引力。由于没有什么息票偿付需要再投资，所以就可以减轻投资者关注再投资风险的压力。

## （三）浮动利率档

以上介绍的 CMO 结构对所有的档都提供固定的票面利率。如果 CMO 的类别中只有固定利率档,那 CMO 的市场会受到限制。许多金融机构偏好浮动利率资产,这可以与它们的负债作很好的搭配。于是投资银行创立了浮动利率档和逆浮动利率档。浮动利率债券和逆浮动利率债券一样,按某种参考利率定期重置利率,但逆浮动利率债券的利率调整方向与参考利率的运动方向相反。

现举例说明如何运用 FRR-02 CMO 结构来创立浮动利率和逆浮动利率债券类别。FRR-02 本是一个有应计档债券的四档顺序偿还结构,可以选择其中的任一档以从中创立一个浮动利率和逆浮动利率档。事实上,可以为四档中的不止一档创立以上两种证券或只为一档的一部分创立以上两种证券。

在本例中,假设从 C 档中创立一份浮动债券和一份逆浮动债券,两个档的面值合计为 9 650 万美元。这个包含一份浮动债券和一份逆浮动债券的 CMO 结构称为 FRR-03。它有五档,分别是 A、B、FL、IFL 和 Z。这里 FL 是浮动利率档,IFL 是逆浮动利率档。表 7-3 描绘了 FRR-03。在 FRR-03 中用来确定 FL 和 IFL 的票面利率的参考利率被定为 1 个月的 L1BOR。如表 7-3 所示。

表 7-3　FRR-03 浮动债券和逆浮动债券及应计债券档的五档顺序偿还结构

金额单位：美元

| 档　　次 | 面　　额 | 票面利率(%) |
|---|---|---|
| A | 194 500 000 | 7.5 |
| B | 36 000 000 | 7.5 |
| FL | 72 375 000 | 1 个月的 LIBOR＋0.50 |
| IFL | 24 125 000 | 28.50－3×(1 个月的 LIBOR) |
| Z | 73 000 000 | 7.5 |
| 总　　计 | 400 000 000 | |

偿付规则:

（1）对于定期票面利息的偿付:以在期初未偿还的本金金额为基础对 A、B、FL 和 IFL 档支付定期的票面利息。对于 Z 档,以前期的本金加上累计的利息为基础累积计息。Z 档的利息作为本金的首期偿付被支付给前期各档。FL 的最高票面利率为 10%,IFL 的最低票面利率为 0。

（2）对本金偿还的支付:对 A 档支付本金直至它被彻底付清。在 A 档被彻底付清后,对 B 档支付本金直至它被彻底付清。在 B 档被彻底付清后,对 FL 档和

IFL 档支付本金偿还,直至它们被彻底付清。在 FL 档和 IFL 档被彻底付清后,对 Z 档支付本金直至原始的本金余额加上累积的利息被彻底付清。

浮动利率档的面值是 9 650 万美元的某一部分。将这 9 650 万美元在浮动债券和逆浮动债券中分配有无数种方法,最终的分配取决于投资者的需求。在 FRR-03 构架中,我们用 9 650 万美元的 75%或者说是 72 375 000 美元构造了浮动债券。浮动债券的票面利率被定为 1 个月的 L1BOR 加上 50 个基点。因此,如果在重新安排日的 L1BOR 为 3.75%,浮动债券的票面利率为 3.75%加上 0.5%或者是 4.25%。对于浮动债券的票面利率有一个最高限额。

由于浮动债券的面值是 9 650 万美元中的 72 375 000 美元,剩余的部分就是逆浮动债券。假设 1 个月的 L1BOR 是参考利率,逆浮动债券的票面利率以如下形式表示:

$$K - L \times (1 \text{ 个月的 LIBOR})$$

公式中的 $K$ 表示逆浮动债券的票面利率的最高额或上限。假设在 FRR-03 中,逆浮动债券的上限为 28.50%。$L$ 表示息票杠杆率(coupon leverage),例中 $L$ 被定在 3。如果 1 个月的 LIBOR 是 3.75%,则这个月份的票面利率如下:

$$28.50\% - 3 \times (3.75\%) = 17.25\%$$

息票杠杆率 $L$ 反映逆浮动债券票面利率对于 1 个月的 LIBOR 的确定变动而相应变动的敏感性。息票杠杆率越高,逆浮动债券票面利率对于 1 个月的 LIBOR 的确定变动的敏感性越大,即逆浮动债券票面利率的变动就越大。例如,息票杠杆率为 3,意味着 1 个月的 LIBOR 发生 100 基点的变化会使逆浮动债券的票面利率发生 300 基点的变化;息票杠杆率为 0.7,意味着 1 个月的 LIBOR 发生 100 基点的变化逆浮动债券的票面利率会变动 70 个基点。在发行时,发行者根据投资者需要决定息票杠杆率。

现在介绍对浮动债券和逆浮动债券的总利息支付是如何从创立它们的票面利率为 7.5%的档中计算出来的。

浮动利率档的票面利率为 1 个月的 LIBOR 加上 0.5。逆浮动利率档的票面利率为:28.50%-3×(1 个月的 LIBOR)。

由于浮动债券是 9 650 万美元的 75%,而逆浮动债券是它的 25%,则加权平均票面利率为:0.75×(浮动债券票面利率)+0.25×(逆浮动债券票面利率),不论 LIBOR 是多少,加权平均票面利率为 7.5%。例如,如果 1 个月的 LIBOR 为 9%,则:

$$浮动债券票面利率 = 9.0\% + 0.5\% = 9.5\%$$

逆浮动债券票面利率＝28.5％－3×(9.0％)＝1.5％

加权平均票面利率＝0.75×(9.5％)+0.25×(1.5％)＝7.5％

因此,这7.5％的票面利率能够满足支付给这两档的总利息偿付。

与浮动债券的情形一样,逆浮动债券的本金的首期偿付是C档的本金的首期偿付金额的一定比例。

由于1个月的LIBOR总是正值,所以对浮动利率债券档支付的票面利率不可能是负值。然而,如果对逆浮动债券的票面利率无任何限制,则有可能使这个债券档的票面利率成为负值。为避免这种事情的发生,可以对该票面利率设定一个最低限额或下限。在许多的结构中,下限被定为零。一旦为逆浮动债券规定了下限,也就为浮动债券设定了最高限额或上限。在FRR-03中,为逆浮动债券规定的下限为零,浮动债券的票面利率上限为10％。该上限是由以下方法求出的:在加权平均票面利率的公式中,用零代替逆浮动债券的票面利率,然后令该式等于7.5％,就可求出浮动债券的票面利率为10％。

浮动债券和逆浮动债券的上限、逆浮动债券的下限、息票杠杆率以及利差额,这五个变量是相互关联的,给定其中的四个变量,就可确定第五个变量。

### (四) 计划分期偿还档

以上讨论过的CMO创新吸引了许多机构投资者。一些传统的公司债券购买者将它们的投资转移到CMO,但大部分的机构投资者仍然在场外旁观,因为CMO的平均寿命仍有很大的变动性,因而机构投资者认为投资这种证券还是有很大的提前偿付风险的。

于是投资银行又开发出一种能进一步减少提前偿付风险的有计划分期偿还类债券或PAC(planned amortization class bonds)债券。在CMO的各类别中,PAC债券有一份事先制定的分期偿还本金计划表,PAC债券的持有者具有偿付本金的优先权,无论哪一个月份,超过本金部分的金额则属非PAC类债券。如果本金还款不能完全满足PAC的计划本金偿付额,那么本金出现的短缺将延长还款期限。非PAC类别债券被称为支持债券(support bonds)或伴侣债券(companion bonds),这些债券吸纳了提前偿付风险。所以,只要提前还款率维持在一定幅度内,计划分期类债券就可保证安排固定的现金支付,即只要提前还款维持在指定范围内,现金支付的不确定性便可能完全消除。

表7-4展示了一种名为FRR-04的CMO架构。它是由加权平均票面利率(WAC)为8.125％、加权平均偿还期(WAM)为357个月、票面利率为7.5％和4亿美元转付债券创立的。在这个架构中只有两个档:其一是面值为2.438亿美元、

假定在 90~300 PSA 的情况下创立的 7.5% 票面利率的 PAC 债券 P 档,其二是面值为 1.562 亿美元的支持债券档 S。

表 7-4　含有一份 PAC 债券和一份支持债券的 FRR-04 CMO

金额单位:美元

| 档　　次 | 面　　额 | 票面利率(%) |
| --- | --- | --- |
| P(PAC) | 243 800 000 | 7.5 |
| S(支持档) | 156 200 000 | 7.5 |
| 总　　计 | 400 000 000 | |

偿付规则:

(1) 对于定期票面利息的偿付:以在期初未偿还的本金金额为基础对各档支付定期的票面利息。

(2) 对本金偿还的支付:根据 P 档的本金返还计划表对 P 档支付本金。对于目前的以及未来的本金偿付,P 档有履行计划表的优先权。在 1 个月的本金偿付金额中超出履行 P 档的计划表的金额以外的部分支付给 S 档。在 S 档被彻底付清之后,不管计划表如何安排,所有的本金偿付都支付给 P 档。

在实际中,CMO 构架通常不止一个 PAC 档;相反,从同一个档可以创立出一些 PAC 档。例如,可以创立一些顺序偿还的 PAC 档,其总面值为 2.438 亿美元债券的面值。这样一来,可以创立出有各种不同的平均寿命的 PAC。

由于 CMO 的重大金融创新,导致了抵押担保债券市场的迅速发展。在固定收益证券领域里,美国抵押担保债券居于统治地位。

# 第四节　资产支持证券的开发

## 一、资产支持证券的定义

住宅抵押贷款证券化之后,证券化的技术被广泛运用于住宅抵押债权以外的非抵押债权资产。由非抵押债权资产担保发行的证券,一般被称为资产支持证券(asset backed securities,简称 ABS)。虽然从定义上看,除了抵押债权资产之外的任何债权资产都可以用作资产支持证券的担保,但在开发初期最常用的担保资产主要是汽车贷款、信用卡贷款和应收账款。

资产支持证券的结构与抵押支持证券相似,它可以像过手结构证券一样是单种类证券,也可以像担保抵押债券一样是多种类证券。然而,资产支持证券却没有像抵押支持证券那样从政府那里得到担保,而是通过统计方法测算出风险后,再由信用级别高的银行提供部分担保,或进行优先/滞后部分安排,对滞后部分进行控制,优先部分在取得较高信用评级后才出售给一般投资者。

目前,资产支持证券步入了产品多样化阶段,证券化资产的范围扩大到汽车贷款、信用卡贷款、学生贷款、设备租赁、贸易、应收账款、房屋权益贷款、生产性房屋贷款、甚至公园门票收入、基础设施收费等几百种。截至 2006 年年末,美国资产支持证券余额达 2.13 万亿美元,占整体债券市场的 7.8%。新发行量达 1.25 万亿美元,仅次于 MBS,占整体债券市场的 20.1%。

## 二、汽车贷款的证券化

最先发行资产支持证券的领域是汽车贷款市场。

### (一)汽车贷款的特点

汽车贷款继抵押贷款之后被证券化是一件顺理成章的事。在美国,汽车贷款是仅次于住宅抵押贷款的第二大金融资产。它也能很方便地按照借方、贷方和地域等标准进行划分与组合。汽车贷款的还本付息也具有很强的可预测性。住宅抵押贷款的期限一般很长,往往在 15~30 年,而汽车贷款的期限则相对较短,一般在20~60 个月,因而能吸引希望进行较短期投资的投资者。

与住宅抵押贷款证券化的动机完全一致,汽车贷款证券化也是从事贷款业务的金融机构盘活自身资产、获取新资金来源的一个重要手段。在证券化之前,汽车贷款的资金几乎完全由商业银行等存贷款机构提供,而现在仅有 1/4 的汽车贷款仍由存贷款机构提供,其余 3/4 的资金则依靠发行资产支持证券来获取。

### (二)汽车贷款支持证券的种类

对汽车贷款支持证券的设计决策反映了发行者的意愿。影响证券设计的重要因素有:① 信用提升机制的形式和实质。② 通用会计准则。③ 对银行和发行者进行监管的规则。④ 税收上的考虑。⑤ 司法上的考虑。

汽车贷款支持证券有两种基本类型:一种是"过手结构证券"形式,与抵押贷款过手结构证券相类似。这是汽车贷款支持证券中最常见的类型,占到新发行量的57%;另一种是转付结构债券形式,类似于现金流债券。

1. 过手结构证券形式

利用授予人信托的形式,可以使汽车贷款支持证券的销售符合通用会计准则、税收和法律上的规定,因此它成为汽车贷款支持证券的最常见形式。在典型的过手结构证券中,汽车贷款被出售给授予人信托机构,由它们以信托资产的形式发行未被分割利润的权证。本金和利息都是按月支付。所有已收回的本金,连同按过手结构证券利率所应得的利息,都支付给作为信托受益人的权证所有人。汽车贷款平均贷款利率和过手结构证券利率之间的差额被用来支付服务费、担保费和其他费用。

2. 转付结构债券形式

转付结构债券因为涉及对现金流的重新安排,并能促进信用提升,提供更为确定的现金流量,所以在汽车贷款支持证券市场非常盛行。例如,有一种产品叫担保投资合同。该合同保证在原定支付日之前收到所有现金流的再投资收益。实际上,担保投资合同排除了提前支付的不确定性,并且提供了一种类似公司偿债基金形式的投资机会。因为其现金流确定,所以该产品对投资者很有吸引力。转付债券与传统的过手结构证券相比,前者与国库券的利差更小一些。

## (三) 汽车贷款支持证券的信用提升

无论是公开发行还是非公开发行的汽车贷款支持证券,都涉及采用某种形式的信用提升。然而,汽车贷款支持证券的信用提升方法与抵押贷款支持证券的信用提升方法不尽相同。抵押贷款支持证券在很大程度上依赖于最大诚信和美国政府的信用;而汽车贷款支持证券的信用保护是以发起人担保或第三方信用担保(例如信用证或保险单)的形式来提供,有时也采用超额抵押,但不很普遍。

当涉及第三方信用提升时,信用提升者往往为它们的保证寻求发起人的支持。最简单和最直接的方式就是直接追索。对信誉较好的财务公司或机构来说,直接追索是可以接受的。但对银行来说,直接追索与有监管的资产销售不一致,因此排除了直接追索的可能性。

差额账户是保护第三方信用提升者不受损失的一种常见机制。有了差额账户,在汽车贷款证券发行期间,汽车贷款的利息收入超过汽车贷款证券利息和每月服务费的部分,其全部或者部分被放入由第三者保存的差额账户中。证券到期后,差额账户中的款项就归于服务人。通常,银行能够接受差额账户这一方式,因为追索条款仅限于已出售资产的未来收益的损失,这样就使银行的原有资产免受这一损失的影响。差额账户可创造一种独立的交易,其中,已售出资产所产生的现金流可使证券持有者和信用提升者不受资产组合损失的影响,因此,财务公司和储蓄机构也都认为差额账户是很有用的。

## 三、信用卡贷款的证券化

从 20 世纪 50 年代开始,信用卡已成为一种主要的消费支付机制,也是消费信贷的一种主要形式。目前,信用卡在全部零售购买方式中占到 61.9% 的份额。它与其他形式的周转性债务合计,占到非抵押消费信贷的 23.4%。信用卡由银行(如维萨和 Master Card)、零售商(如 JC Penney 和西尔斯)、旅行和娱乐公司(如美国运通)发行。

在 1986 年之前,对信用卡贷款的处理方式一般是将其出售给某些金融机构,即将债权转让。从某种意义上讲,这种贷款出售也是一种简单而原始的证券化形式。真正的信用卡贷款证券化开始于 1986 年,促成这一变化的因素有两方面:一方面,1986 年,美国颁布了《税收改革法》(Tax Reform Act),取消了对出售信用卡贷款的税收支持,因而使这种出售的税收优势不复存在。另一方面,在 1986 年之前,证券化的资产可以不列入商业银行等金融机构的资产负债表中,因而有益于提高其资本资产比率,从而降低资本要求。然而,从 1986 年的一个著名的判例中,美国金融监管当局认定,只要证券购买者对发行证券的金融机构有追索权,即便这一追索权极其微小,证券化的资产都仍应列入资产负债表中。

面对更为严厉的金融监管,金融机构纷纷寻觅蹊径,规避管制。就在 1986 年,所罗门兄弟公司率先在承销第一银行公司(Bank One)发行的 5 000 万美元信用卡贷款担保债券时,为该债券提供较高的收益率以满足投资者的收益预期,同时设计了一个差额账户(spread account),作为当贷款损失超过一定标准时投资者的追索对象。这一方法巧妙地规避了金融管制,免除了金融机构被追索义务。所罗门兄弟公司所开创的这一业务手段带来了信用卡贷款证券化的迅速发展。

### (一) 信用卡贷款支持证券的特点

信用卡贷款支持证券的利息按月在下一个月的第十五天支付,以使信用卡服务的提供者有时间整理信用卡贷款报告。与汽车贷款支持证券不同,信用卡贷款支持证券的本金不是分期偿还的;相反,在一个特定时期即"周转期"中,信用卡借款人所支付的本金被发行者保留并再投资于另外的信用卡贷款。周转期的长度从 18 个月至 10 年不等。周转期的长短在很大程度上决定了发行证券的平均期限。周转期结束后,本金不再用来再投资,而是支付给投资者。这个时期被称为本金分期偿还期(principal-amortization period)。

在信用卡贷款支持证券中会有一些条款规定,在某些事件发生的情况下可以要求提前分期偿还本金。这些条款被称为快速分期偿还规定。它们能在一定程度上保护投资者免受信用卡贷款资产状况恶化所造成的损失。若规定的提前分期偿还事件发生,会导致信用卡贷款支持证券的提前还本。引发提前还本的因素包括高于规定水平的债务拖欠或损失、发行人的破产或资产组合收益率的显著下降。这些条款能在一定程度上保护投资者免受信用卡贷款资产状况恶化所造成的损失。

### (二) 信用卡贷款的出售

信用卡贷款通常都出售给投资人拥有的信托机构。所有产生于证券化账户组合的新信用卡贷款一旦发生即自动出售了。因为账户中应收款的总额有可能波动,出售者对增加或减少的数量拥有第二等级所有权,以消除波动。这种信托不能作为授予人信托,因为收回的贷款本金又被再投资于周转期间所产生的新贷款。在税收方面,信用卡贷款支持证券通常作为债务处理。

### (三) 信用卡贷款支持证券的新发展

近来,信用卡贷款支持证券市场引进了一些新特点:受控制的本金分期偿付、到期一次性偿付本金和主信托。

受控制的本金分期偿付得出了摊销期间本金偿付的月平均额。偿还期内持卡人所偿付的预定金额的本金被支付给投资者,而所余金额,如同在周转期内一样被再投资于另外的信用卡贷款中。这一本金偿付的月平均额是当月预期收回持卡人支付本金额的一部分。这部分金额代表持卡人历史上月偿付本金额的一个很小比例,因而它的收回可能性相当高。

在到期一次性偿付本金中,本金在到期时一笔偿还给投资者,而不按月摊销。这样做,资产结构中必须包括信用水平很高的资金来源,以保证一次性偿付。

主信托允许发行者在信托中放入信用卡账户。它能够根据筹资需要或根据市场行情,将信用卡账户中的贷款一次或分次证券化。主信托最早是在 1988 年 5 月由第一芝加哥银行发行资产支持凭证时使用。第一芝加哥银行将约 16 亿美元的信用卡贷款放入主信托,并发行了系列 A 系列。A 包括了 3 亿美元的信用卡贷款。另外的系列,如随后发行的系列 B,可按第一芝加哥的意愿从余下的 13 亿美元中发行。

## 四、应收账款的证券化

投资银行在成功地将汽车贷款和信用卡贷款证券化之后,接下来开始尝试将其余的资产证券化。首先取得突破并大规模发展的是应收账款的证券化。

## （一）应收账款的特点

乍看起来，应收账款并不符合证券化的一般条件：首先，应收账款没有利息收入。其次，它的期限相当短，一般仅有 30～90 天；而且由于受各种客观条件的制约，应收账款期限的不确定性很大。再次，应收账款一般仅局限于某些顾客，因而进行划分组合时比较困难。最后，信用卡贷款和汽车贷款的借款人一般并不在乎贷款人将其贷款出售给另一家金融机构，而应收账款的债权人则往往会因为买卖关系而有所顾虑，不愿轻易出售应收账款而损害债务人的利益。

然而，只要有需求就会有市场。美国有大量的资信水平较低的中小企业，这些企业往往难以从商业银行，或者必须以较高的代价从商业银行获取贷款，因此它们迫切地寻找着新的资金来源。本来，这些公司依赖于商业票据市场获取资金，然而在 20 世纪 80 年代末和 90 年代初，随着美国经济的衰退，商业票据市场遭到重创。1990 年 7 月，美国证券交易委员会开始对货币市场共同基金持有的商业票据的质量和结构进行严格限制，更使资信级别低的中小公司雪上加霜。在这样的背景下，应收账款的证券化便迅速地发展起来了。

## （二）交易过程的设计

对于应收款这类资产来说，其期限一般都较短，而且由于没有还款计划表，所以一般也不存在早偿风险问题。因此，在架构这类资产的证券化交易时，为了满足投资者和融资方对投融资的期限需要，通常将整个交易过程设计为以下三个阶段。

1. 周转期

由于应收款的期限通常较短，而应收款的卖方都希望能获得期限较长的资金融通，并且证券化资产组合应该保持一定的规模，所以在这个阶段，只向应收款支持证券的投资者按时支付利息，而不偿还本金。应该偿还给投资者的本金被用来向卖方购买新的应收款。如果当时没有新的应收款可供购买，本金将用来购买应收款卖方对应收款组合所拥有的那部分参与权益。在新的应收款不足的情况下，由于这时卖方所拥有的应收款参与权益已低于最低标准，这可能是一个危险的信号，因此提前偿还将被触发。周转期的长短是事先确定的，从 2～11 年不等。在这期间，投资者只能获得利息。因此，这个时期被称为禁止本金偿还期。

2. 本金偿还期

周转期结束后就进入了本金偿还期。在这个阶段，在应收款资产池中产生的现金流将不再用来购买新的应收款，而是开始向证券的投资者偿还本金。如果收取的现金流超过了每次向投资者偿还的金额，则超额部分将被用来购买新的应收款。对投资者来说，他们还会像在周转期内一样每月获得利息。所以，从周转期进入本金偿还期,投资者一般不会觉察到每月获得的利息有什么变化。

3. 提前偿还期

在交易中还设计了许多"警报"——提前偿还事件,一旦这些事件被触发,证券化交易就可能会直接进入提前偿还期,而不管当时是处于周转期还是基金偿还期。之所以要设计这些"警报",其目的是保护投资者免受应收款资产池价值下跌的风险。因此,如何设计这些提前偿还触发事件就是非常关键的问题。通常,应收款资产池的价值下降、卖方的参与权益低于规定的最低标准和服务商未能按合同的规定处理应收款产生的现金流等,都会构成提前偿还事件。一旦提前偿还事件被触发,且无法改观时,投资者的本金就将开始被快速地偿还。所有收到的现金流都将被偿还给投资者。而且,为了加快向投资者偿还本金的速度,原本应向分配给卖方参与权益的那部分现金流,也将被用来偿还给投资者。

从以上介绍可知,不同的基础资产有不同的现金流特征,因此在具体架构某种资产的证券化交易时,应该从基础资产的特征、融资方和投资者的需要等角度进行必要的创新,这也是证券化技术在其他资产上得以推广和发展的重要原因。

# 第五节　担保债务凭证的发展

在资产担保证券(ABS)市场,以次级抵押贷款为支持的担保债务凭证(collateralized debt obligation,简称CDO)的发展最为迅猛。最早的CDO是由德雷克-索尔公司(Drexel Burnham Lambert)在1987年发行的。十几年后,CDO成为快速发展的资产证券之一。推动CDO市场迅速发展的一个契机是David X. Li在2001年引入了Gaussian Copula模型,该模型能够为CDO迅速定价。此后,CDO成为全球固定收益产品市场中成长最快的领域之一。目前,CDO由于美国次贷危机(sub-prime mortgage crisis)的爆发而成为举世瞩目的焦点。

## 一、次级抵押贷款证券化的缘起

从1995年起,受经济稳定增长和低利率货币政策的刺激,美国房地产市场持续升温,房价连续上涨。出于对美国楼市良好成长性的预期,许多购房财力不足、缺乏信用记录或信用历史较差的借款者也积极介入炒房行列。同时,房地产金融机构在盈利目标的驱使下,产生了强烈的扩大住房抵押贷款供给的冲动。在优质客户的借款需求被基本满足之后,房地产金融机构逐渐把眼光投向原本不够资格申请住房抵押贷款的潜在购房群体,即次级抵押贷款市场和可选择优质(Alt-A)贷款市场。伴随着次级抵押贷款标准放松，以及次级抵押贷款产品的创新，以次级抵押贷款为收益来源的证券，就成为受到市场追捧的创新投资品种，在美国得以迅速发展。2003 年以来，CDO 规模迅速膨胀。2004 年、2005 年和 2006 年全球 CDO 发行规模分别为 1 570 亿美元、2 730 亿美元和 5 500 亿美元，2005 年和 2006 年各自增长 74％和 101％。截至 2006 年年底，全球 CDO 市场的存量接近 2 万亿美元。全球 CDO 市场的主要参与者包括商业银行、贷款公司、投资银行、保险公司和对冲基金等。

## 二、次级抵押贷款证券化的架构

次级抵押贷款（简称次级贷款）是指金融机构为信用评级较差、无法从正常渠道借贷的人所提供的贷款。美国的信用评级公司（FICO）一般将个人信用评级分为五等：750 分以上为优等，660～749 分为良好，620～659 分为一般，350～619 分为差，350 分以下属于不确定。在美国，根据消费者的信用评分、月供与收入比以及首付三个指标，大致可将住房抵押贷款分为以下三个层次：

（1）优级贷款：对象为信用评分高于 660 分、月供占收入比例不高于 40％、首付超过 20％的个人。

（2）Alt-A 贷款：对象为信用评分在 620～660 分但信用记录较弱的个人，如自雇以及无法提供收入证明的个人。

（3）次级贷款：对象为信用评分低于 620 分、月供占收入比例较高或记录欠佳、首付低于 20％的个人。

基础资产的风险特征对证券化所采取的架构有着重要的影响。通常，优质抵押贷款由政府国民抵押协会、联邦国民抵押协会和联邦住宅贷款抵押公司这 3 家具有一定政府信用支持的机构进行证券化。证券化产品有过手结构证券、资产支持债券以及转付结构债券三种形式，相关债券的信用等级为 AAA。而 Alt-A 贷款和次级抵押贷款则多由私人机构进行证券化。由于次级抵押贷款的风险性很高，如果采用过手结构证券架构，不经过信用增级，则此过手证券的信用等级与次级抵押贷款原有信用等级相同，将难以在市场觅得足够的投资需求。因此，次级抵押贷款的证券化一般采用转付债券架构，亦即需要对基础资产的现金流量进行重新安排来创造具有较佳评级的证券，由此产生了担保债务凭证（CDO）。

## 三、担保债务凭证的设计特点

担保债务凭证（CDO）是以一个或多个类别且分散化的资产作抵押的转付结构

债券。这些资产包括高收益债券(high yield bonds)、新兴市场公司债(emerging market corporate debt)或国家债券(sovereign debt),亦可包含传统的 ABS、次级住宅抵押贷款证券(residential mortgage-backed securities,简称 RMBS)及商用不动产抵押贷款证券(commercial mortgage-backed securities,简称 CMBS)等资产证券化产品。不同 CDO 产品之间基础资产的差异也会很大。

CDO 的设计采用了与 CMO 相同的分档技术。即通过对基础资产所产生的现金流进行拆分和组合,构建出各种偿付顺序不同的、因而风险收益特性各自不同的优先/次级债券,以满足不同投资者的投资需求。这种证券化技术也就是所谓的结构性金融技术。

按照信用质量的不同,CDO 可以分为不同档次的债券。CDO 一般分为四档,即优先档(senior tranche)、中间档或夹层档(mezzanine tranche)、低级档(junior/subordinated tranche)和一个不公开发行的层级——权益档或收入档(equity tranche or income tranche)。权益档一般由发行者自行买回,相当于用此部分的信用支撑其他层级的信用。由于它与股本的作用相同,故又称为股权档。

CDO 债权人获取利息和本金支付的顺序在招募书中就已确定。CDO 现金流依照信用等级顺序依次进行偿付:首先是优先档、中间档、低级档,最后是权益档。这种支付方式是为了给优先档债务以最高限度的保护。在对其他债务进行支付前,需要作一些风险测试。如果这些测试不通过,优先档债务将被赎回直至测试通过。

除低级档和权益档外,其他债务都需要评级。优先档债务至少需要评到 A级;中间档债务需要评到 BBB,至少不低于 B 级;低级档和权益档获得的是现金流的剩余部分,所以,这个部分债务不需要评级。

低级档、夹层档及优先档亦可再按利率分割为小系列。例如,固定利率与浮动利率之别、零息与附息之分等,以适合不同投资者的口味。各系列金额的决定需视所要达到的信用等级及最小筹资成本两大因素决定。通常,优先档占整体最大的比率,中级系列约为 5%～15%,股本系列占 2%～15%。图 7-6 为目前市场中常见的 CDO 债券层次结构。

| A-1 层级浮动利率 | A-2 层级固定利率 |
|---|---|
| B-1 层级浮动利率 | B-2 层级固定利率 |
| C 层级(固定利率或浮动利率) ||
| D 层级(固定利率或浮动利率) ||
| 权益层级 ||

**图 7-6　CDO 债券层次结构**

一般而言,优先档CDO的购买方包括商业银行和保险公司、共同基金、养老基金等风险偏好程度较低的机构投资者。而投资银行和对冲基金等追求高风险高收益的机构投资者和作为发起人的放贷金融机构,则重仓持有中间档和股权档CDO。

# 四、担保债务凭证的现金偿付机制

## (一) CDO 的现金流分配

CDO的基础资产所产生的现金流将按照招募书中的规定在投资者之间进行分配,这种现金流的分配方式被称为现金流瀑布。现金流首先被用于支付管理费、服务费、税费及利率(或货币)交换的费用,余下的现金流按照优先档、中间档和次级档的顺序依次支付给各层级,最后剩余的现金流才支付给股权档。

承担损失与现金流分配的顺序相反:如果资产池中的基础资产出现违约,所有损失先由股权档持有者承担,若股权档持有者不能完全承担,再依次由次级档、中间档和优先档投资者承担。因此,在整个CDO现金流支付结构中,股权档承担了最大的信用风险,次级档和中间档次之,而优先档受到的保护最强,但其收益也最低。可见,CDO对信用增强是通过证券结构设计来实现,而不像一般ABS较常利用外部信用增强机制增加证券的安全性。

下面举例说明现金流分配规则。杜克基金1是一个在2000年11月定价的现金流CDO产品,总价为3亿美元。这个CDO产品的结构如下:

2.6亿美元(占全部的87%)的Aaa/AAA级(穆迪/标准普尔)浮动利率部分。

2 700万美元(1 700万美元固定利率+1 000万美元浮动利率)的B级债券,穆迪的评级为A3。

500万美元(固定利率)的C级债券,穆迪的评级为Ba2。

800万美元的权益系列(这是这个产品中的"优先股")。

这个产品的抵押资产主要包括投资级的商业住房贷款证券(CMBS)、资产支持证券、房地产投资信托(REIT)和住宅抵押贷款证券(RMBS)。其中,90%必须至少被穆迪评级为Baa3或者被标准普尔评为BBB。资产管理经理是艾林顿管理集团(Ellington Management Group),它是广受尊敬的货币管理公司。

图7-7显示了这个实例中利息在不同级别中分配的顺序。利息首先被用来支付相关的产品开销,比如费用、税、登记费以及给资产管理经理的报酬和用于对冲交易的费用。在这之后,投资者以一个相当直观的方式支付,首先是优先级债券,然后是中间级债券,最后是权益系列。

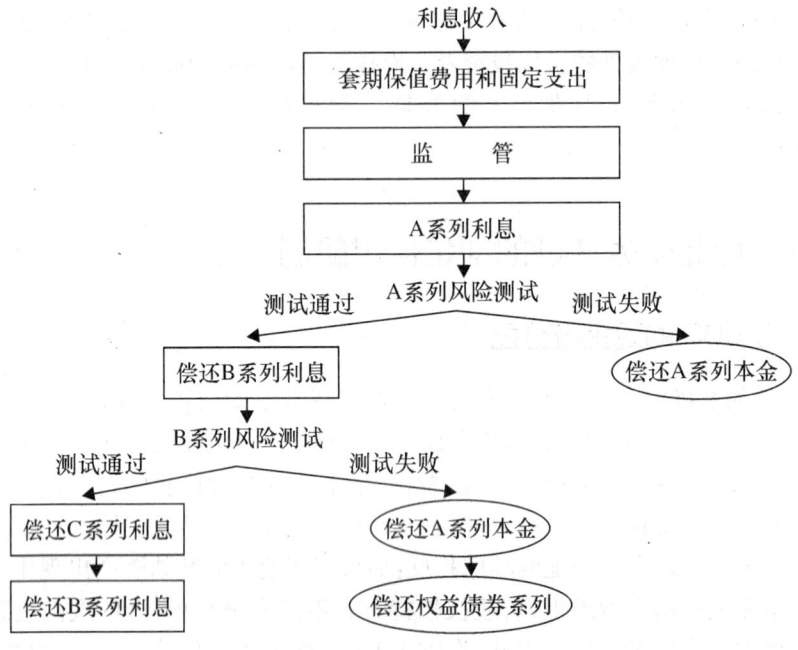

**图 7-7　利息现金流瀑布**

在图 7-7 中,如果 A 系列风险测试没有通过,整个组合的剩余利息将支付 A 系列的本金,原来应支付给其他类别债券的现金流也将被转移到这上面来。如果 B 系列风险测试没有通过,C 系列和权益系列应得的利息将首先偿付 A 系列的本金,然后是 B 系列的本金。

图 7-8 简单说明了整个交易中本金的现金流。本金的偿付纯粹按照类别顺序进行。任何由于超额抵押所遗留的抵押资产本金偿还都将支付给权益债券系列。

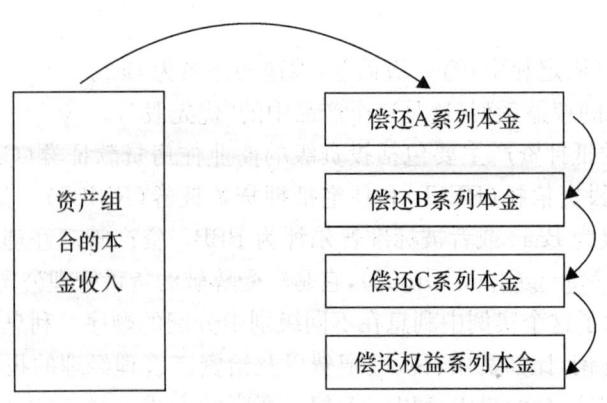

**图 7-8　本金现金流瀑布**

## (二) 现金支付中的风险测试

在 CDO 的现金支付过程中,风险测试(coverage test)是 CDO 现金支付的一个保障机制。其作用就是保护债券持有人免受资产池现金流恶化所带来的风险。具体方式包括超额抵押测试(over collateralization test,又称 O/C 比率)和利息覆盖测试(interest coverage test,或 I/C 比率)。

1. 超额抵押测试

某一系列的超额抵押测试是计算所有抵押资产组合的本金与本系列及本系列以上的本金的比率。即:

$$O/C = \frac{抵押资产本金}{本系列的本金 + 所有本系列以上系列的本金}$$

该比率越高,对持有人的保护就越大。通常,超额抵押比率是基于资产的本金或者面值。因此,超额抵押测试也被称为面值测试。某一系列的超额抵押比率需要与该系列规定的最低比率相比较。最低超额抵押比率又被称为超额抵押临界(over collateralization trigger)。如果超额抵押比率大于或等于相应的最低标准,则测试通过。

以杜克基金 1 为例。有两个系列需要进行超额抵押测试——A 系列和 B 系列。因此要分别计算两个超额抵押比率。两个系列的计算公式分别如下:

$$A 系列的 O/C 率 = \frac{抵押资产本金(或面值)}{A 系列本金}$$

$$B 系列的 O/C 率 = \frac{抵押资产本金(或面值)}{A 系列本金 + B 系列本金}$$

计算出 O/C 比率后,再与规定的标准相比,如果大于或等于这个标准,则该系列的测试就通过。

对于杜克基金 1 而言,A 系列和 B 系列的标准分别为 113% 和 110%。通常,系列的等级越低,要求的标准就越低。如果 A 系列超额抵押比率低于 113%,B 系列低于 101%,则抵押测试失败。

2. 利息覆盖测试

某一系列的利息覆盖测试是所有抵押资产的预计应付利息与预计付给该系列及所有该系列以上系列的利息的比率。即:

$$I/C = \frac{抵押资产组合的预计利息}{本系列的预计利息 + 所有本系列以上系列的预计利息}$$

利息覆盖比率越高,提供的保护就越大。某一系列的利息覆盖比率需要与该系列规定的最低利息覆盖比率比较。最低利息覆盖比率又被称为利息覆盖临界

(interest coverage trigger)。如果利息覆盖比率大于或等于相应的最低标准,则测试通过。

以杜克基金 1 为例,A 系列和 B 系列需要进行利息测试——因此要分别计算两个利息覆盖比率:

$$A 系列的\ I/C\ 率=\frac{抵押资产的预计利息}{A 系列的预计利息}$$

$$B 系列的\ I/C\ 率=\frac{抵押资产的预计利息}{A 系列的预计利息+B 系列的预计利息}$$

对于杜克基金 1 而言,A 系列和 B 系列的标准分别为 121% 和 106%。如果 A 系列的利息覆盖比率低于 121%,B 系列的利息覆盖比率低于 106%,则利息覆盖测试失败。

在支付日,如果以上测试不能被满足,则低级档和股权档的利息和本金都不能支付,资产所产生的现金流也不能用于再投资,这些资金将被用于支付较高评级档的本金,直到这些测试被满足为止。

## 五、担保债务凭证的分类与构造

市场上 CDO 的类型很多。按照证券化技术划分,CDO 可以分为现金流 CDO(cash flow CDO)、合成型 CDO(synthetic CDO)和混合型 CDO(hybrid CDO)。其中,现金流 CDO 与合成型 CDO 是两种最重要的 CDO 类型,其构造具有代表性。而合成型 CDO 的构造比现金流 CDO 要复杂得多。

### (一) 现金流 CDO 的构造

现金流 CDO 是最基本的 CDO 类型。在现金流 CDO 结构中,发起人将信贷资产的所有权转移给特别目的机构 SPV,SPV 利用基础资产池产生的现金流为 CDO 债券还本付息;但基础资产的市值并不影响 CDO 债券的价值。现金型 CDO 的构造分为五步,参见图 7-9。

第一步,由发起人将资产负债表上的价值 1 亿美元信贷资产组合(贷款或债券)转移给一个 SPV,这种转移必须是资产的真实销售(true sale)。

第二步,SPV 在获得 1 亿美元的信贷资产组合后,以该资产组合未来能够产生的现金流为基础,发行各级 CDO 证券。其中,优先级证券获得 AAA 评级,价值8 800 万美元,收益率为 LIBOR 加上 50 个基点;中间级证券获得 BBB 评级,价值500 万美元,收益率为 LIBOR 加上 300 个基点;股权级证券没有信用评级,价值700 万美元,收益率也事先不确定。

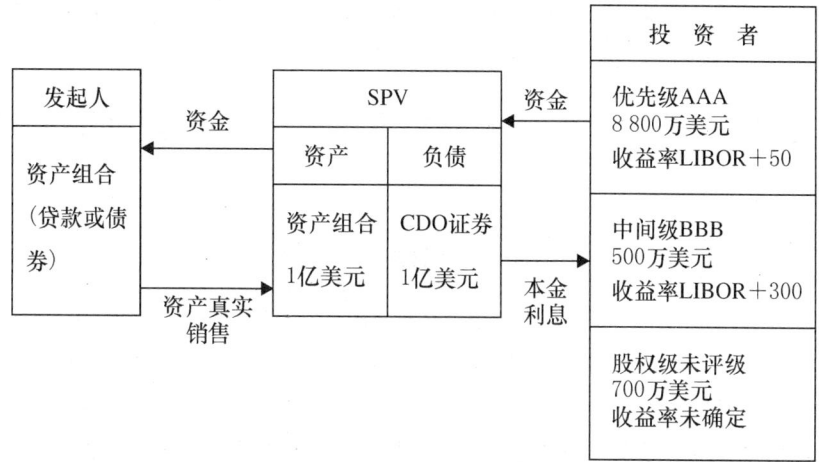

**图 7-9　现金型 CDO 的构造**

资料来源:Cousseran, O., Rahmouni, I. The CDO Market-Functioning and Implications in Terms of Financial Stability. http://www. banque-france. fr/gb/publications/telechar/rsf/2005/ etud1_0605. pdf,June 2005。

第三步,SPV 向机构投资者销售上述证券。其中优先级和中间级证券通常销售给商业银行、保险公司、投资银行和对冲基金等机构投资者,股权级证券往往销售给发起人自身,或风险偏好较强的对冲基金等。

第四步,SPV 用销售 CDO 证券获得的资金向发起人支付购买资产组合的价款。

第五步,SPV 用信贷资产组合产生的现金流向 CDO 证券持有者还本付息。现金流的分配原则遵循"优先级-中间级-股权级"的先后顺序。

## (二) 合成型 CDO 的构造

在合成型 CDO 结构中,发行人(SPV)并不真正拥有基础资产,而是通过结构性的信用违约互换(credit default swap,简称 CDS),间接拥有基础资产的敞口,并将发行人的信用风险转移给 CDO 投资者,而投资者以保险金的形式获得收益。

合成型 CDO 构建在信贷违约互换(credit default swap,简称 CDS)的基础上。因此,在分析合成型 CDO 的构造之前,必须先了解 CDS 的原理。

1. 信贷违约互换

信贷违约互换(CDS)是最重要的信用衍生产品(credit derivatives)之一。信用衍生产品是一种在参与者之间转移信用风险的协议,而 CDS 是一种将参照实体(reference entities,即信贷资产的借款人)的违约风险从合同买方转移到合同卖方的协议。合同买方(即保险买方),定期向合同卖方(即保险卖方)支付保费(premium）。而如果发生参照实体违约、破产等信用事件（credit events），那么保险卖方就必须向保险买方赔偿损失，参见图 7-10。

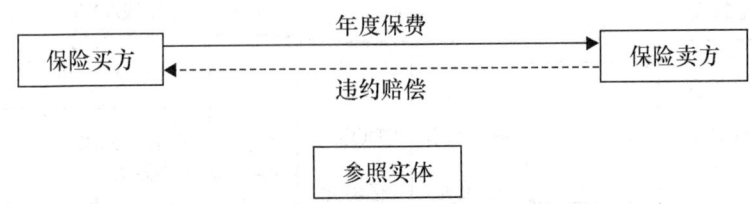

**图 7-10　信贷违约互换**

资料来源：Mengle，David. Credit Derivatives：An Overview. Paper Delivered at the 2007 Financial Markets Conference，Federal Reserve Bank of Atlanta，May 15，2007。

　　值得注意的是，参照实体既可能与保险买方具有信贷关系，也可能与保险买方没有信贷关系（即参照实体可能是独立的第三者）。买方和卖方在订立 CDS 合同时，由于不涉及债权关系的转移（仅仅涉及信用风险的转移），因此不需要征得参照实体的同意。

　　合成型 CDO 又可以划分为完全融资合成型 CDO（fully funded synthetic CDO）和部分融资合成型 CDO（partially funded synthetic CDO）。

　　2. 完全融资合成型 CDO

　　完全融资合成型 CDO 的构造分为六步，参见图 7-11。

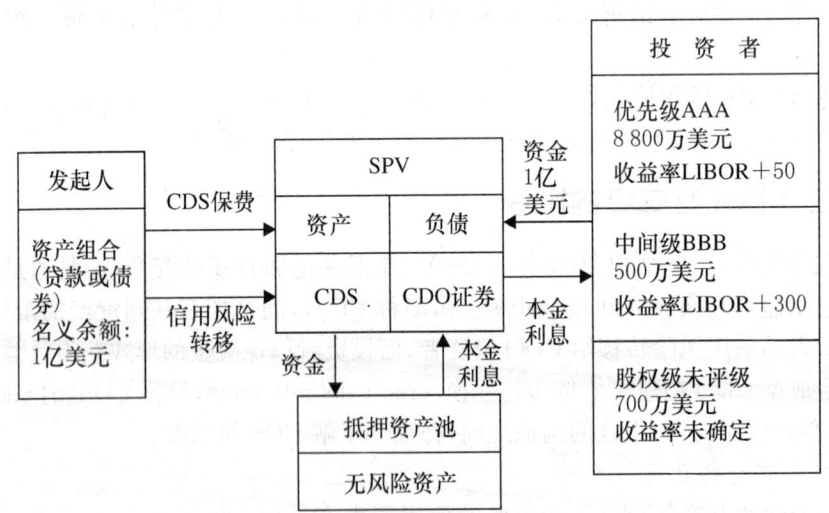

**图 7-11　完全融资合成型 CDO 的构造**

　　第一步，针对一个名义价值（notional amount）为 1 亿美元特定的资产组合（即参照实体，该资产组合既可能位于发起人的资产负债表内，也可能位于发起人的资产负债表外），发起人向 SPV 购买一个 CDS，发起人作为保险买方，定期向作为保险卖方的 SPV 支付保费，与此同时也将资产组合的信用风险转移给 SPV。

第二步，SPV 以签订的 CDS 合同为基础，发行各级 CDO 证券。各级证券的规模、评级和收益率与上述现金型 CDO 的案例完全一致。

第三步，SPV 向机构投资者销售上述各级证券。

第四步，SPV 将销售 CDO 证券获得的 1 亿美元收入，投资于一个独立的抵押资产池，资产池中的资产均为 AAA 级无风险资产。

第五步，如果参照实体没有发生违约事件，那么 SPV 将利用 CDS 保费以及抵押资产池产生的现金流，向证券投资者支付利息。如果参照实体发生违约事件，那么 SPV 将利用抵押资产池产生的收入，或者利用出售抵押资产池中无风险资产的收入，向发起人进行赔偿。

第六步，当 CDO 证券期限届满时，SPV 出售抵押资产池中所有资产，向投资者支付本金。

合成型 CDO 与现金型 CDO 的最大区别在于：在合成型 CDO 中，资产组合本身并不从发起人转移到 SPV，转移的仅仅是与资产组合相关的信用风险。与之相对应，SPV 销售 CDO 证券获得的收入也不支付给发起人，而是由 SPV 投资于无风险资产，用于未来的还本付息。

在合成型 CDO 中，由于发起人已经将资产组合中的信用风险转出，从而降低风险资产的规模，也缓解了监管层对自有资本的压力。同时，由于信贷资产的债权本身并未发生转移，与 SPV 订立 CDS 合同也不需要通知借款人，从而避开了通知借款人的义务以及债务是否合法转移等法律问题。

3. 部分融资合成型 CDO

部分融资合成型 CDO 和完全融资合成型 CDO 的构造大致相似，唯一的不同在于第一步。发起人针对名义价值为 1 亿美元的资产组合（参照实体）的信用风险，订立了两个优先次序不同的 CDS 合同，参见图 7-12。

首先，发起人与超优先级（super-senior）投资者订立了价值 8 700 万美元的 CDS 合同；其次，发起人与 SPV 订立了价值 1 300 万美元的 CDS 合同。发起人作为保险买方，定期向超优先级投资者和 SPV 支付保费。一旦参照实体发生信用事件，那么首先由 SPV 向发起人支付补偿。只有当发起人的损失超过 1 300 万美元以上时，才由超优先级投资者向发起人赔偿。正是由于超优先级投资者受到了 SPV（以及 SPV 所发行的 CDO 证券投资者）的保护，因此超优先级投资者的保费收益率远低于各级 CDO 证券的收益率。

图 7-12 案例显示，超优先级投资者的收益率仅为 LIBOR 加 10 个基点，远低于优先级 CDO 证券的 LIBOR 加 50 个基点。在此案例中，由于 SPV 只承担了 1 300

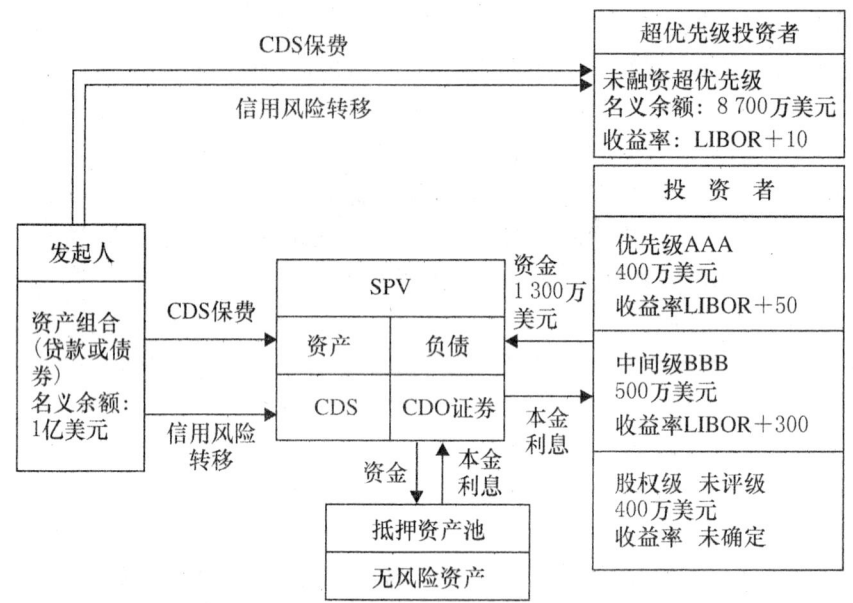

图 7-12    部分融资合成型 CDO 的构造

万美元的风险头寸,因此 SPV 总共只发行了价值 1 300 万美元的 CDO 证券,包括400 万美元的优先级证券、500 万美元的中间级证券以及 400 万美元的股权级证券。其余构造均与完全融资合成型 CDO 相同。

部分融资合成型 CDO 与完全融资合成型 CDO 相比,前者的最大优势在于不需要充分融资。在上述案例中,发起人只需通过 SPV 发行价值 1 300 万美元的证券,就能管理 1 亿美元的信用风险头寸,而向超优先级投资者支付的 CDS保费又显著低于向 SPV 支付的保费,这样便大幅降低了发起人的风险管理成本。

部分融资合成型 CDO 与通过直接购买价值 1 亿美元的 CDS 保险相比,前者通过构造 CDO,使得绝大部分信用风险集中在股权级 CDO 证券中,从而为超优先级投资者乃至优先级和中间级 CDO 证券的持有者提供了信用保护。这种内部信用增级措施能够显著提高超优先级、优先级和中间级的信用等级,从而有助于从整体上降低风险管理成本。

## (三) 混合型 CDO 的构造

混合型 CDO 大致可以看作是现金流 CDO 与合成型 CDO 的混合产品,现金流 CDO 部分的基础资产会被买断,合成型 CDO 部分的基础资产则会建立参照关系。

## 六、CDO 对美国次贷危机的影响

一般认为,2006 年开始的美国次贷危机爆发的主要原因是美国房地产市场价格下降和利率上升同时带动的次级按揭贷款违约率上升。根据 2007 年 7 月数据,次级 ARMs[①] 贷款逾期 90 天的贷款数量超过了 15%,是 2005 年中期的 3 倍。这与高级贷款(prime mortgage)低于 1% 的违约概率形成了鲜明的对比。就次贷危机的内在根源而言,高违约率产生于银行对于次级抵押贷款人信用要求的降低,只是这种高违约危机一直被低利率和高房价隐藏起来。

从次级抵押贷款本身来看,违约率的上升会使得贷款银行面临大量的贷款损失,但是这些损失基本能够被控制在银行体系内部。从危机发展到现在的情况来看,危机的涉及面已经远远超过了银行体系能够控制的范围。危机不断扩散到不同金融主体和金融市场,如贷款机构到养老基金、投资银行、保险公司和对冲基金,从银行间贷款市场到股票市场,从美国国内市场危及全球金融市场。

从危机形成和扩张关系来看,危机涉及两个层面:第一个影响层面是指次级抵押贷款的直接违约损失,这一层面影响是可控制的;第二个层面的影响是指以次级抵押贷款为基础的 CDO 市场的介入使得危机涉及面扩大,对金融体系的影响程度也加深了。由于第二个影响层面的复杂性,很多潜在危机还没有爆发出来,所以其具有非可控性。

由于 CDO 的存在,次级按揭贷款的风险不再单纯地保留在贷款银行内部,而是扩散到不同的金融主体。

首先,整体次级抵押贷款规模因为 CDO 的存在而增加。银行本来只是次级抵押贷款的贷款人,即使银行能够通过证券化将次级抵押贷款转化为抵押支持证券,但在没有将次级 MBS 组合成 CDO 之前,次级 MBS 由于信用等级较低,是很难出售的。以次级抵押贷款为基础资产的 CDO 形成以后,由于其分割风险的特点满足了不同投资者需求,整体 CDO 市场非常活跃,银行能够容易地将持有的次级抵押贷款证券化,再形成 CDO 出售。这样一方面银行将大部分高风险次级抵押贷款从资产负债表上删除,实现了风险的控制;另一方面银行也实现了盈利性目标。这一动机促使银行不再关注贷款实际的风险程度,而是鼓励抵押公司(mortgage companies)寻找潜在的低信用等级的借款人,不断扩张次级抵押贷款的规模,使得风险程度和风险涉及面扩大。

其次,CDO 的存在使受次贷危机冲击的金融主体增加。CDO 实现了不同风险级别的出售,满足了不同风险偏好主体的投资要求,大量原本投资于证券的投资

---

① 数据引自 Securities Industry and Financial Markets Association ( 2007)。

者进入这一市场,市场参与者涵盖了贷款银行(31%)、投资银行(22%)、对冲基金(10%)、养老基金(18%)和保险公司(19%)等。

然而,CDO 的存在使得次级抵押贷款借款人和 CDO 投资者的距离越离越远,信用链过长造成了风险估计的困难。虽然评级机构通过评级部分地减少了这种信息不对称,但是由于评级数学模型运用的困难性和评级机构本身的可靠性,往往不能给投资者正确提供风险的估计。表 7-5 反映不同金融主体参与 CDO 的形式及受到的冲击。

表 7-5　不同机构参与 CDO 的形式及其受到的冲击

| 参与者 | 对危机发生起到的影响 | 危机发生后受到的冲击 |
|---|---|---|
| 贷款银行 | 1. 向低信用等级借款人提供贷款<br>2. 向其设立的投资公司和其他 SPV(包括 MBS 的 SPV 和 CDO 的 SPV)提供信用额度<br>3. 向对冲基金提供以 CDO 为抵押的高杠杆贷款 | 1. 保留在银行体系内的次级贷款违约损失<br>2. 对不同 SPV 信用额度承诺使其流动性不足,并引起银行间贷款利率的上升 |
| 投资银行 | 1. 设立 SPV,发行 CDO<br>2. 设立对冲基金,用于购买相对低等级的 CDO | 1. 保留的股权等级 CDO 损失<br>2. 被迫出售其他资产获得现金流的损失<br>3. 其设立的对冲基金的投资损失 |
| 评级机构 | 给 MBS 提供评级和 CDO 各等级提供评级 | 评级失真引起的社会信誉问题 |
| 投资者 | 1. 上述贷款银行的投资公司<br>2. 对冲基金<br>3. 保险公司<br>4. 养老基金 | 投资损失增加 |

可见,如果次贷危机仅仅是局限在银行体系内的,那么其影响范围和影响深度将不会达到今天这种程度。真正在次贷危机中起关键作用的是以次级按揭贷款为基础的结构金融衍生品(CDO)。CDO 市场不仅使得不同类型的金融机构成为危机的促成者,也使其成为危机的直接受害者。与此同时,由于 CDO 价值被错误估计,投资者风险和收益不对称,大量的隐藏于次级按揭贷款中的风险造成大量的投资损失。目前,对 CDO 的质疑和指责包括:

(1) CDO 的风险转移并不能发挥稳定市场的作用,使得市场变得更加不稳定。因为 CDO 将信用风险从专业化风险管理机构(商业银行)手中转移到外行(保险公司与对冲基金)手中。CDO 的构造和定价是相当复杂的,因此,更多的外行投资者涉足 CDO 市场,将会有损于金融稳定。

(2) 金融衍生产品的历史表明,任何原本用于套期保值和分散风险的工具和手段,最终都能够被寻求高收益的投资者用来增强风险。

(3) 商业银行由于能够通过发行 CDO 将信用风险转出,因而降低了对借款人分析和贷款质量管理的激励,从而有可能导致整体信用质量的下降。

(4) 历史经验证明,相对于其他结构性金融产品,CDO 的信用等级降级(downgrade)的概率更高,升级的概率更低,这表明 CDO 的潜在风险高于 ABS、RMBS 和 CMBS 等证券化产品。

# 本 章 小 结

资产证券化是 20 世纪 80 年代兴起的具有划时代意义的金融创新,其本身正处在不断完善和深化的过程中。资产证券化的运作一般经过五个阶段:证券化资产的构造、创立证券化载体、信用提升、资产证券的评级及现金流的管理服务与清算。根据对现金流处理方式的不同,资产证券化有三种基本类别,即过手结构证券、资产支持债券和转付结构债券。投资银行在资产证券化中的创新作用表现在组建特别目的机构、分散和规避风险、信用构造和提升以及现金流量再包装四个方面。

资产证券化最初出现在美国住宅抵押贷款市场并不是偶然的。因此,住宅抵押贷款具备方便证券化的一切条件。住宅抵押贷款证券化的产品有抵押过手证券、抵押支持债券、担保抵押债券和抵押本息分离证券。CMO 是投资银行运用转换套利技术创造出来的产物,是通过将与抵押有关的产品(过手证券或抵押贷款)的现金流量重新分配而创立的债券类别。它并不能完全清除提前偿付风险,但通过将这种风险在不同类别债券之间进行分配,的确降低了此类风险。

住宅抵押贷款证券化的成功使证券化范围的进一步扩大至其他资产,如汽车贷款、消费者信用卡贷款以及公司的商用房地产抵押等,应用领域也已从有关的储蓄机构和资产负债表上的呆滞资产扩展至一般公司的项目融资。但传统资产支持证券主要是指汽车贷款支持证券、信用卡贷款支持证券和应收账款支持证券。

在资产支持证券(ABS)市场,以次级抵押贷款为支持的 CDO 的发展最为迅猛。CDO 的设计采用了结构性金融技术,即通过对基础资产所产生的现金流进行拆分和组合,构建出各种偿付顺序不同的优先/次级债券,以满足不同投资者的投资需求。

由于 CDO 的存在,次级抵押贷款的风险扩散到不同的金融主体。对 CDO 的质疑包括:① CDO 的风险转移并不能发挥稳定市场的作用,反而使得市场变得更加不稳定。② 任何原本用于套期保值和分散风险的工具和手段,最终都能够被寻求高收益的投资者用来增强风险。③ 商业银行由于能够通过发行 CDO 将信用风险转出,因而降低了对借款人分析和贷款质量管理的激励,从而有可能导致整体信用质量的下降。

# 复 习 思 考 题

1. 什么是资产证券化?

2. 适合证券化资产的特征及不适合证券化资产的特征是什么?

3. 试述资产证券化的运作过程。

4. 资产证券化的交易结构及特点是什么?

5. 资产证券化中的信用提升有哪几种方法?

6. 什么是过手结构证券? 什么是资产支持债券? 什么是转付结构债券?

7. 试比较资产证券化中三种证券的结构特点。

8. 为什么说资产证券化比起其他融资手段具有更广泛的适用性?

9. 投资银行在资产证券化中有哪些创新?

10. 美国国会发起建立的3家中介机构的作用是什么?

11. 抵押过手证券的特点是什么?

12. 抵押支持债券的特点是什么?

13. 什么是担保抵押证券? 它具有哪些特点?

14. 什么是抵押本息分离证券? 它是如何被创造出来的?

15. 什么是资产支持证券? 它有哪几种主要的类型?

16. 什么是担保债务凭证? 其设计特点如何?

17. 何为现金流瀑布? 简述 CDO 的现金偿付机制。

18. 按照证券化技术划分,CDO 可以分为哪几种类型? 它们是如何构造的?

19. CDO 对美国次贷危机的影响是什么?

20. 资产证券化对金融市场的潜在影响是什么?

第八章

# 金融衍生产品的交易、创立与运用

在金融市场发展史上,从来没有一个市场如金融衍生产品市场那样发展迅速。金融衍生产品是指一些合约,这些合约给予合约的持有者某种义务或对一种金融资产进行买卖的选择权,合约的价值由其交易的金融资产的价格决定。金融衍生产品的存在使投资者能更有效地实施投资决策以达到其财务目标,发行者能更有效地以令人满意的条件融资。金融衍生产品自产生以来便是商业银行和投资银行竞争的领域。商业银行和投资银行同时在衍生产品市场上发挥作用,并对金融产品进行创新和以这些产品的交易商身份开展业务。本章在简要介绍期货、期权与互换三种衍生产品的特点的基础上,分析了期货、期权交易的风险收益特征,着重介绍了投资银行在互换工具创造方面的作用以及金融衍生产品在相关投资银行业务中的运用。

## 第一节　金融衍生产品的种类与特征

金融衍生产品的种类很多,其中最主要的是期货、期权与互换三种。20 世纪80 年代以后,又陆续出现了这些衍生产品之间的结合形式,如期货期权、互换期货以及互换期权等。本节我们分别介绍金融衍生产品的三种基本形式。

### 一、期货合约

期货是一种合约,它要求协议双方在指定的未来日期以事先确定的价格买入或卖出某物。期货合约是由交易所依照国家有关法律制定的标准化的合约,每张合约都有特定的规格。人们常把一张合约称为一手,买几张合约就是买几手,一般合约上只写明交易的标的、数量、质量和交割期限。期货价格则是在一个有组织的期货交易所内,通过公开竞价形式产生的。因此,期货合约是一种比现货合约更加简单明了的合约,这使期货交易更加简便快捷、更易转手、且更易处理各种法律纠纷。买卖双方一旦签订了期货合约,不管将来价格变动是否有利于自己,都必须在合约到期时,按规定要求履约。结算中心可以通过平衡保证金账户,保证合约履行。

在合约期限内,该合约本身也以不同的价格在交易市场上流动,被不同的投资者以不同的价格买进和卖出。这些买者和卖者非常关心合约本身的价格,而不关心将来的现货实现问题,只有该合约的最后持有者才必须履行合约的兑现和现货的交割。事实上,在期货市场上,真正进行实物交割的比例非常小。

期货市场的出现,是为了克服现货交易中存在的一些弊端,规避现货市场的风险。在现货交易中,买卖双方常常会遇到各种各样的风险,遭受各种各样的损失。交易双方经常可能遇到的经济风险主要有:① 一般性商业风险,如自然灾害等。② 违约风险,即到期不履行合约。③ 购买风险,即购买什么、购买多少和怎样购买。④ 交易风险,即何时买进、何时卖出。⑤ 价格风险,即市场价格的波动等。买卖双方所遇到的上述各种经济风险,有些是可以避免的,如通过纠正过失行为等;有些可以通过保险来减少损失,如通过向保险公司投保自然灾害险;但也有一些风险,如价格风险是不可能避免的,也不能通过保险加以排除。在频繁的现货交易中,人们逐渐发现,那种以先成交后交收银货的远期合同式的交易方式,有助于避免或转移价格波动所造成的风险损失。这种远期合同式的交易方式不断发展和完善,逐渐产生了更加标准化、更能充分避免或转移价格风险的期货交易方式。

由于期货合约条款的标准化及对冲的功能,越来越多的套期保值者和投机商都已开始充分认识到期货市场的重要性,并通过买卖标准化的合约达到保值或赚取差价利润的目的。

目前比较普遍的金融期货交易品种有:货币期货、利率期货和股票指数期货。

## 二、期权合约

期权又称选择权,也是一种合约。合约规定期权的出售者同意期权的购买者有权而不是有义务在一定时期内(或某一特定时间),以特定的价格向期权的出售者买或出售某种商品合约或金融合约。期权购买者的这种权利是花费了一定费用换来的,这个费用可以称作期权价格或期权升水。

根据期权合约赋予期权买方的是购买权利还是出售权利,可以把期权分为买方期权和卖方期权两类。买方期权有购买买方期权和出售买方期权双方,卖方期权也有购买卖方期权和出售卖方期权双方。买方期权是一种看涨期权,它给予购买者这样一种权利,即在期权合约有效期内按合约规定的某一具体履约价格买进某一特定数量的相关期货合约。以股票期权为例,假定一个投资者预计股票市场的走势看好,他便购买一个看涨期权,这样,他便具有在期权到期之前按照协议价格买进一批股票的权利,一旦股票价格真的上涨,那么这一投资者便可按照事先商定好的协议价格买进这批股票,然后以更高的价格售出,从中盈利。当然,他也可以在合约到期前的任何时点放弃这种权利而不实际购买股票。卖方期权是一种看跌期权,它赋予购买者这样一种权利,即在期权的到期日或之前按某一具体商定好的价格卖出某一特定数量的相关期货合约。例如,假定一个投资者预计股票市场的走势看跌,他便购买一个看跌期权,那么在期权有效期内,他便获得了按事先协商确定的价格出售股票的权利。若股市真的下跌,他便在此时买入股票,再以事先约定好的协议价格出售给期权合约的出售者。由于实际购买股票的价格低于期权合约规定的协议售价,投资者便可从中获得价差利益。

根据期权合约所赋予的权利是在期权合约的整个有效期内的任何一天都可实施还是必须在期权合约有效期的到期日才能实施,可以把期权合约分为美国式期权和欧洲式期权。前者在期权有效期限内的任何一天都可实施其选择权,而后者只在到期日才能实施。

期权与许多其他金融工具一样,可以在交易所交易,也可以在场外交易。

期权与期货之间存在着很大的差异,期权是有权买卖但没有买卖的义务,而期货是必须交割的,因而它们之间存在着明显不同的收益特征。在期货合约下,合约买者在合约价格上升时可以获利,在合约价格下降时会有损失。合约卖者的情况则相反。但期权并不提供这种对称的风险收益关系,期权买者的最大损失是他支付的期权价格,但他可以获得所有潜在的收益机会;而期权卖者的最大收益只是期权价格,但他面临的是所有的风险。概括起来说,就是投资者可以用期货预防对称的风险,用期权预防不对称的风险。

## 三、互换合约

互换又称掉期。它是指 2 个或 2 个以上的当事人按共同商定的条件,在约定的时间内,交换一系列支付款项的金融交易。互换是 20 世纪 80 年代刚刚产生和发展起来的,目前正成为各国银行、国际组织、跨国公司积极参与运用的新型金融工具,并且形成了具有独自标的和交易程序的互换市场。互换的产生主要有以下三个原因:① 回避因利率、汇率变动可能造成的风险损失。② 通过利率和货币的互换尽量降低成本。③破除当事人之间因资本市场和货币市场的差异以及各国外汇管制的不同法规造成的壁垒,以开拓更广阔的筹资途径。

20世纪80年代初,人们逐渐认识到互换交易作为低成本高收益的资金融通方法的优越性,以及如何利用互换交易进行投机获利的诀窍。由于存在着同种货币浮动利率与固定利率、不同货币之间的差异,使套利和套汇成为可能,而互换交易为这种投机获利提供了机会和工具。

互换交易最初是货币互换,随后出现了利率互换、商品互换和股权互换。近来人们又在开发一些集中于不动产指数、宏观经济指数、保险索赔率和环境污染权利的互换交易。第一笔货币互换交易于1979年出现在伦敦。在随后的2年中,互换市场没有什么起色,规模一直很小。1981年,所罗门兄弟公司促成了世界银行和IBM公司的一项货币互换,交易双方的声誉和资信度使货币互换交易具有长期的可靠性。货币互换交易产生不久,便产生了利率互换交易。1981年,第一笔利率互换交易在伦敦产生。1982年,利率互换被引进美国。

货币互换和利率互换市场一经建立,发展就非常迅速。1982年年底,美国互换市场未结算名义本金余额不到50亿美元。到1992年年底,这个数字增长到50 000亿美元。在1984年,作为领导互换交易的一些代表性银行(有商业银行,也有投资银行)开始进行互换标准化的工作。1986年,大通曼哈顿银行首次组织商品互换。1992年年底,该市场发展到几千亿美元的规模,已显示出这一市场的巨大潜力。与此同时,股权互换交易增长更为迅速。1989年,股权互换交易首次由银行信托公司进行。这种新的交易品种不久便吸引了许多大投资银行和商业银行的参与,如所罗门兄弟公司、第一波士顿、J·P·摩根、摩根斯坦利等。

在互换交易及其市场发展的初期,主要是由一些发达国家的投资银行、证券公司和商业银行等充当互换中介机构,为交易者牵线搭桥。后来,随着互换市场的发展,互换中介机构开始直接参与交易,与互换双方分别签订协议,以此完成整个互换交易。这样,就大大地提高了互换交易的效率。与此同时,远期合约、期货和期权等各种避险保值措施的出现,使消除未配对互换可能产生的利率或汇率风险成为可能。

互换交易和互换市场的效率提高后,互换交易的规范化和标准化又促进了互换市场的进一步发展。它使互换成为如期货合同那样的标准交易商品。人们可以获得互换的连续报价,一旦参与,成交将只是瞬间之事。它解除了掉期中介机构关于能否为单个互换交易配对的后顾之忧,也提高了互换的流动性,并在此基础上,发展了其他种类的互换。

互换交易的进行,可以降低筹资的成本,有利于调整资产和负债的货币结构,使借款人可以间接进入某些优惠市场。

# 第二节　期货交易与期权交易

## 一、期货交易

期货交易是在有组织的期货交易所以公开竞价方式进行的标准化合同的买卖。根据期货合约,交易双方中的一方应按既定价格,在既定地点,将符合合约规定的商品在将来某时交付给另一方。

### (一)期货交易的特点

**1. 期货合约标准化**

期货交易是通过期货合约进行的。由于期货交易从合约成交到实际履行要间隔很长一段时间,为了防止交易双方因对合约的不同理解而产生争议,防止交割时因商品的质量、等级和重量等方面原因引起纠纷,确保期货合约的可靠性和可兑现性,便于期货交易开展,期货合约都是标准化的。

**2. 采用集中交易,公开竞价的方式**

期货交易必须在交易所内进行,价格以公开叫价或其他方式竞价达成。只有交易所会员才能亲自或委派代表进入交易所进行期货交易。一般公众只有通过具有交易所会员资格的期货经纪公司才能入市交易。

**3. 投入资金较少**

进行期货交易只需交纳少量保证金并支付少量佣金。保证金一般是合约价格的 5%～20%,大多数不到 10%。

**4. 期货交易不需征信**

期货合约的履约由结算公司或专门的保证公司保证,交易者不需调查、了解对方的资信,也没有对方违约的风险。

### (二)期货合约的风险与收益特征

当投资者在市场上买入期货合约时,投资者被说成是持有多头(long position)或多头期货(long futures);相反,投资者卖出期货合约,则投资者被说成是持有空头(short position)或空头期货(short futures)。

如果期货价格上涨,期货合约的买方就会实现利润。例如,假设 A 和 B 分别作为买方和卖方以 100 美元的价格买进和卖出一份资产 XYZ 期货合约,在买卖期货合约的 1 个月后,资产 XYZ 的期货价格涨至 120 美元。期货合约的买方 A 就可以 120 美元的价格再卖掉一期货合约,实现利润 20 美元。结果,到了交割日,他既允诺按 100 美元买进资产 XYZ,又允诺按 120 美元卖出资产 XYZ,期货合约的卖方 B 则蒙受了 20 美元的亏损。

当期货价格下跌时,期货合约的买方会发生亏损,而期货合约的卖方则会实现盈利。如果 1 个月后期货价格跌至 40 美元,B 以 40 美元的价格再买入一份合约,那么 B 就能够实现 60 美元的利润,因为他允诺按 100 美元卖出资产 XYZ,现在他又以 40 美元买入,A 则将蒙受 60 美元的亏损。

当投资者建立了期货合约的头寸时,他并不需要全额投资;相反,他只需拿出初始保证金。假设 A 相信资产 XYZ 的价格会上涨,因此他拿出 100 美元投资于这项资产。如果资产 XYZ 期货合约是按每份 100 美元出售,那么他只能买到一份资产 XYZ 期货合约,他的盈利将取决于一份合约的资产 XYZ 的价格变动。

相反,假设进行资产 XYZ 期货合约交易的交易所要求 5 美元初始保证金,A 就可以用 100 美元的投资购入 20 份合约(本例对 A 可能要交的变动保证金忽略不计),他的盈利将取决于 20 份合约的资产 XYZ 的价格变动,这样,他就能够利用资金杠杆。虽然期货市场中杠杆程度根据合约的不同而不同,但一般可达到的杠杆要大大高于现货市场中的保证金购买。

粗略看,期货市场中可以获得的杠杆性似乎表明市场只对那些投机于价格变动的人有利,这是不对的,期货市场可以用来降低价格风险。如果没有期货交易的杠杆性,那么利用期货来降低价格风险的成本对许多市场参与者来说都会过高。

### (三) 期货交易的参与者

在期货市场上,主要有两类人参与交易活动:一类是为了规避风险的套期保值者,另一类是冒险追求利润的投机者。

1. 套期保值者

套期保值者大多是指那些生产者、贸易商等。在期货市场上,他们主要是设法利用期货市场降低价格波动对他们所拥有的产品或货物的影响,转移价格风险,确保自己的业务获得正常利润。套期保值是一种防卫性的经济行为,只是为了规避风险,而不是为了获利,它使运用这一方式的人盈时有度,亏时有限,做到基本保值。

套期保值交易是通过在期货市场买进(或卖出)与现货市场交易数量相当,但交易方向相反的期货合约,以期在未来某一时间通过卖出(或买进)期货合约而补偿因现货市场价格变动所带来的实际价格风险的交易方式。套期保值在实际操作中可分为两种方式:卖期保值与买期保值。

卖期保值也称为空头套期保值和卖出套期保值。其基本做法是:在套期保值者确定将在现货市场上买进现货商品或金融工具时,套期保值者在期货市场上先卖出同种商品或金融工具的期货合约,并在该合约到期时,再通过买入与在手合约相同的商品或金融工具和相同交割月份的另一手合约进行对冲,结束保值交易。卖期保值的作用在于锁住销售价格。

买期保值也称为多头套期保值和买进套期保值。其基本做法是:先在期货市场上买入与将要在现货市场上卖出的现货商品或金融工具数量相等、到期日相等或相近的该商品或金融工具的期货合约,并在该合约到期时,再在期货市场上卖出与原先买入的期货合约数量相等、到期日相同的该商品或金融工具的期货合约。

2. 投机者

这是与套期保值者目的相反的迎险而上、以小搏大的人。投机者以期货市场为对象,利用期货市场的价格波动,通过"买空"或"卖空"期货合约,然后寻找价格波动的较佳差价对冲手中的期货合约,从中谋取盈利。投机者对于手中所拥有的期货合约所包含的实际现货商品丝毫不感兴趣,总是在合约到期前通过做一个相反的交易,对冲其手中合约,以免去交割实物商品的责任。

"买空"和"卖空"是投机交易的基本手段。所谓"买空",是投机者预测商品行情看涨时买进期货合约,等待价格上涨后抛售出去。这种做法俗称"做多头"。所谓"卖空",是投机者在商品行情看跌时售出期货合约,等待价格下跌后买进期货合约的抵冲。这种做法俗称"做空头"。

投机者是期货市场上的冒险者,又是期货市场上不可缺少的人物,他们提供了流通的市场,帮助和保持了市场平衡,是市场正常运转的润滑剂。要使投机交易获得成功,投机商必须科学准确地判断价格动向,事先制定出切实可行的交易战略,遵循一些行之有效的交易准则,只有当潜在获利可能性大于风险时才进行投机,并自觉限定亏损程度。

## (四) 期货价格行为与保值功能

在期货合约的到期日,期货价格应该等于或者至少充分接近商品的现货价格,否则任何一个交易者都可在期货市场和现货市场之间进行套利。例如,当到期日期货价格显著高于现货价格时,众多的套利者会在期货市场做空并同时在现货市场做多,从而期货价格会因卖压加大而下降,现货价格则会被踊跃的购买者抬高,直至两者差异小于交易成本,套利方会停止。但是,期货价格和现货价格在到期日的趋同并不意味着两者在期满之前始终接近。在期货交易中有一个重要的"基差"概念,其定义为:

基差＝暴露资产的现货价格－期货合约中的期货价格

于是,如果暴露资产与期货合约中的标的资产是同一资产的话,则在到期日基差为零,而在到期日之前,基差可正可负。图 8-1(a)和图 8-1(b)中显示了期货价格与现货价格趋同的两种过程。在图 8-1(a)中,期货价格始终高于现货价格,这种情况被称为正常市场。而在图 8-1(b)中,期货价格是从低于现货价格的水平向后者靠拢,这种情况被称为倒挂市场。

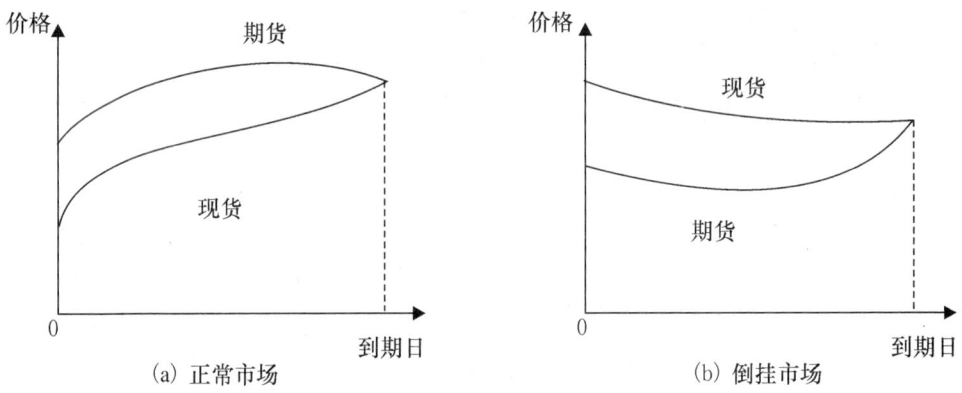

图 8-1　期货价格与现货价格的趋同

正是由于期货价格与现货价格存在趋同关系,才使期货成为一种保值的工具。然而,进行期货保值并不能保证带来盈利。事实上,保值的结果有一半的概率比不保值盈利更小或亏损更大,但保值的真正作用在于使未来变得更加确定。当然,由于在期货合约到期前,基差始终存在,有时保值者需要在到期前平仓,且保值者在现货市场上的暴露资产在期货市场上不一定有非常精确的对应合约,这些因素会使投资者在利用期货市场后仍面临风险,这种风险称为基差风险。但基差风险与现货市场上的完全暴露相比,无疑是要小多了。

既然在到期日之前,期货价格与现货价格之间存在基差,因此不少理论和假说试图阐述这两者价格之间的关系,其中最为流行和有说服力的便是持有成本模型(cost of carry model)。

当期货价格达到均衡时,不应该有套利的机会。因此,任何一个套利者从事卖空期货合约的活动,或者借入所需资金去购入现货资产并持有到期,或者交割期货合约,均不应该能从其中谋利。这一前提决定了期货的"公平"价格。其计算公式如下:

$$P_f = P_c(1+i)^t$$

式中:$P_f$ 表示期货的公平价格;$P_c$ 表示基础资产的现货价格;$i$ 表示融资利率;$t$ 表示距期货合约到期的时限。在一个高效率的期货市场上,期货价格应充分接近上述公平价格。下面我们用黄金期货的例子来说明这一模型是如何起作用的。

假设当前有关市场价格情况如下:黄金价格为每盎司 350 美元,1 年后交割的黄金期货价格为 387 美元,套利者可获得年利率为 10% 的融资。

套利者的交易过程和现金流量可用表 8-1 表示。

### 表 8-1 交易过程与现金流量

金额单位: 美元

| 交 易 | 期初现金流量 | 期末现金流量 |
|---|---|---|
| 以 10% 的年利率借入 350 美元 | +350 | −385 |
| 购入 1 盎司现货黄金 | −350 | 0 |
| 在期初卖空 1 年后交割的黄金期货 | 0 | +387 |
| 现金总流量 | 0 | +2 |

可见,当期货价格 387 美元大于公平价格 385 美元时,给套利者创造了无风险获利的机会。从表 8-1 我们看到,套利者期初的净现金流量为零,而在期末则可不付任何代价、不承担任何风险赚得每盎司 2 美元的利润。这样的机会太诱人了,以至于不可能在长时间内存在,期货价格迟早会回到公平价格指示的水平。

上面的套利例子又被称作"完全套利",因为我们不考虑交易成本(如交易所手续费、资金借贷利率差和税收等)和资产的保管成本(如仓储费、保险费等)。但在实际交易中,这些成本和费用又确实存在的。在考虑到这些因素后,期货的公平价格应作一些改变。这里需要引入一个"持有成本"的概念,即由于投资者拥有某种资产而需付出的净成本,它等于储存成本加上该资产所代表的价值的利息费用,再减去资产本身带来的货币收入或无形收益。设持有成本为 $c$,则期货的公平价格计算公式如下:

$$P_f = P_c(1+i)^t + c$$

不同的基础资产的持有成本构成也不同。对商品期货来说,持有成本为市场通行利率加上储存成本;金融期货不存在储存成本,且资产本身还会带来货币收益,如债券的利息、股票的红利等。因此,持有成本为市场通行利率减去资产本身带来的收益。

### (五)金融期货交易形式

1. 利率期货

在金融市场上,利率是经常变动的,而利率的变动会直接影响到投资者从事金融活动的切身利益,可能带来难以预料的风险。为了避免这种利率风险,产生了利率期货这种交易工具。

利率期货合约最早出现在 1975 年的美国芝加哥国际货币市场,美国和欧洲、日本等地的其他交易所很快也推出了自己的利率期货合约。目前,世界上主要的利率期货合约有短期国库券合约、欧洲美元大额存单合约、长期国库券期货合约、中期国库券期货合约和地方债券指数期货合约等。

利率期货合约也有套期保值和投机两种交易形式。

下面我们举例说明短期国库券的空头套期保值的整个过程。

假定 1 月 1 日的 6 个月利率为 12%,某公司将在 6 个月后向银行借用 100 万美元,而利率的趋势是看升,为了使 6 个月后的借款利率能固定在现行行市上,需做空头套期保值。

该公司以 89 美元的价格(利率为 11%)售出 200 万美元、9 月份交割的 90 天短期国库券期货。6 个月后,7 月 1 日该公司从银行借款 100 万美元,利率 16%,同时以 85 美元的价格(利率为 15%)购入 200 万美元、9 月份交割的 90 天短期国库券期货,以对冲已有的期货。

此次套期保值的结果如下:

7 月 1 日,在现货市场上,借入的美元利率比 1 月 1 日高 4 个百分点,将多付利息 2 万美元(100 万×4%×0.5);在期货市场上,买入的期货利率比卖出的期货利率高 4 个百分点,期货套利获得的利息收益为 2 万美元(200 万×4%×0.25)。结果,现货市场上的损失完全由期货市场上的收益来补偿,空头套期保值获得完全成功。

利率期货除了可作为套期保值的工具以外,也是投机者获取利润的途径之一。由于利率期货合约的交易同样是一种买卖保证金交易,所以,投机者便可以以较少的成本去获取较高的收益。具体来说,当投机者预测市场利率可能下跌时,他就会购入利率期货合约,然后待利率真的下降了再以较高价格售出,从中谋利(因为利率一旦下降,固定收益证券价格就会上升);当预计市场利率可能上升时他就会售出利率期货合约,以便在利率真的上升时再重新购回,从中赚取利益。

### 2. 货币期货

货币期货又称外汇期货。它是一种由交易双方约定合约在未来某个日期买入或卖出,并且在合约到期之前利用相反方向的交易对冲合约的金融交易工具。货币期货交易是指在期货市场内,按照交易规则,通过公开竞价方式成交后,承诺在未来某一特定日期,以当前合约所规定的价格交付某种特定标准数量的货币。

货币期货交易出现于 20 世纪 70 年代初期。当时,世界石油价格不断上涨及美元出现经济滞胀,使美国的经济实力大大削弱,难以维持布雷顿森林体系以美元为核心的固定汇率制度。1971 年 8 月 15 日,美国总统尼克松宣布美元大幅度贬值。此后,西方主要工业国家相继重新调整汇率,形成浮动汇率制度。浮动汇率制度的实施使各国货币遭受汇率变动的风险增大，为了满足众多企业和金融机构规避风险的需要，货币期货应运而生。

货币期货交易的操作方式和程序与普通商品期货交易基本一致。合约中对货币的名称、合约面额、到期交割日、最小价格变动额和每日限价都有专门的统一规定。所有的货币期货交易均以美元标价，便于市场之间直接相通传递，便于清算交割。

货币期货交易也有套期保值交易和投机交易两种形式。

3. 股票指数期货

股票指数期货是一种金融期货合约，是参与股票期货市场的买卖双方根据事先约定好的价格同意在未来某一特定时间进行股票指数交易的一种协定。由于股票指数是一种极特殊的商品，它没有具体的实物形式，双方在确定股票指数期货合约时，实际上只是把股票指数按点数换算成货币进行交易。这是股票指数期货合约与其他形式的期货合约的根本区别。它并不进行股票实物的交割，只是根据交割日合约的价格与最初买进或卖出合约的价格的差额来进行现金交割。

股票指数期货最早是 1982 年 2 月在美国堪萨斯谷物交易所进行的。1983 年，澳大利亚悉尼期货交易所制定了自己的股票指数期货合约。随后，英国伦敦金融时报 100 种股票指数期货合约诞生。1984 年 7 月，美国芝加哥商品交易所推出了标准普尔 500 指数期货合约。亚洲较出名的有日经股票平均价格指数期货、香港恒生股票价格指数期货等。

股票指数期货交易的基本功能和其他商品期货一样，主要有套期保值与投机两种，其操作方式也基本上等同于利率期货和货币期货。

# 二、期权交易

同期货交易相比，期权交易是一种本小利大、风险有限、灵活多样的投资方式。它赋予期权购买者一种权利，而不是义务，从而保证其在交易活动中能做到风险有限而利润无限。

## （一）期权交易和期货交易的区别

期权交易和期货交易都是为了在市场出现不利于交易者的逆转时提供最大的价格保护，但两者之间也有一定的差别。

（1）期权交易是单向合同，期权的买方在支付一定的权价之后取得一种权利，但是，它可在交易确定后的任何时间有权放弃合同，即不履行这种权利。而期货合约是双向合同，一旦自己的多头或空头地位确立以后，交易双方便承担起期货合同到期进行交割的义务。若不想交割,则必须在到期前对冲合约,了结其多头或空头地位。

(2) 期权的权价是根据市场情况由买卖双方共同确定的,由买方支付给卖方,期权买方放弃权利的最大损失只是最初交纳的权价。

(3) 从风险上看,期权的买方风险仅限于事先决定的权价,而期货交易双方所面临的风险在事先是无法精确计算的。因而,期权交易最大的特点是当交易者的预测与实际市场的价格走向完全相反时,交易者可以放弃执行期权,并且单方面自动放弃期权而造成的损失仅仅限于交易者事先按协议支付的权价。

期权是一种高度投机性的投资工具。在实际操作业务中,绝大部分从事期权交易的人士一般不真正执行期权,只有很少一部分期权被交易者实际执行。

## (二) 期权的风险与收益特征

这里我们举例说明四种基本期权头寸的风险收益特征——买入看涨期权、卖出看涨期权、买入看跌期权和卖出看跌期权。我们假设每一期权头寸均持有至到期日,不提前执行。同时,为简便起见,我们忽略交易成本。

1. 买入看涨期权

买入看涨期权创造的金融头寸称为多头看涨头寸(long call position)。例如,资产 XYZ 1 个月到期的看涨期权,执行价格为 100 美元,购买期权合约的费用为 3 美元,资产 XYZ 的现货价格为 100 美元。投资者购买这项看涨期权并持有至到期日的收益或损失将取决于到期日资产 XYZ 的现货价格,可能有如下几种结果:

(1) 如果在到期日资产 XYZ 的现货价格低于或等于 100 美元,投资者将放弃期权合约。当投资者能在市场上以低于 100 美元的价格买到资产 XYZ 时,他不会愚蠢地付给期权卖方 100 美元。此时,期权买方损失了购买合约所支付的 3 美元的期权费用,但是,不管资产 XYZ 的价格跌得多么低,期权买方的最大损失只有 3 美元。如果在到期日资产 XYZ 的价格等于 100 美元,执行期权也没有经济价值,和价格低于 100 美元的结果一样,期权买方会损失全部 3 美元的期权费用。

(2) 如果在到期日资产 XYZ 的现货价格大于 100 美元但低于 103 美元,期权买方会履行期权合约。期权买方可以 100 美元的执行价格购买资产 XYZ,并在现货市场上以较高的价格卖出。假设在到期日资产 XYZ 的价格为 102 美元,执行期权后,期权买方可实现 2 美元的收益,购买这个看涨期权的成本是 3 美元,所以这个头寸的损失是 1 美元。若不执行期权,投资者会损失 3 美元,而不是 1 美元。

（3）如果在到期日资产 XYZ 的现货价格等于 103 美元,投资者会执行期权。在本例中,投资者盈亏平衡,实现的 3 美元收益抵消了 3 美元的期权成本。

（4）如果在到期日资产 XYZ 的现货价格高于 103 美元,投资者会执行期权并获得收益。例如,资产的价格是 113 美元,执行期权可盈利 13 美元,扣除 3 美元的期权成本,投资者可获净利 10 美元。

## 2. 卖出看涨期权

看涨期权的卖方处于空头看涨期权（short call position）的地位,看涨期权的卖方的损益状况与看涨期权的买方的损益状况正好相反。也就是说,在资产 XYZ 的到期日价格保持一定的情况下,看涨期权卖方的收益等于看涨期权买方的损失。因而,空头看涨期权的最大收益就是期权费用,最大损失是没有限制的,因为最大损失是到期日前或到期日时的最高价格减去期权费用,而这个价格可能无穷大。

## 3. 买入看跌期权

买入看跌期权创造的金融头寸称为空头看涨头寸。例如,资产 XYZ 1 个月到期的看跌期权,执行价格是 100 美元,每份期权合约的购买费用是 2 美元,资产 XYZ 的现货价格是 100 美元。该头寸在到期日的收益或损失取决于资产 XYZ 的现货市场价格。可能的结果如下:

（1）如果资产 XYZ 的现货价格大于 100 美元,则看跌期权的买方不会执行期权合约,因为执行期权意味着将资产 XYZ 以低于市场的价格卖给期权合约的卖方。在本例中,买入看跌期权合约会损失 2 美元,2 美元的期权费用代表了看跌期权买方可能遭受的最大损失。如果在到期日资产 XYZ 的价格等于 100 美元,期权也不会被执行,期权买方的损失等于 2 美元。

（2）当资产 XYZ 的现货价格低于 100 美元高于 98 美元时,看跌期权的买方会造成损失,但执行期权使损失限制在 2 美元之内。例如,至到期日的现货价格是 99 美元,执行期权后,期权买方的损失是 1 美元,因为他可以在市场上以 99 美元买入资产 XYZ,然后以 100 美元卖给期权卖方,收益是 1 美元,减去 2 美元的期权费用,最后的损失是 1 美元。

（3）如果在到期日资产 XYZ 的价格等于 98 美元,期权买方盈亏平衡,投资者可以 100 美元将资产 XYZ 卖给期权卖方,用实现的 2 美元收益抵消期权价格。

（4）如果在到期日资产 XYZ 的价格低于 98 美元,看跌期权的买方会获利。假设价格跌至 80 美元,收益将是 18 美元,即执行看跌期权的 20 美元收益减去 2 美元的期权费用。

## 4. 卖出看跌期权

卖出看跌期权创造的金融头寸称为空头看跌期权（short put position）。其损益状态和多头看跌期权正好相反。这个头寸的最大利润是期权价格。如果现货资产的价格下降,在理论上最大损失可以非常巨大;如果价格一路下降到 0 美元,损失就是执行价格减去期权费用。

总之,如果现货资产的价格上涨,买入看涨期权和卖出看跌期权就会获利;如果现货资产的价格下跌,卖出看涨期权和买入看跌期权会获利。

## (三) 期权的价格

期权的价格又称权价。它是期权买方为了取得期权所赋予的权利而支付给期权卖方的一笔期权费用。权价是期权合约中唯一的变量,它的高低取决于实施权价与期货现价之间的关系、期权的到期日、利息及预期的价格波动性等。

1. 期权价格的构成要素

在一般情况下,期权的价格由内在价值和时间价值两部分组成。

内在价值是指在期权合同马上就要到期时,期权所具有的价值或可获得的总利润。买方期权的内在价值是资产现价与结算价之差。例如,如果买方期权的结算价为 100 美元,资产现价为 105 美元,其内在价值为 5 美元。也就是说,投资者实施期权同时出售资产,实现了 105 美元,获得了 5 美元利润。如果结算价高于或等于现价时,就没有内在价值,或者说,其内在价值为零。对于卖方期权,期权内在价值等于现价低于结算价的部分。例如,结算价为 100 美元,现价为 95 美元,其内在价值就是 5 美元。也就是说,卖方期权的买者,在市场上以 95 美元买入,按 100 美元卖给期权出售者,获得 5 美元利润。在卖方期权中,若结算价高于或等于现价时,其内在价值就为零。

时间价值又称时间升水。它是期权价格超过它的内在价值的部分。期权的购买者期望在到期日前,有关资产的市场价格会有一定增加,并愿为此付出超过内在价值的升水。例如,如果有一买方期权的价格为 9 美元,结算价格为 100 美元,其市场价格为 105 美元,这个期权的时间溢价就是 4 美元。如果现价不是 105 美元,而是 90 美元,那么,这个期权的溢价就是 9 美元,因为此时的内在价值为零。

2. 影响期权价格的各种因素

影响期权价格的主要因素有以下几个方面:

(1) 基础资产的现价。当基础资产价格变化时,期权价格相应地发生变化。对于买方期权,资产价格上升时,其他条件不变的话,期权价格将上涨;对于卖方期权,情况正好相反。

(2) 执行价格。执行价格在期权的整个有效期中是固定的,在其他条件不变的情况下,执行价格越低,买方期权价格越高,而卖方期权价格则越低。

（3）期权到期时间。期权到期时间越长,资产价格波动的可能性越大,利用期权获利的可能性越大,因此,期权价格越高;反之,期权的价格就越低。

（4）预期基础资产价格的波动性。在其他条件不变的情况下,基础资产在期权的整个有效期内由标准差或方差测度的预期价格的波动性越大,投资者愿为期权支付的价格就越高。因为,价格波动性越大,使价格朝有利于自己的方向变动的可能性越大。

## （四）金融期权的种类

除了商品期权交易以外,金融期权交易也非常普遍,种类也较多,主要有以下三种。

### 1. 股票指数期货期权交易

1983 年 3 月推出的股票指数期货期权交易,是继股票指数期货交易之后,又出现的一种更新、更灵活、更安全的金融投资工具。它克服了股票指数期货交易的局限性,即一旦股市的走势与投资者的预期相反且出乎意料的波动时,投资者的损失将非常巨大。股票指数期货合约的期权交易目的,就是要弥补期货交易中风险过大的缺陷,完善整个股票指数期货市场的正常操作。

股票指数期货期权交易不同于股票期权交易。前者的标的为股票指数的期货合约,是一种无形之物;后者的标的为股票,是一种有形之物。前者的价格是以点数来表示行市,用点数乘以一定数额美元得出公价;而后者则直接以货币表示。两者也有共同的地方,即实施权价固定在标的现价水平,其交割时间在交割月份中第三个星期五之后的星期六进行。一般情况下,指数期货合约的有效期分为 3 个月、6 个月和 9 个月。

### 2. 货币期权交易

货币期权交易分成现汇期权交易和外汇期货期权交易。现汇期权交易是指期权买方有权在期权到期日或以前,以协定汇价购入或售出一定数量的某种外汇现货;外汇期货期权交易买入或卖出的是外汇期货即到期时取得外汇期货的多头或空头地位,或放弃权利。以后的交割同期货方式结算,买方盈利贷记保证金账户,涨多跌空;而期权卖方便处于涨空跌多境地,其亏损借记期货保证金账户。如果保证金已低于维持水平,则需立即追加补足到维持水平。

### 3. 利率期权交易

利率期权是指为了避免因利率变化而带来风险的期权。如债券期权、长期国库券期权等。利率上限、利率下限、利率上下限等这些后来发展起来的期权的变形,可看作期权交易技巧在利率中的运用。

# 第三节　互换交易的创造

当金融市场因过去 20 年来的利率和汇率的变动而变得越来越反复无常时，投资银行家为适应这种变化，设计出创新的金融工具，以减少风险和提高收益率。其中互换是一种真正引人注目的创新：这种方法使公司的管理层、财务经理们既能确定它所承担风险的水平和特征，又能为它的风险收益关系建立起新的更加有效的边界（即在减少风险的同时又提高收益），从而增强了公司在选择最合乎理想的融资环境，以及资产与负债的匹配上拥有的灵活性。组织互换交易的投资银行首先是以经纪人的身份出现的。它们为交易双方牵线搭桥，设计交易结构，为互换交易的谈判提供帮助并从中赚取佣金。事后它们发现充当经纪人参与交易难度较大，因为对每一项合约都要做到精确的配对是很难的。不过投资银行很快发现，它们可以作为交易商（dealer）参与交易。也就是说，投资银行本身可以充当互换交易的对手来加强市场的流动性。与此同时，美国庞大的国库券现货市场和发达的期货市场的存在，可以使互换交易商对互换交易产生的风险进行套期保值。

## 一、互换交易的基本结构

根据互换支付的特点进行分类，互换共有三种：利率互换、货币互换和股权互换。所有的互换交易的结构基本相同，即交易双方同意在未来一段时间内进行一种或多种指定数量的标的资产的交换。如果标的资产是货币，我们就称其为名义本金，以区别于现货市场中的实际货币，即实际本金。名义本金可以是相同的货币，也可以是不同的货币。互换可以是一次本金的交换、两次本金的交换和一系列次本金的交换，也可以是没有本金的交换。最常见的情况是：在互换开始时交换一次名义本金，而在结束时再反向交换名义本金。

直接在两个最终用户之间安排互换是很困难的。更为有效的结构是包含一个金融中介，该金融中介作为两个最终用户的互换对手。这种互换对手称为互换交易商、造市者，或互惠银行。互换交易商从加在互换利率上的买卖差价赚取利润。

典型的互换现金流如图 8-2 所示。其中：(a)表示初始的名义本金交换，在所有的互换中，这个交换并不是必须的，可以有也可以没有；(b)描述周期性的支付；(c)表示名义本金的换回。像初始的名义本金交换一样，在所有的互换中，这个交换也并不是必须的。

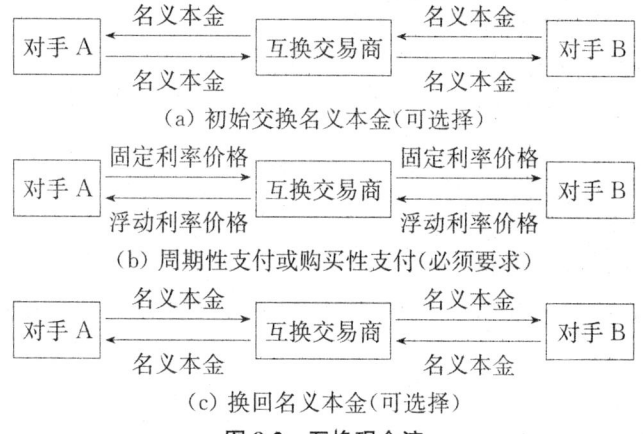

（a）初始交换名义本金（可选择）

（b）周期性支付或购买性支付（必须要求）

（c）换回名义本金（可选择）

**图 8-2　互换现金流**

在此基础上，通过对互换交易协议加入特别条款或修改相应条款，这一简单的结构便会转换成满足特定最终使用者需要的许多种形式。

# 二、标准互换的创造

最初，互换是用来开发和利用固定利率与浮动利率贷款之间的利差。最初出现的利率互换被称为标准互换或简单的香子兰互换（plain vanillia swap），这个名词至今仍在广为使用。利率互换是在两种不同利率的基础上定期相互交换利息的一种协议，其中一方的利率是固定的，而另一方的利率是可变的（浮动利率）。在利率互换中，交换的标的资产是同一币种的一定数量的货币，即本金。由于交换的本金数额相同，使用的货币也相同，定期利息支付也采用同一种货币，所以，在结算日只需交换利息差额。

图 8-3 是一个标准互换交易的简化图。

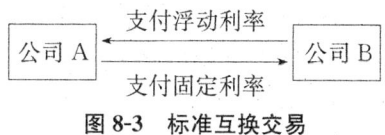

**图 8-3　标准互换交易**

## （一）经纪顾问商的作用

利率互换交易的目的是降低融资成本。一般来说，当筹资者能以较优惠的利率融入资金时，就存在进行利率互换的可能。例如，一方持有浮动利率的债务，且具有筹集相对便宜的浮动利率资金的机会，但希望以固定利率筹借资金；而另一方持有固定利率的债务，且具有筹集相对便宜的固定利率资金的机会，但希望以浮动利率筹措资金。于是,投资银行家们看到了其中的潜在利润。

投资银行将双方牵到一起并设计互换交易,使双方都能获得它们所希望的贷款。例如,借款人 A 的账户上有半年付息一次,年利率为 8％的 10 年期的固定利率债务,而借款人 B 的账户上则有 6 个月伦敦银行同业拆借利率(LIBOR)加 $\frac{5}{8}$％的 10 年期浮动利率债务,现行的 LIBOR 为 6％。通常浮动利率借款方的信用等级比固定利率借款方低几个信用级,利率通常是在伦敦银行同业拆借利率(LIBOR)的基础上加一个预先决定的利差。8％的固定利率适用于 AAA 信用级借款人,而 LIBOR 加 $\frac{5}{8}$％的利率则普遍应用于 BBB 信用级的借款人。现在,借款人 B 对 $6\frac{5}{8}$％的利率很满意,但是他认为利率在将来一定会上涨,于是他希望把浮动利率换成固定利率,这样他就可以确定所筹资本在余下的债务期间内的成本了。图 8-4 反映的就是利率互换。

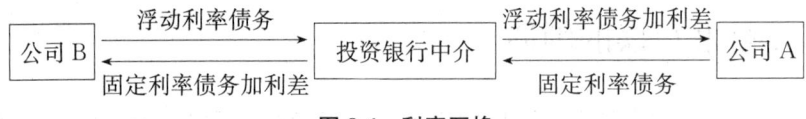

**图 8-4 利率互换**

如果双方就这样进行互换的话,借款人 B 明显比借款人 A 得到更多的好处,借款人 A 就没有什么积极性了。所以,双方应该在互惠的利率水平上进行互换交易,这时就需要顾问大显身手了。为了使双方平等互利,投资银行就要把交易安排得既新颖又比借款人自己去安排交易更便宜。

比如说,我们假设借款人 B 能够以 11％的固定利率借到款,同样如果借款人 A 也能够以浮动利率借到款,假定它的利率为 LIBOR 再加上 $\frac{1}{8}$％的利率。既然借款人 A 是属于 BBB 信用级,那么在没有进行调整的情况下,任何一个 AAA 信用级的借款人都是不会接受这种互换交易的。所以,一场公平的互换交易安排借款人 A 承担起借款人 B 的浮动利率债务,而借款人 B 仍应保留承担浮动利率债务中的一部分,以便在借款人 B 承担起借款人 A 的 8％的利息之后再加上该承担的部分。

于是如同我们在图 8-4 中所看到的,在这场交易中,借款人 B 承担起借款人 A 原来 8％的固定利率债务,同时保留承担其原来 1％的利率,那么在整个互换交易期间,它的利率水平将维持在 9％不变。而借款人 A 则会承担起伦敦银行同业存款利率(LIBID 即欧洲美元存款利率)减去 $\frac{1}{4}$％的浮动利率$\left(\text{LIBOR 比 LIBID 高出}\dfrac{1}{8}\%\text{，所以新利率等于 LIBID 减去}\dfrac{1}{4}\%\right)$。这样的话，对于借款人 A 来说，其借款利率就比按现行市场成交的浮动利率低了整整$\dfrac{1}{2}\%$。

但是，无论互换交易安排得如何精明，交易双方所需支付的利息总额仍保持不变。也就是说，原来双方需支付 $14\dfrac{5}{8}\%$ 的利息，在互换交易之后，双方仍需支付总额为 $14\dfrac{5}{8}\%$ 的利息：借款人 B 支付 9% 而借款人 A 则支付剩下的 $5\dfrac{5}{8}\%$，也即 $\text{LIBID}\left(5\dfrac{7}{8}\%\right)$ 减去 $\dfrac{1}{4}\%$。但最重要的是，双方都可以通过互换交易优化各自的收益曲线，而且与从债券市场筹资相比，利息要低得多。

互换交易双方可能知道，也可能不知道对方是谁。由于它涉及资本市场交易，或者为交易而设计，抑或只是为了满足另一方的需要，这种互换交易与债券市场上的一级市场交易相似，所以也被称为原始互换(origination swap)。

## (二) 交易商的作用

如果互换经纪商不曾转变为互换交易商的话，互换业务的爆炸性增长是不可能的。互换交易商随时准备以互换对手的身份参加互换业务，无论是作为固定利率的支付者还是接受者都一样。互换交易商是从固定利率(互换利率)的买进和卖出的差价中赚取利润的。

例如，A 需要筹措 10 年期的债务资金，A 具有以相对便宜的浮动利率借入资金的机会，但 A 却希望借入具有固定利率的债务。假设 A 能借到 6 个月期 LIBOR+50 个基点的浮动利率贷款或者 6 个月期 11.25% 的固定利率贷款；同时，B 也需要 10 年期的债务融资，B 具有以相对便宜的固定利率借入资金的机会，但希望借入具有浮动利率的债务，假设 B 可以借到为期 6 个月 10.25% 的固定利率或以 6 个月期 LIBOR 的贷款。这样互换交易的条件就形成了。

互换交易商或是作为固定利率的支付者(浮动利率的接受者)，或是作为浮动利率的支付者(固定利率的接受者)加入互换市场。在上述两种情况下，交易商的浮动利率都是 6 个月期 LIBOR。如果交易商是固定利率的支付者，它将支付的半年期互换利率是 10.40%。如果交易商是固定利率的接受者，它将要求半年期 10.50% 的互换利率。

为此，充当互换交易商的投资银行建议 A 发行浮动利率债券，B 发行固定利率债券，双方都与交易商进行互换。这样，对 A 方而言，交易商是浮动利率的支付者；对 B 方而言，交易商是固定利率的支付者。交易过程如图 8-5 所示。

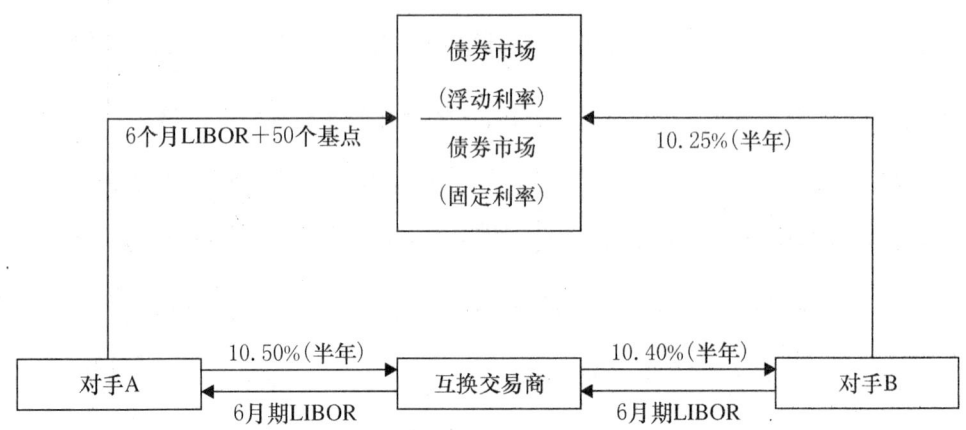

**图 8-5　利率互换的现货市场交易**

考察图 8-5,注意 A 为自己现货市场的债务支付 LIBOR＋50 个基点的利率,并从交易商那里收到 LIBOR,从而可使利率中的 LIBOR 互相而抵消,净支付 50 个基点的利率,同时 A 还需向互换交易商支付 10.50％的利率,因此 A 的最后成本约为 11.00％。这是一个近似值,因为 50 个基点的 LIBOR 差值不能直接与固定利率相比较,需要将其乘以 365/360 进行调整。调整之后,我们看到 A 的实际成本接近于 11.01％。由于互换对手 A 在现货市场以固定利率直接借款的成本将是 11.25％,显然,通过互换,互换对手 A 得到 24 个基点的好处。

B 在现货市场上的固定利率借款成本是 10.25％,从互换交易商处收到 10.40％利率,因此 B 获得 15 个基点的好处。此外,B 还需向交易商支付 LIBOR,最终 B 的融资总成本近似为 LIBOR－15 个基点。与原先直接以浮动利率借款成本 LIBOR 相比节省了 15 个基点。

互换交易商在互换交易中因提供了流动性而获得 10 个基点的服务费收益。这 10 个基点是从 A 方收到的互换利率与支付给 B 方的互换利率之间的差价。

与两个最终用户之间的直接互换不一样,互换交易商不必将与互换对手 A 的第一个互换中所有条件与互换对手 B 的第二个互换条件完全相配。而且,交易商也不必为了与互换对手 A 作交易而马上去找互换对手 B。交易商的办法是使其互换业务账面上的所有风险很好地实现对冲。也就是说,交易商尽力使自己的互换账户保持平衡;若有不平衡存在时,则对不平衡部分进行套期保值。

为了有效地实现上述账面对冲,交易商需要有一个可以进行低风险的流动性很好而且有连续的到期期限的债务市场。可以满足所有这些要求的市场是美国国库券市场。因此,如果一位交易商进行一项利率互换,作为固定利率的支付者而收取 6 月期 LIBOR,他可以简单地做适当数量的 6 月期短期国库券的空头,然后,用这个空头的出售所得来购买中长期的国库券。例如,一家客户公司要做价值 2 500

万美元的 5 年期的固定利率对浮动利率的利率互换。客户希望支付浮动利率(收取固定利率)。交易商同意为这 2500 万美元支付年利率 9.26% 来换取客户支付的 6 个月期 LIBOR 利率。这项利率互换显示于如图 8-6 所示。

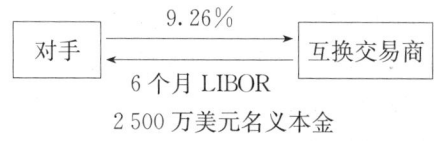

图 8-6　互换对手和互换交易商之间的现金流

　　然后,交易商马上出售 2 500 万美元(面值)的短期国库券,并利用出售所得购买 2 500 万美元(面值)的 5 年期中期国库券(见图 8-7)。交易商现在实现了对冲。实际的情况是交易商一般使用国库券期货进行套期保值,而这里所描述的情况则是利用现货市场交易进行对冲。请注意,这种对冲会留给交易商在浮动利率方面的某些基点差风险。交易商收取的是 LIBOR,而支付的是短期国库券利率,两者的利率变化程度并不完全相关。这就是所说的基点差风险。

图 8-7　利用国库券市场作对冲后的现金流

　　当互换交易商识别一个匹配的互换,或至少匹配了第一个互换中的部分名义本金时,交易商将减少在国库券(或国库券期货)市场中的对冲比例。由此,通过连续地调整自己在现货或期货市场的头寸,交易商能够有效地运作互换,而不必过分关心单个互换的匹配。

## 三、货币互换的创造

　　货币互换在出现之初就成为市场中的中流砥柱,并且在整个互换交易活动中占了 1/3 的位置。

　　货币互换是指不同币种之间的本金互换。在货币互换中,由于本金的计值货币不相同,因此,通常(并不总是)需要兑换。当互换的一方获得一种货币比取得另一种货币相对便宜时,就可以进行货币互换。例如,假设 A 可按 9.0% 的固定利率借到 7 年期的欧元,并能以 1 年期 LIBOR 的浮动利率借到 7 年期的美元。另一方面,B 可按 10.1% 的固定利率借到 7 年期的欧元,并能以 1 年期 LIBOR 的浮动利率借到 7 年期的美元。而此时,A 需要浮动利率的美元融资,而 B 需要固定利率的欧元融资。

投资银行为此找到一个两全其美的方法,即安排欧元与美元的货币互换交易。交易商现在准备支付固定利率 9.45% 欧元来收取浮动利率为 LIBOR 的美元,同时他支付浮动利率为 LIBOR 的美元来收取固定利率为 9.55% 的欧元。A 和 B 各自在他们对应的现货市场借款,A 以固定利率借欧元,B 以浮动利率借美元,然后参加互换。图 8-8 表示在现货市场的初始借款,并在互换开始交换名义本金。图 8-9 表示在现货市场提供的债务服务,以及在互换中的利息交换。图 8-10 则描绘了在互换结束时名义本金的交换,并归还现货市场所借的资金。

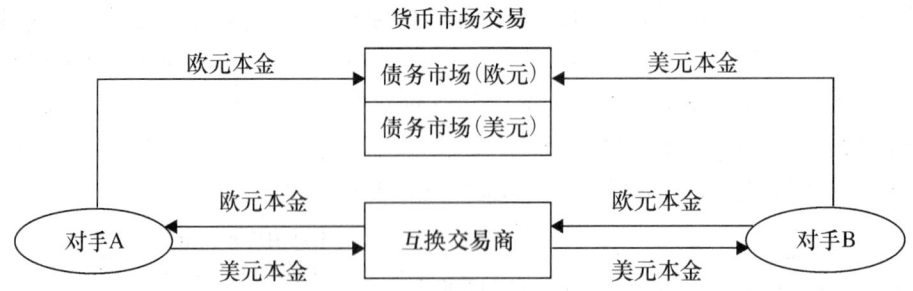

图 8-8　货币互换的现货市场交易(名义本金的初始借贷和交换)

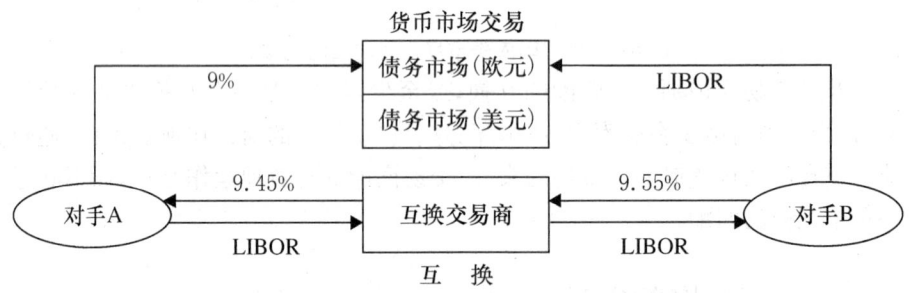

图 8-9　货币互换的现货市场交易(包括互换支付的债务服务)

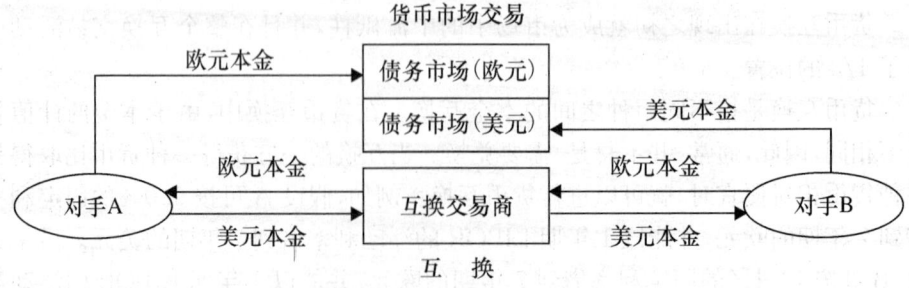

图 8-10　货币互换的现货市场交易(实际的偿还和名义本金的换回)

在上述互换交易中,A 借入欧元,并将欧元转换为他所需要的美元,同时,这些美元按浮动利率计息,这样 A 借入美元的净成本约为 LIBOR－45 个基点。这显然比其直接以浮动利率直接借入美元节省了 45 个基点。同样,B 借入的是美元,并将美元掉换成欧元。这些欧元的净成本为 9.55%,显然这比他以固定利率直接借欧元节省了 55 个基点。因此,我们看到与适当的现货市场交易相结合,互换不仅可转换融资的币种,而且可以转换利率特性。

由于货币互换的互换对手都在各自的市场借款,然后把借到的资金"兑换"为另外一方借到的资金。因此,上述的大众化的货币互换也常被称为借款兑换。

## 四、股权互换的创造

股权互换有两种情况:

一种是利率-权益互换。即在互换中,至少有一方可将其收益钉住某一股票指数,而另一方可钉住一个固定利率或一个浮动利率,支付使用同一货币。例如,某个利率-股权互换交易的对手分别是篮子编织兄弟会(一养老金发起人)和可信投资管理公司(一货币管理公司),名义本金额是 5 000 万美元。兄弟会同意在今后的 5 年中每年支付给可信公司标准普尔 500 指数当年收益率减去 200 个基点作为回报,可信公司支付给养老金发起人 10% 的利率。如果下一年标准普尔 500 指数的收益率是 14%,养老金发起人就支付给可信公司 5 000 万美元的 12%(14% 减去 2%),即 600 万美元,货币管理公司同意支付给养老金发起人 500 万美元(10% 乘以 5 000 万美元)。

另一种是权益-权益互换。即在互换交易中,双方在不同股权指数的基础上用同一货币交换支付。例如,权益-权益互换协议的对手分别是养老受益基金(一养老基金发起人)和投资管理协会(一货币管理公司),名义本金额是 8 000 万美元。养老受益基金同意在以后的 5 年中每年支付给投资管理协会标准普尔 500 指数该年的收益率;作为交换,投资管理协会同意支付给养老金发起人德国股票指数(称为 DAX 指数)当年的收益率。如果下一年标准普尔 500 指数和德国股票指数的收益率分别是 14% 和 10%,那么养老金发起人付给投资管理协会 1 120 万美元(14% 乘以 8 000 万美元),德国货币管理公司支付给养老受益基金 800 万美元(10% 乘以 8 000 万美元)。

这类股权互换可使一个最终使用者在不持有股权的情况下得到股权回报,或者持有股权组合但收到固定利率回报,或者持有国内股权组合但收到外国股票组合的股权回报。投资银行推销股权互换的对象有:把股权视为其资产配置策略的证券组合经理、试图取得与某一股票指数相同收益的指数基金经理,以及不允许持有股票但希望得到股权回报的机构等。

## 五、派生互换的创造

在充分实践的基础上,投资银行开始利用各种方法创造派生形式的互换交易,一般有两种基本方式创造变形的互换。第一种是做两笔分开的交易。这两笔交易可能都是互换交易,也可能只有一个是互换交易。例如,互换交易一方面作为浮动利率的接受者参与美元的固定利率-浮动利率的利率互换;另一方面作为浮动利率支付者参与固定利率美元-浮动利率欧元的货币互换,这样该参与者可将固定利率的美元债务转换成固定利率的欧元债务。如果两个浮动利率都与 LIBOR 相联系,那么,这个特别的结合称为汇拢互换(circus swap)。

汇拢互换如图 8-11、图 8-12 和图 8-13 所示。这些图中只表示出利息流动,并只有互换对手 A 与交易商之间的利息流。在图 8-11 中,我们看到对手 A 与交易商之间的固定利率美元-浮动利率欧元的货币互换。在这个例子中,对手 A 是浮动利率的支付者(固定利率的接受者)。在图 8-12 中,我们看到对手 A 与交易商之间的美元固定利率-浮动利率互换,在这个互换中,对手 A 是固定利率的支付者(浮动利率的接受者)。在抵消两个浮动利率之后,结果是固定利率的欧元债务转

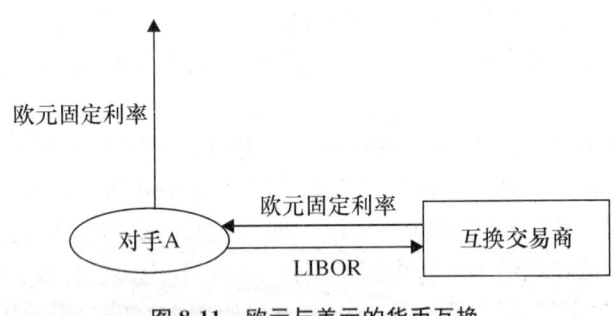

**图 8-11　欧元与美元的货币互换**

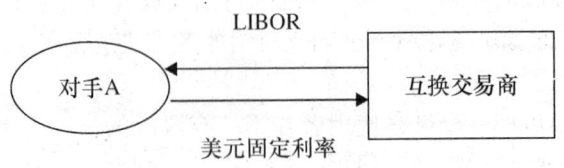

**图 8-12　固定利率与浮动利率互换**

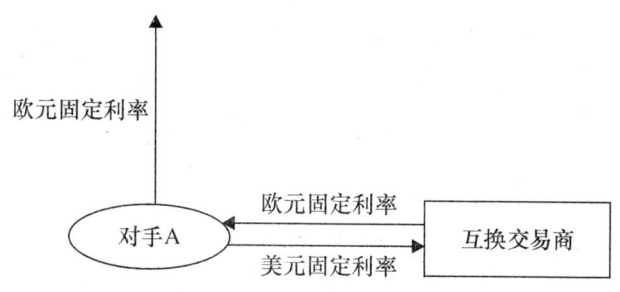

**图8-13　固定利率货币与固定利率货币的汇拢互换**

换成固定利率的美元债务。图8-13画出了这一点。

把互换和其他的互换或金融工具组合成一个互换变形的另一个例子是：在利率互换中浮动利率的支付方又可以获得一个多阶段的利率期权,这样的利率期权诸如是一个利率顶(interest rate cap),这个利率顶可以以所需支付的浮动利率设定一个上限。

创造互换变形的第二个方法是改变互换本身的条款,以符合某些特定的最终用户的需要。例如,名义本金平常是不在互换交易期内分期还本的,但可以做得能摊销;互换协议中可加入延长或缩短互换期限的选择权;互换还可以延迟确定互换利率的时间;等等。

这里的要点是,所有的互换结构都是建立在同一个基本模型上的。投资银行通过变换互换的条款,或者把一些互换组合到一起,或者把互换和其他的金融工具组合起来,可以构筑许许多多种新奇的结构。

# 第四节　投资银行对衍生产品的运用

风险管理是投资银行经营活动中的一个重要内容。投资银行家可以利用金融衍生产品来控制自己的金融风险。

## 一、在证券发行中的运用

发行市场是投资银行最重要的也是最主要的功能领域,作为承销商,投资银行可以利用金融期货或期权,以规避这些新购进的证券价值变动所导致的价格风险。

在包销情况下,投资银行一般先以一固定价格购买由发行人发行的证券,这样从购进到发行这段时间内,由于市场条件的变化而导致证券价格的变化给投资银行带来了相应的价格风险。例如,对新购进的债券,投资银行面临的风险主要是利率的上升,因为这将导致最终发行给公众的价格的下跌;对新发行的股票,承销商面临的风险是在股票发行前市场大势的下跌。考虑到这些风险,投资银行会因此降低它们的报价,但这会导致在承销条件竞争性投标中竞争地位的下降。

## (一) 期货的运用

采用某种金融期货工具——如利率或股票指数期货完全可以降低投资银行在承销过程中的价格风险,即通过在债券或股票实际发行前卖出相应期货的方式为它们购入的证券套期保值。

假设一家投资银行承销 1 000 万美元的某公司普通股,并以固定价格每股 100 美元购入。在投资银行购入该股当天,标准普尔 500 指数期货协定价为 200 点,每点代表 500 美元,即每份合约价值 10 万美元。投资银行希望通过出售 100 份标准普尔 500 指数期货合约来防止未售出股票部分的价格风险。在随后 4 天中,所有发行股票以每股 90 美元的平均价格售出,这样投资银行的价格风险损失就是 100 万美元。而此时标准普尔 500 指数期货的协定价也落至 190 点,即 95 万美元。投资银行通过买入合约平仓而在期货市场上获得 50 万美元 [10 万×(100 万－95 万)] 的收益,使得投资银行将承销损失从 100 万美元降至 50 万美元。

在债券承销中也可以采用类似的方法对承销债券作相应的套期保值。但需要指出的是,由于在西方金融市场中债券期货大多是国库券品种,所以当投资银行为公司承销债券时,就必须使用一种交叉保值技术,即采用国库券期货对其他短期金融工具进行套期保值。具体过程如下例所示。

例如,某投资银行在 4 月 7 日这一天购入承销一家公司决定在 1 个月后发行的 90 天期商业票据,筹资额为 9 700 万美元,如果当时商业票据的贴现收益率为 12%,则该投资银行承销 1 亿美元面额的 90 天期商业票据可筹足所需资金。为防范 1 个月后市场利率上升的风险,投资银行决定用 3 个月国库券期货作套期保值。根据回归分析,90 天期国库券与 90 天期商业票据的利率相关系数为 0.86,于是交叉套期保值所需的期货合约数可计算如下:100 000 000 ÷ 1 000 000×0.86＝86 张,其保值效果可以从如下对比中看出:如果不实行套期保值,因贴现率升为 14%,投资银行发行 1 亿美元 90 天期商业票据,只筹得资金 9 650 万美元,损失 50 万美元。如果实行交叉套期保值,4 月 7 日卖出 86 张 90 天期国库券期货合约,合约总值为 8 406.5 万美元,5 月 7 日买进 86 张 90 天期国库券期货合约对冲,因利率上升导致合约价值下降,合约总值为 8 357.05 万美元,则在期货市场上收益为 49.45 万美元,抵减承销发行中损失,投资银行只亏损 5 500 美元。

## (二) 期权的运用

期权在承销中是一种合适的风险管理工具。由于投资银行采用公开竞价方式报价,投资银行报出一个价格但并不能肯定是否能承担证券销售工作,金融期货只能使投资银行降低价格风险,却没有考虑到承销过程中竞价的结果,这时投资银行购买一份看跌期权就可以满足在此情况下的风险管理需要。如果承销资格在公开竞价后没有争取到,那么投资银行就选择不执行看跌期权合约,它的损失也仅限于购买这项看跌期权的价格。如果争取到承销资格,这项看跌期权又可以帮助投资银行防范价格风险,因为一旦承销证券价格下跌,看跌期权合约允许投资银行以较高的价格卖出该证券。如果该证券价格上升,投资银行也不执行该期权合约,虽然付出了一笔期权费,但在承销市场上却获得了收益。投资银行一举两得。

实证研究显示,通过风险管理工具——期货和期权的运用,投资银行的价格风险至少消除了一半,这种技术对那些多样化经营的公司的证券尤其有效,因为这些证券非系统性风险较低,套期保值有效性高。总之,风险管理工具帮助投资银行在承销过程中降低了一系列价格风险,使其在发行上能提供更具竞争力的报价。

# 二、在证券交易中的运用

参与二级市场运作的投资银行往往持有大量的多种金融产品,作为做市商的投资银行,如果不蜕变成投机性质的交易商,它就会希望它在做市的证券头寸维持稳定而不出现一段时期内头寸的净增加或净减少现象。但是投资者买卖证券的决定常不能相互配合,比如有人想买的时候却找不到卖方,而另一时刻有人想卖却找不到买方,为此做市商就必须起到牵线搭桥的作用,先卖出再买进。这样,在某一时点或时段上,做市商的头寸就会发生变化,为这些净增加或净减少的头寸承担价格风险。利用金融期权期货市场就允许投资银行通过套期保值来规避二级市场的证券价格风险。

价格风险包括系统性风险和非系统性风险。系统性风险也叫市场风险,这类风险威胁着市场中全部证券的价格,与某个证券业绩优劣并无关系。系统性风险有政治风险、利率风险和供需失衡风险等。非系统性风险是某个证券或某一类证券特有的风险,如某一上市公司业绩大起大落,公司发生重大变化或某一行业市场骤然萎缩等。一般来说,系统性风险比非系统性风险容易管理。系统性风险可以根据做市商所做股票的贝塔系数来确定他应该进行风险抵补的头寸金额,然后买卖相应数量的股指期货或期权予以冲抵。而非系统性风险抵补工具却较难一些,因为他必须寻找个别证券的期货或期权来抵补风险,目前在市场上还不多。

非系统性风险还有一条途径可以防范,即自然对冲,依靠多种证券所形成的庞大投资组合使各个证券的非系统性风险互相抵消。这对充当做市商的投资银行的实力提出了更高的要求。

关于风险管理工具——期货和期权在做市商业务中的运用,可以看这样一个例子。某个做市商被迫隔夜持有大量敞口头寸,通过售出一指数期货合约,做市商可以为其持有的敞口头寸非预期的价格下跌予以保值。一旦价格真的下跌,他就可以通过期货市场的收益抵补现货头寸的损失。有时做市商卖空某一证券,在该证券被买进之前,他可以通过买入指数期货合约来预防该证券价格的上涨。

许多投资银行还作为交易商和基金管理人,持有大量金融产品头寸,它们也可以通过类似的方法来降低风险。

## 三、风险管理工具的风险

风险管理工具的运用可以降低投资银行业务的风险,但它不是万能的,它本身也存在着风险和成本,对此我们也应有清醒的认识。一般来说,风险管理工具失效主要有三方面的原因:

(1)像期货合约等工具虽然可以预防利率或股价的不利变化,但同时也使得因有利变化带来的收益也消失。用期权套期保值虽然保留了一部分可能的收益,但需付出一定的期权价格成本。

(2)基差风险可能导致期货和期权价格的变化与持有或购买证券的价格变化不一致,而使套期保值失效。

(3)投资银行一般还提供大量辅助性服务。它们面对的是采用对其所有金融服务领域套期保值还是只是仅对个别资产头寸套期保值的选择。有时一种套期保值策略在减少个别证券头寸风险的同时,却增加了投资银行全部金融产品头寸的风险。

# 本 章 小 结

金融衍生产品是指一些合约,这些合约给予合约的持有者某种义务或对一种金融资产进行买卖的选择权。期货是协议双方在指定的未来日期以及事先确定的价格买入或卖出某物的合约。期货交易具有以下特点：① 期货合约标准化。② 采用集中交易,公开竞价的方式。③ 投入资金较少。④ 期货交易不需征信。

期权合约授予期权买方有权但没有义务在一定时期内(或某一特定时间),以特定的价格(执行价格)向期权的出售者买或出售某种商品合约或金融合约。期权价格包括两部分:内在价值和时间价值。影响期权价格的因素有:① 基础资产的现价。② 期权的执行价格。③ 期权到期时间。④ 预期基础资产价格的波动性。

互换是指2个或2个以上的当事人按共同商定的条件,在约定的时间内,交换一系列支付款项的合约。互换交易是真正引人注目的创新,具有许多用途,可以用于对多阶段的价格风险进行套期保值、降低融资成本、进入新的市场和创造复合金融工具。互换最普通的三种形式是利率互换、货币互换和权益互换。所有的互换结构都是建立在同一个基本模型上的。投资银行家通过变换互换的条款,或者把一些互换组合到一起,或者把互换和其他的金融工具组合起来,可以构筑许许多多种新奇的结构。投资银行不仅以经纪顾问商的身份参与互换交易的设计与撮合,而且作为交易商(dealer)直接充当互换交易的对手,加强了互换市场的流动性,促进了互换业务的爆炸性增长。

风险管理工具在证券发行业务中的运用可以帮助投资银行降低价格风险,使其在发行上能提供更具竞争力的报价,在证券交易中可以允许投资银行规避二级市场的证券价格风险。风险管理工具的种类繁多,投资银行必然要选择一个合适的工具。然而风险管理工具也不是万能的,在三种情况下可能失效。

# 复 习 思 考 题

1. 什么是期货? 期货交易的特点有哪些?
2. 什么是期权? 期权与期货交易的差异有哪些?
3. 什么是互换? 互换产生的主要原因是什么?
4. 试述期货和期权的风险收益特征。
5. 什么是基差? 什么是持有成本? 持有成本模型具有什么意义?
6. 什么是权价? 有哪几部分构成? 决定权价高低的因素是什么?
7. 试用现金流图表示互换交易的基本结构。
8. 什么是标准互换?
9. 什么是货币互换?

10. 股权互换有哪几种形式?

11. 投资银行在互换交易中充当什么作用?

12. 如何创造派生互换?

13. 投资银行如何利用金融衍生产品来控制自己在开展业务中的风险?

14. 风险管理工具失效有哪些原因?

第 九 章

# 投资银行的其他融资业务

为公司融资是投资银行的基础业务,公司融资的工具除了在前面章节所涉及的传统证券及创新证券之外,还有一项重要的工具,这就是商业票据融资。投资银行不仅帮助企业融资,而且还要为公共部门融资。随着跨国经营的发展,投资银行的融资业务已扩展到全球范围。在第二章,我们着重介绍了投资银行在公司融资中所起的作用,本章将结合发行证券的具体特点,进一步介绍投资银行在商业票据融资、公共融资及国际融资中的作用。

## 第一节 商业票据融资

### 一、商业票据的特点

#### (一)商业票据的期限

在美国,商业票据的期限一般少于 270 天,最常见的在 30～50 天之间。主要原因是:美国 1933 年《证券法》要求发行证券得向证券交易委员会(SEC)登记。该法律中的特别条款规定:期限不超过 270 天的商业票据可以免于登记。为了避免发行时的登记费用,公司很少发行超过 270 天的商业票据。

决定商业票据期限的另一个考虑的因素是:商业票据能否成为合格的抵押品,使银行可以用它从美联储的贴现窗口取得借款。为了达到该标准,商业票据的期限可以不超过 90 天。由于合格票据交易成本要低于不合格票据,因此,发行者喜欢发行期限不超过 90 天的商业票据。

为了偿还到期的票据,发行者通常采用发新债还旧债的方法,即用发行新票据的收入来偿还到期票据。这个过程被形象地描述为短期票据的"滚动"发行。商业票据的投资者面临的风险是发行者在到期后无法发行新的票据来偿还旧债。为了防止这种"滚动"风险,商业票据大多以未使用的银行信贷额度作为还款担保。由于获得银行信贷额度需要向其交纳承诺费,因此,这种担保实际上提高了票据不完全统计发行成本。

### (二) 商业票据的投资者

大部分商业票据由机构投资者购买,这些机构投资者包括保险公司、退休基金和货币市场共同基金等。交易量一般都很大,常常以上百万美元计。货币市场共同基金大约购买了 1/3 的已发行商业票据,小额投资者信托和非营利性公司大约购买了 30%,那些旨在短期投资的非金融性公司则购买了 10% 左右,其余的由私人和公众养老基金、寿险公司、商业银行所持有。尽管一些投资者会以 25 000 美元的单位卖出,商业票据的最低交易额为 100 000 美元。

### (三) 商业票据的收益

与其他货币市场工具的收益相近。该收益率要高于同期的国库券收益率。原因有三:首先,商业票据的投资者会有信用风险;其次,投资于国库券的利息收入免征州和地方收入所得税,因此,商业票据必须提供较高的收益来作为补偿;最后,商业票据的流动性低于国库券,然而投资者要求的流动性收益可能较小,因为他们投资商业票据时一般遵循"购买-持有"策略,所以对流动性不太关心。

### (四) 二级市场

尽管商业票据市场要比其他货币市场工具的市场大,然而其二级市场的交易规模却相当小。商业票据的投资者一般都是计划持有到期的机构,由于投资者可以直接向发行者购买商业票据,发行者可以根据投资者的期限偏好来设计票据,因此它的二级市场很不发达。

## 二、商业票据的发行者

商业票据的公司发行者可以分为金融性公司和非金融性公司。在 20 世纪 70 年代,高信用等级的公司是商业票据的主要发行者,在 80 年代,中低信用等级的公司也能够通过该市场筹集资金。发行商业票据对于高信用等级的大公司(金融性或非金融性)来说,是银行借款之外的又一种选择。截止到 90 年代初期,美国大约有 1 259 家公司和其他一些机构在发行商业票据。在 1993 年 8 月的 5 450 亿美元的商业票据余额中,有 3 980 亿美元是由金融性公司发行的。

金融性公司可以分为三种:附属金融公司、与银行有关的金融公司和独立的金融公司。附属性金融公司通常是制造业公司的子公司,它们的主要任务是为母公司的顾客提供融资。例如,美国的三大汽车制造商都有其附属性金融公司——通用汽车承兑公司、福特信用公司、克莱斯勒财务公司。通用汽车承兑公司是目前美国最大的商业票据发行公司。银行持股公司也有自己的金融公司,通过它可以向有着广泛需求的个人和商业机构提供贷款。独立的金融公司是上述两种以外的公司。

尽管商业票据的发行者大都有着较高的信用等级,然而那些不太知名的低信用等级的小公司在 20 世纪 80 年代也可以发行票据。这是因为它们从高信用等级的公司得到了信贷支持,或者是用高质量资产来作为票据发行的抵押。前一种商业票据被称为信用担保支持的商业票据(credit supported commercial paper),后一种被称为资产担保支持的商业票据(asset-backed commercial paper)。前者的一个例子是信用证支持的商业票据,这种信用特别指明发证银行保证在发行人于票据到期后没有偿还时,将代为偿还。银行将对开出的信用证收取一定的费用。从发行人的角度来看,该费用使其能够进入商业票据市场,获得成本低于银行贷款的资金。票据信用增强也可采用保险公司保险债券的形式,保险债券是由保险公司开具的保护对方免于损失或违反合同的保单。

## 三、发行商业票据的目的

发行商业票据进行融资一般出于两类根本不同的融资目的:一是弥补季节性的融资需要,二是长期融资的需要,三是其他目的融资的需要。

### (一)筹措季节性的短期资金的需要

通常,一些工业公司发行商业票据的初衷是为公司筹集短期的季节性资金和营运资金。从根本上来说,它为高等级公司提供了一种较银行借款便宜的短期筹资途径。随着 20 世纪 80 年代美国经济的扩张,各家公司都在寻求增加短期借款以期为生产规模的扩大提供融资。商业票据对于那些能够进入该市场的公司来说更具吸引力,因为在 80 年代早期,商业票据的筹资成本要比银行借款便宜得多。例如,我们使用 30 天的伦敦同业拆放利率(LIBOR)来衡量高信用等级公司的借款成本:1975—1980 年间,伦敦同业拆放利率与商业票据间的利差为 0～60 个基本点,1980—1985 年间,利差逐渐扩大,有时竟超过 150 个基点,这就促使中低信用等级的公司能够进入到该市场中来。

## (二) 满足长期融资的需要

通常,金融公司和其他金融企业发行商业票据是为了满足长期融资需要。这似乎和商业票据的性质自相矛盾。但从更广泛的融资战略的角度来看,就很自然了,因为短期借款的成本要低于长期融资成本。如果企业相信现期收益曲线稳定(即有稳定的收益来源),而且短期借款利率低于长期借款利率,那么即使企业真正需要的是长期借款,也应该发行短期商业票据。到期后企业可以再发行一期,通过滚动发行用新债券来偿付旧债券的方法达到长期融资的目的。

通过商业票据获得的长期融资具有浮动利率的特点。因为每次滚动发行,发行者都要按当时的市场利率水平重新制定票面利率。而通过利率互换,可以将浮动利率换成固定利率。投资银行通过其商业票据部门帮助企业发行具有浮动利率特点的商业票据,再通过衍生产品部门将其转化成固定利率债务。

通过商业票据进行长期融资还有一个长处,即可以随时调整融资规模。当企业在不同时期融资数额有相当大的变动时,可利用这种方式。例如,在汽车销售融资中,某企业如通用汽车公司提供分期付款,一部分货款由借款者(购车者)预付,另一部分货款由车主根据购车协议分期支付。这样,该公司在每期利用发行商业票据为分期付款提供融资时,就可根据实际情况不断减少发行数额,以反映车主已归还了多少贷款。通过连续的滚动发行,企业可以通过分析发行的规模来判断垫付的资本额。

## (三) 其他目的融资的需要

在 20 世纪 80 年代,许多公司还开始把商业票据用于其他目的。过渡性融资(bridge financing)就是商业票据经常运用的一方面。例如,假定一个公司需要一笔长期资金来建造一座工厂或者购买机器设备,该公司不必马上开始筹集所需长期资金,而是可以选择推迟发行(债券)时间,直到资本市场中有利的融资条件出现。通过发行商业票据筹集到的资金,一般使用到长期债券开始发行。随着 20 世纪 80 年代并购活动的增多,商业票据有时会用于过渡性融资来为公司兼并提供资金,进而促进该市场的发展。

# 四、投资银行的作用

## (一) 承销方式

商业票据分为直接募集票据(direct paper)和交易商募集票据(dealer paper)。

前者不经过代理商或中介机构,直接由发行公司售卖给投资者。大多数直接票据的发行者是金融公司,这些机构需要连续的资金来满足客户的贷款需求。因此,它们发现,建立一支销售队伍来直接出售其发行的票据可以节约开支。

而交易商募集的商业票据则是发行者利用代理机构来销售所发行的票据。交易商募集的商业票据的发行者通常是工业企业,通过投资银行承销其票据。在商业票据市场上,投资银行在某种意义上起到联结承销和私募两个市场的中介作用。对商业票据的发行,投资银行一般采取包销方法,投资银行承诺购买发行者的证券,并承担所有未销出证券的风险。但商业票据的投资者却是机构投资者,在向机构投资者推销商业票据时,投资银行实质上充当了一个代理人的角色。同时与私募市场类似,投资银行与机构投资者的关系对商业票据的发行非常重要。

在商业票据发行中,投资银行注重培养同发行者的关系。发行者偏好委托独家投资银行代理销售商业票据,而投资银行也不愿同过多的客户商讨商业票据业务。然而,在代销商业票据时,代理协议规定投资银行对它未能销出的商业票据要自己买进,被买进的商业票据可以在市场条件允许的情况下再出售给投资者,但这种出售不能造成对该票据市场的冲击,否则会损害投资银行和发行者的关系。

和国库券一样,商业票据也是一种贴现凭证。也就是说,它是按照低于面值的价格售卖的。到期价值与买价间的差额即为投资者应得的利息。也有一些商业票据是按付息凭证发行的,商业票据的 1 年为 360 天。

商业票据没有二级市场。但商业票据的发行代理商为了维护与投资者和发行者的关系,通常会回购一些商业票据。当然,投资银行会向投资者要求一定的价格折扣。从以往经验来看,代理机构回购的票据不足 2%。如果某投资者屡次向代理商再出售票据,代理商也不愿意同他多接触。

## (二)收费标准

投资银行为其所提供的服务按一定的标准收取手续费,通常是按每年每美元 $\frac{1}{8}$ % 手续费率收取代理费。例如,为期是 180 天的商业票据发行,每美元费用率应为 $\frac{1}{16}$ % $\left(\frac{180}{360} \times \frac{1}{8}\%\right)$。商业票据的交易通常以 360 天为 1 年。

最简单的计算商业票据代理商手续的方法是以每日计 $\frac{1}{360} \times \frac{1}{8} \times$ 发行总额。例如,发行总额为 100 万美元的商业票据 1 天的收费为 347.22 美元 $\left(\frac{1}{360} \times \frac{1}{8} \times 100 \text{ 万}\right)$。

从佣金角度看,投资银行并不愿意经办期限过短的商业票据发行业务。因为期限过短的商业票据的手续费还不足以支付业务成本。但是,对于经常发行商业票据的大型客户,代理商也是愿意偶尔为之,以维持同他们的良好关系。

大多数投资银行不愿分销没有评级的商业票据,尤其是像第一波士顿、所罗门兄弟公司等投资银行,从不从事低于投资级的任何商业票据业务。因此,那些未评级企业或信用级别较低的企业,为了也能利用商业票据融资,就从商业银行那里获得一份信用证(a letter of credit,简称 LOC),作为商业银行为发行者的担保。这类商业票据称为信用证票据。

商业票据是投资银行和商业银行竞争的另一领域。传统上交易商票据市场中投资银行居统治地位,因为商业银行被《格拉斯-斯特加格尔法》禁止从事商业票据的承销业务。然而在 1987 年 6 月,美联储开始允许银行持股公司的下属机构(子公司)从事商业票据的承销业务。尽管投资银行仍然在交易商市场中占据着主要份额,但商业银行已开始逐渐渗入,这是很自然的事情。因为在很大程度上,通过商业票据市场筹集的资金以前都是通过短期银行贷款实现的。商业银行正在努力从商业票据承销业务中获得一定的收入,以此来补偿因为借款倒向商业票据市场而损失的利息收入。

# 第二节　公　共　融　资

美国的公共部门包括财政部、联邦政府、州和地方政府创办的机构和公司。公共部门和企业一样,也有大量的资金需求,需要从资本市场融资。与公司融资中既发行股票又发行债券的做法不同,公共融资只有发行债券一个途径。按公共部门分类,公共融资分为三类,即国库券融资、机构融资和市政融资。投资银行在上述三个领域的作用各不相同。

投资银行以四种方式参与国库券市场的融资:① 参与开辟一级市场的过程。② 作为交易商参与二级市场操作。③ 作为自营商积极从事证券交易以赚取投机和套利收益。④ 利用国库券实现融资政策的调整及创新工具开发。

在机构融资方面,投资银行所起的作用介于承销商和交易商之间,即提供机构证券的二级市场操作服务,为机构债券发行者提供发行债券结构等方面的咨询服务。

在市政债券市场上,投资银行在提供承销商服务的同时,还提供包括对债券设计咨询及二级市场操作的辅助服务。

## 一、国库券融资

美国国库融资主要是通过发行国库券的方式从国内市场筹措财政资金,以弥补财政收支不平衡的缺口。国库券市场流动性很强,品种单一。国库券(treasuries)有时又称为政府债券,但政府债券有时也包括联邦政府部门债券。

国库券的发行市场是由定期举办拍卖的纽约联邦储备银行(Federal Reserve Bank of New York)进行操作,通常有约 40 位的一级政府债券市场交易商(primary government securities dealers)参加拍卖投标。这些交易商包括投资银行和商业银行。所有业绩出色的投资银行都包括在内,而商业银行则主要是一些大的货币中心银行,如花旗银行、化学银行和大通曼哈顿银行。国库券的市场操作是投资银行和商业银行竞争的另一领域。

在美联储拍卖过程中,一级政府债券市场交易商代表自己和客户参与竞争性投标,所购得的国库券再转售给其他的证券交易商和投资者。国库券交易商包括一级和二级政府债券市场交易商,其业务利润来自买卖差价。

国库券市场是美国证券市场中管制最松的市场,因此这个市场是:① 获利最稳定的最主要证券市场之一。② 最活跃的试验和创新市场,如它首先推出了被普遍接受的无息票债券,并开辟了国库券回购、逆回购市场。③ 风险极小,无需风险管理的证券市场。综观各类债券市场,国库券市场是最大且最为相似的,它的违约风险最小,是最安全的证券市场。此外,投资国库券所得利息免交州和地方税,但需交纳联邦税。

### (一) 融资工具

从期限来看,政府债券主要包括长期、中期和短期国库券。中期和长期国库券有 2～30 年不等。短期国库券期限分 3 月期(即 13 周或 19 天)、6 月期(26 周或 182 天)和 1 年期(52 周或 364 天)。此外,联邦当局偶尔也发行更短期的国库券称现金管理库券(cash management bills),用以弥补短期财政周转资金的缺口。与常规的中期和长期国库券相比,短期国库券不定期支付利息,而是以低于面值的折扣销售,到期以面值赎回,利息就是所打的折扣。因此,这类证券被称为短期无息票债券(short-maturity zero coupon bonds)。

中期和长期债券的收益则用半年债券基准标价(semiannual bond basis)。半年债券基准是指当收益以半年复利表示时,使该证券现金流入的现值与其市价相等的到期收益率。短期国库券的收益与中期和长期国库券的收益采用不同的标价表示。短期国库券的收益是以银行贴现基准来标价(bank discount basis)的,主要原因有两方面:第一,尽管投资者实际支付的金额低于面值,而收益仍是以短期国库券的票面值为基础计算出来的;第二,尽管利率计算假设 1 年的期限为 360 天,而利息是以实际持有的时间来计算支付的。

通常,中期和长期国库券都是附息债券,每半年付息一次,与短期国库券利息支付有着明显的不同。中期国库券的期限从 2~10 年不等,更多的是 2 年期、3 年期、5 年期和 10 年期,每一种期限的国库券都是定期发行,如 2 年期和 5 年期的每月发行,10 年期的每季发行;长期国库券期限是 30 年,每半年发行一次。

由于中期国库券频繁发行,且期限不同,所以在特定的时间里,投资者和交易商手中都有各种品种的相同期限的国库券,如 5 年期国库券 2 年后还剩 3 年到期,而一个新发行的 3 年国库券也是 3 年到期。相比而言,最新发行的国库券流动性较强,在证券市场上交易活跃。此外,期限在 10 年以上的所有国库券交易都很活跃。

许多投资者和证券交易者都希望积极参与活跃性强的国库券交易,以便有效地、迅速地调整头寸,因而存货大多为流动性国债。由于新发行国库券的流通性较好,因此往往会出现人们对新发行国库券的需求大大超过对已发行国库券的需求。同样,那些有兴趣进行短期债券交易的投资者和证券交易商更倾向于从事短期国库券交易。

国库券的投资者所得利息要交纳联邦收入所得税,这对大多数纳税者而言是金额最多的税。然而,投资于其他证券,如公司债券、抵押担保证券、政府机构证券、外国债券和世界银行和跨国机构发行的证券的所得也要支付联邦固定收入所得税,而这类证券的利息收入称为应税固定收入(taxable-fixed income)。

## (二) 投资银行在国库券市场中的作用

投资银行在国库券市场中既作为初级交易商参与发行市场业务,又作为交易商和金融产品的创新者参与二级市场业务。这里主要介绍这些业务的开始阶段,而具体过程则受法规约束,其发行也需到证券交易委员会注册登记。

在二级市场上,中期和长期国库券的交易是以平价的 $\frac{1}{32}$ 个百分点来标价的。

例如,某种国库券价格为 87-06 美元,则表示该国库券交易价为 $87\frac{6}{32}$ 美元。然而,竞争性投标是以收益的多少为依据,美联储当局至少在进行拍卖之前一个星期就向外界公布消息,然后进行竞争性投标,只有一级市场证券交易商才被允许从事竞争性投标,他们自己或者受客户的委托投标。

财政部早有规定不允许任何一个一级市场证券交易商在任何国库券发行时获取垄断地位,这主要是通过限制证券交易商所能竞买的国库券数量来实现。多年以来,这个限度一直保持在总量的35%。

一级市场证券交易商常常采用预售方式发行新的国库券,事先对要买国库券客户进行排队,根据预售账面的数量来决定竞价购买的数量;除了履行预售义务外,投资银行为有效保证其在二级市场作为综合性市场操纵者的地位,也要在新的国库券发行之时取得一些证券存货。

按照美国财政部规定,投标者以收益率(精确到小数点后两位作为标的,按所需数量递交秘密投标报价,如8.63%;美联储当局则按次序把新发行的国库券首先卖给收益率投标价最低者,以此往上推直到全部国库券售完为止。在这里收益率报价最低者显然其国库券买价最高。通常将接受的最高价格的投标报价称为最高报价(stop out bid),或称最高价格(stop out price)。财政部随后设定一个票面利率最低间隔为0.125百分点基数,以使支付的平均购买价在不超过票面值的情况下最接近票面值。在此基础上,每一位投标成功者依据其投票报价和票面利率支付相应的价格。有些投标者以超过票面价格支付,有些投标者以折扣价格支付,有些投票者以票面价格支付。平均报价与最高报价的差额称为尾数(tail)。此外,对一些金额在100万美元以下的投资者,其非竞争性投标也被接受,而且所有投标报价的平均价购得国库券。

美国财政部的国库券拍卖方式经常受到指责,但似乎每次拍卖都进展顺利且无可非议,至今为止还没有发生任何不公平交易。但是,任何证券市场经营者都希望获得垄断地位,以获取垄断利润,国库券也不例外。20世纪90年代初期,所罗门兄弟公司是在债券交易方面最有名望的投资银行,但终因违反拍卖规则而引出丑闻。其违规的目标显然是为了保证在国库券发行时获得垄断。一方面,所罗门兄弟公司在发行市场上参与竞争性投标以获取法定35%的最高限额;另一方面,作为政府债券一级市场交易商为客户递交竞争性投标。而事实上,客户并没有要求也根本不知道交易商正在为其投标,因此,所罗门兄弟公司的做法是一旦为客户购买的国债到手后,再从客户账户上转到自己的账户上。通过这种做法,所罗门兄弟公司曾多次购买到超过法定限额的国库券。例如,在1992年5月,所罗门兄弟公司以竞争性投标方式控制了美国2年期国库券94%的份额。如果将非竞争性投标包括在内,则所罗门兄弟公司控制了中期国库券122.6亿美元中86%的份额。

所罗门兄弟公司国库券拍卖丑闻发生后,财政部开始重新考虑国债的拍卖程序。第一种改革在1992年实行,采用的是荷兰拍卖制度,即每一个参与竞争性投标的投标人,以收益的投标报价来获取新发行国库券的份额,是在将所有的投标报价进行计算后,所有投标人均以最高可接受的收益率投标报价(可接受的最低价格)认购国库券。初看起来这种拍卖制似乎有损于发行者利益,因为,它使每一个投标人无论其投标报价多低都能获得最高报价。这种拍卖方法鼓励投资人积极参与低报价投标,因为不管怎样他们都会以可接受的最高投标价获得证券,而且投标报价越低,就越可能得到新发行的证券;反过来,如果报价过高,拍卖被超额认缴(这种情况是常见的),则公司就得不到国库券。而如果一个公司得不到足够的国库券履行其预售职责,则它必须到二级市场以更高价格购买国库券以应付预售的承诺。

一旦拍卖完成,收益也确定,票面利率以原有的方式确定,证券交易商以通常的方式得到证券,非竞争性投标也被同样接受,它们也按竞争性投标相同的价格认购国库券。这里唯一的区别是,按照老的拍卖制度,平均收益与票面利率非常接近,而在荷兰拍卖制度下则不一定如此。

投资银行在参与国库券拍卖过程中所得利润有几个方面的来源:第一,利用其市场经验和交易专长,通过低价买进国库券再卖给其预售的客户,虽然其买卖价格的差异很小,但由于数量、金额大,往往是几亿或几十亿美元,这样其利润就相当可观。第二,自营交易差价收入。作为证券交易商,在二级市场经营操作,都建有一定的证券存货,这笔存货的买进卖出即是公司自营交易,自营交易量往往很大,其买卖差价约 $\frac{1}{32}$ %;当然,有时也可大至 $\frac{1}{8}$ %,有时也可小至 $\frac{1}{64}$ %。第三,利用国库券从事其他的套期保值、套利等交易,从中盈利。

# 二、机构融资

## (一) 机构债券的特点

由美国联邦政府机构及其创办的公司发行的债券,称为联邦政府机构债券。从投资角度而言,联邦政府机构债券介于公司债与国库券之间。例如,国库券是直接由联邦政府来担保,这称为法律上担保;而其他证券虽不具有政府的直接担保,但本身就意味着担保,投资者明白政府是不会让企业违约履行到期债务偿付,这称为事实上担保。另外,一些联邦机构债券和国库券一样,其利息收入免交州和地方税。但在有些方面又与企业债券相似,如其销售也采用分销团的方式而不是采用拍卖方式,其利息计算也是按公司债券 1 月 30 天、1 年 360 天来计算,而不是国库券的 1 年 365 天;但其结算日期与国库券一样是一个营业日,而不像公司债是 5 个营业日。

政府机构债券的利率稍高于国库券,由于它与国库券相比缺乏流通性,因而高于同期国库券的利率差价是对它的一种补偿。对抵押证券而言,差价也包括了承担与提前偿还这些证券有关的风险的补偿。其收益通常以借款平均偿还期限来计算。这里不用到期日是因为政府机构债券的本金和利息是分期偿还的,而国库券是一次性偿还的。

联邦政府机构债券的发行人包括联邦政府主要机构及其创办的公司,如政府国民抵押协会(GNMA)、联邦国民住宅贷款银行(FHLB)、联邦国民抵押协会(FNMA)、联邦国民住宅贷款抵押公司(FHLMC)、联邦土地银行、联邦中期信贷银行、合作银行、美国发展银行和美国邮政储蓄公司等。除上述大机构发行者外,近年来还有许多小机构发行者,这些小机构发行者缺乏市场影响并经常扰乱大机构发行者和财政部国债的发行日期。为解决这个问题,美国国会于1973年建立联邦融资银行,以帮助除大机构以外所有政府机构债券的发行,因为,政府机构债券与国库券一样,根据国会法案,其发行可免除在证券交易委员会注册。

### (二)投资银行在机构债券市场中的作用

联邦政府往往指定几家机构作为其财务代理人,这些财务代理人主要是一些大的投资银行和商业银行。财务代理人在债券的设计和定价方面提供帮助,但它们不直接从事政府机构债券的分销业务。同时,它们也从事一些辅助业务,如作为支付代理人和处理一些与管理证券发行有关的日常事务。

政府机构债券的分销由为此而组成的交易商承销团完成。交易商从事承销业务,即它们从联邦政府机构处购买到债券再向投资者出售。

政府机构债券尤其是有关抵押债券在发行时,承销商通常把证券进行重新包装,以使之对投资者更有吸引力。例如,投资银行常把所有抵押权买下,然后通过抵押担保债券组合使之证券化,继而再卖给投资者。这样,就使证券发行由单类资产增加到多类资产,投资银行利用转换套利方式使之增值获利。

投资银行还会在其中应用一些特殊的金融工程技术,如固定利率与浮动利率融资的互换等积极活跃二级市场的交易操作。

## 三、市政融资

### (一)市政债券的特点

市政债券曾一度被称为免税融资(tax-exempt finance),但当私人项目融资免税情况出现后,这种说法便不再正确。市政债券的发行包括州政府、地方政府以及其他的一些实体和政府分支机构。包括学校行政区、州和当地政府的一些机构。

这个市场很大，而且在整个 20 世纪 80 年代迅速增长。到 90 年代，发行者单位达到 4 万个左右的规模，但其中占主导地位的是少数州及其市政当局。

市政债券之所以对投资者有吸引力，很大程度上在于其利息收益是免税的，无论是公司法人还是个人都免交联邦所得税，而且按投资者居住地不同，还可免交州和地方税，因此市政债券市场是固定收益证券市场的一个独特部分。另外，由于市政债券的权力机构组织不同及其存在的目的不同，因此其发行通常由投资银行内部的公共融资部来负责操作。

市政债券发行包括中期债券和长期债券。这些债券又可分为一般债务债券（general obligation bond）和收益债券（revenue bond）两类。

一般债务债券由州、城市和其他税务司法当局发行，并以市政当局的课税能力担保。如学校行政区债券的担保课税只限于不动产等特别形式，而城市和州债券的担保则包括所有的税种。这些实体的债券从税收职权上讲是整体信誉和信用的债券。

收益债券是由一些经营特种项目的实体为项目融资而发行的。这些项目通常包括桥梁、隧道和公路等交通系统，以及供水、电力系统、体育馆、机场、大学和运动项目等。有时收益债券的发行也用于工业开发项目的融资，其中有些项目由政府和个人共同投资。这些特殊项目债券的还本付息则是通过项目的收入来偿付。例如，由市政桥梁和隧道当局发行的收益债券，其还本付息最终是通过征收使用费等收益来偿付，所以称之为收益债券。

有时税务司法机关以一般债务债券及收益债券的混合形式发行债券，这些债券由发行人市政当局以一般税收担保，但也包括对一些特殊项目的收益权。当一般税收不能够满足还本付息时，就动用这些项目的收益增补。税务当局有时也发行只以某些税种的税收收入作担保的债券，这种债券称为有限税收一般债务债券（limited-tax general obligation bond）。

一般情况下，收益债券比一般债务债券风险大。原因很简单，收益债券还本付息的来源只有项目收益，一旦项目收益没有达到预期的目标或更少，那么作为发行者的市政当局就可能无力还本付息。根据以往经验，项目收益达不到预期目标的原因主要有：① 高估了市场对该项目产品和服务的需求。② 由于新技术的产生使该项目显得过时。③ 私人竞争者可能提供更优质的产品和服务。④ 项目可能由于成本过高或非法行为的意外出现而无法完工，或者由于发生了地震等自然灾害，项目被迫停止经营。

## （二）投资银行在市政债券市场中的作用

虽然市政债券发行者能够直接向投资者出售证券，但在实践中基本上都是采用承销团的发行方式,即发行者将证券卖给承销团,承销团再转售给投资者,承销协议通常是通过谈判达成,但当几个承销团一起参与时,则采用竞争性投标的方式。免税债券发行尽管可免除在证券交易委员会注册,但其发行过程则仍需经过三个程序:发起、承销和分销。

投资银行及商业银行的证券部在市政融资方面的重要作用是提供融资咨询服务。其内容分为四类:① 对融资计划和债务政策提出建议。② 为组织新债务提供技术帮助。③ 信息传播。④ 监控。

# 第三节　国 际 融 资

随着世界经济与国际金融全球化、一体化的发展以及信息业的技术进步,投资银行已经彻底跨越了地域和市场的限制,经营着越来越广泛的国际业务,国际融资业务日益成为投资银行业务的一个重要方面。从投资银行的本源业务来看,投资银行的国际融资业务乃是国内融资业务的扩展和延伸。在国际融资业务中,投资银行可以为国外筹资者承销证券,将其销售给国内外的投资者,也可以为国内筹资者承销证券在国外销售,还可以做市商、经纪商或交易商的身份介入国外证券市场,或帮助国外投资者参与国内证券市场。投资银行的国际融资业务分为国际债券融资和国际股票融资。

## 一、国际债券融资

### (一)国际债券市场

国际债券市场实际上是指由分散在世界各主要金融中心的债券市场联系在一起的市场,因而实际上并不是指一个统一的市场。国际债券市场是欧洲债券市场(Euro bonds market)和外国债券市场(foreign bonds market)的综合。

外国债券是借款人在外国用当地货币发行的债券。经营这种债券的市场称为外国债券市场,以区别后来出现的欧洲债券市场。一些外国债券市场在历史上形成了固定的名称。比较著名的有美国的外国债券市场扬基债券市场(Yankee bonds market)、日本的外国债券市场武士债券市场(Ssamurai bonds market)等。现在又出现的一种龙债券(Dragon bond),实际上,外国债券市场与各国国内的债券市场关系紧密,区别只是在于法律上的准入条件不同。这些不同包括不同的税收、不同的发行条件、注册要求以及对购买者的不同限制等。

而欧洲债券（Euro bonds）则是一个以伦敦为主的一个国际性交易的、多种货币的债券。它一般指借款人在其本国以外的资本市场上发行以第三国货币为面值的国际债券。"欧洲"这一词头也不是一个纯地理概念，而是指国际借款者和投资者有可能摆脱债券发行国种种传统限制的一类债券。20 世纪 60 年代，首先出现了欧洲美元债券，70 年代以来，以德国马克、瑞士法郎和日元为面值的欧洲债券比重增加。

通常认为，外国债券和欧洲债券不仅可以从各自的定义上区分，而且还可以从两类债券发行、承销过程中找到明显的区别。外国债券的发行通常是由国内辛迪加承销，受发行国当局的行政机构的管辖，因此，这些债券的利率同该国国内市场利率密切联系。而欧洲债券的承销必须经由一个国际辛迪加进行，因而不受任何有关国家当局的任何限制，这些债券的利率因而与国内市场利率脱节。

## （二）欧洲债券融资

1. 欧洲债券的分类

欧洲债券品种繁多且不断创新。从发行条件来看，它可以大致分为直接债券（straight bonds）、浮息票据（floating rate notes，简称 FRNs）、可转换债券（convertible bonds）、附认股权证债券（bonds with warrants）和合成债券（synthetic bonds）等。

直接债券期限一定，按期收息，且不可转换，是一种固定利率债券（fixed-rate bonds）。它是债券市场的传统品种。

浮息票据的特色则是借款利率在借贷期内，会定期（如每隔 3 个月）按市场利率水平重新订立，定息方法一般参照同业市场拆息率（inter-bank offer rate）为基准，在此基础上根据借款人信用风险程度上一个百分比的利润幅度（spread）计算。浮息票据一般是中长期债券，期限 5～15 年，它是 20 世纪 70 年代浮动汇率制的产物，借以使风险更加合理地分摊在借者和贷者之间。

可转换债券向持有人许诺可按指定条款（转换价、换股比例和换股有效期等）向发行机构换取某些股份或其他证券。

附认股权证债券是作为可转换债券的竞争产品而出现的。它向持有者授予购买某些其他资产的权利，类似于一份对有关资产的买入期权。它与可转换债券的不同之处是在于授权证（warrant）可以与债券分开在市场上交易，并且一般可以在股票交易所发行和登记上市，与一般期权在场外交易不同。这实际上为投资者提供了一种可用于证券组合的管理工具。

合成债券是指出售时附有利率掉期的定息债券。投资者购买这种债券，可以通过利率互换转成一种浮动利率票据，因此它本质上与浮息票据无异。

2. 欧洲债券发行机制

传统的欧洲债券发行是由一组投资银行和经纪商组成的承销团完成。这个承销团由主承销商、共同主承销商、承销商以及销售团组成,名义上主承销商负责整个发行过程。但有时候,整个承销团也按地理区域划分销售范围,这在欧洲股权发行中被较多采用。

（1）定价方法。欧洲债券发行采取预先定价方法（pre-priced deals）。它是指在债券公布日之前就已确定满足发行者要求价格的一种方法,这种定价方法会增加整个承销团的风险,而发行者的风险相应减少,但是发行期也因此而大为缩短,从7天到只有2~3天。在日益激烈的发行市场上,这已成为一个极具吸引力的发行机制。当然,这一方法一般仅用于那些相对来说比较有名望的借款人,他们无需准备完整的债券发行说明书,承销团成员也可以比较迅速地估计出新发行市场的需求。

（2）发行程序。欧洲债券在传统承销团承销方式下的时间表如图9-1所示。

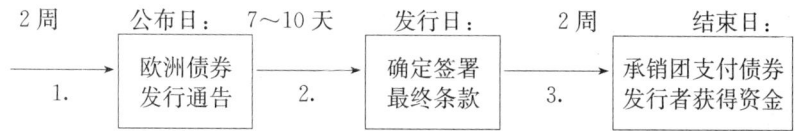

**图9-1　传统承销团承销方式的时间表**

一般而言,债券发行意向的接触早在债券发行的公布日之前就开始进行。主承销商与发行者讨论债券发行的各项条件,一般需要2周时间达成初步协议。该意向可在整个灰色市场期内修改和调整,但在正式发行日之后就不能修改了。

公布日之后,债券发行进入灰色市场期,一般为期7~10天。灰色市场期实际上是债券的预约定购期,灰色市场上的交易大多以未来发行价的折扣进行报价。在这段时期内,整个市场存在一定的供求信息以指导债券正式发行时的各项发行条件的确定。灰色市场是欧洲债券发行机制中重要的组成部分,对新债券的发行和保证市场效率起建议性的作用。

在宣布发行日和发行结束日之间,一般为期2周是稳定价格时期,主承销商可能要采取稳定价格的措施,通常在承销团中再组织一个做市小组,在必要时通过买进或卖出债券来支持新债券的发行价。

（3）发行新机制。自从415规则实施以来,欧洲债券发行承销通常采取买断交易方式。买断交易是包销的变异方式。主承销商承诺先从发行机构那里悉数购入所有债券,然后再组织承销团转售。买断交易的做法使承销团的作用逐渐减弱乃至消失,而新债券进入市场所需时间大大减少。

## （三）外国债券融资

1. 扬基债券

所谓扬基债券,是指非美国发行者在美国发行的以美元计价债券。美国债券市场是世界上最大、流通性最强的债券市场。近几年来,美国债券市场发展很快,已成为外国公司特别有效的筹资手段。美国债券市场的规模及深度使其能保证各种形式和资信级别的债券不断顺利发行。美国债券市场现已推出一大批融资办法,覆盖整个资本结构的各个方面,发行方式也无所不包:公募、私募以及准公募 114 A 条例下的包销发行等。以下对三种融资方式作一比较,如表 9-1 所示。

表 9-1　融资方式比较分析表

| 公　　募 | 144 A 规则下的发行 | 传统私募 |
| --- | --- | --- |
| 证券委注册 | 不必注册 | 不必注册 |
| 需公开的信用评级 | 需公开的信用评级 | 不需公开的信用评级 |
| 包销 | 包销 | 代销 |
| 最小规模 | 最小规模 | 无最小规模 |
| (AAA-B) | (BBB)级或以上 | (AAA-BB) |
| 各种信用级别债券 | 较高级别的债券 | 各种信用级别的债券 |
| 流动性强 | 流动性较强 | 流动性差 |

公募发行扬基债券能使发行者接近世界上最广大的投资者,而这些投资者是市场中最持续可靠的资金来源渠道。在扬基债券市场上,对于那些信用级别好的债券,它可提供期限在 30 年以上、规模在 10 亿美元以上的融资,并可在不使融资成本有很大增加的前提下,实现债券赎回的灵活性及次级化。

与其他大多数市场相比,在美国发行债券所需的文件准备工作及执行过程较为繁杂,而且成本较高。发行人要向证券交易委员会注册登记,需要披露足够的信息;即使采用 144 A 规则下发行,也需披露许多信息,发行前预审工作也相当繁杂。尽管如此,许多发行者发现与其他融资方式相比,由于扬基债券无论是在成本和期限等方面,还是在灵活性方面均占优势,因此值得花费额外时间及精力。

扬基债券的投资者为美国多种金融机构,包括人寿保险公司(36.6%)、独立投资咨询机构及互助基金管理机构(34.2%)、政府及公司养老基金(11.3%)、财产及意外保险公司(10.8%)以及银行(5.0%)。这些机构各有其不同的投资目标,但都具有评价多种信用、甚至是那些很难评估的资信的能力。这些机构一般是靠自己的资信分析机构或是其他独立的研究机构进行债券评价和投资分析的。

2. 武士债券

1970 年 12 月,亚洲开发银行首次发行武士债券成功,开创了武士债券市场的先例。最初,武士债券市场仅限于那些超国家和主权国家的发行人,后来还进一步扩大到与日本有密切联系的发行人。但来自拉丁美洲和非洲的新兴国家的发行人,虽然对该市场有兴趣,但却被拒之门外。另外,由于日本国际收支平衡所受到的压力,经批准的新债券数量有限,整个市场在 20 世纪 70 年代曾一度关闭。

武士债券市场一直受到日益活跃的欧洲日元市场交易的冲击。由于欧洲市场的债券时间选择有很大的灵活性,而武士债券市场债券的发行从最初呈送申请表到完成发行需 3 个月时间,因此许多发行人转向欧洲日元债券市场。对此,日本政府颁布了一系列放松武士债券市场的法规。这些法规包括:① 暂搁注册法,以减少发行次数,降低费用并增加灵活性。② 允许提早赎回武士债券。③ 取消债券最短期限为 4 年的规定,允许发行较短期限的债券。④ 鼓励 10 家较小证券公司加入四大证券公司,以发展一个更富有流动性的二级市场,并进一步降低发行费用。

武士债券市场在 20 世纪 90 年代初得到复苏。1992 年,通过 30 多笔债券的发行,筹资 11 100 多亿日元;发行主体除了占主导地位的主权国家和跨国发行人,还出现了公司债发行人。由于放松了过去规定的限制,市场获益颇丰。1992 年 8 月,日本大藏省放宽了资格标准,从而使任何外国公募发行人和国际组织,只要经由六大认可的评级机构之一定级高于 BBB 标准的,都可发行武士债券。当然,私募发行人仍需具有 A 级以上的标准,否则必须有政府担保的 BBB 等级。与此同时,发行不必等待或排队发行,而且债券的发行规模也不受限制。另外,原先限制的拉美等新兴国家的发行人也开始进入武士债券市场,但日本政府对外国商业银行仍加以限制,拒绝其进入该市场,原因是日本国内银行机构可发行债券的种类是受到严格控制的。

对发行者而言,由于武士债券是日本国内债券,在日本清算交割,用日文发行说明书,并且可以得到债券的实际凭证,因而它比欧洲债券更具有吸引力。另外,对新兴市场主权国家的发行人来说,武士债券也有很大的吸引力,因为每当日元利率低而其他日元证券收益不具吸引力,并且在国内市场其他投资机会很少时,他们就发行收益相对较高的日元标价债券,使发行人能得到费用特别低廉的资金。

但是发行武士债券也有不利的一面。首先,武士债券发行费用比欧洲日元债券的费用要高,初次发行大约需 15 万美元。除了繁琐的法律及其他启动费用,佣金和承销费总体来说也比欧洲洲债券高。其次,武士债券流动性差,由于二级市场的有限性,发行人被迫支付资金流动保险费。最后,由于武士债券只在日本国内投资者中发行,它必须符合日本国内关于信息披露和说明书的规定,说明书可以依据发行者本国市场的会计准则来制定,但必须以日文书写。债券一经发行,发行人都必须向投资者提供年度信息公开资料。

### 3. 龙债券

龙债券是指在除日本以外的亚洲地区发行的一种以非日元的亚洲货币(特别是亚洲四小龙的货币)计价发行的外国债券。龙债券市场的投资者都是来自亚洲,同时这种债券的发行、定价和承销都在亚洲的几个时区之内。龙债券开始于 1991年 10 月,由亚洲开发银行发行的第一笔龙债券,期限为 7 年,金额为 3 亿美元,利率为 7.5%,收益率比美国国库券高 38 个基点。

龙债券的发行者可以是主权国家、政府机构和超国家的实体或公司。这些发行人可以筹措 3~10 年的长期资金。主要销售对象为亚洲地区内的固定收入投资者。龙债券市场对亚洲发行人尤为重要,因为在亚洲地区享有知名度的发行人,有较其他市场更为优厚的条件发行。

龙债券一般是一次到期还本、每年付息一次的长期固定利率债券,或以伦敦银行同业拆放利率为基准、每一季或每半年重新订定一次的浮动利率债券。将来这一市场很可能要扩大至包括针对特别投资者需要而设计的其他债券。龙债券发行以非亚洲货币标定面额。尽管有一些债券是以加拿大元、澳大利亚元和日元标价的,但多数是以美元标价。债券的发行规模各不相同,大致在 1 亿~5 亿美元之间,最适宜的规模是 2.5 亿~3 亿美元之间。

龙债券的投资人主要在亚洲,尽管也有一些亚洲地区之外的投资者要求购买。亚洲开发银行的第一笔龙债券基本是以亚洲的政府和中央银行为主要销售对象。随着公司发行人和非投资级别发行人的增加,投资人基础也扩大到金融机构、基金管理人和公司投资者。与此同时,越来越多的退休基金和保险公司也将资金投入龙债券市场。

通常,龙债券在中国香港和新加坡两个证券交易所上市。对某些欧洲的超国家发行人和政府有关的发行人的龙债券,除在亚洲上市之外,还要在一家欧洲交易所上市。

龙债券市场有个特点,就是在组成承销团时会希望包括一定数量亚洲地区的投资银行作为非主干事承销商。这是因为亚洲投资者是初始购买者,因此,能够让亚洲承销商以他们对龙债券交易的经验来了解一笔新债券发行的程序,以及向该地区投资者分销债券的业务是非常重要的,有利于调动其在二级市场交易中的作用。

龙债券通常是按美国公债或是伦敦银行同业拆放利率上浮 2~3 个基点的差价来确定价格的。那些经常在欧洲债券市场发行债券的发行人在亚洲发行龙债券时,通常是以已发售在外的债券的二级市场交易的差价来定价。

龙债券市场与欧洲债券市场和扬基债券市场相比有一定的独立性,表现在亚洲地区的发行者可以在此市场按照上述其他二级市场更为优惠的条件发行,因为亚洲地区投资人较其他地区的投资人更为了解亚洲发行人的信用,愿意对债券支付较好的价格。

## 二、国际股票融资

国际股票市场系由各主要国家股票市场向国际范围延伸而形成的。目前,分散在各主要国家的股票市场已经发展成一个不可分割的整体,主要的国际性证券交易所有纽约证券交易所、伦敦证券交易所和东京证券交易所等,基本上属于世界上三个主要经济区域——北美、西欧和亚太地区。大多数情况下,在全球股票市场上交易的股票与各国国内市场上交易的股票并无二致,都是由同一发行机构发行的可以在国际范围内交易的股权凭证,并享受同等权利。

### (一) 国际股票融资的动因

(1) 国际股票融资是开辟资金来源的新渠道。西欧和美国的一些公司早已在它们国家国内市场之外的全球股票市场上发行股份。可以这样说,欧洲股权市场及其他市场股权发售机制的成熟与完善,意味着一个不同于欧洲债券市场的新局面的开辟。随着全球股票市场真正发育成一个全球性市场,发行公司可以更有效地设计其资本结构,在全球范围内实现募集股本资金的多样化,这从长期看对减少筹资成本有利。

(2) 公司在海外股票融资并上市交易可以扩大投资者的分布范围,有利于股价的提高和稳定。公司股东基础的扩大意味着公司的散户和机构投资者分散在全球,这样有助于提高公司股票的流动性。例如,美国一些大公司的股东中机构投资者占很大比例的话,往往希望在国际范围内拥有一批散户和机构投资者,这样可以减少国内机构投资者对股价的控制。

(3) 海外股票融资上市可以提高公司知名度,有助于公司将来的筹资。这对那些希望在国际舞台中增加表现机会的公司尤为重要。公司海外上市均需要在主要国际金融中心游说宣传,分发公司招股说明书,召开投资者会议,以改善公众形象,吸引潜在投资者。这样,公司将来的融资活动——不管是发行股票还是债券,均将受益于这次表现。

因此,考虑公司的战略发展方向,选择海外股票融资上市的确对一家生命周期已届成熟的公司来说非常重要。这不仅在于股市可以为这些公司继续发展注入巨大的资金来源,而且借助于国际金融市场的深度和广度,发展了公司的业绩和知名度,为公司的腾飞创造了无与伦比的机遇。当然,同时带来的挑战和压力也是巨大的。

## （二）欧洲股权融资

### 1. 欧洲股权市场的含义

欧洲股权（Euro equities）市场是一个 20 世纪 80 年代在欧洲债券市场基础上发展起来的、与之有千丝万缕联系、同时又有自身特色且尚需进一步完善的新型资本市场。

欧洲股权是指在股票面值货币所在国以外的国家发行的股权。这里的"欧洲"与"欧洲债券"中的"欧洲"两字含义相同，都是指在面值货币所在国以外的国家发行或流通的金融产品。例如，如果在英国发行以美元为面值的股票，就是一种欧洲美元股权。事实上，英国于 1983 年首次在伦敦证券交易所正式发行的欧洲美元股权，正式宣告了第一种欧洲股权的诞生和欧洲股权市场的形成。因此，它也是隶属于各主要国家的证券市场，没有一个统一的市场。

欧洲股权市场的发展首先与欧洲债券市场的发展分不开。前面谈到的欧洲债券品种中，有两种与股权相联系的债券：可转换债券和附有认股权证债券。前者表明持有人有权在将来的一定期限内，按特定条件，将持有的债券转换成该债券发行人的其他资产（如股票）；后者则表明债券持有人拥有在一定条件下购买该债券发行人某些资产（如股票）的权利，便无履行之责任。因此，这两种欧洲债券的出现和发展，促使欧洲股权市场产生和发展，从而使债权转股权成为可能。

### 2. 欧洲股权的承销方式

采用欧洲股权形式发行新股，一般在多个国家的市场上同时进行，并由国际性的投资银行组成一个国际承销团进行跨境承销和分销，以求在国际范围内形成广泛的持股基础。

采用何种方式发行新股，曾经引起广泛争论。比较早期的一些欧洲股权的发行参考了传统欧洲债券承销团的做法。但是很快就发现，由于股权和债权这两种证券发行的顾客基础不同，采取同样的销售力量和销售技巧显然不合适，从而必须改进发行方式。因此，后来的一些欧洲股权发行逐渐背离了欧洲债券的发行办法，而是采用分承销团（separate sydicates）承销方式，即将全球范围内的市场按地理位置划分成若干部分，在各个部分分设发行目标。这种做法主要是为了避免承销团成员之间为向同一投资者销售欧洲股权时产生激烈价格竞争。因此，当只有一个总承销团负责这个市场的发行工作时，各承销证券公司在各地市场的销售能力就显得尤为重要。而采用向每一个国家的承销证券公司分配销售额的做法，可以有效地减少各承销商因销售能力不同而造成的价格竞争。

在承销过程中，由多家跨国投资银行组成的专业化辛迪加所起的作用是帮助筹资人分析筹资前景、市场需求、投资机会以及撮合相互成交，解决发行过程中的各种随时出现的问题,与各方保持良好的关系等。

### 3. 欧洲股权资本的定价方式

欧洲股权发行采取公开定价发行(tender pricing)方式。该方法是先按预计的投资者需求设定一个发行底价,然后由公众投资者自行出价竞标,只有那些不低于最低认购价的出价才有机会被考虑中标。

这种定价方法实际上是美国传统的股票发行定价方式,它是美国公司海外上市在欧洲股权市场上募集股本时所采用的,后来一些欧洲公司亦纷纷效仿。以设定底价方式公开竞价,可以使发行人预先获悉他能募集的股本金额,并且新发行的股权资本可以形成最广泛的持股基础,从而获得了最大的流动性。另外,在国际上发售和定价,从而在全球范围内分散投资者分布,可以有利于公司的评级,并且有效地降低筹资成本等。

### 4. "回流"问题

股票发行和流通过程中存在着一个在债券发行过程中不存在的特殊问题,即所谓的"回流"问题。这个问题的产生实际上与投资银行组成的承销团的工作能力有关。如果发行过程中牵头投资银行没有严格地划定区域范围,发行机构没有定期公布高质量的公司研究报告,以及缺乏全球交易网络等,而造成上市公司的情况不能被投资者掌握,投资者难以对公司前景形成长远信心时,投资者就会决定抛售,股票就很可能流回到了国内市场。整个国际销售活动很有可能迅速结束,海外上市目的告吹。

为减少这种情况发生的可能,牵头投资银行必须在它们选定的市场里选择那些拥有巨大国内需求的投资银行或证券公司作为承销团成员。此外,这些投资银行或证券公司必须拥有广泛的销售渠道,正确估计市场需求,同时必须具备全球交易能力,即在世界各主要金融中心有 24 小时的有效做市(market-making)能力。此外,为了保住当地市场的份额,作为投资银行或证券公司必须不断地为顾客提供上市公司研究报告,以使顾客及时了解公司前景。

## (三)美国存托凭证

作为国际性股权融资渠道的重要组成之一,就是到美国资本市场上发行股票并上市交易,美国资本市场由于具有无与伦比的广度和深度,已经日益为全球筹资者所瞩目,大量海外公司已在美国发行了美国存托凭证(American depositary receipts,简称 ADRs)。

### 1. 存托凭证的定义

存托凭证(depositary receipts,简称 DRs)是一种由本国银行开出的外国公司证券保管凭证。存托凭证一般代表外国公司股票,有时也可代表债券。投资者通过购买存托凭证,间接拥有了外国公司的证券。存托凭证是这样产生的:经纪商在外国证券市场买入某一上市公司的证券,将其寄存于当地的保管银行,保管银行通知发行公司委托的外国存券银行,由其据此发行存托凭证,之后存托凭证便开始了在本国证券交易所或柜台市场交易。

存托凭证起源于 1927 年的美国证券市场,是摩根银行为便利美国投资者投资非美国股票而设计的。到目前为止,存托凭证(DRs)主要以美国存托凭证(ADRs)形式存在,即主要面向美国投资者发行,并在美国证券市场交易。

如果发行范围不止一个国家,就称之为全球存托凭证。就其实质而言,美国存托凭证和全球存托凭证(global depositary receipts,简称 GDRs)无论从法律上、操作上和管理方面的观点来看,都是一样的。美国存托凭证和全球存托凭证都可以通过与欧洲清算系统联网的美国存券信托公司进行无纸化的账户交割,两者都以美元标价,以美元支付。概括地讲,"美国"和"全球"的名称差异,仅仅是由于营销方向不同而引起的差异。

2. 美国存托凭证种类

美国存托凭证首先被分为有担保的和无担保的两种。有担保的存托凭证(ADRs)是通过发行公司和存券银行签订一份存券协议,以确定双方的权利和义务,便于发行公司总体掌握 ADRs 的数量以及其他要素。无担保的 ADRs 并无存券协议,存券银行不通过发行公司而自行向投资者存券,无担保存券目前已很少使用。

有担保的 ADRs 分为一级、二级、三级公开募集 ADRs 和美国 144 A 规则下的私募 ADRs。美国存托凭证的发行,需要符合美国 SEC 的相关规定。表 9-2 列明了美国 1933 年《证券法》和 1934 年《证券交易法》对上述四种有担保 ADRs 的不同要求以及它们的运作惯例。

### 表 9-2　四种 ADRs 比较

| ADRs 类型 | 注册登记及豁免规则 | 公开披露要求 | 美国会计准则 | 交易场所 | 筹资能力 |
|---|---|---|---|---|---|
| 一级有担保 ADRs | F-6 表 12g3-2(b) | 无 | 不需符合 | OTC | 无 |
| 二级有担保 ADRs | F-6 表 20-F 表 | 详细持续 | 需符合 | 公开市场 | 无 |
| 三级有担保 ADRs | F-1 表 20-F 表 | 详细持续 | 需符合 | 公开市场 | 有 |
| 144 A 私募 ADRs | 无 12g3-2(b) | 无 | 不需符合 | 合格的机构投资者之间 | 有 |

由表 9-2 可以发现,对于暂时没有集资需要的 ADRs 计划,一级有担保 ADRs

是合适的选择。一级有担保 ADRs 可以根据 1934 年《证券交易法》12g3-2(b)规则向证券交易委员会申请豁免,不需编制符合美国会计准则的财务报表,费用最低。一级有担保存托凭证是一家公司进入美国资本市场最简单的方法之一。二级有担保存托凭证一般是那些希望在美国一家交易所上市的公司申请发行的。而那些希望增资发售股票的公司则可以利用三级有担保存托凭证。后面这两种级别的存托凭证都必须符合不同的证监会注册和编制会计报表的要求,即会计报表必须符合美国会计准则。另外,必须满足诸多股票交易所,如纽约证券交易所(NYSE),美国证券交易所(AMEX),以及全美证券商协会自动报价系统(NASDAQ)的上市条件。

对于无意在美国公开交易其证券,但有在美国集资需求的非美国公司,则选择 144A 私募。144A 私募 ADRs 无需到证券交易委员会注册,可以在合格机构投资者范围内集资,由于私募发行 ADRs 不受美国法律对机构投资者投资于外国股权的限制,可以吸引大量的机构投资者。许多二级、三级有担保 ADRs 通常由 144A 或一级 ADRs 方式升级而来。

海外公司以 ADRs 形式集资的步骤大致如下:选择一家美国存托银行,代理 ADRs 业务;向美国 SEC 呈交注册登记表格或其他必要资料和信息,以取得登记注册资格;然后,与存托银行和受托机构之间签订存托协议,这是一份标准的服务合约。

对海外公司而言,上述步骤并不复杂,但其中很重要的一点是选择好存托银行。存托银行在 ADRs 业务中起着重要的作用。如:它帮助发行公司提供有关向美国 SEC 申请的资料和信息,以便顺利取得登记豁免资格;帮助设计制定 ADRs 与基础股份的比例、价格和投放时机等重要问题;它负责 ADRs 的发行与赎回、过户代理及注册、处理 ADRs 的开户、支付股息;负责信息咨询,及时把发行公司的重要情况通知给 ADRs 的持有人等。在这些海外发行公司一般皆不大熟悉美国资本市场的情况下,存托银行的配合和活动能力的大小直接关系 ADRs 的发行成功与否及发行效果的大小。总的来说,选择一家经验丰富、业务娴熟、资信良好和客户众多稳定的存托银行尤为重要。目前,在美国从事存托银行业务比较大的和著名的金融机构有:纽约银行、J·P·摩根和花旗银行等。

3. 美国存托凭证的作用

美国存托凭证作为一种金融工具,一方面极大地简化了美国投资者的投资程序,另一方面也显著地引起了外国企业借此赴美国上市的兴趣。除了加拿大公司,几乎所有赴美上市的外国公司都以 ADRs 形式进入美国股票市场。

ADRs 为美国投资者投资于非美国公司股票提供了便利:

(1) 按美国标准进行交易和清算,股价用美元表示,股息用美元支付,使美国投资者像购买本国股票一样方便地购买外国股票。

（2）能够廉价获得关于外国公司的信息，使地域、语言、文化和习惯的差异对信息的阻碍作用大大下降。

（3）可以获得国外新兴市场高速发展所带来的可观的投资者收益。

外国公司利用 ADRs 的好处主要表现为：

（1）筹集巨额的企业发展资金。美国证券市场最为突出的特点在于其市场容量极大，市场化率水平较高。

（2）扩大股东基础，提高股票的流动性，从而提高长期集资能力。ADRs 克服了许多大型美国机构投资者，如互助基金、养老基金等无法直接投资外国公司股份的法律障碍，为外国公司拓宽了股东基础，有利于保持资本市值并提高长期集资能力。

（3）在几个国家市场同时出售证券，提高公司知名度，拓展海外市场。由于欧洲清算中心与美国相互联通，ADRs 可以在美国和欧洲同时出售，这就有利于公司海外业务计划的顺利展开。

目前，ADRs 已成为美国证券市场上最活跃的交易品种之一。美国《商业周刊》指出：正是 ADRs 的迅速发展，华尔街才成为一个真正的国际性证券交易场所。ADRs 的崛起是证券市场几十年来最具深远影响的现象之一。

# 本 章 小 结

商业票据是企业短期融资的工具。商业票据市场使发行者可以满足企业季节性的、短期的资金需求或长期融资需求。投资银行对商业票据的发行，一般采取包销方法，但商业票据的购买者却是机构投资者，这里投资银行实际上起了联结承销与私募的中介作用。

投资银行在国库券市场上既作为初级交易商参与发行市场业务，又作为交易商和金融产品的创新者参与二级市场业务。机构债券的发行，是由机构指定的财务代理机构组织承销团完成，财务代理机构本身并不参与销售活动。投资银行既可以作为财务代理机构、也可以作为承销团成员参与机构债券的发行。在市政债券市场上，投资银行承销和分销一般债务债券和收入债券，承销方式可以是协议或竞价。

国际债券市场是欧洲债券市场和外国债券市场的综合。欧洲债券是借款人在其本国以外的资本市场上发行以第三国货币为面值的国际债券。外国债券是借款人在外国用当地货币发行的债券，外国债券发行需按各国规定运作。扬基债券是指非美国发行者在美国发行的以美元计价的债券。武士债券是由非日本发行人在日本国内市场公开发行的以日元标明面值的债券。龙债券是指在除日本以外的亚洲地区发行的一种以非日元的亚洲国家货币计价的债券。

国际股票市场系由各主要国家股票市场向国际范围延伸而形成的。欧洲股权是指在股票面值货币所在国以外的国家发行的股权。美国存托凭证是国际股权融资的重要工具,有担保的存托凭证分为一级、二级、三级公募 ADRs 和美国 144 A 规则下的私募 ADRs。ADRs 的发行需符合美国 SEC 的有关规定。除了加拿大公司,几乎所有赴美上市的外国公司都以 ADRs 形式进入美国股票市场。

# 复习思考题

1. 什么是商业票据? 商业票据市场具有什么特点?
2. 利用商业票据融资的目的是什么?
3. 投资银行的商业票据业务具有什么特点?
4. 美国国库券市场具有什么特点?
5. 投资银行如何参与国库券融资?
6. 什么是机构债券? 投资银行如何参与机构债券融资?
7. 什么是市政债券? 投资银行如何参与市政债券融资?
8. 什么是外国债券? 它有哪些品种? 外国债券融资具有什么特点?
9. 什么是欧洲债券? 欧洲债券有哪些品种? 如何发行欧洲债券?
10. 国际股权融资的目的?
11. 什么是欧洲股权? 欧洲股权承销具有什么特点?
12. 什么是存托凭证? 美国存托凭证有哪些类型? 各具有什么特点?

# 第 十 章

# 中国投资银行的发展

　　投资银行业是顺应社会经济发展的要求而产生,具有历史的必然性。中国自1979 年实施经济体制改革以来,市场不断发展扩大,因而利用市场机制促进资金融通和积累,引导资源的合理配置就成为推动国民经济进一步快速发展的必然要求。我国投资银行业就是顺应这一要求而产生并逐步发展起来的。最初的投资银行业务是由商业银行来完成的,但是商业银行从事投资银行业务,因其本源业务的惯性,所以难以适应证券业的快速发展。于是,深圳的深圳经济特区证券公司、上海的万国证券公司相继成立并迅速发展起来,由中国工商银行、中国农业银行、中国建设银行三大国有商业银行控股分别牵头设立了全国的三大证券公司,即华夏证券、南方证券、国泰证券。由于商业银行在经营投资银行业务的过程中,出现了诸多不规范的行为导致系统性风险日益加大,于是 1995 年《中华人民共和国商业银行法》出台,明确规定银行业与证券业分业经营,更促成了券商与商业银行的专业化分工。本章探讨中国投资银行的发展现状和特点、所承担的历史使命与发展环境以及未来的发展趋势。

## 第一节　中国投资银行的发展现状

　　相对于西方发达国家,我国的投资银行起步较晚。直到 20 世纪 90 年代初,我国才出现真正意义上的投资银行。中国资本市场的不断壮大和完善给投资银行的成长创造了良好的环境,而投资银行的发展又进一步推动了资本市场的繁荣。从1987 年中国第一家证券公司——深圳经济特区证券公司成立开始,证券公司逐渐发展成为中国投资银行业的主体。除了证券公司以外，还有一大批业务范围广泛的信托投资公司设立的证券机构、金融投资公司、产权交易与经纪机构、资产管理公司和财务咨询公司等也在从事相关的投资银行业务。截至2008年年底，中国共有券商107家，其中规范类券商36家，创新类券商40家①。报表总资产1.2万亿元，净资产3585亿元，净资本2887亿元，客户交易结算资金6969亿元，受托管理资金本金规模919亿元。2008年，全年实现营业收入1251亿元，累计实现净利润482亿元，其中共有95家公司实现盈利，占行业公司数量的89%。

## 一、中国投资银行的发展历程

中国投资银行的发展历程，大致可以分为四个阶段：

第一阶段，1987—1989年，这一阶段是证券公司发展的起步阶段。1980年，国务院颁布了《关于推动经济联合的暂行规定》，指出银行要试办各种信托业务；同年，中国人民银行下达了《关于积极开办信托业务的通知》，在此之后，四大国有银行相继以全资或参股形式创办了隶属于银行的证券部。与此同时，其他银行总行均设立了信托投资公司及其所属的证券营业部；各地方的国有银行分支机构也纷纷效仿，建立了地方性机构。这些部门或机构便是中国证券公司的雏形，其主要业务以代理国债发行与兑付为主。1987年，由中国人民银行牵头，联合深圳9家金融机构，合资成立了中国第一家证券公司——深圳经济特区证券公司，代理买卖"深发展"股票。这样，以银行为主导、兼营部分证券业务的中国投资银行制度正式形成。

第二阶段，1990—1995年，这一阶段是证券公司的快速增长时期。1990年12月1日，深圳证券交易所挂牌营业；1990年12月19日，上海证券交易所宣告正式成立。这两件大事为中国证券市场的规范营运和迅猛发展奠定了制度基础，同时也为中国投资银行的发展提供了最直接的推动力。1992年年初，在股份制改革政策的大力推动下，中国股市扩容速度加快，当时正值广大投资者积蓄已久的"投资饥渴症"爆发之际，市场行情一路看好，一些证券公司和具有证券经营资格的信托投资公司单靠承销证券就获得了巨额利润，因此各级银行机构、财政部门及其他事业单位在利益的驱动下纷纷创办了证券公司和证券营业部，证券公司的数目在两三年内空前增长。据统计，截至1995年年底，全国具有法人资格的信托投资公司就有393家，其中全国性公司24家，地方性公司369家。从隶属关系来看，属国有商业银行系统的185家，属中央各部委和主管部门的15家，属行业性公司的4家，属省级政府部门的78家，属地方政府部门的111家。另外，一些财务公司和融资

① 数据来自中国证券业协会网站。

租赁公司也加入到了证券投资中介机构的行列。

第三阶段,1996—2000 年,这一阶段是证券公司的规范重组阶段。1995 年 7 月 1 日起实施的《商业银行法》奠定了中国银证分业经营和分业管理的法律基础,同时也为中国投资银行的升级换代提供了契机。该法规定,商业银行不得再从事证券业务,隶属的信托投资公司或证券公司与商业银行分离。经过改革,一大批小规模的证券营业部关、停、并、转,而一些实力雄厚的证券公司则借机鲸吞、不断发展壮大,一跃成为中国证券业中的巨头,如华夏证券、南方证券、申银证券和海通证券等。时隔不到 1 年,申银证券又与万国证券合并,成为全国注册资本最大、拥有营业部最多的头号证券公司。截至 1997 年年底,中国内地具有专营证券业务资格的证券公司 96 家,具有兼营证券业务资格的机构 330 家。

第四阶段,2000 年至今,这一阶段是证券公司的稳步发展阶段。2000 年以后,我国证监会连续出台了一系列规范证券业发展的政策法规,其中包括 2001 年下半年出台的《关于证券公司增资扩股有关问题的通知》、《中外合营证券公司审批规则》,2004 年上半年相继出台的《外资参股证券公司设立准则》、《证券公司治理准则》、《证券公司内部控制指引》、《证券投资基金运作管理办法》、《证券发行上市保荐制度暂行办法》、《证券公司债券管理暂行办法》和《国务院关于推进资本市场改革开放和稳定发展的若干意见》等。在陆续实施了一系列法律、法规之后,我国的资本市场有了明显的改善;同时,中国投资银行的业务不断多元化,业务结构开始向国际化转变。

从中国投资银行业的发展历史可以看出,我国仅用了短短十几年时间就走完了西方国家上百年的发展历程,发展速度在世界历史上前所未有,但是这种跳跃式的发展也注定我国的投资银行业带有严重的先天不足。

## 二、中国投资银行业务发展现状

在中国投资银行发展过程中,逐步形成了主营业务领域,概括起来主要有如下几个方面。

### (一)证券承销业务

证券承销业务包括上市策划推荐、IPO、增发新股、配股、可转债和债券发行等业务。由于承销业务是资金和技术密集型业务,且一直处于严格的行政管制之下,因此,承销业务明显呈现出高度垄断的特征。在市场份额上,目前中国券商承销业务呈现两极分化趋势,排名前五位券商的市场占有率超过 50%,而业务份额超过 1% 的证券公司仅有 20 家。2008 年,证券公司股票主承销金额排名前五位的公司分别是中信证券、中金公司、国泰君安、银河证券和安信证券,主承销金额分别为368.21亿元、176.9亿元、171.66亿元、161亿元和150.26亿元。位居第一位的中信证券的承销金额是排名第二位中金公司的2倍,是排名第十位平安证券的6.24倍。仅中信证券一家的市场占有率为32.96%,前3家证券公司承销金额市场占有率为67.45%,前5家证券公司承销金额市场占有率为93.72%。如表10-1所示。

表 10-1　中国证券公司股票、债券承销额前五位排名

金额单位:亿元

| 名次 | 2008 年 | | 2007 年 | | 2006 年 * | |
| --- | --- | --- | --- | --- | --- | --- |
| | 名　称 | 承销额 | 名　称 | 承销额 | 名　称 | 承销额 |
| 1 | 中信证券 | 1 119.33 | 中金公司 | 1 453.24 | 中金公司 | 872.33 |
| 2 | 中金公司 | 655.90 | 中信证券 | 1354.06 | 中信证券 | 659.28 |
| 3 | 国泰君安 | 515.52 | 银河证券 | 989.66 | 国泰君安 | 364.33 |
| 4 | 银河证券 | 449.92 | 中银国际 | 551.10 | 银河证券 | 320.50 |
| 5 | 中银国际 | 442.12 | 国泰君安 | 464.93 | 中银国际 | 257.30 |

\* 2006 年数据为股票承销总额。

2006 年以来,前五位券商的排名没有任何变化,中信证券和中金公司始终占据前两位,龙头地位难以撼动,银河证券、国泰君安和中银国际则分别占据第三至第五位,形成投资银行业务领域的领军集团。3 年中第五到第十名券商有申银万国、海通证券、招商证券等 11 家券商,其中合资券商瑞银证券在 2007 年股票及债券承销总金额排名券商第七位。

## (二)证券经纪业务

作为证券经营机构的主营业务,主要是在证券市场上为投资者进行股票和债券买卖进行代理,获取代理手续费。全国所有的券商均开展此项主营业务,市场份额主要由大型券商垄断。而大多数中小券商业务单一,在较小的市场份额中主要依托下属证券营业部专业开展该项业务。据统计,2008 年证券公司股票基金交易总金额达到 485 861.60 亿元,银河证券公司连续 3 年居券商经纪业务首位,2008年股票基金交易总额达约 3.01 万亿元,占行业总交易额的 6.2%左右。股票基金交易总金额排名第二至第五位的证券公司分别为国泰君安、国信证券、海通证券、广发证券,总交易金额均超过 2 万亿元,排名前五位证券公司的市场占有率24.6%。如表 10-2 所示。

表 10-2　中国证券公司股票、基金交易额前五位排名

金额单位：亿元

| 名次 | 2008 年 | | 2007 年 * | | 2006 年 | |
|---|---|---|---|---|---|---|
| | 名　称 | 交易额 | 名　称 | 交易额 | 名　称 | 交易额 |
| 1 | 银河证券 | 30 066.37 | 银河证券 | 64 121.23 | 银河证券 | 10 208.95 |
| 2 | 国泰君安 | 25 584.81 | 国泰君安 | 60 669.20 | 国泰君安 | 9 379.00 |
| 3 | 国信证券 | 22 541.35 | 海通证券 | 45 753.56 | 申银万国 | 7 521.89 |
| 4 | 海通证券 | 20 866.98 | 国信证券 | 44 248.57 | 广发证券 | 7 515.85 |
| 5 | 广发证券 | 20 297.04 | 申银万国 | 41 726.74 | 国信证券 | 7 422.17 |

\* 2007 年数据为股票、基金、债券及权证交易总额。

数据来源：中国证券业协会网站。

### （三）自营业务

投资银行自营业务是指具备证券自营商资格的证券公司为本机构买卖上市证券以及证券监督管理部门认定的其他非上市证券的行为。证券自营业务为高风险业务，投资管理与风险控制能力强的证券公司拥有比较优势，相对其他券商能在保持较低风险敞口前提下，在投资资产配置方面抓住市场机会，获得较高的收益率。如中信证券依靠出色的证券投资、产品开发能力和风险控制能力获得了较高的自营业务水平。2006 年，中信证券自营差价收入达到 11.33 亿元，排名券商自营业务收入首位；2007 年，在净资产排名前十位券商中，中信证券仍以 89 亿元的自营业务收入（投资收益和公允价值变动收益的和）排名第一。

### （四）资产管理业务

资产管理业务是接受客户的委托，管理客户的金融资产，最终为各类机构和个人投资者提供多种证券投资增值服务，包括集合资产管理、定向资产管理、专项资产管理等多项业务①。由于券商拥有强大的基金理财人才实力，吸引不少企业将生产和经营过程中的短期富余资金，集中进行包括证券投资在内的多元化投资组合，使企业闲置资金得以增值，而券商则积少成多、积短成长，形成规模投资优势和累积效应。

国内券商资产管理业务市场集中度较高，2006 年仅中金公司一家受托管理资金市场占有率就高达 43.33%，2007 年该比例为 22.63%，表明中金公司在该业务

---

① 书中的资产管理业务定义采用狭义定义，不包括参股、控股的基金管理公司的基金管理业务。

领域拥有绝对的比较市场份额优势。2007 年,中金公司、招商证券、中信证券的受托管理资本金额均在 100 亿元以上,位列前三位。如表 10-3 所示。

表 10-3　2006—2007 年券商资产管理业务排名

| 名次 | 2006 年 | | 2007 年 | |
|---|---|---|---|---|
| | 名　称 | 市场占有率(%) | 名　称 | 市场占有率(%) |
| 1 | 中金公司 | 43.33 | 中金公司 | 22.63 |
| 2 | 招商证券 | 18.27 | 招商证券 | 15.60 |
| 3 | 华泰证券 | 8.11 | 中信证券 | 12.76 |
| 4 | 国泰君安 | 5.32 | 华泰证券 | 10.01 |
| 5 | 广发证券 | 5.18 | 国泰君安 | 8.64 |

数据来源:中国证券业协会网站业务排名。

资产管理业务作为一项低风险的买方业务,相对于经纪、自营等传统业务而言,其周期性相对要弱,大力发展资产管理业务有利于增强券商业务的稳定性,有利于券商拓宽盈利渠道,丰富券商收入来源。尽管 2008 年 A 股市场经历了大幅振荡,但根据证券行业协会公布的资料显示,107 家证券公司全年实现受托客户资产管理业务净收入 15 亿元,全年累计实现净利润 482 亿元,95 家公司实现盈利,占行业公司数量的 89%。

### (五)创新业务

投资银行的金融创新业务既包括金融产品创新,也包括交易机制、业务模式、定价和交易方式等各方面的创新。投资银行的金融创新如证券新品种或衍生品种的开发,是证券市场和券商发展的根本动力。中国证券业的发展尚不成熟,券商开展创新业务的时间较短,其创新能力仅限于创新业务的学习引进和创新资格获准上。在除业务创新外的内部组织体系的创新和制度创新上,国内证券公司重视程度不够,使得券商整体创新能力相对较低。

1992 年,为深宝安开发出可转换债券和认股权证的适时推出,受到市场的热烈追捧,极大地推动了证券市场的深化和发展,促进了券商开发能力的提高。但是从那以后,中国证券市场中成功的金融衍生品种的开发和推出却少见,与发达国家的投资银行或全能银行相比,我国证券公司创新业务范围非常狭窄。到目前为止,融资融券和直接投资业务只能由有限试点券商进行,尚无股指期货业务、备兑权证业务、做市商、结构性融资和结构性产品等业务。究其根源,一方面是受券商研究和开发实力制约,券商人才实力不足所致;另一方面是受制度环境制约和影响。

# 三、中国投资银行市场竞争状况

## (一) 总资产规模

从资产规模来看,截至 2007 年年底,总资产额超过 500 亿元的证券公司共有 10 家,总资产规模在 100 亿~500 亿元的证券公司共有 38 家,10 亿~100 亿元的 有 50 家,总资产 10 亿元以下的有 8 家。从各公司总资产排名来看,国泰君安、银 河证券、中信证券、海通证券等 10 家综合性大券商占尽优势,总资产规模均在 500 亿元以上。

表 10-4 显示 2005—2007 年券商总资产规模每年增长 2 倍左右,尽管从证券 公司的资产规模是不断扩张态势,但是目前中国证券行业整体规模仍然偏小。规 模偏小作为中国证券公司发展所面临的首要"瓶颈",必然导致抗风险能力不足、开 拓新业务能力弱,以及无力开拓国际市场和开展国际竞争等。

**表 10-4  2005—2007 年券商总资产排名**

金额单位:亿元

| 名 次 | 2007 年 | | 2006 年 | | 2005 年 | |
|---|---|---|---|---|---|---|
| | 名　称 | 总资产 | 名　称 | 总资产 | 名　称 | 总资产 |
| 1 | 国泰君安 | 1 053.67 | 银河证券 | 432.02 | 国泰君安 | 196.81 |
| 2 | 中信证券 | 986.96 | 国泰君安 | 375.31 | 银河证券 | 175.58 |
| 3 | 海通证券 | 945.73 | 申银万国 | 346.39 | 申银万国 | 142.74 |
| 4 | 银河证券 | 944.22 | 中信证券 | 315.95 | 海通证券 | 134.3 |
| 5 | 广发证券 | 854.97 | 广发证券 | 300.60 | 中信证券 | 115.05 |

数据来源:中国证券业协会网站券商财务指标排名。

从总资产规模集中度来看,行业集中度有增强的趋势,2007 年,CR10 为 46.98%,CR20 为 64.51%,均比 2006 年略有提高,但同时 CR5 为 27.60%,比 2006 年略有下降,显示了 2007 年相比上年国内券商第一集团更加激烈的竞争状 况。如图 10-1 所示。

## (二) 净资产规模集中度

从净资产排名来看,中信证券占有较大的优势,公司 2005 年、2006 年和 2007 年净资产额分别占所有证券公司总资产额的 9.27%、11.99% 和 13.44%。券商净 资产排名上,进入前十位的公司基本没有太大变动,中信证券、海通证券、国泰君

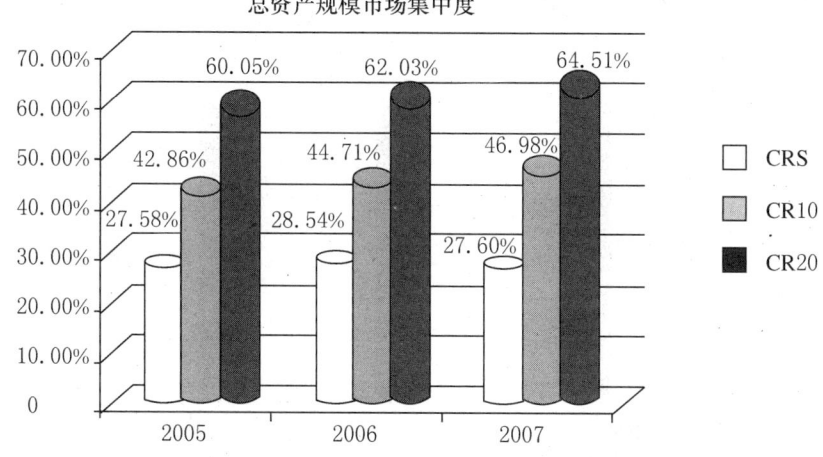

总资产规模市场集中度

**图 10-1　2005—2007 年券商总资产规模集中度**
数据来源：根据中国证券业协会数据整理。

安、华泰证券、光大证券和广发证券一直稳居前十位，2006 年招商证券、宏源证券和申银万国挤掉中金公司、中信建投和国元证券进入前十位，2007 年银河证券和东方证券挤掉宏源证券和招商证券上榜。

**表 10-5　2005—2007 年券商净资产排名**

金额单位：亿元

| 名次 | 2007 年 | | 2006 年 | | 2005 年 | |
| :---: | :---: | :---: | :---: | :---: | :---: | :---: |
| | 名　称 | 净资产 | 名　称 | 净资产 | 名　称 | 净资产 |
| 1 | 中信证券 | 462.79 | 中信证券 | 123.10 | 中信证券 | 56.46 |
| 2 | 海通证券 | 364.92 | 国泰君安 | 40.94 | 海通证券 | 34.43 |
| 3 | 国泰君安 | 225.21 | 招商证券 | 40.10 | 国泰君安 | 27.31 |
| 4 | 广发证券 | 131.95 | 广发证券 | 36.50 | 华泰证券 | 25.82 |
| 5 | 银河证券 | 113.54 | 国信证券 | 35.37 | 光大证券 | 25.18 |

数据来源：中国证券业协会网站券商财务指标排名。

2007 年排名前五位券商净资产规模集中度为 37.71％，前十位券商的净资产规模集中度为 51.87％，较上年上升较多，集中度进一步提高。如图 10-2 所示。

## （三）净资本规模集中度

资本密集是投资银行的主要特征。截至 2007 年，净资本排名前五位的是中信

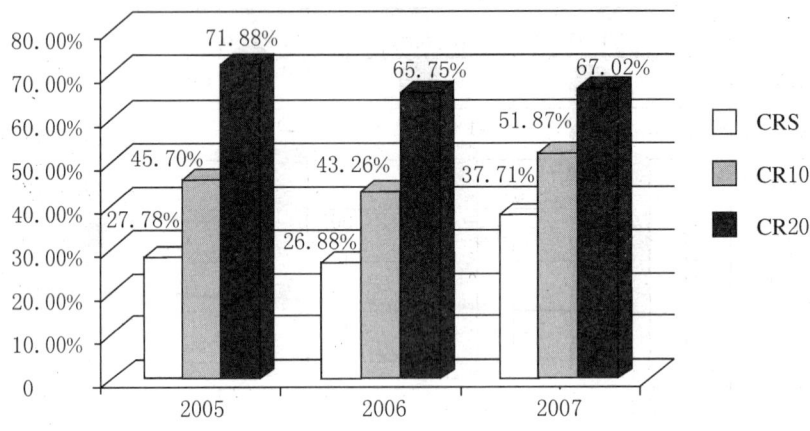

图 10-2　2005—2007 年券商净资产规模集中度

数据来源：根据中国证券业协会数据整理。

证券、海通证券、国泰君安、广发证券、银河证券，净资本总额达 1 000 亿元以上。2008 年全行业净资本 2 887 亿元，与 2007 年相比下降 2.7%。其原因主要是：从 2008 年 12 月 1 日起，监管部门调整了净资本计算规则，将证券公司固定资产投资、长期股权投资的扣减比例提高到 100%。若采用规则调整前计算的历年净资本数据，则 2004—2008 年全行业净资本水平有很大增幅，表明证券行业整体抗风险能力得到大幅提升。如表 10-6 所示。

表 10-6　2005—2007 年券商净资本排名

金额单位：亿元

| 名次 | 2007 年 | | 2006 年 | | 2005 年 | |
| --- | --- | --- | --- | --- | --- | --- |
| | 名　称 | 净资本 | 名　称 | 净资本 | 名　称 | 净资本 |
| 1 | 中信证券 | 406.75 | 中信证券 | 105.78 | 中信证券 | 40.89 |
| 2 | 海通证券 | 345.22 | 招商证券 | 35.34 | 海通证券 | 25.33 |
| 3 | 国泰君安 | 179.75 | 宏源证券 | 31.05 | 光大证券 | 22.08 |
| 4 | 广发证券 | 113.82 | 国信证券 | 29.10 | 华泰证券 | 21.24 |
| 5 | 银河证券 | 101.78 | 广发证券 | 29.04 | 国泰君安 | 20.54 |

数据来源：中国证券业协会网站券商财务指标排名。

　　从净资本规模市场集中度来看，中信证券优势明显，市场份额在 2007 年达到 13.72%，其资本充足率远超过行业水平，说明其资产流动性较好，流动性风险较低,具有规模经济的相对优势。2007 年排名前五位券商的净资本规模为 38.71%,前十位券商的净资本规模为 51.89%。相比净资产规模集中度指标,2007 年净资本 CR5 指标更大,CR10、CR20 基本持平,反映了前五位券商净资产中高流动性部分更为集聚的特性。如图 10-3 所示。

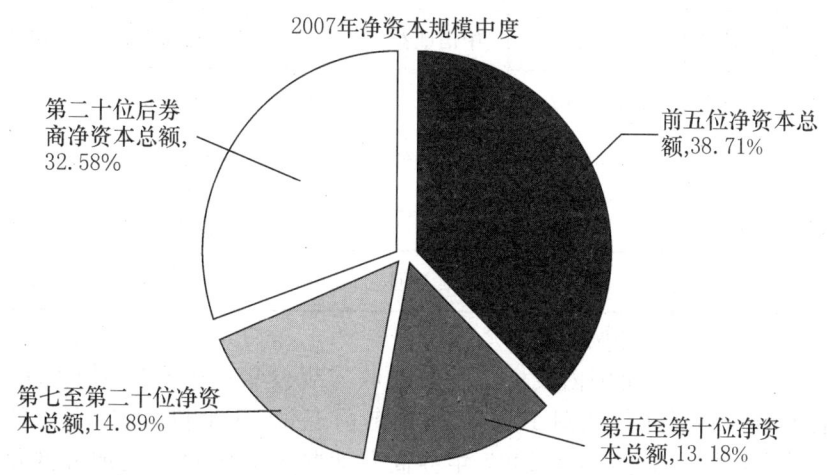

图 10-3 2007 年券商净资本规模集中度

数据来源:中国证券业协会数据整理。

## (四)净利润规模集中度

2005—2007 年中国证券公司的净利润增长迅速,根据表 10-7 所显示前五位排名来看,券商的净利润水平逐渐接近。据中国证券业协会统计显示,107 家证券公司 2008 年实现净利润总额 482 亿元,平均每家券商盈利 4.5 亿元,其中实现盈利的券商占行业公司数量的 89%,说明证券行业财务状况基本良好,可基本实现盈利。但是从收入结构来看,2008 年证券行业代理买卖证券业务净收入为 882 亿元,证券承销业务净收入为 77 亿元[1],受托客户资产管理业务净收入为 15 亿元,可见主要的收入来源仍是依赖于经纪业务和承销业务,利润来源较为单一、结构不合理。

从各家投资银行净利润排名看,中信证券、国泰君安、银河证券、广发证券、国信证券、招商证券等大型综合性券商仍占据行业领先位置,但各大券商营业收入水平相差不大,未形成一家独大的垄断格局。

---

[1] 《2008 年中国 107 家券商累计盈利 482 亿元》,《上海证券报》2009 年 1 月 20 日。

表 10-7　2005—2007 年券商净利润排名

金额单位：亿元

| 名 次 | 2007 年 | | 2006 年 | | 2005 年 | |
|---|---|---|---|---|---|---|
| | 名　称 | 净利润 | 名　称 | 净利润 | 名　称 | 净利润 |
| 1 | 中信证券 | 82.59 | 中信证券 | 23.71 | 中金公司 | 4.56 |
| 2 | 国泰君安 | 70.07 | 银河证券 | 16.33 | 中信证券 | 4.00 |
| 3 | 国信证券 | 68.83 | 国信证券 | 14.54 | 广发证券 | 1.58 |
| 4 | 广发证券 | 68.70 | 国泰君安 | 13.62 | 渤海证券 | 1.32 |
| 5 | 申银万国 | 56.36 | 申银万国 | 12.55 | 红塔证券 | 0.81 |

数据来源：中国证券业协会网站。

　　2006 年和 2007 年国内投资银行营业收入规模集中度和净利润规模集中度较上年均有所下降。从图 10-4 可知排名前五位、前十位、前二十位的指标均出现下降,显示 2006 年和 2007 年券商营业收入竞争水平更加分散化。分析其主要原因为:2006—2007 年期间,股票市场的繁荣推动了中小券商经纪、自营业务等的极大发展,盈利状况显著改善。由于中小券商增长基数较小,其业务规模增长速率快于大型券商,因而中小券商在券商营业收入总额中占比提高。如图 10-4 所示。

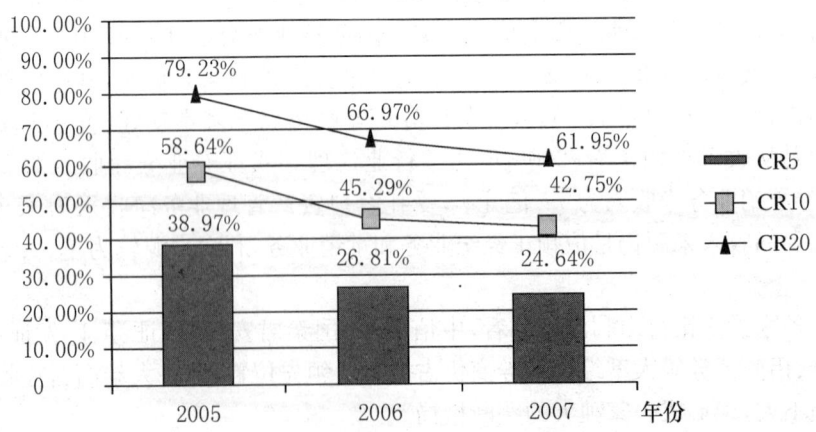

图 10-4　2005—2007 年券商营业收入规模市场集中度

数据来源：中国证券业协会数据整理。

# 第二节　中国投资银行的历史使命与发展环境

## 一、中国投资银行的历史使命

中国经济正处于改革发展的一个关键时期,投资银行的使命就是要从投融资角度促进改革发展目标的顺利实现。

### (一)国有企业改革和发展的任务依然繁重

中国的国有企业目前仍然是中国经济发展的支柱,在落实国家宏观调控政策、增加财政收入、保证市场供应、维护国家经济安全、促进国防现代化和航天事业发展等方面,发挥着重要作用。依托资本市场,加快国有企业改革是一项基本国策。其中改制、改组是重要方式之一,即把部分国有企业改造成为股份有限公司和上市公司。国企改制筹资除了在国内发行 A 股外,还可以通过 H 股和红筹股方式来实现。甚至还可以在纽约、东京、伦敦的资本市场上发行股票、债券筹资。2008 年以来,政府积极鼓励支持中央企业在境内外上市,具备条件的实现整体上市;不具备整体上市条件的,逐步把优良主营业务资产注入上市公司。显然,国有企业改制筹资的使命就历史性地落到了投资银行身上。

### (二)中国经济结构需要进行重大调整

美国次贷危机的爆发,给全球经济带来了巨大的冲击,西方经济的增长明显放缓,外贸的需求大幅下降,中国靠外需拉动的经济增长方式面临了严峻挑战,中国经济结构需要向内需转型。过去政府运用“关停并转”等行政命令手段来调整经济结构,虽然起到了时间短、收效快的作用,但也留下了许多后遗症,即矫枉过正。而通过市场形式,由市场发挥资源配置的作用,特别是通过企业之间自觉的收购兼并,将大大减少前者引发的后遗症,提高重组的效益。同产品市场的交易相比较,收购兼并的内容、形式和过程都要复杂得多,投资银行可运用它的专业知识和经验为企业提供战略性方案,就有可能最大限度地发挥原有资产的作用,减少浪费,使调整后的经济结构能适应市场的需求。

### (三)中国的基础设施建设任务繁重

为应对美国次贷危机对中国实体经济带来的冲击,中国政府推出“四万亿”投资的经济刺激计划,以“保增长,促内需”。未来 2 年,4 万亿元投资中将有

2.3万亿元投向公路港航、铁路基建、灾后重建和"廉租房"建设四个方面。然而,要实现预期目标,还需要通过财政资金带动吸引民间资金和外国资本的积极参与。引进民间资金和外资的渠道多种多样,而投资银行的项目融资业务中的融资工具、融资技巧,如"融资租赁"、"ABS",以及发行"可转换债券"、引进"战略性投资者"、组建"中国投资基金"等措施都是吸引民间资金和外国资本的重要途径。

### (四) 中国的高储蓄需要转化为投资

截至2009年3月,中国居民储蓄存款总额高达22.5万亿元人民币①,如何将这些储蓄转化为投资,为国家经济建设提供资金,这是摆在投资银行面前的一个课题。将储蓄转化为投资,目前除了发行股票外,还有"基金"、"公司可转换债"等。但仅有这些还远远不够,需要创造出更多更新的金融产品满足不同收入结构、不同阶层的投资者多样化的需求。这一使命应由投资银行来完成。

### (五) 中国巨大的房地产与按揭贷款需要证券化

中国目前正面临着空前巨大的房地产与按揭贷款的发展空间。中国房地产市场从1992年住房公积金开始已经发展了17年。按照中国政府到2020年全面实现小康社会的总体目标来估计,中国房地产与按揭至少还有13年的快速增长期,房地产需求至少有160亿平方米的市场空间。同时,中国住房按揭市场的发展也极为迅速。1997年年末,中国商业银行住房按揭贷余额只有137亿元人民币,到2006年年底,这个规模已经达到2.2万亿元人民币,在不到10年的期间内增长了160倍。如果作粗略的估算,中国的商品房90%由个人所购买,70%的人在购房时需要借助银行贷款。如果按照50%的按揭比例计算,在未来13年,意味着还有17万亿元人民币住房贷款的需求,这个估计不包括房价上涨和按揭比例的上升。通过投资银行的创新设计和中介作用,将房产商手中的房产权证券化,将商业银行的房产抵押贷款证券化,并使其在二级市场上流通,可使开发商资金活化,降低房地产开发成本,提高大众对房地产的有效需求,加速房地产商品化进程。

总之,国企改制与筹资、中国经济结构的调整、繁重的基础设施投资、巨大的社会公众储蓄的动员以及房地产的证券化等方面的任务,大部分要靠投资银行来完成。投资银行任重而道远。

---

① 数据来源:http://cnliduoduo. blog. hexun. com/30307770_d. htm。

# 二、中国投资银行的监管环境

不同的政策环境和社会环境对投资银行发展具有巨大的影响。在不同的外部环境下,投资银行面临的监管也不一样,从而对投资银行的业务发展和创新带来的影响也各不一样。当前,我国投资银行业监管采取的是集中型监管模式。改革开放以来,我国的证券市场在政府的推动下产生和发展起来,监管主体先后分别是财政部和中国人民银行,1992 年以后则由中国证券监督管理委员会(简称证监会)全权行使并履行全面管理证券市场的职责。1997 年 11 月召开的中央金融工作会议,决定"建立全国统一的证券期货管理体系,理顺中央和地方监管部门的关系",由"中国证券监督管理委员会统一负责对全国证券、期货业的监管"。根据该决定,撤销了国务院证券委,其监管职能移交证监会;同时,对地方证券监管体制进行了改革,原隶属于地方政府的地方证券部门收归证监会,从而建立了集中统一的监管体制。在相关立法方面,已经颁发的《中华人民共和国公司法》、《中华人民共和国证券法》和《中华人民共和国证券投资基金法》是由全国人民代表大会常务委员会制定并通过、集中规范中国证券市场的基本法。由于上述基本法颁布较晚,在中国证券市场发展的初期,证券市场的法律制度主要是通过国务院发布的行政法规确立起来的,这些法规迄今依然发挥着重要的作用。主要包括:《股票发行与交易暂行条例》、《禁止证券欺诈行为暂行办法》、《国务院关于股份有限公司境内上市外资股的规定》、《境内企业申请到香港创业板上市审批与监管指引》、《证券、期货投资咨询管理暂行办法》等。近年来,又相继颁发了以下方面的行政法规。

## (一)制度建设方面的相关规定

2008 年 4 月,国务院颁布《证券公司监督管理条例》和《证券公司风险处置条例》,确立了证券业的基本监管制度。在此基础上,证监会陆续颁发了《证券公司资产管理业务、财务顾问业务及上市保荐业务的实施细则与管理办法》,同时发布《证券公司业务范围审批暂行规定》对券商经纪业务、投资银行业务及创新业务审批放宽,并首次对证券公司申请融资融券业务订立相关规定。证监会于 2009 年 4 月 3 日公布并实施了《关于加强上市证券公司监管的规定》,该规定明确了上市证券公司监管要适用"从严"和"从一般"原则。按照从严原则,上市证券公司既要符合机构监管法规的规定,又要符合发行、上市监管法规的规定;相关规定和监管要求有差别的,从严执行。按照从一般原则,发行、上市监管法规的一般原则和规定不因上市证券公司的行业特点而例外豁免。加上前期出台的经纪业务、承销业务及融资融券试点办法等,证券公司业务监管体系逐步趋向完善。

## (二) 风险监管方面相关规定

以净资本为核心的风险监管体系获得进一步改善,风险监管力度加强。为进一步加强证券公司风险监管,证监会于 2008 年 6 月 24 日颁发了《关于证券公司风险资本准备计算标准的规定》,提高了已有计提要求的各项业务资产的风险资本准备计提标准,增加了自营业务资产、分支机构的风险资本准备计提要求。同时,证监会再次调整证券公司净资本计算标准,大幅调高了自营投资、长期股权投资、投资性房地产和固定资产等资产的净资本扣减比例,同时对集合理财计划投资、履约保证金等增加了净资本扣减要求,使证券公司的净资本计算标准大幅提高。风险监管体系的完善强调了风险资本准备的充足性,对证券公司提高了风险监管标准,能够有效降低证券业的业务风险,增强行业资产的安全性。另外,新的风险监管要求对获得不同评级的证券公司规定了不同的风险资本准备计提比例,这对于证券公司加强经营规范和风险管理起到了一定的激励作用。2008 年 6 月 27 日,证监会还颁发了《证券公司风险控制指标管理办法》,新规则将促使券商提高资本使用效率,防范流动性风险,在风险可控前提下推动业务创新。

## (三) 营业网点监管方面相关规定

2008 年 5 月,证监会出台了《证券公司分公司监管规定(试行)》和《关于进一步规范证券营业网点的规定》,对证券公司新设营业网点提出了实施第三方存管、净资本和风控指标、营业部平均净收入及评级类别甚至业务排名的资质要求。分支机构监管政策的颁布,意味着证券公司新设分公司与营业部网点审批的启动,将改变长期以来国内证券公司的经纪业务格局依靠网点的数量和地域布局而确定的局面,确立了证券公司网点布局的市场化导向,也必将推动证券公司经纪业务竞争的升级。但对于证券公司新设营业网点的资质规定,政策明显向优质券商倾斜,申请全国设点需满足上一年度公司经纪业务净收入位于行业前二十位或营业部平均经纪业务净收入位于行业前三位的硬性要求,更是限定了优质券商在全国范围内网点布局的特权。对证券服务部限时的改造要求也加强了拥有大量服务部的大型券商的网点布局优势,未来证券公司经纪业务集中的格局将更加明显。

## (四) 业务监管方面相关规定

关于证券发行上市保荐业务,2008 年 10 月 19 日,中国证监会正式对外公布了修订后的《证券发行上市保荐业务管理办法》(简称《管理办法》),较之4年前颁布的《证券发行上市保荐制度暂行办法》,新修订的《管理办法》只有两处重要的修改:证券公司申请保荐机构资格,符合保荐代表人资格条件的从业人员从不少于2人提高到4人;另外,证券发行规模达到一定数量的,可以采用联合保荐,但参与联合保荐的保荐机构不得超过2家。这一办法将促使证监会的权力和监管责任加大以及加快证券市场的市场垄断。

### (五) 国际化进程方面相关规定

在QDII投资方面,2007年6月,中国证监会正式颁布的《合格境内机构投资者境外证券投资管理试行办法》(简称《办法》)、《关于实施〈合格境内机构投资者境外证券投资管理试行办法〉有关问题的通知》(简称《通知》),对基金公司、证券公司为境内居民提供境外理财服务所涉及的具体准入条件、产品设计、资金募集、境外投资顾问、资产托管、投资运作和信息披露等方面进行了原则性规定。在《办法》及《通知》生效后,证监会将正式受理QDII资格申请,基金监管部和机构监管部将分别负责审核基金管理公司和证券公司的QDII资格申请。至2008年4月,国内9家券商已获批QDII业务,中金公司2008年年初发行了首只券商QDII产品。但受次贷危机及国际金融危机的影响,投资海外市场的QDII产品净值大幅缩水,其缩水幅度也较国内基金更甚,中金公司管理的QDII产品表现稍好,但也难免大幅受损。

在外资参股方面,2007年12月,证监会出台《关于修改〈外资参股证券公司设立规则〉的决定》,放宽了外资参股国内证券公司的准入条件和业务范围,外资参股国内证券公司获得进展。但次贷危机恶化导致的华尔街金融风暴使这些国际投资银行的财务状况和外部环境发生了巨大变化,导致众多合资进程也因此暂被搁置。

近年来,规范中国投资银行所赖以发展的证券市场的政策、法律及市场监管体系不断完善,基本上做到了有法可依、有章可循,但是还存在很多薄弱环节。相比其他证券市场较为成熟的国家来说,我国现有的相关法律法规还有待调整、补充和完善(见表10-8)。一方面,证券市场具有较浓的行政色彩,投资者对政府和政策的依赖程度较高,创新主体受到较多制约,创新机制不够灵活;另一方面,由于历史的原因,目前中国证券市场若干领域内仍然存在比较严重的多头监管、监管缺位以及监管标准不一等情况,整体监管架构尚不完善。尤其是多层次市场、债券市场、金融衍生品市场的交易体制和监管制度有待建立或完善,非上市公众公司的监管及交易体制也有待进一步规范。随着中国证券市场的快速发展和对外开放程度的不断提高,创新产品的推出节奏不断加快,创新产品之间以及创新产品与现存产品之间的关联度不断增加,跨行业交叉产品不断涌现。这种趋势使各监管机构的监管范围不断扩大,监管难度不断增加。

表 10-8    中国及其他主要国家证券相关基本法律对比

| 中 国 | 美 国 | 韩 国 | 日 本 | 德 国 |
|---|---|---|---|---|
| 公司法<br>证券法<br>证券投资基金法 | 证券法<br>证券交易法<br>信托契约法<br>投资顾问法<br>投资公司法<br>投资者保护法<br>萨班斯法<br>商品交易所法<br>商品期货交易委员会法<br>期货交易法<br>商品期货现代化法 | 证券交易法<br>信托业法<br>证券投资信托法<br>证券投资公司法<br>期货交易法<br>金融监管组织设立法<br>商法典 | 证券交易法<br>证券投资基金法<br>有价证券投资咨询业法<br>股票等保管及过户法<br>在日外国证券业者法律<br>公司法 | 联邦金融监管委员会法<br>交易所法<br>证券交易法<br>招股说明书法<br>证券并购法<br>股份公司法<br>投资法 |

资料来源：邹东涛主编：《发展和改革蓝皮书——中国改革开放 30 年》，社会科学文献出版社 2008 年版。

# 第三节    中国投资银行的发展趋势

中国以证券公司为主体的投资银行经历了十几年的发展以及近几年的综合治理，目前已进入快速发展时期。综观国外投资银行发展趋势，可以预见未来中国投资银行的发展将呈现如下基本趋势。

## 一、经营规模和竞争实力逐步扩大

我国投资银行的发展历史短，尽管数量较多，但其规模较小，行业集中度低，竞争实力较弱，过小的资本规模使证券公司赖以进行扩张的基础极为薄弱。据统计资料表明，我国证券公司的平均资产仅为 20 多亿元，这与世界著名投资银行差距甚远。我国 10 家最大的投资银行其资本加在一起不到 25 亿美元，而美林公司一家就达 703 亿美元。

投资银行资金规模越大，实力越强，在拓展业务领域、占领市场份额方面越有优势。资本规模壮大是投资银行业务拓展、开辟新领域和参与市场竞争的物质基础。增加自有资本，扩大资产规模，更是国内券商走向国际证券市场大舞台的必然要求。面对内外部竞争压力，尤其是长期的、严重的买方市场压力，在市场机制的作用下，国内券商强烈地萌生求生存、谋发展的内在扩张冲动，一般都存在着较强的增资扩股需求。

长期以来,国内投资银行之所以资金实力不足、资产规模较小,原因之一就是融资渠道不畅。未来,随着资产市场的不断发展,国内券商将通过增资扩股并进一步实现公开上市、在货币市场上可通过同业拆借、国债回购和股票质押贷款等方式融资,使券商自身资产规模不断扩大,竞争力不断加强。

## 二、业内资产重组方兴未艾

投资银行业的发展也正是投资银行创立、兼并和集中的历史,美国投资银行业通过自身的兼并和整合,形成了最大的5家超大型投资银行,资本都在10亿美元以上。这些投资银行巨舰,在海外市场拓展和扩张过程中发挥了积极的作用。

目前,中国券商乃至中国证券市场的资源配置和竞争实力与中国经济市场化改革和金融深化下的证券市场超前发展趋势极不适应。在中国证券市场严格的市场准入制度下,券商采取业内存量资源的兼并重组,整合资本、人才等经营要素,走向集约化、规模化的良性发展道路,成为必然的选择,并成为不可抗拒的跨世纪券商发展潮流。

目前,有实力的大券商凭借其资金优势、人才优势和人脉关系优势在投资银行传统业务中已占优势。大券商由于自有资本充足,融资渠道广泛,抗风险能力强,其盈利增长优势显著。而且,资本实力强的券商,是金融创新的先行者。从直接投资到融资融券及股指期货的推出,总是先由这些公司作为试点,这无疑使其有捷足先登先发制人的优势。再者,基于商誉、品牌及公关信息优势,大券商能聚集最优秀人才。

可以预计,通过行业内部的重组与整合以及市场竞争的优胜劣汰,中国投资银行业未来将形成更加合理的行业分工布局,建立起以全国性大型券商为主体、地区性券商为依托,各专业性公司并存的行业结构。

## 三、创新业务稳步发展

发达国家经济增长和国际性投资银行券商成长的历程告诉我们,更大的发展机会将属于那些一往无前、不断创新的综合性大型券商。

目前,我国证券公司收入来源仍主要依靠经纪、自营和承销三块传统业务。据统计,2004年以来,三项传统业务在我国券商收入结构中的比重一直在66%以上,虽然近几年在直接投资、权证创设等方面的扩展初见成效,但传统业务仍占据绝对的重要位置,证券公司同质化竞争、靠天吃饭的局面没有彻底改变。我国已上市的证券公司的杠杆率(总资产与净资产的比率)约在6倍以内,远低于国际大投资银行 30 倍的杠杆率,这一方面说明风险控制较好,但另一方面在一定程度上反映出盈利后劲不足的潜在问题。面对未来国际竞争,我国证券公司有必要加快创新步伐,扩展业务模式,寻找新的利润增长点,实现发展模式的转变。

随着中国经济和证券市场的进一步高速发展,经济发展的内在融资和投资的需求不断高涨,对金融创新和金融品种的需求不断增多,券商的金融创新和创新能力,必将成为其发展的根本或关键因素以及实力的综合体现,同时也将成为市场竞争的焦点。

美国次贷危机的爆发为我国发展金融创新提供了正反两方面的绝佳教材。美国华尔街在短期利益的激励机制和放任自由的监管理念下过度金融创新是本次危机的本源。我国资本市场虽未蒙受劫难,但也存在问题,问题的方向正好相反:我国资本市场创新发展不足,制约了市场价格发现和资源配置等功能的发挥,抑制了风险定价、风险转移和风险分散等作用的发挥,不利于企业拓宽融资渠道,降低融资成本,不利于投资者丰富投资品种,分散投资风险。

中国投资银行必然会抓住机遇,加快资本市场的发展与创新,实现资本市场规模壮大和结构优化,完善市场各项功能,扩宽企业融资渠道,丰富投资者投资品种,增加风险管理手段,促使金融创新为资本市场规模发展和结构优化服务,为实体经济需求和企业做大做强服务,为提高我国在国际金融市场的定价权服务;同时将创新置于监管和规范的阳光之下,实现风险的可测、可控、可承受。

## 四、国际化趋势愈加显著

投资银行的国际化经营,一是指业务的国际化,包括以国内市场为依托的国际业务和以国外市场为依托的国际业务;二是指机构的国际化,包括国外证券公司在中国开设分支机构和中国证券公司到国外设立分支机构。随着中国资本市场的不断发展和开放,券商的国际化经营趋势将越来越显著。当前,我国证券公司国内国际业务存在着一定的发展空间。

### (一) 外资在中国的并购业务

我国加入世界贸易组织(WTO)后,外商直接投资将由主要设立新公司的方式向主要采取收购和兼并等方式转变,这为国内证券公司开展外资并购等投资银行业务提供了基础。尽管现在国内证券公司还难以与海外投资银行竞争,但国内投资银行对相关的法律制度、企业制度以及政治人文等各方面都要比境外投资银行熟悉得多,因此,在承办外资对国内企业并购业务方面更具优势。

### （二）与合资基金管理公司、合资证券公司相关的国际业务

组建合资基金公司、合资证券公司是开展国际化经营的起点。基金管理公司合资有利于国内券商学习国际化的投资管理、营销组织、风险控制和产品设计的理念和方法，充分利用外资公司的全球投资分析平台、投资模型和研究报告等方面的优势。合资证券公司主要集中于 A 股的承销业务，包括中国公司国内上市、中国公司海外上市的中国业务部分，以及外资公司在中国上市的国内业务部分，外资公司在海外庞大的客户网络也会支持合资公司的业务发展，为证券公司的国际化提供了业务机会。

### （三）与 QFII 相关的国际业务

合格的境外机构投资者（QFII）是资金实力雄厚、投资理念先进的大型跨国金融机构，国内证券公司从中受益最大、最直接的将是经纪业务。此外，QFII 的介入，一方面，将为境内券商承销国企大盘股提供国际性的战略配售对象；另一方面，也为券商拓展并购重组和证券咨询业务提供了重大机遇。

### （四）与 QDII、CDRs 相关的国际业务

合格的国内机构投资者（QDII）是在资本项目未完全开放的情况下，允许国内投资者通过特许的机构投资者投资境外证券市场的一种制度安排。有关国内机构必须通过该制度，才可进行外国证券买卖，以便国家监管资金的流向及规模。中国存托凭证（CDRs）的实质是间接允许外国公司或机构在国内证券市场融资的一种制度，使 A 股市场与国际市场间建立起更加紧密的联系。可见，QDII、CDRs 是我国投资主体走出国门和开放境外筹资主体进入我国证券市场的过渡性措施，有助于我国证券公司拓展国际业务空间。

现阶段，证券公司的国际化经营，主要是以国内市场为依托的国际化，即为外国投资者与筹资者在本国证券市场的投资与筹资提供服务。不管是中外合资证券公司、QFII 制度，还是 QDII、CDRs 制度，都为证券公司在国内市场的国际化业务发展提供了很好的机会，并对发展以国外市场为依托的国际化业务充当桥梁和中介作用。

## 五、投资银行与商业银行将趋于融合

西方国家的投资银行与商业银行一般都经历"融合-分立-融合"的发展过程。从资本市场的发展水平看，商业银行和投资银行分合的选择与市场经济的发展水

平和监管水平密切相关。

在 1993 年以前,中国金融业也曾经进行过混业经营的试点,但是由于当时经济过热,金融秩序混乱,管理水平较低,银行业、信托业和证券业混业经营产生了大量违规操作,社会上出现了房地产热和证券投资热,银行大量信贷资金涌向外汇、房地产、股票证券和期货市场,从事投机买卖,导致了金融秩序的混乱。

1995 年,国家为了防范金融风险,从立法上正式确立了商业银行与投资银行"分业经营、分业管理"的管理制度。但至 20 世纪末,监管当局对金融分业经营的政策进行了适当调整,限制商业银行从事投资银行业务的政策也有所松动。1999年,中国人民银行制定并颁布了《证券公司进入银行间同业市场管理规定》、《基金管理公司进入银行间同业市场管理规定》。同年,中国证监会和中国保监会又同意保险基金进入股票市场。2000 年,中国人民银行与中国证监会又联合发布了《证券公司股票质押贷款管理办法》,符合条件的证券公司获准以自营的股票和证券投资基金券作为抵押,向商业银行借款。2001 年 6 月,中国人民银行发布《商业银行中间业务暂行规定》,明确商业银行在经过中国人民银行批准以后,可开办代理证券业务、金融衍生业务、投资基金托管和财务顾问等投资银行业务,除股票发行和经纪业务外,投资银行的其他业务都已纳入商业银行的业务范围。这些政策措施的出台,为金融业分业框架下业务交叉发展提供了政策依据,更为商业银行向投资银行业务领域进军铺平了道路。

目前,中国工商银行、中国建设银行、中国银行等国有商业银行都把投资银行业务作为今后主要的业务拓展领域,集中力量打开投资银行业务市场,分别成立了投资银行部,负责全行投资银行业务的规划和协调。中国工商银行与香港东亚银行在香港组建了"工商东亚银行",在股票上市、股票配售、并购和项目融资等领域取得了迅速发展;中国建设银行和摩根斯坦利等合资组建"中金公司",全面从事股票、债券的境内外承销和经纪业务以及基金的发起和管理、企业并购顾问、投资顾问等业务;而中国银行成立了"中银国际",并逐渐成为香港投资银行业务市场的主力军。而部分新兴股份制商业银行,如深圳发展银行、浦东发展银行、光大银行等也都已进入国内证券市场。

虽然金融混业经营是大势所趋,但由于我国资本市场现阶段属于新兴加转轨时期,无论从市场组织系统、法规建设与监管能力,还是从市场参与者的金融风险防范意识上看,中国目前阶段选择分离模式都有着必然性与合理性。然而,从长远发展看,商业银行要在证券市场中寻找新的利润增长点,投资银行也需要得到商业银行的大力支持。中国金融市场未来将顺应世界各国金融一体化发展的大趋势,逐渐走向银证复合经营的道路。

中国投资银行正处在一个充满机遇和挑战的特殊历史时期。中国证券市场和券商竞争的市场格局已经初步形成,并将继续强化这种态势。与一些西方国家的投资银行业相比,必须承认国内券商目前发展时间毕竟较短,在今后的发展中需要政府给予一定的宏观指导,并且在诸如券商体制、增资扩股和融资渠道等方面,继续得到管理层不断赋予具体的政策支持,使中国投资银行在有序的市场竞争环境中逐渐走向成熟。

# 本 章 小 结

相对于西方发达国家,我国的投资银行起步较晚。直到 20 世纪 90 年代初,我国才出现真正意义上的投资银行。中国投资银行的发展历程,大致可以分为四个阶段:1987—1989 年,是证券公司发展的起步阶段;1990—1995 年,是证券公司的快速增长时期;1996—2000 年,是证券公司的规范重组阶段;2000 年至今,是证券公司的稳步发展阶段。中国的投资银行业仅用了短短十几年时间就走完了西方国家上百年的发展历程,发展速度在世界发展史上前所未有,但是这种跳跃式的发展也注定我国的投资银行业带有严重的先天不足。

在中国投资银行发展过程中,逐步形成了主营业务领域,概括起来主要有:证券承销业务、证券经纪业务、主营业务、资产管理业务和创新业务五个方面。然而,国内投资银行的综合竞争力仍然较弱,体现在总资产及管理总资产规模仍然过小,经营模式单一,盈利模式同质化程度过高,行业集中度不高,产品创新、业务创新、组织创新受到诸多限制,整体创新能力不足等方面。

中国经济正处于改革发展的一个关键时期,国企改制与筹资、中国经济结构的调整、繁重的基础设施投资、巨大的社会公众储蓄的动员以及房地产的证券化等方面的任务,大部分要靠中国投资银行来完成。近年来,规范中国投资银行发展所赖以发展的证券市场的政策、法律及市场监管体系不断完善,基本上做到了有法可依、有章可循,但是还存在很多薄弱环节。相比其他证券市场较为成熟的国家来说,我国现有的相关法律法规还有待不断进行调整、补充和完善。

中国以证券公司为主体的投资银行经历了十几年的发展以及近几年的综合治理,目前已进入快速发展时期。未来中国投资银行的发展将呈现如下基本趋势:① 经营规模和竞争实力逐步扩大。② 业内资产重组方兴未艾。③ 创新业务适度发展。④ 国际化经营趋势愈加显著。⑤ 投资银行与商业银行将趋于融合。

# 复习思考题

1. 中国投资银行的发展经历了哪几个发展阶段？
2. 中国投资银行的主要业务领域及其发展现状如何？
3. 试分析中国投资银行业内的竞争态势。
4. 中国投资银行承担的历史使命是什么？
5. 试分析中国投资银行的未来发展趋势。

# 参 考 文 献

## 一、外文部分

[1] KUHN R L, RICHARD D. Investment banking library[M]. [S. l. ]: Irwin Press, 1991.

[2] KUHN R L. Investment banking, the art and science of high stakes deal making[M]. New York: Harper & Row, 1990.

[3] WILLIAMSON P. The investment banking handbook[M]. [S. l. ]: Harper & Row Publishing, 1993.

[4] CAROSSO, VINCENT. Investment banking in America: a history[M]. [S. l. ]: Harvard University Press, 1970.

[5] BLOCK E. Inside investment banking [M]. [S. l. ]: Homewood Press, 1992.

[6] QUINN B S. Investment banking: theory and practice[M]. London: Euromoney Books, 1995.

[7] RUPERT R H. The new era of investment banking: industry structure, trends and performance[M]. [S. l. ]: Probus Publishing, 1993.

[8] SMITH C W. Economics and ethics: the case of salomon brothers[J]. Journal of Applied Corporate Finance 5, 1992(5).

[9] FINNERTY J D. Financial engineering in corporate finance: an overview [J]. Financial Management, 1988(4).

[10] MARSHALL J F, BANSAL V K. Financial engineering: a complete guide to financial innovation [M]. New York: New York Institute of Finance, 1992.

[11] KUHN R L. Mergers, acquisitions and leveraged buyouts[M]. [S. l. ]: Irwin Press, 1990.

[12] BEDER T S. Equity derivatives for investors[J]. Journal of Financial Engineering, 1992(2).

[13] KANG P, ZENIOS S A. Complete prepayment models for mortgage backed secuities[J]. Management Science,1992,38(11).

[14] BARRY C B,JENNINGS R H. The opening price performance of initial public offerings of common stock[J]. Financial Management,1993,22(1).

[15] CLARK J J, GERLACH J T, OLSEN G. Restructuring corporate America[M].[S. l.]: Harcourt Brace & Company,1996.

[16] WELCH, I. Sequential sales, learnings and cascade[J]. Journal of Finance, 1992,47(2).

[17] BAIRD A J. Option market making: trading and risk analysis for the financial and commodity option markets [M]. New York: John Wiley & Sons, 1993.

[18] KAWALLER I G. Choosing the best interest rate hedge ratio[J]. Financial Analysts Journal,1992,48(5).

[19] BLAIR M M. The deal decade: what takeovers and leveraged buyouts mean for corporate governance[M]. Washington: Brookings Institute, 1993.

[20] BHIDE A. The causes and consequences of hostile takeovers[J]. Journal of Applied Corporate Finance, 1989.

[21] MEMGLE D. Credit derivatives: an overview[C]. Paper Delivered at the 2007 Financial Markets Conference, Federal Reserve Bank of Atalanta, 2007.

[22] AÑEL M E, SECOL. Dependence structures and the pricing of CDOs [R/OL]. Working paper, Risk lab. University of Tornoto, 2005. http://www. risklab. ca/depstCDO. pdf.

[23] COUSSERAN O,RAHMOUNI I. The CDO market-functioning and implications in terms of financial stability[J/OL]. Financial Stability Review,2005 (6) [2005]. http://www. banque-france. fr/gb/publications/telechar/rsf/2005/ etud1_0605. pdf.

[24] Securities Industry and Financial Markets Association. Global CDO market issuance data,2007[C/OL]. http://www. sifma. org/.

[25] WIKIPEDIA. CDO, 2007[C/OL]. http://en. wikipedia. org/wiki/collateralized_debt_obligation.

[26] VINOD KOTHARI Financial Services. Rating of CDO tranche:the catwalk of models[EB/OL]. [2005]. http://www. vinodkothari. com/cdoratingmodels. htm.

## 二、中文部分

[1] 龚光和. 资本市场中的商人银行[M]. 北京：中国金融出版社,1995.

[2] 于研,金文忠. 现代投资银行[M]. 上海：上海财经大学出版社,1995.

[3] 黄亚钧. 现代投资银行业务和经营[M]. 上海：立信会计出版社,1996.

[4] 罗伯特·劳伦斯库恩. 投资银行学[M]. 北京：北京师范大学出版社,1996.

[5] 查里斯·R·吉斯特. 金融体系中的投资银行[M]. 唐旭,等,译. 北京：经济科学出版社,1998.

[6] 刘曼红. 风险投资：创新与金融[M]. 北京：中国人民大学出版社,1998.

[7] J·弗雷德·威斯通,等. 兼并、重组与公司控制[M]. 唐旭,等,译. 北京：经济科学出版社,1998.

[8] Clifford Chance 法律公司. 项目融资[M]. 龚辉宏,等,译. 北京：华夏出版社,1997.

[9] 卢家仪,卢有杰,等. 项目融资[M]. 北京：清华大学出版社,1998.

[10] 弗兰克·J·法博齐,等. 资本市场：机构与工具[M]. 唐旭,等,译. 北京：中国经济出版社,1998.

[11] 张超英,翟祥辉. 资产证券化[M]. 北京：经济科学出版社,1998.

[12] 劳里·古德曼,弗兰克·法博奇. CDO 的结构与分析[M]. 上海永熹投资管理有限公司,译. 北京：机械工业出版社,2005.

[13] 王学武,等. 华尔街飓风[M]. 广州：广东经济出版,2008.

[14] 次贷风波研究课题组. 次贷风波启示录[M]. 北京：中国金融出版社,2008.

[15] 周莉. 投资银行学[M]. 2 版. 北京：高等教育出版社,2007.

[16] 阮青松. 投资银行学精讲[M]. 大连：东北财经大学出版社,2009.

[17] 张明. 透视 CDO：类型、构造、评级与市场[J]. 国际金融研究,2008(6).

[18] 冯晶,何宝. 投资银行模式是否已经终结[J]. 证券市场报导,2008(12).